아함법상의 체계성 연구

고익진 지음

담마아카데미

아함법상의 체계성 연구

1991년 10월 30일 초판 발행
2020년 10월 11일 증보판 2쇄 발행

저　　자　고익진
기획편집　일승보살회
디 자 인　비단길
펴 낸 이　신춘열
펴 낸 곳　담마아카데미
광주광역시 동구 백서로 125번길 12-5 (금동)
062-222-7801
공 급 처　일승보살회
서울특별시 성북구 동소문로 13길 33 복전빌딩 201호
02) 916-7471,　953-7801
다음카페　(cafe.daum.net / ilseung)
독자의 의견을 기다립니다.

ISBN 979-11-953097-2-6　93220
값 20,000원

아함법상의 체계성 연구
阿 含 法 相　体 系 性　研 究

고 익 진 지음

담마아카데미

머 리 말

-불교학佛教學은 아함阿含에서부터-

〈1〉

불교를 처음으로 공부하려는 사람에게 나는 아함阿含에서부터 읽어가라고 권하고 싶다. 불교입문서나 불교학개론이 불교를 처음으로 대하는 사람에게 맨 처음에 추천되는 책들이지만 이런 책들은 여행하는 사람이 행선지에 대해 알아보는 안내서와 같은 것으로서 여행에 들어서서의 실제적인 '길'은 아니다. 아함은 불교라는 긴 여로의 맨 처음에 밟아야 할 길인 것이다.

불문佛門에 들어와 이미 상당한 조예를 가진 사람이라도 자기의 불교가 어딘지 모르게 허점이 있는 것으로 느껴지는 분이 있다면 이런 분에게도 나는 아함에서부터 다시 읽어가라고 권하고 싶다. 아함은 모든 불교학의 기초라고 할 수가 있다. 대소승大小乘의 모든 불교사상은 원시불교로부터 시작된 것이고, 아함은 원시불교의 가장 중요한 자료이다. 아함에 대한 연구 없이는 불교학의 기초는 다져질 수 없는 것이다.

대승불교의 올바른 이해를 위해서도 나는 아함을 부디 읽어보라고 권하고 싶다. 대승불교는 아함의 이론과 정신을 바탕으로 성립한 것이라는 점에 오늘날 모든 학자들은 의견을 모으고 있다. 비근한 예로 반야심경만 보아도 거기 나오는 오온五蘊·

십이처十二處 · 십팔계十八界 · 십이연기十二緣起 · 사제四諦 · 지智 · 득得 · 보살菩薩 · 불佛 · 삼막삼보리三藐三菩提와 같은 개념은 어느 것 하나 아함에 설해지지 않았던 것이 없다. 반야개공般若皆空의 제법무자성諸法無自性 사상은 아함에 숱하게 되풀이 되고 있는 '오온은 무상無常 · 고苦 · 무아無我' 라는 교의의 발달에 불과한 것이다.

우리 주변에는 법화나 화엄과 같은 높은 수준의 경전은 잘 알면서도 그러한 사상의 원천이 되고 있는 아함에 대해서는 아무 것도 모르고 있는 경우가 허다하다. 아함을 소승경전이라고 무시해서는 안 된다. 아함은 대승의 기초경전이라고 해야 한다. 법화경에서 부처님은 중생으로 하여금 부처의 지견을 얻게 하려는 일대사인연一大事因緣을 갖고 세상에 출현하신다고 설하고, '삼승방편三乘方便 일승진실一乘眞實'의 교설에 뜻을 일으킨 사람들에게 모두 성불의 기별을 주고 계신다. 이것은 아함에 "여래如來는 세상에서 다섯 가지 일을 하지 않으면 안 되나니, 첫째는 법륜法輪을 굴리고, 둘째는 아버지를 위해서 법을 설하고, 셋째는 어머니를 위해서 법을 설하고, 넷째는 범부를 깨우쳐 보살행을 닦게 하고, 다섯째는 보살에게 기별을 주는 것이니라" 〈增壹阿含 卷15〉 고 설한 부처님의 오사五事에서 넷째와 다섯째의 과업을 실행하고 있는 것이라고 말할 수 있는 것이다.

그리고 아함에 "마음이 더럽기에 중생이 더럽고, 마음이 깨끗하기에 중생이 깨끗하다. 비하건대 화가가 하얀 화폭에 뭇 채색을 갖추어 여러 가지 그림을 그리는 것과 같다" 〈雜阿含

卷10〉 고 한 것은 화엄에서 “마음은 화가처럼 갖가지 오음五陰을 그리나니, 모든 세계 중에 만들지 않은 법이 없다. 마음과 같이 부처가 그렇고, 부처와 같이 중생이 그러하나니, 마음과 부처와 중생의 이 셋은 차별이 없다”〈夜摩天宮品〉 고 한 주목할 만한 사상의 선구를 이루고 있음은 일독一讀으로 요연瞭然할 것이다.

이러한 예는 여기에서 일일이 들 수 없을 정도로 아함에 쌓여 있다. 대승불교의 기초를 이루고 있는 것은 아함이요, 아함을 완성하고 있는 것은 대승이라고 할 정도이다. 원시불교 사상의 연구를 위해서 뿐만 아니라 대승불교의 올바른 이해를 위해서도 부디 아함에서부터 읽어 갈 것을 권하고 싶다.

〈2〉

부처님의 금구소설金口所說은 부처님의 재세시在世時는 물론, 부처님이 입멸하신 뒤 2, 3백 년까지도 구전口傳으로 전해지고 있었다. 이것이 문자에 정착되기는 부파불교시대에 경율론經律論 3장의 성립이 이루어지면서부터라고 생각된다.

일미화합一味和合했던 불교교단은 불멸 후 백 년쯤에 대중부大衆部와 상좌부上座部로 분열하고, 이 근본 2부로부터 다시 18파가 파생하여 20부파를 이루게 된다. 각 부파는 각기 독자적인 3장을 소유하고 있었던 것으로 생각되는데, 아함은 이 중에서 경장經藏에 해당된다.

아함阿含이라는 말은 범어 ‘āgama’를 음역한 것인데, ‘옴’이라는 뜻을 나타낸다. 경장을 ‘옴’이라고 부르는 것은 그것이 구전口傳으로 전승되어 온 때문일 것이다. 그러나 단순히 그런 뜻 하나만으로 경장을 아함이라고 부르지는 않았을 것이다. 구전으로 말한다면 율장律藏도 그렇게 말할 수 있기 때문이다.

부파불교시대에 부처님의 교설에 대해서 체계적으로 이해하고 해석하려는 움직임이 일어나는데, 이런 움직임은 교단 내에 견해차를 발생시켜 이것이 부파형성部派形成의 중요한 원인의 하나가 되었다고 생각된다. 이럴 경우 이견異見의 대립 속에서 구전되어 온 교설이야말로 움직일 수 없는 권위로 내세워질 것이다. 경장을 특히 아함이라고 한 것은 이러한 사정을 반영하고 있는 것이 아닐까. 아함이 당시에 얼마나 중요시 된 경전이었던가를 알 수 있다.

오늘날 우리들이 접할 수 있는 한역 아함에는 다음과 같은 네 가지가 있다.

(1) 장아함長阿含 〔22권 30經 佛陀耶舍・竺佛念 共譯 法藏部 소속〕
(2) 중아함中阿含 〔60권 222經 僧伽提婆 譯, 有部 소속〕
(3) 잡아함雜阿含 〔50권 1362經 求那跋陀羅 譯, 有部系 소속〕
(4) 증일아함增壹阿含 〔51권 471經 僧伽提婆 譯, 大衆部 소속〕

장아함은 긴 경전을, 중아함은 중간 길이의 경전을, 잡아함은 짧은 경전을 모아 편집한 것이고, 증일아함은 법수法數에 따라 1법에서 11법에 이르는 경전을 모아 엮은 것이다. 그러나 경전의 길이나 법수에 따라 기계적으로 수집해 놓은 것은 아니다. 일단 그렇게 분류한 다음, 그들을 다시 어떤 방침 아래 편찬한 것으로 생각된다.

이 편찬 방침에 대해서는 학자들 사이에 의견이 구구하지만, 어떻든 현 장아함은 4분으로 구성되어 있는데, 그 제1분은 부처님을 밝히고, 제2분은 부처님의 자각自覺 내용으로서의 법을 밝히고, 제3분은 수행도修行道를 밝히고, 제4분은 세기경世記經으로 이루어져 있다.

중아함은 원시불교의 전반에 걸친 교리가 5송五誦으로 편집되어 있음을 본다.

현재의 한역 잡아함은 내용 배열이 극히 혼란하고, 이질적인 요소(아소카왕에 관한 권 23, 25)까지 섞여 있다. 이러한 현상은 그것이 어느 땐가 착간錯簡된 것임을 나타내고 있는데, 학자들은 그 착간의 시기를 대개 A.D. 5~6세기경으로 보고 있다. 그리하여 착간 이전의 원형을 추구하여 훌륭한 성과가 발표되어 있다. 잡아함은 앞으로 이렇게 복원된 원형에 의하여 읽는 것이 좋을 것이다.

남방불교는 아함에 해당되는 경장으로 현재 다음과 같은 5니카야尼柯耶를 갖고 있다.

(1) Dīgha-nikāya 장부長部 3품 33경
(2) Majjhima-nikāya 중부中部 15품 152경
(3) Saṁyutta-nikāya 상응부相應部 5품 2875경
(4) Aṅguttara-nikāya 증지부增支部 170품 2198경
(5) Khuddaka-nikāya 소부小部 15경

이 5니카야를 아함이라는 이름으로 부르지 않고, 니카야(nikāya)라고 부르는 것은 전승傳承보다는 편집編集이라는 뜻을 강조한 때문인 것으로 생각된다. 팔리어巴利語로 니카야는 '신身'이나 '집集'이라는 뜻을 갖고 있다.

각 부파의 경전이 대개 장·중·잡·증일의 형식으로 편찬되고 있음을 보면, 이런 편찬 형식의 기원은 상당히 오랜 것으로서 부파 분열 이전에까지 거슬러 올라갈 수 있을 것이다. 아닌 게 아니라 그 편찬 방식은 기억記憶·구전口傳을 위한 형식이라는 것이 느껴진다. 따라서 구전되는 과정에서 형성된 편찬 형식이라고 볼 수 있다.

아함의 전승은 이렇게 오랜 역사를 가진 것이므로 각 부파의 지송경전持誦經典에는 차이가 생겨나기 마련이다. 이런 차이는 시대가 흐르고 부파간의 대립이 심해짐에 따라 부파적 요소까지 가미되어 더욱 증대되어 갔을 것이다. 오늘날 한역 4아함과 팔리 5니카야만 비교해 보아도 상당한 차이가 발견된다. 따라서 각 부파는 독자적인 3장을 소유하고 있었다고 말하는 것이다.

한 부파의 3장이 오늘날 완전하게 전해지고 있는 것은 남방불교南方佛敎의 팔리 3장뿐이다. 한역 4아함은 장·중·잡·증일을 갖추고 있긴 하지만 실은 여러 부파에 속했던 것이 한역되어 4아함을 형성하게 된 것이다. 이것은 그들의 내용을 자세히 고찰함에서 밝혀지는 것인데, 학자들은 각 아함의 소속부파를 대개 앞의 표에서 표시한 바와 같이 추정하고 있다.

4아함은 총 183권에 이르는 방대한 부피이다. 그러나 그들 속에는 중복되는 것이 허다하고, 같은 내용에 편찬 형식만이 다른 것도 상당히 있다. 따라서 핵심적인 것만을 추린다면 그렇게 많지 않을 것이다. 오늘날 이런 작업은 행해지고 있지 않지만, 언젠가는 행해져야 한다고 생각되며 그런 작업이 행해져서 아함의 요집要集과 같은 것이 나온다면 아함의 지송에 커다란 도움이 될 것이다.

〈3〉

아함에는 불교의 원초적原初的인 형태가 적나라하게 드러나 있다. 거기에 나타나는 부처님은 모든 염오染汚의 차별상을 초월하여 광대무변廣大無邊한 법계法界에 충만해 있는 진리 그 자체로서의 부처도 아니고, 모든 괴로움을 여의어 청정무구淸淨無垢한 정토에 안주하여 중생들의 귀의를 받고 있는 부처도 아니다.

오만하기 이를 데 없고, 사악하기 헤아릴 길 없는 중생들 속에서 처참할 정도로 고생하면서 진리를 위해 싸우는 지혜와 사랑의 인간으로 나타나 있다. 아함을 읽는 이는 누구나 부처님이라기보다는 인간 싯닫타의 너무나도 청순한 인간미에 우선 눈시울이 뜨거워질 것이다. 이런 느낌은 다른 경전에서는 맛볼 수 없는 것이다.

불교의 근본 사상과 입장이 무엇인가는 불교를 공부하는 사람이 무엇보다도 먼저 알고 있어야 할 중요한 문제 중의 하나이다. 이러한 문제는 아함이 아니고는 제대로 파악하지 못할 것이다. 아함에서는 불교 흥기興起 당시 인도의 모든 종교와

철학사상이 불교에 도전해 오고 그런 도전에 대해서 부처님은 무엇이 진리이며, 무엇이 인생의 의의意義인가를 밝히고 계신다. 따라서 불교의 근본사상과 입장이 다른 철학을 배경으로 선명하게 부각되어 있는 것이다.

정통 바라문의 사상을 전변설轉變說이라 하고 새로운 사문들의 사상을 적취설積聚說이라고 한다면, 불교철학은 연기설緣起說이라고 할 수 있다. 연기라는 것은 우리의 현실세계를 각자의 무지에서 발생한 것으로 보는 세계관을 의미한다. 이러한 입장에서 부처님은 전변설의 '아트만(我)'을 부정하고, 적취설의 단견斷見을 부정하여 그러한 두 끝을 지양한 중도中道적 '무아無我'를 종교적 실천의 원리로 제시한 것이다.

연기만 알면 불교철학은 다 알게 된다고 할 수 있다. 그러나 연기라는 것은 그렇게 쉽게 이해되는 것은 아니다. 아함에는 육근·십이처·육육법·오온·사제·십이연기와 같은 법들이 잡다하게 산설散說되어 있다. 아무런 체계도 철학도 없이 법을 설해 놓은 듯한 인상마저 주고 있다. 그러나 조심히 살펴보면 그들은 모두가 연기의 일종이다. 범부의 상식으로 이해할 수 있는 것으로부터 성인이 깨달은 것에 이르기까지 정교한 짜임새로 시설된 것들이다. 연기의 진정한 뜻을 파악하기 위해서는 무엇보다도 먼저 아함에서부터 읽어가고 그 미묘한 뜻을 심사숙고深思熟考해 볼 필요가 있다.

아함에 그려진 부처님 제자들의 청순한 구도의 정열과 생명을 아끼지 않는 홍법弘法의 정신도 우리들을 무한한 감동에 젖게 할 것이다. 증일아함 권13에 그려진 아나율阿那律을 보자.

부처님 제자 중에서 아나율은 천안天眼 제일로 알려진 사람이지만 그가 천안을 얻게 된 이야기는 오늘날 우리들이 읽기에는 너무나도 슬픈 이야기인 것 같다. 아나율은 어느 날 좌선하다가 깜박 졸았던 모양이다. 그때 마침 부처님이 이것을 보고 주의를 주셨는데, 그로부터 아나율은 결코 눈을 감지 않아 마침내 시력을 잃고 말았다는 이야기다. 처절할 정도로 뜨거운 구도심이라고 하지 않을 수 없다.

잡아함 권13에 나오는 부루나富婁那는 홍법에 목숨을 바친 일례라고 할 것이다. 어느 날 부루나는 부처님 앞에 나와 서쪽 지방의 포교에 나가겠다고 청하였다. 부처님은 그에게 "서쪽 지방 사람들은 사나우니, 욕을 하면 어떻게 하겠느냐?"고 물으셨다. 그때 부루나는 "때리지 않는 것을 다행으로 알겠습니다"라고 대답했다. "만일 때린다면?" "몽둥이나 돌로 치지 않는 것을 다행으로 여기겠습니다." "만일 몽둥이나 돌로 친다면?" "죽이지 않는 것을 다행으로 여기겠습니다." "만일 죽인다면?" "열반에 들게 해주는 것으로 감사하겠습니다." 부루나는 드디어 부처님의 허락을 받아 서방포교에 힘쓰다가 그곳에서 목숨을 마쳤다 한다.

아함을 통해 이러한 부처님의 제자들을 만나게 되며 그들의 뜨거운 구도열은 우리로 하여금 자신을 반성하여 불자로서의 사명에 다시금 불타게 할 것이다.

차　례

머리말(불교학은 아함에서부터) / 5

아함법상의 체계성 연구 / 21

Ⅰ. 서론 …… 21

1. 논의 목적 / 21
2. 아함의 설상 / 23
3. 문제의 한정 / 28
4. 문제 취급의 방법 / 35
5. 자료에 대해서 / 38

Ⅱ. 본론 …… 44

1장. 십이처설 …… 44

1. 연기론의 시초 / 44
2. 작용반응의 관계 / 50
3. 업설과의 관계 / 55
4. 세간법의 체계 / 60

2장. 육육법설 …… 62

1. 육육법의 명칭 / 62
2. 육육법의 독립성 / 67

3. 육식의 소연 문제 / 69
4. 불교 특유의 주이관 / 74
5. 인연론에로의 발전 / 86
6. 십팔계의 성립 / 98
7. 육육법의 교리조직 / 104

3장. 오온설 114
1. 오온의 특질 / 114
2. 육계의 성립 / 127
3. 오온의 발생 / 133
4. 사성제와의 관계 / 137
5. 사과의 문제성 / 148

4장. 십이연기설 155
1. 연기의 구조 / 155
2. 명 / 163
3. 아함교설의 완성 / 171
4. 제법개공 / 174
5. 연기론 여설 / 179

Ⅲ. 결론 186
※ 참고문헌 / 192
Summary / 194

반야심경에 나타난 연기론적 교설에 대하여

Ⅰ. 서언 205

Ⅱ. 불교의 '무'에 대한 논리적 근거 207

Ⅲ. 대승불교의 논리적 딜레마 210

Ⅳ. 반야심경의 연기론적 교설 215

1. 궁극적 실체로서의 반야바라밀다 / 216

2. 유심적 사지연기 / 222

Ⅴ. 결어 225

※ 참고문헌 / 227

※ 범어 반야심경 및 한글역 / 228

원시불교의 외도론

Ⅰ. 정통 바라문의 사상 235

1. Śāndilya의 사상 / 235

2. Uddālaka Āruni의 사상 / 237

Ⅱ. 신흥사문의 사상 266

1. 육사외도 / 266

2. 지나교 / 277

Ⅲ. 불교의 외도비판 ·· 283

1. 삼종외도설 / 283

2. 오종악견 / 289

3. 육십이견설 / 293

※ 참고문헌 / 295

지송아함경

한글본 / 299

한문본 / 357

팔리어본 (범자, 로마자) / 404

아함법상의 체계성 연구
阿含法相 体系性 研究

병고 고익진

Ⅰ. 서론序論
Ⅱ. 본론本論
　1. 십이처설十二處說
　2. 육육법설六六法說
　3. 오온설五蘊說
　4. 십이연기설十二緣起說
Ⅲ. 결론結論
※ 참고문헌
※ Summary

Ⅰ. 서론序論

1. 논論의 목적

아무리 금구소설金口所說이라 해도 그것을 불가의不可疑의 진리로서 받아들이고만 있는 한은 반야般若(paññā)라고 할 수는 없다. 그런 태도는 청정한 믿음을 성취한 것에 불과하다. 가령 대승불교大乘佛敎의 '제법개공諸法皆空'이라는 교설에 대해서 그것에 오래 훈습된 나머지 그것을 기정사실로 받아들여 대승은 직관에 의한 것이며, 논리를 초월한 것이라고 주장함과 같은 일은 진정한 반야가 아니요, 단지 믿음을 성취한 것에 불과하다. 또는 '제법불가득諸法不可得'이라는 전제 아래 선禪의 공안公案을 요해了解하고 언설을 떠난 표현의 기교에만 숙달함도 마찬가지이다.

믿음을 성취하는 것만으로는 진정한 불교교리의 이해라고 할 수가 없다. 믿음과 반야가 일치할 때 비로소 진정한 불교교리의 이해가 이루어진다. 모든 법이 공空하고 불가득不可得이라면, 그것은 도대체 어떤 이유로 그렇게 말하고 있는가를 스스로 알아내지(pajānāti) 않으면 안 된다. 그리하여 모든 의심이 다한 확고부동한 논리적 근거를 갖고 제법개공諸法皆空·제법불가득諸法不可得에 사무쳐야 한다. 이때 비로소 그에 대한 진정한 이해가 이루어지는 것이다.

대승불교는 흔히 B.C 1C경에 흥기한 것으로 생각되고 있지만, 그 내용을 검토해보면 검토해 볼수록 그 정신과 이론은 아함阿含의 그것과 너무나도 밀접한 관계를 갖고 있다. 대승의 이론적 기초를 이루고 있는 것은 아함이요, 아함을 완성하고 있는 것은 대승이라고 말할 수 있을 정도이다.

대승불교가 이와 같이 아함의 정신과 이론을 기초로 성립한 것이라면 그의 올바른 이해를 위해서는 아함에서부터 이론적 기초를 닦아 가지 않으면 안 된다. 그러지 않고는 청정한 믿음은 이룰 수 있을지언정 믿음과 반야가 일치된 진정한 이해는 얻지 못할 것이다. 아함을 거치지 않고 대승의 진정한 뜻을 알아내는 상근기上根機가 있겠지만, 그런 경우에도 반드시 아함은 아니더라도 그와 비슷한 논리적 과정은 거쳐야 한다.

이런 견지에서 본서는 대승불교의 기초학으로서의 아함교설阿含教說의 체계성體系性을 밝히려는 것이다. 아함은 불법佛法의 보고寶庫라 할 만큼 무한한 법보法寶를 함장하고 있다. 그러한 법문法門(dhamma-pariyāya)은 부처님의 수의설법隨宜說法에 의한 일미一味의 것으로 생각된다. 따라서 거기에서 어떤 체계성을 찾으려 함은 커다란 잘못이라고 말하는 사람이 있다. 그러나 아함의 교설을 고찰해보면 그들 사이에 놀랄 정도로 정연한 의미연관의 체계가 존재함을 볼 수 있다. 본서는 아함교설阿含教說의 그러한 논리적인 체계성을 밝혀 대승불교의 올바른 이해에 확고한 기초를 다지고자 한다.

2. 아함의 설상說相

불교경전, 특히 아함에는 다른 종교의 경전에서 보기 드문 독특한 설교형식說敎形式(說相)이 있다. 이런 현상은 설법에 임하여 부처님이 취한 독특한 방침에 의한 것으로 생각된다.

1) 수의성隨宜性

부처님은 자신이 깨달은 연기緣起(paṭiccasamuppāda)가 너무나 심묘한 것이어서 애탐愛貪에 가린 중생들이 도저히 이해할 수 없는 것임을 느끼고 설교를 단념하기에 이르셨는데, 전법傳法에 나선 것은 오로지 범천梵天의 권청에 의한 것이라 한다.[1] 따라서 부처님은 중생들의 근기에 충분한 배려를 하고 그에 알맞은 법문을 설하셨음에 틀림없다. 중생의 근기는 연못에 무수한 청靑·홍紅·백련白蓮이 떠 있거나 또는 잠겨 있듯이 가지가지 양상과 지적知的 수준을 드러내고 있다.[2] 따라서 그에 알맞은 법문도 가지가지로 나타날 수 밖에 없다. 아함에는 무수한 법문이 잡다하게 설해져 있는데, 이것은 바로 그러한 수의설법隨宜說法에 기인한 것으로 해석된다.

2) 일미성一味性

부처님은 또 "바다는 짠 맛이 동일미同一味인 것과 같이, 나의 정법률正法律(dhamma-vinaya)은 무욕無欲·각覺·식息

---

1) 『M.N.』 I (26. pāsarāsisuttam), pp.217~218
2) 上揭書 p.219

·도미道味가 그러하느니라"[3]고 설하고 계신다. 아함의 법문은 어느 것이나 다 평등한 대우와 취급을 받고 있다. 예를 들면, 유위법有爲法에 속한 십이처十二處, 육육법六六法, 오온五蘊, 십이연기十二緣起 등에 다 같이 일체一切·세간世間·무상無常·무아無我와 같은 술어가 연결되어 있으며, 수행문修行門에 속한 사념처四念處·사정단四正斷·팔정도八正道·사증정四證淨 등에 대해서도 다같이 그것은 일승도一乘道(ekayāna)요, 사과四果·열반涅槃·삼먁삼보리三藐三菩提에 이르는 최상의 길이라고 설해져 있는 것이다. 그리하여 각각 단독적으로 아함의 곳곳에 자유로이 산설되고 있다. 이러한 현상은 모든 법이 다 평등한 일미一味의 것이라는 부처님의 시사에 잘 상응하고 있으며, 아함의 교설은 단순한 수의설隨宜說이지 결코 체계적으로 설해진 것이 아니라는 인상을 짙게 하는 것이다.

3) 합의성合義性

뜻(attha)과 법(dhamma)에 맞지 않는 것은 결코 설하지 않는다는 것이 부처님의 태도였다.

만동자鬘童子(Māluṅkyaputta)가 세계의 상常·무상無常 등을 물어왔을 때 부처님은 그런 문제가 "뜻과 법에 상응하지 않고 범행梵行의 원인이 되지 않으며 알음과 깨달음과 열반에 향하는 것이 아니므로 일향一向히(ekantam) 설하지 않는

3) 『中阿含』卷8「阿修羅經」, 高麗 17, p.1105.b ; 大正 1, p.476.c

다"[4]고 답변을 거절하신 것은 유명한 이야기다. 부처님이 설하신 바는 오직 그러한 목적에 계합한 것에 한정된 것으로, 그것은 부처님이 깨친 전체에 비할 때 실로 '대림大林 중의 일엽一葉'[5]에 불과했던 것이다. 뿐만 아니라 그러한 부문에 대해서도 부처님은 간략히 법요法要만을 약설하여 자세히 분별하지 않으심이 보통이었다.[6] 아함의 이러한 합목적성과 철학적인 사색(takka)의 금지는 그 교설이 오직 현실문제(苦)를 해결하려는 것이지 결코 철학적이거나 논리적인 것일 수 없다는 생각을 다시금 굳히는 것이다.

4) 점교성漸敎性

그러나 여기에서 한 가지 주의해야 할 점이 있다. 그것은 부처님이 "나의 법률法律은 점차례작漸次第作*하여 성취成就에 이른다"[7]고 여러 가지 비유를 들어 설명하고 계심이다. 부처님의 제자 중에는 스승이 베푼 교설에서 그러한 면을 발견하고 놀라움을 표시한 이도 있다. 그는 곧 사리불舍利弗로서 부처님의 삼세절륜의 수승한 깨달음을 찬탄한 뒤 부처님의 교설이

---

4) 『中阿含』 卷60 「箭喩經」, 高麗 18, p.306.c ; 大正 1, p.805.b
5) 『雜阿含』 卷15 高麗 18, p.858.a ; 大正 2, p.108.b(404)
6) 『雜阿含』 卷8, 高麗 18, p.780.c ; 大正 2, p.53.b(211)
7) 『中阿含』 卷8 「阿修羅經」, 高麗 17, p.1105.a ; 大正 1, p.476.b
* 편집자 주 : 점차례작漸次第作을 점차제작으로 읽는 경우가 있으나, 점점 순서를 따라 이루어짐을 의미하는 것으로 고익진 교수님께서는 점차례작으로 읽으셨다. 이와 같은 혼동은 불교의 중요한 선정 차례인 '구차례정(九次第定)'을 구차제정으로 읽는 것에도 발견되고 있다.

“점점(轉轉) 깊어지고 점점 고상해지며 점점 승묘勝妙해진다”[8]고 탄복하고 있다. 아함의 모든 법문이 다 평등한 일미一味의 것이요, 각각 독립적이고 최상의 것이라면, 이 ‘점차례작漸次第作’은 도대체 무엇을 의미하는 것일까? 아함에는 이에 대해 아무런 설명이 없다. 또 설명될 리도 없다. 모든 법이 다 일미一味의 것이고, 최상의 것으로 주어진 이상, 그들 사이에 설혹 어떤 점차례적漸次第的인 선후관계가 있다 하더라도 결코 밖으로 언표되지 않을 것이기 때문이다. 따라서 그 ‘점차례작’의 시사는 아함교설의 내면상內面相을 은연히 드러낸 것이며, 그런 내면內面에 있어서는 어떤 점교적漸教的인 체계가 있지 않을까 하는 생각을 갖게 하는 것이다. 본서는 아함교설의 체계성을 밝히려는 것이므로 특히 이런 점에 세심한 주의를 집중할 것이다.

5) 자증성自證性

이 문제와 관련해서 또 한 가지 주의해야 할 점이 있다. 그것은 부처님이 제자들에게 부처가 설한 법에 대해서 “홀로 고요한 곳에서 전정사유專精思惟하여 그 뜻을 관찰觀察하라”[9]고 누누이 설유說諭하고 계심이다. 그리고 어디까지나 “자기 자신에 의지하며 딴 것에 의지하지 말라”[10]고 강조하고 계심이다. 아함의 이러한 자지자증自知自證의 강조는 언설보다는 그 의

8) 『雜阿含』 卷18, 高麗 18, p.889.a ; 大正 2, p.131.a(498)
9) 『雜阿含』 卷8, 高麗 18, p.777.c ; 大正 2, p.51.b(200)
10) 『雜阿含』 卷24, 高麗 18, p.952.a ; 大正 2, p177.a(638)

미 내용에 중대한 것이 있으며 언설言說에 대한 피상적인 관찰만으로 아함교설의 성격을 규정할 수 없음을 나타내고 있다.

6) 선설성善說性

언설이 이와 같이 자증을 위한 하나의 방편으로써 항상 뗏목(栰)에 비유[11]되고 있는 것이라면, 그렇게 자증하는 데에 필요한 '뜻'만은 주도면밀한 배려와 조직 속에 잘(善) 부각되어 있을 것임에 틀림없다. "처음과 중간과 끝이 선설善說이며, 선의선미善義善味"[12]라는 부처님의 자찬自讚은 그런 점에 있어서의 자신과 긍지를 나타낸 것으로 생각된다. 아함의 집약적이고 반복적인 문장형식도 우리에게 무엇인가를 느끼게 하는 바가 있다.

이상과 같이 아함에는 다른 종교에서 보기 드문 여러 가지 독특한 설상說相이 있다. 아함교설의 고찰은 그것이 지닌 이런 모든 특징을 염두에 두고 행해지지 않으면 안 된다. 아함을 덮어 놓고 수의설隨宜說이며, 논리적 체계성을 결한 것이라고 속단해서는 안 된다. 그런 점이 없는 것은 아니지만, 그것은 아함 설상說相의 일면에 불과한 것이다.

---

11) 『中阿含』 卷54 「阿梨吒經」, 高麗 18, p.248.a ; 大正 1, p.764.c
12) 『雜阿含』 卷24, 高麗 18, p.950.c ; 大正 2, p.176.a(636)

3. 문제의 한정

1) 고찰의 대상

아함에 설해 있는 그 많은 법문을 여기서 일일이 다 고찰할 수는 없으므로 그 중에서 가장 중요하고 핵심적인 것만을 골라 고찰의 대상을 삼고자 한다. 그리고 그러한 법문에 대해서도 논리적인 체계성과 관련이 있는 부면部面에만 고찰을 국한시킬 것이다.

불교교리는 크게 두 가지로 가를 수가 있다. 하나는 우리의 현실세계(有爲法)가 어떻게 나타나는가를 밝혀주는 부분과, 다른 하나는 진여법계眞如法界(無爲法)에 돌아가 올바른 삶을 찾도록 길(道)을 제시해 주는 부분이다. 이 두 가지 법문에서 후자는 전자에 의해서 성립되고 있다. 따라서 그러한 조직을 가진 교설에 대한 체계성의 탐구도 전자를 중심으로 진행되지 않으면 안 될 것이다.

아함에서 현실세계(有爲法)를 밝혀주는 법문은 다음과 같은 말들과 연결되어 있다.

① 일체一切(sabbam) · 세간世間(loka) : 우리의 현실세계를 아함에서 일체一切나 세간世間으로 부르고 있으므로 그러한 말이 술어로 연결되어 있을 것은 당연한 일이다. 그러나 이 술어는 한 걸음 더 나아가 그의 주어主語에게 독자적인 교리조직을 소유한 하나의 완전한(一切) 독립법문이라는 뜻을 부여한다. 또는 어떤 경우에는 일체법의 분류기준이라는 뜻을 줄 때도 있

다. 따라서 본서에서 고찰의 대상을 삼으려는 법문은 반드시 이러한 성질, 다시 말하면 독자적인 교리조직을 소유한 하나의 완전한 독립법문이라는 조건을 만족시킬 수 있어야 한다.

② **무상無常(anicca)·고苦(dukkha)·무아無我(anatta)·공空(suñña)** : 아함의 잡다한 법문 중에서 유위법(saṅkhata-dhamma)을 가려내는 가장 확실한 징표는 무상·고·무아(空)이다. 유위법은 우리의 미혹迷惑에서 연기한(paṭicca-samuppanna) 것이므로 그러한 속성을 갖고 있는 것이다. 아함에는 이밖에도 이와 비슷한 말들이 술어로 많이 쓰여 있는데, 그 중에서 몇 가지를 소개하면 다음과 같다. 병病(roga)·자刺(salla)·살殺(ābadha)·변역법變易法(vipariṇāma-dhamma)·괴법壞法(khaya-dhamma)·멸법滅法(vaya-dhamma).

③ **집集(samudaya)·멸滅(atthaṁgama)·미味(assāda)·환患(ādinava)·리離(nissaraṇa)** : 우리의 현실세계가 그러한 속성을 가진 것이라면 그에 대한 확실한 알음을 갖고 그를 대치하지 않으면 안 될 것이다. 따라서 그러한 법에는 '그의 집集·멸滅·미味·환患·리離를 여실如實히 안다(pajānāti)'는 말이 따르고 있다. 여기에서 '집集'은-오온五蘊의 색色을 예로 들면-애희愛喜(kāma-nandī)를 가리키고, '멸滅'은 애희愛喜(kāma-nandī)의 멸滅을, '미味'는 색色을 연하여 희락喜樂(sukha-somanassa)이 일어난 것을, '환患'은 색色이 무상無常·고苦·변역법變易法임을, 그리고 '리離'는 색色에서

욕탐欲貪(chanda-rāga)을 조복調伏하여 여의는 것[13]을 각각 가리킨다. 이 다섯 가지 가운데 처음의 둘(集滅)은 고苦·집集(samudaya)·멸滅·도道 사성제四聖諦의 중간부와 같다. 따라서 어떤 경우에는 그곳이 사성제로 대치되어 일곱 가지 알음으로 불어난 일도 있다. 일곱 가지를 칠처七處(sattaṭṭhāna)[14]라고 한다.

아함에서 이상과 같은 말이 결합된 법문을 찾아보면 어렵지 않게 네 가지 법문을 가려낼 수 있다. 그 네 가지 법문과 그의 속성을 나타내는 말이 결합된 예를 참고로 하나씩 들어보면 다음과 같다.

① 십이처十二處 :

일체一切다. 〈雜阿含 卷13, 高麗 18, 833c ;
大正 2, p.91.a(319)〉

무상無常하다. 〈雜阿含 卷8, 高麗 18 744c ;
大正 2, p.49.b(188)〉

집멸미환리集滅味患離를 안다. 〈雜阿含 卷8, 高麗 18, p.779.b ; 大正 2, p.52.c(209)〉

② 육육법六六法 :

일체다. 〈雜阿含 卷8, 高麗 18, p.775.c ;
大正 2, p.50.a(195)〉

무상하다. 〈雜阿含 卷8, 高麗 18, p.775.c ;

13) 『雜阿含』 卷2, 高麗 18, p.719.c ; 大正 2, p.10.a(42)
14) 上揭書 ; S.N. Ⅲ, p.291(Sattaṭṭhānasuttaṁ)

大正 2, p.50.a(195)〉
집멸미환리를 안다. 〈雜阿含 卷8 高麗 18, p.781.b ;
大正 2, p.54.a (213)〉

③ 오온五蘊 :
세간世間이다. 〈雜阿含 卷49, 高麗 18, p.1200b ;
大正 2, p.359.a (1307)〉
무상하다. 〈雜阿含 卷1, 高麗 18, 707a ;
大正 2, p.1.a(1)〉
집멸미환리를 안다. 〈雜阿含 卷2, 高麗 18, 721.b ;
大正 2, p.11.a〉

④ 십이연기十二緣起 :
세간이다. 〈雜阿含 卷15, 高麗 18, 848.a ;
大正 2, p.101.a(366)〉
무상하다. 〈雜阿含 卷5, 高麗 18, 846.b. ;
大正 2, p.101.b(368)〉
사제四諦를 알라. 〈雜阿含 卷14, 高麗 18, 846.a ;
大正 2, p.99.c(356)〉 [15]

이 네 가지 법문 외에도 무상無常이나 집멸集滅과 같은 말이 결합된 법문은 많다. 예를 들면 사식四食, 오근五根, 삼수三受, 명색名色, 십팔계十八界, 사대四大, 육계六界와 같은 것들이다. 그러나 이들은 위에 제시한 세 가지 조건에 대해 모두 한두 가

15) 十二緣起에는 '集滅味患離를 안다'는 정형적인 經文이 안 보이지만 緣起 자체에 그 뜻이 다 포함되어 있다.

지의 결함을 갖고 있다. 사식四食과 오근五根은 현실세계(一切, 세간)를 가리키는 것이 못 되며, 삼수三受와 명색名色은 육육법六六法이나 십이연기十二緣起의 한 지분에 포섭되는 것이다.

그리고 십팔계와 (사대四大를 포함한) 육계는 오온·십이처와 동일한 취급을 받고 있지만, 한편으로는 진여법계와 같은 구실도 나타낼 때가 있으므로 제외되는 것이다. 비담毘曇의 삼과분류三科分類(蘊·處·界)에서 십팔계는 오온·십이처와 동일한 위치에 있음은 물론이다. 이것은 아함에 이미 근거를 가지고 있다. 즉, 잡아함 권2(고려 18, p.719.c ; 大正 2, p.10.c)의 '칠처선삼종관의七處善三種觀義'에서 그 '삼종三種'은 음陰·계界·입入을 가리키는 것이다. 그리고 산발적으로 음·계·입 또한 인연화합성因緣和合性이며,16) 육계는 비아非我이며,17) 그 집멸미환리集滅味患離를 알아야 한다.18)고 설해 있는 것이다. 따라서 십팔계나 육계를 제외한 데에 대하여 의아로움을 금하지 못할 사람이 없지 않을 것이다.

그러나 십팔계나 육계에 무상無常·무아無我와 같은 술어가 결합된 예는 극히 드물어 위에 든 네 가지 유위법에 비할 바가 못 된다. 그리고 계(dhātu)라는 말은 무루無漏나 상주불변常住不變의 원리와 같은 뜻으로 쓰일 때가 있다. 예를 들면 "어

16) 『雜阿含』卷45, 高麗 18, p.1160.a ; 大正 2, p.327.c(1203)
17) 『中阿含』 卷34 「商人求財經」, 高麗 18, p.77.a ; 大正 1, p.645.a
18) 『雜阿含』卷43, 高麗 18, p.1144.a ; 大正 2, p.315.b(1175)

떤 것이 감로甘露입니까"라고 물었을 때 부처님은 계界를 이름하여 설하는 것이지만, 단 유루有漏를 다한 것에 대한 이름이니라"[19]고 대답하고 계신다. 또한 사리불(舍利佛)의 지혜에 대해서 부처님이 '선입법계善入法界'라고 하셨으며,[20] 연기緣起에 대해서도 부처가 세상에 나오건 안 나오건 '법계法界・상주常住'라고 말하신 일이 있다.[21] 뿐만 아니라 뒤에–본론에 가서 논하겠지만–십팔계와 육계는 육육법과 오온에 대해서 연기론적緣起論的인 성립근거, 다시 말하면 그들에 대해서 일종의 진여법계와 같은 역할을 하고 있다.

십팔계와 육계가 그와 같이 진여법계와 같은 성질을 가졌다면 무슨 이유로 그들을 온蘊・처處와 동일한 취급을 하여 '무상無常・무아無我라고 말하는가'라고 물을 사람이 있을지 모른다. 그러나 거기에는 그럴 만한 이유가 또 있다. 아함의 교설은 –이것도 본론에 가서 논하겠지만–궁극적으로 십이연기설에 유도함을 목적으로 한다. 그러므로 그 이전의 모든 법은 그러기 위한 예비적인 법문으로서, 거기에 영원히 지주止住함을 용납하지 않는다. 모든 법은 십이연기설에 흘러들어가야 한다. 따라서 십팔계와 육계도 결국은 무상無常・무아無我한 것으로 가르쳐지고 온蘊・처處와 동일한 취급을 받게 된 것이다. 이와 같이 십팔계와 육계는 일종의 '과도기적' 진여법계의 성질을 띠고 있으므로 본서에서 고찰의 대상으로 삼으려는 유위법에

---

19) 『雜阿含』 卷28, 高麗 18, p.982.c ; 大正 2, p.199.a(753)
20) 『雜阿含』 卷14, 高麗 18, p.840.b ; 大正 2, p.95.c(345)
21) 『雜阿含』 卷12, 高麗 18, p.826.a ; 大正 2, p.85.b(299)

서 일단 제외된 것이다.

2) 체계성

고찰의 대상이 확정되었으면 다음은 거기에 어떤 체계성이 있는가를 고찰하는 것이 본서의 목적이 될 것이다. 그 고찰은 두 가지 면으로 행해져야 한다. 먼저 십이처·육육법·오온·십이연기의 각 법문 자체 내에서의 교리조직을 밝히는 것이니, 이것은 필연적으로 그 각 법은 무엇을 근거(眞如)로 집멸集滅하는가를 문제로 삼게 된다. 다음은 그 네 가지 유위법 상호간에는 어떤 체계적인 연관(漸教性)이 있는가를 밝히는 일이다. 좀 더 구체적으로 말하면 그들은 상호간에 어떠한 인연因緣을 갖고 성립하게 되었는가를 밝히는 일이다. 이 두 가지 고찰에서 본서가 특히 중점을 두는 것은 후자에 속한다.

아함의 교설에 대한 이러한 고찰은 이제까지 한 번도 시도된 일이 없는 것 같다. 따라서 종래의 선입관을 버리고 본서를 읽어줄 것을 미리 부탁드린다.

4. 문제 취급의 방법

1) 법상에 의함

모든 경설經說을 다 부처님의 요의설了義說이라고 할 수 없다는 『구사론俱舍論』의 주장은[22] 아함의 교설을 관찰할 때 정당한 견해라고 해야 한다. 어떤 때는 수승殊勝한 것에 따라 설명할 때가 있으니(隨勝說), 예를 들면 지계地界를 발髮·모毛·조爪 등이라고 설명하는 따위와 같다.[23] 어떤 때는 밀의密意로 설할 때가 있으니(密意說), 예를 들면 집제集諦를 애愛라고 설명하는 따위와 같다.[24] 이러한 설명은 부처님이 자신의 뜻을 완전히 개진하는 요의설了義說이 아니라는 것이다.

수승설隨勝說이나 밀의설密意說은 아함의 설명법을 이르는 말이다. 아함은 어떤 법을 다른 법에 의해 설명하는 것이 보통이다. 예를 들면, 오온五蘊은 육육법六六法에 의해 설명되고, 십이연기十二緣起는 육육법과 오온에 의해 설명되고 있다.

좀 더 구체적으로 말하면, 오온의 수受는 육수신六受身이라고 설명되어 있는데, 이 육수신은 육육법六六法의 육수신인 것이다. 그리고 십이연기十二緣起의 무명無明은 사제四諦에 대한 무지無知라고 했는데, 이 사제는 오온설五蘊說에 속한 것이다. 구사론의 밀의설은 바로 이러한 설명법을 가리키고 있다.

아함의 이러한 설명법은 그 교설이 설해진 순서를 밝히는 데

---

22) 『俱舍論』 卷9, 高麗 27, p.523.c ; 大正 29, p.50.a
23) 上揭書
24) 『俱舍論』 卷22, 高麗 27, p.617.a ; 大正 29, p.116.a

에 중요한 빛을 던져주고 있다. 오온이 육육법에 의해 설명되어 있다면, 육육법은 오온보다 먼저 설해진 법임에 틀림없다. 설명이란 아는 것을 가지고 모르는 것을 설명하는 것이므로 육육법은 이미 알고 있는 것, 다시 말하면 이미 설해진 것이어야 하기 때문이다. 따라서 아함의 밀의설은 그 교설이 설해진 순서에 중요한 빛을 던져 주는 것이다.

그러나 이러한 수승설隨勝說이나 밀의설密意說은 부처님의 요의설了義說이라고 할 수는 없다. 이들은 기껏해서 지적이나 상호대조에 불과한 것이다. 따라서 부처님의 진정한 뜻은 법 그 자체에 있음을 알 수 있다. 그러나 이에 대해서 부처님은 더 이상 설하시지 않고, 각자 스스로 전정사유專精思惟하여 그 뜻을 관찰하라고 설유하실 따름이다. 법 그 자체가 나타내는 뜻을 『구사론』은 '법상法相'이라고 부르고 있다.

법상이라는 술어는 법이 지니고 있는 본질적인 성질(體相), 또는 그 의미 내용(義相)을 가리킨다. 이 말이 그런 뜻으로 사용된 예를 이미 아함에서 볼 수가 있다. 부처님이 가전연迦旃延을 중심으로 한 한 무리의 비구比丘에 대해서 "모두가 제경諸經을 분별하여 법상을 선설善說할 수 있다"25) 고 말씀하신 일이 있는 것이다. 대승 반야경에도 같은 뜻으로 쓰이고 있음을 본다.26) 따라서 법상이라는 말은 아함교설의 '진정한 뜻'이

25) 『雜阿含』 卷16, 高麗 18, p.868.b ; 大正 2, p.115.b(447)
그러나 이에 해당한 팔리 니카야의 Caṅkamasuttaṁ (『S.N.』II, p.132)에는 그에 해당한 문장이 안 보인다.

26) 일례를 들면 "當知 一切法略廣相 須菩提言 世尊 云何菩薩摩訶薩知一切法略廣相 佛言知色如相 知受想行識 乃至 知一切種智如相"(『

란 의미로 사용해도 좋다.

이렇게 볼 때 부처님의 요의설은 '법 그 자체', 다시 말하면 오직 '법상' 뿐이라고 말할 수 있다. 『구사론』이 "아비달마阿毘達磨는 법상에 의하여 설하는 것이니, 이것이 경설經說과 다른 점이다"27)라고 한 것은 참으로 당연한 말이면서 주의할 만한 가치가 있다. 따라서 본서도 그 목적하는 바의 성질상 법상에 의하지 않을 수 없다. 본서의 제목을 『아함법상阿含法相의 체계성體系性 연구硏究』라고 한 것도 그 뜻이 여기에 있다.

2) 경증經證의 정리

그러나 법상法相에 의한 연구는 잘못하면 지나친 철학적 사변에 흐를 위험이 있을 뿐만 아니라, 무엇보다도 두려운 것은 아함교설阿含敎說의 귀중한 자증성自證性을 손상할 우려가 있다.

따라서 본서는 그런 점을 충분히 고려하여 지나친 논술을 삼가하고 법상적인 체계 아래 경증經證을 정리해가는 방법을 취하기로 한다. 이런 방법은 때로는 경증의 부족으로 논지가 모호해질 때도 없지 않겠지만, 이것은 불가피한 일이다. 왜냐하면 아함이나 팔리니카야巴利尼柯耶(pāli-nikāya)가 이미 불멸 후 상당한 후대의 편찬이므로 그동안에 부파불교部派佛敎의 견해가 가미될 가능성이 짙으며, 산실된 경문經文도 적지 않을 것이기 때문이다.28)

摩訶般若波羅蜜經』 卷21, 高麗 5, p.450.a ; 大正 8, p.371.c)
27) 『俱舍論』 卷9, 高麗 27, p.522.a ; 大正 29, p.48.c
28) 木村泰賢, 『原始佛敎思想論』 p.5

5. 자료資料에 대해서

1) 한역漢譯 4아함阿含

이 본서는 한역 4아함을 소의所依로 하고 있다. 한역 문헌文獻이 제공하는 원시불교原始佛敎의 연구자료硏究資料로는 이 밖에도 율장律藏이 있고, 별역잡아함別譯雜阿含을 비롯한 상당수의 이역異譯・단행경單行經들이 있지만, 원시불교의 교리 연구를 위해서는 4아함이 핵심적인 것이 되기 때문이다. 4아함의 내용을 소개하면 다음과 같다.

① 장아함長阿含(Sk. dīrghāgama) : 22권 4품 30경, 법장부法藏部 소속, 후진後秦 불타야사佛陀耶舍・축불념竺佛念 공역共譯(AD. 412~413) … 大正藏 1(no.1). 高麗藏 17.
② 중아함中阿含(Sk. mādhyamikāgama) : 60권 5송誦 222경, 유부有部 소속, 동진東晋 구담승가제바瞿曇僧迦提婆 역譯(AD.397~398) … 大正藏 1(no.26). 高麗藏 17~18.
③ 잡아함雜阿含(Sk. saṁyuktāgama) : 50권 약 1500경, 유부계有部系 소속, 송宋 구나발타라求那跋陀羅 역譯(AD.435~443) … 大正藏 2(no.99). 高麗藏 18.
④ 증일아함增壹阿含(Sk. ekottarikāgama) : 51권 약 500경(1법 내지 11법), 대중부大衆部 소속, 동진東晋 구담승가제바瞿曇僧迦提婆 역譯(AD.397) … 大正藏 2(no.125). 高麗藏 18.

이 4아함은 그 하나하나가 본래 별개別個의 부파部派에 속했던 것이라 한다. 즉, 장아함은 법장부法藏部에, 중아함과 잡아함은 유부有部에, 증일아함은 대중부大衆部에 각각 속했던 경전인데 이들이 우연偶然하게도 한역漢譯되어 4아함을 이루게 되었다는 것이다.29) 그러나 그들이 제공하는 교리에는 커다란 상위가 느껴지지 않는다. 따라서 본서는 소속부파에 구애됨이 없이 그들을 주어진 자료로서 평등하게 취급하기로 한다. 장아함長阿含은 긴 경전을, 중아함中阿含은 중간 정도의 경전을, 나머지 두 아함은 짧은 경전을 집성한 것이다. 그리고 잡아함雜阿含은 설법을 종류에 따라 분류한 것이고, 증일아함增阿含)은 설법 내용을 법수法數에 따라 1법으로부터 11법으로 분류한 것이다.30)

그러나 4아함 중에서 가장 원초적原初的인 설법형태說法形態를 보여주고 있는 것은 잡아함이다. 거기에는 문학적文學的인 수식修飾이나 소설화小說化는 찾아보기 힘들고, 모든 교설은 짤막하고 조잡粗雜한 형태로 드러나 있다. 아함 교설의 핵심적인 알맹이만이 교설의 내용에 따라 한 데에 모여 있는 것이다. 따라서 본서는 특히 잡아함에 중점을 둘 것이다.

한역 4아함은 여러 가지 간본刊本을 통해 접할 수 있지만, 본서가 전거로 삼는 것은 동국대학교에서 영인 간행한 『고려대장경』(卷17, 18)이다. 학계學界에서 의거하고 있는 것은 대개 일본의 『대정신수대장경大正新修大藏經』(卷1, 2)인데, 이것은 띄어쓰기와 구두법句讀法이 실시되어 있을 뿐만 아니라

---

29) 水野弘元, 『原始佛教』, p.8
30) 上揭書

팔리 니카야와도 대조되어 퍽 편리한 간본刊本이지만, 일반 학도로서 우리나라에서는 이용하기 어렵다. 따라서 본서는 우리의 고려대장경을 전거로 모든 고증考證(reference)을 한다. *

* 본 논문을 발표하던 당시(1970)에 비해 오늘날에는(2015년) 『대정신수대장경』을 많은 사람들이 손쉽게 이용할 수 있으므로 본 논문을 교정보는 가운데 『고려대장경』과 『대정신수대장경』을 함께 표기하였다.

2) 팔리 5니카야巴利五尼柯耶

한역 4아함에 대한 범문원전梵文原典은 거의 산실되어 오늘날 겨우 몇 편의 단간斷簡들이 남아 있을 뿐이다. 그러나 남방 상좌부上座部의 팔리삼장巴三藏(pāli-tipiṭaka)은 정연한 형태로 보존되어 있으니 참으로 다행한 일이 아닐 수 없다. 그 중에서 아함에 해당하는 것은 경장經藏(suttapiṭaka)인데, 이 경장은 5니카야(Nikāya)로 되어 있다.

(1) Dīgha-nikāya 장부長部(Dīgh.) ; 3vaggas(部) 34suttas(經)…PTS 3vols. ; NDP 3vols.
(2) Majjhima-nikāya 중부中部(Maj.) ; 152suttas… PTS 3vols. ; NDP 3vols.
(3) Saṁyutta-nikāya 상응부相應部(Saṁ.) ; 5vaggas 56 samyuttas相應 2941suttas…PTS 5vols ; NDP 4vols.
(4) Aṅguttara-nikāya 증지부增支部(Ang.) ; 11nipātas集 2308suttas…PTS 5vols. ; NDP 4vols.
(5) Khuddaka-nikāya 소부小部(Khud.) ; PTS(Jataka 제외) ;

NDP 7vols.

① Khuddaka-pāṭha 소송경小誦經(Khp.) ; NDP vol.1
② Dhamma-pada 법구경法句經(Dhp.) ; NDP vol.1
③ Udāna 자설경自說經(Ud.) ; NDP vol.1
④ Iti-vuttaka 여시어경如是語經(It.) ; NDP vol.1
⑤ Sutta-nipāta 경집經集(Su.) ; NDP vol.1
⑥ Vimāna-vatthu 천궁사天宮事(Vv.) ; NDP vol.2
⑦ Peta-vatthu 아귀사餓鬼事(Pv.) ; NDP vol.2
⑧ Thera-gātha 장노게長老偈(Thag.) ; NDP vol.2
⑨ Therī-gātha 장노니게長老尼偈(Thig.) ; NDP vol.2
⑩ Jātaka 본생경本生經(Jt.) ; NDP vol.3 Part Ⅰ-Ⅱ
⑪ Niddessa 의석義釋(Nd.)
Mahā-niddessa ; NDP vol.4 Part Ⅰ
Cūḷa-niddessa ; NDP vol.4 Part Ⅱ
⑫ Paṭisambhidā-magga 무애해도無礙解道(Ptm.) ; NDP vol. 5
⑬ Apadāna 비유경譬喩經(Ap.) ; NDP vol.6-7
⑭ Buddha-Vaṁsa 불종성경佛種姓經(BV.) ; NDP vol.7
⑮ Cariyā-piṭaka 행장경行藏經(CP.) ; NDP vol.7

※( )內는 略字임.

원시불교原始佛敎의 교리연구敎理硏究에 이 5니카야의 중요성은 아무리 과대평가해도 부족할 것이다. 그들은 아함보다 일찍 성립된 것으로 생각되고 있으니 그만큼 부파적部派的인 영향影響을 덜 받은 것이라고 할 수 있다. 뿐만 아니라 그 소부小部(Khuddaka-nikāya)는 아함에 없는 것으로[31] 그 잡박한 내용에는 다른 4니카야의 어느 것보다도 이른 경전들이 포함되어 있다. 예를 들면, 경집經集과 법구경法句經은 이미 부처님 재세在世 때에 경전으로 이루어졌으며, 자설경自說經, 장노게長老偈, 장노니게長老尼偈, 본생경本生經들도 4니카야보다 일찍 성립된 것이다.[32] 따라서 이들 고경古經은 원시불교 연구에 말할 수 없는 가치를 갖고 있다. 그러나 무엇보다도 5니카야의 중요성은 그 원전성原典性에 있다. 아함교설에 대한 법상적法相的인 연구는 원전에 의하지 않으면 안 된다. 번역은 언어적言語的인 차질蹉跌로 말미암아 정확한 의사意思 전달이 어려울 뿐만 아니라, 역자譯者의 견해에 의해서 커다란 영향을 받기 때문이다.

그러나 불행하게도 본서는 팔리 니카야를 충분히 이용할 수 없었다. 그것이 최근에사 손에 들어왔기 때문이다. 따라서 서명書名에도 '아함阿含'이라는 한정사限定詞를 붙여 우선 한역 4아함만을 전거典據로 함을 나타낸 것이다. 그러나 중요하다고 생각되는 부문은 아함과 니카야를 대조해 보았으며, 특히 잡아함에 대해서는 전체를 팔리巴利 상응부相應部(Saṁyutta-nikāya)와 대조해 보았다. 본서에서 불교술어를 팔리어 위주로 한 것도 이 때문이다. 범어술어에 대해서는 'Sk.'를 붙여 팔리어와 식

31) 漢譯藏經에는 第五阿含은 없다. 그러나 巴利 第五尼柯耶에 속한 몇 개의 경전이 한역장경 속에 포함되어 있다.
32) 水野弘元, 『原始佛教』. p.9

별할 수 있도록 해 두었다.

팔리 원전原典은 남방의 여러 불교국가에서 각각 자국의 문자로 출판한 것이 있지만. 학계에 가장 널리 애용된 것은 영국英國의 팔리성전협회巴利聖典協會(The Pāli Text Society : PTS)에서 간행한 로마자판(Roman edition)이라 할 것이다. 이 협회는 1881년 T. W. Rhys Davids 씨에 의해 창립된 이래 오늘에 이르기까지 팔리의 율장律藏과 본생경本生經을 제외한 일체의 팔리 문헌을 로마자로 출판하여 원시불교연구原始佛教硏究에 절대적인 공헌을 하고 있다. 그러나 이 로마자판은 현재 절판된 것도 많고 또 우리나라에서는 얻어 보기 힘들다.

최근 인도印度에서 범자梵字(Devanāgarī)로 출판한 '나아란다 범자 팔리서梵字巴利書 시리즈(Nālandā-Devanāgarī-Pāli-Ganthamālā : NDP)'는 로마자판을 얻어 보기 힘든 우리에게 커다란 기쁨이 아닐 수 없다. 이 범자판은 인도 정부의 후원 하에 비하르(Bihar) 주정부州政府의 팔리출판국巴利出版局(Pāli Publication Board)에서 일체의 팔리삼장巴利三藏을 41권으로 출판한 것인데, 로마자판과 버마판에 대응對應(reference) 표시까지 해주어 퍽 편리한 간본刊本이다. 본서가 의거한 니카야는 이 범자판梵字版(NDP)임을 말해둔다.

Ⅱ. 본론本論

1장 십이처설十二處說

1. 연기론緣起論의 시초

1) 가장 기초적基礎的인 법문法門

대소승大小乘의 모든 경론을 통해 '온蘊·처處·계界'라는 말이 두루 쓰이고 있지만, 이 삼과분류법三科分類法 중에 가장 기초적인 것은 십이처(dvādasāyatanāni)라고 생각된다. 다시 말하면 부처님이 온·처·계와 같은 법문을 처음으로 설해 가신다면 제일 먼저 십이처부터 설해 가셨을 것이라는 말이다. 흔히 온·처·계로 연용連用되고 또 제법배열諸法配列의 경우에 특히 대승 반야경에서와 같이 오온五蘊·십이처十二處·십팔계十八界 등의 순서로 배열되므로 설법순說法順도 응당 그랬을 것이라고 생각할지 모르지만, 그것은 너무나도 단순한 생각이다. 제법배열諸法配列로 말한다면 항상 온·처·계로 정해진 것이 아니다. 팔리 상응부相應部에는 연기緣起·계界·온蘊·처處로 분절分節(vagga) 상응相應(saṁyutta)하고 있으며, 장아함長阿含 권8의 중집경衆集經을 비롯한 증일아함 등에는 1법에서 11법에 이르는 법수적法數的인 배열을 하고 있는 것이다.

따라서 온·처·계로 연용連用·배열配列되는 예가 있다고 해서 그것을 곧 설법순說法順이라고 일향一向히 말하는 것은 너무나도 단순한 생각이다.

중생의 교화를 목적으로 한 부처님이 처음부터 어려운 것을 설해 가셨으리라고는 생각할 수 없다. 중생들이 받아들일 수 있는 것에서부터 설하여 근기根機를 성숙시켜 가셨음에 틀림없다. 이것은 아함설상阿含說相의 '점차례작漸次第作'의 시사示唆에서 짐작할 수 있다. 중생들이 받아들일 수 있는 것에서부터 차례로 설해간다면, 제일 먼저 설해질 법문은 십이처일 수 밖에 없다. 왜냐하면 그것이 가장 이해되기 쉽기 때문이다. 십이처十二處는 눈·귀·코·혀·몸·마음(眼耳鼻舌身意)과 색·소리·냄새·맛·촉감·법(色聲香味觸法)의 열두 가지인데 이것은 누구나 쉽게 이해할 수 있는 것이다.

뿐만 아니라, 아함에는 실제로 십이처부터 설해가는 실례實例를 얼마든지 볼 수 있다. 일례를 들면, 잡아함 권31에는 육내입처六內入處·육외입처六外入處·육식신六識身·육촉신六觸身·육수신六受身·육상신六想身·육사신六思身·육애신六愛身·육계신六界身·오음五陰의 순서로 설해져 있음을 본다[1)]

따라서 아함교설의 점교적漸敎的인 입장에서 볼 때, 온蘊·처處·계界나 또는 본서에서 고찰의 대상으로 삼은 십이처·육육법·오온·십이연기에서 가장 기초적이요 최초로 설해졌다고 생각되는 법문은 십이처라고 하지 않을 수 없다.

---

1) 『雜阿含』 卷31, 高麗 18, p.1019.c ; 大正 2, p.224.c(892)

2) 처處(āyatana)의 어의語義

십이처는 이 세상에 있는 일체一切(sabbam)를 포섭한다. 어떤 바라문이 부처님께 "일체라는 것은 어떤 것입니까"라고 물었을 때 부처님은 그에게 "일체라는 것은 십이처十二處로서, 이것을 떠나 딴 일체를 세울 수는 없다"라고 대답하셨다.

> 所謂一切者 云何名謂一切. 佛告婆羅門. 一切者謂十二入處. 眼色耳聲鼻香舌味身觸意法 是名一切. 若復說言 此非一切 沙門瞿曇所說一切 我今捨別立餘一切者 彼但有言說 問已不知 增其疑惑. 所以者何 非其境界故.[2)]
>
> sabbaṁ vo, bhikkhave, dessami, taṁ suṇātha. Kiñca, bhikkhave, sabbaṁ.? cakkhuṁ ceva rūpa ca sotaṁ ca saddā ca ghānaṁ ca gandhā ca jivhā ca rasā ca kāyo ca phoṭṭhabbā ca mano ca dhammā ca. idaṁ vuccati, bhikkhave, sabbaṁ. yo, bhikkhave, evaṁ vadeyya-'ahametaṁ sabbaṁ paccakkhāya aññaṁ sabbaṁ paññpessāmi'ti, tassa vācāvatthukamevassa ; puṭṭho ca na sampāyeyya, uttariṁ ca vighātaṁ āpajjeyya. taṁ kissa hetu? yathā taṁ, bhikkhave, avisayasmiṁ, ti.[3)]

---

2) 『雜阿含』卷13, 高麗 18, p.833.c-834.a ; 大正 2, p.91.a(319)

3) 『S.N.』 Ⅲ, p.15

다시 말하면 일체一切는 이 십이처十二處에 들어가 완전히 분류分類・포섭包攝된다는 말이다. 이 세상에 있는 것은 오직 이 열두 가지뿐이요, 그 이외의 것은 있을 수 없다는 말이다. āyatana(處)라는 술어는 이 뜻을 잘 나타내고 있다.

āyatana는 'ā-yat'라는 동사에서 파생된 중성추상명사中性抽象名詞인데, 'ā-yat'가 '들어간다(enter in, abide in)'라는 뜻을 갖고 있으므로 āyatana는 '들어감'이라는 뜻을 갖게 된다. 한역경전에서 āyatana를 '입(入)'으로 번역한 것은 이 뜻을 취한 것이다. āyatana는 '들어간다'는 뜻에서 장소(place, abode)'라는 뜻을 갖게 되는데, āyatana를 '처(處)'나 '입처(入處)'로 한역한 것은 이 뜻을 취했음이 분명하다. 따라서 일체는 십이처라고 할 때는 '일체는 열둘(12)에 들어간다, 분류된다, 포섭된다'는 뜻이 저절로 성립되는 것이다.

여기서 우리는 불교술어佛教術語(Buddhist technical term)의 묘함에 놀라지 않을 수 없다. 이 세상에는 인간이 알 수 있는 것과 알 수 없는 것을 포함해서 무수한 종류種類의 사물이 있을 것 같지만 실은 이 열두 가지뿐이요, 그 외에는 아무 것도 있을 수 없다는 확고한 단안이 'āyatana'라는 술어 하나로 유감없이 내려진 것이다.

3) 연기성緣起性

십이처는 이와 같이 이 세상에 있는 일체一切를 가리키고 있지만 단순히 그런 뜻만을 나타낸 것이 아니다. 그것은 또 일종의 연기설緣起說임을 알아야 한다.

십이처는 주관主觀과 객관客觀의 이법二法으로 이루어져 있다.

世尊告諸比丘 當爲汝等演說二法. 諦聽善思 何等爲二. 眼色爲二. 耳聲鼻香舌味身觸意法爲二 是名二法.[4]

이 이법 가운데 전자를 내입처(ajjhattikāyatana)라 하고 후자를 외입처(bāhirāyatana)라 하는데 '내內·외外'라는 말은 우리의 주관·객관이라는 말과 같다. 팔리어 ajjhattika(內)는 범어로는 ādhyātmika인데, 이 ādhyātmika라는 형용사는 'relating to self(ātman), subjective(主觀的인)'이라는 뜻을 갖고 있으며, bāhira(Sk. bāhira 또는 bāhya)(外)는 그 반대어이기 때문이다.

그런데 이 이법二法 가운데 먼저 존재하는 것은 주관적인 내입처이다. 이런 시사示唆를 아함의 여러 곳에서 볼 수 있는데, 일례一例를 들면 육내입처六內入處를 세간世間이라고까지 말하고 있음을 본다.

云何爲世間 爲六內入處. 云何六. 眼內入處 耳鼻舌身意內入處[5]

4) 『雜阿含』 卷8, 高麗 18, p.781.a ; 大正 2, p.54.a(213)
5) 『雜阿含』 卷9, 高麗 18, p.785.b ; 大正 2, p.56.c(233)

이것은 무엇보다도 먼저 육내입처가 주主가 되어 존재하고, 외입처는 뒤에 그에 의해서 존재하게 됨을 나타내고 있다.

십이처十二處를 이루고 있는 내·외입처가 이런 관계를 갖고 있다면, 이것은 '차유고피유此有故彼有'의 관계라고 할 수 있다. 내입처內入處가 존재함으로써 외입처外入處가 존재하기 때문이다. 이것은 동시에 내입처가 사라지므로(滅) 외입처도 사라진다는 말이 되는데, 아함에는 실제로 그렇게 설하고 있음을 본다.

若眼滅 色想則離. 耳鼻舌身意滅 法想則離[6)]

이러한 십이처의 내內·외外 관계는 매우 소박하긴 하지만 일종의 연기설이라고 말할 수 있다.

여기에서 우리는 연기의 시원적始原的인 것을 본다. 연기는 현실미계現實迷界가 중생의 미혹迷惑으로부터 어떻게 일어나는가를 보여주는 법문인데 십이처(世間)는 곧 현실미계이며, 그러한 미계迷界를 성립시킨 주관적主觀的인 내입처는 무명無明이 중생의 주관적인 망정妄情인 것과 일맥상통한 것이다. 일체一切를 분류하는 기준은 얼마든지 있을 수 있는데, 그것을 제일 먼저 십이처로 분류한 것은 여기에서부터 연기설緣起說의 기초가 닦여지고 있다고 보지 않을 수 없다.

---

6) 『雜阿含』 卷8, 高麗 18, p.780.b ; 大正 2, p.53.b(211)

2. 작용作用 반응反應의 관계

1) 제6근第六根의 존재存在

십이처의 내內·외外 관계는 구체적으로 말하면 주관主觀과 객관客觀의 인식상認識上의 관계라고 말할 수 있다.

云何爲六. 眼視色 耳聞聲 鼻嗅香 舌嘗味 身覺觸 意知法.[7)]

다시 말하면 내입처는 인식주관認識主觀이고, 외입처는 그에 대한 객관대상客觀對象인 것이다. 아함에는 내입처·외입처를 내근內根·외경外境이라고도 하는데[8)] 이 근根(indriya)과 경境(attha 또는 visaya)은 그러한 인식상의 주관과 객관을 나타내는 술어로 생각된다. 왜냐하면 indriya에는 'sense-organ(감각기관)'이란 뜻이 있고, attha에는 'object(인식대상)'란 뜻이 있기 때문이다.

이와 같이 십이처의 내內·외外 관계가 구체적으로 인식상의 관계라면 제6근과 이에 대한 제6경의 존재가 문제로 되지 않을 수 없다. 왜냐하면 감각기관으로는 우리들이 보는 바와 같이 분명히 눈·귀·코·혀·몸의 오관五官 뿐이기 때문이다. 이 사실은 아함도 인정하고 있다.

云何爲五. 眼知色 耳知聲 鼻知香 舌知味 身知觸. 大泉水者

---

7) 『中阿含』 卷33 「釋問經」, 高麗 18, p.65.a ; 大正 1, p.636.b
8) 『雜阿含』 卷24, 高麗 18, p.947.b ; 大正 2, p.173.c(620)

當知是五欲也.[9]

따라서 감각기관(indriya)으로서 제6근이 존재하여 십이처를 이루게 되었다는 것은 다시 한 번 생각해 볼 문제라고 하지 않을 수 없다. 그러나 우리의 인식관계를 조심히 고찰하면 제6근이 존재하지 않을 수 없다. 우리의 감각기관을 자세히 살펴보면 오직 자기 경계만을 인식할 수 있을 뿐 다른 경계는 절대로 인식할 수 없다.

有五根異行異境界 各各受自境界 眼根 耳鼻舌身根
此五根異行異境界 各各受自境界[10]

다시 말하면, 우리의 오관五官은 각각 독립한 하나의 왕령王領과 같은 성질을 띠고 있다.

그런데 indriya(根)라는 술어는 오관의 이런 왕령과 같은 성질을 잘 나타내고 있다. indriya는 indra(chief of vedic gods)에 2차적 접미사 '-ya'가 결합하여 'belonging to indra'와 같은 뜻을 나타내는 형용사인데, 이것이 중성명사로 쓰일 때는 indra신神의 힘(might), 또는 dominion(主權, 王領)과 같은 뜻을 나타내기 때문이다.

오관이 이와 같이 각각 독립된 왕령과 같은 성질을 갖고 있

9)『中阿含』卷25,「念經」, 高麗 17, p.1269.a ; 大正 1, p.590.a
10)『中阿含』卷58「大拘絺羅經」, 高麗 18, p.286.a ; 大正 1, p.791.b

다면 제6근의 존재가 또한 뚜렷해진다. 왜냐하면 만일 제6근이 없다면 우리의 몸은 다섯 개라는 말이 되어버리고 객관에 대한 종합적인 인식도 불가능하게 된다. 그런데 우리의 몸은 각각 독립된 오관을 갖고 있으면서도 분명히 하나이고, 객관에 대해서도 종합적인 인식을 한다. 따라서 우리에겐 그런 독립적인 오관을 하나로 통합하고 있는 제6근이 분명히 존재하고 있다. 제6근이 존재하면 이와 함께 제6경이 연기한다. 아함이 논리적으로 얼마나 철저한가를 알 수 있다.

2) 의意와 법法의 의미

이런 제6근과 제6경에 대해서 아함은 의意(manas)와 법法(dhamma)이라고 이름하고 있다. 이 명명은 그들 사이의 인식상의 관계에서 한 걸음 더 나아가 작용作用·반응反應의 인과관계因果關係를 나타내고 있다.

의意와 법法은 단순한 인식상의 관계를 나타내고 있는 말로는 보기 어렵다. 눈과 색, 귀와 소리, 코와 냄새, 혀와 맛, 몸과 촉감과 같은 말의 관계에서 느낄 수 있는 인식론적인 대응관계를 의와 법에서는 아무래도 느끼기 어렵기 때문이다. 인식상의 관계만을 나타내려고 한다면 차라리 주관과 객관 같은 말이 훨씬 적격일 것이다. 그럼에도 불구하고 의와 법이라는 말을 사용한 데에는 아함설상阿含說相의 '선의선미善義善味'라는 견지에서 볼 때 인식관계 이상의 무엇이 깃들어 있음에 틀림없다.

십이처의 내외관계는 좀 더 깊이 생각해보면 중생(satta)과 자연(事物, vatthu)의 관계라고 할 수 있다. 내입처를 이루고 있는 눈·귀·코·혀·몸·마음은 모두가 중생에 속한 것이며, 색·소리·냄새·맛·촉감·법은 모두가 자연물의 성질을 띤 것이기 때문이다. 이 세상에 존재하고 있는 중생과 자연의 관계는 중생과 중생, 중생과 자연, 자연과 자연의 세 가지 경우를 들 수 있다. 그러나 십이처의 내외관계는 이 중에서 가장 기본적인 중생과 자연의 관계만을 문제로 삼은 것이다. '일체一切는 십이十二에 포섭包攝된다'고 단정한 십이처는 오직 그러한 관계만을 문제로 삼는 것이요, 그 이외의 것은 배제한다는 뜻도 들어 있다고 볼 수 있다.

이렇게 볼 때 내입처와 외입처는 놀랄 정도로 뚜렷한 속성의 차이를 드러낸다. 즉, 중생은 자연에 대해서 의지적인 작용을 가할 수 있는 데에 반해서 자연에는 그럴 능력이 없다. 자연은 중생의 의지적인 작용에 대해서 다만 반응을 나타낼 뿐이며, 의지가 없기 때문에 그 반응은 항상 필연적인 것이 될 수 밖에 없는 것이다.

manas(意)와 dhamma(法)라는 말은 제6근, 제6경의 이러한 속성과 그 관계를 너무나도 잘 나타내고 있다. manas는 옛날부터 '사량고명의思量故名意'[11]라고 주석되고 있다. 이것은 제6근의 인식능력을 가리키는 것으로 볼 수 있다. 그러나 manas에는 그 외에도 많은 뜻이 사전에 보이는데 그 중에는 'will, desire(意志)'란 뜻도 있다. manas를 '의意'로 한역한

11) 『俱舍論』 卷4, 高麗 27, p.482.c ; 大正 29, p.21.c

것은 오히려 이 'will(意志)'에 가까운 것이다. 우리말에도 '마음대로'라는 말이 있는데, 이때의 '마음'은 의지를 나타내고 있는 것이다. 따라서 manas(意, 마음)는 제6근의 그 '의지意志'적인 속성을 잘 나타내고 있다고 하지 않을 수 없다.

그리고 dhamma(法)는 당시의 인도에서도 법률法律(law)이라는 뜻으로 사용되고 있었다. 법률은 '반드시 지켜야 할 것', 다시 말하면 '필연성必然性', '무의지성無意志性'을 나타낸다. 뿐만 아니라 dhamma는 자연自然(natural or cosmic law)이란 뜻으로도 사용되고 있었다. 이것은 제6경의 무의지적이고, 필연적인 반응의 속성을 잘 나타내고 있는 것이다.

이 문제와 관련해서 각음覺音(Buddhaghosa)의 dhamma에 대한 주석은 참으로 주의할 만하다. 그는 dhamma에는 ⓐ guṇa(德) ⓑ desanā(指示) ⓒ pariyatti(聖典) ⓓ nisatta(無情) 또는 nijjīvata(無生命)의 네 가지 뜻이 있다 한다.[12] 이 가운데 처음의 세 가지 뜻은 여기서 문제로 삼고 있는 것과는 관계가 멀므로 제외하면, nissatta(또는 nijjīvata)가 남는데, 이것은 위에서 고찰한 바와 같은 제6경의 '무의지無意志'적인 속성을 너무나도 잘 나타내고 있다.

따라서 제6근과 제6경을 manas(意)와 dhamma(法)라고 한 것은 그들 사이의 단순한 인식관계만이 아니라, 거기에서 한 걸음 더 나아가 그들의 속성과 그 사이의 작용·반응의 인과관계를 나타낸 것이라고 보지 않을 수 없다.

---

12) PTS. Pāli-English Dictionary, p.355.

3. 업설業說과의 관계

1) 업설의 이론적 기초

의意와 법法이 이와 같이 작용·반응의 인과관계를 나타내고 있다면 십이처는 업설(kamma-vāda)의 이론적 기초가 된다고 말할 수 있다.

업業(kamma)은 한마디로 의意(manas)의 작용(일)이라고 말할 수 있다. 아함에는 살생殺生·투도偸盜·사음邪淫·망어妄語·양설兩舌·악구惡口·기어綺語·탐욕貪欲·진에瞋恚·우치愚癡의 십악十惡과 이것을 여읜 십선十善이 설해지는데, 이 10업에서 처음의 셋(殺生·偸盜·邪淫)은 몸身(kāya)으로 짓고, 그 다음의 넷(妄語·兩舌·惡口·綺語)은 말(口, vācā)로 짓고, 나머지 셋(貪欲·瞋恚·愚癡)은 마음(意, manas)으로 짓는다 한다.

> 身故作三業 不善與苦果 受於苦報. 口有四業 意有三業 不善與苦果 受於苦報.[13)]

이와 같이 10업은 신身·구口·의意 3업으로 나누어지는데, 이 3업에서 가장 중한 것은 의업意業이라고 한다. 니건친자尼揵親子가 신·구·의 삼벌三罰 가운데 신벌身罰을 최중最重한 것으로 시설하여 악업을 짓지 않도록 한다는 데에 대해, 부처

---

13) 『中阿含』 卷3 「思經」, 高麗 17, p.1048.c ; 大正 1, p.437.b

님은 신・구・의 3업이 상사相似하지만 의업을 최중한 것으로 시설하여 악업을 짓지 않도록 한다고 대답하고 계신다.

此三業如是相似 我施設意業爲最重. 令不行惡業不作惡業身業口業則不然也.[14]

한 걸음 더 나아가 신身・구口 2업은 의업意業에 속한 것이라고 시사하고 있다. 업業에는 두 가지가 있는데, 사업思業(Sk. cetanā-karma)과 사이업思已業(Sk. cetayitvā-karma)이라 한다.

云何知業. 謂有二業 思已・思業. 是謂知業[15]

여기의 사업은 의업意業을 가리키고, 사이업은 신・구 2업業을 가리킨다고 해석된다.[16] 따라서 모든 업은 결국 의업이라고 말할 수 있는데, 이 의업의 '의意'는 바로 십이처의 '의意'이므로, 업은 중생의 의지적 작용이라고 말할 수 있는 것이다.

이러한 업이 인因(hetu)이 되어 반드시 그에 상응한 업보業報(kamma-vipāka)가 있다는 것이 업설의 내용이다.

---

14) 『中阿含』 卷32 「優婆離經」, 高麗 18, p.54.c ; 大正 1, p.628.b
15) 『中阿含』 卷27 「達梵行經」, 高麗 18, p.15.b ; 大正 1, p.600.a
16) 『俱舍論』 卷13, 高麗 27, p.548.b ; 大正 29, p.67.b "世別由業生 思及思所作 思卽是意業 所作謂身語"

若有故作業 我說彼必受其報. 惑現世受. 惑後世受.
若不故作業 我說不必受報.17)

다시 말하면 선인善因에는 반드시 선과善果(kalyāṇa-phala)가 있고, 악인惡因에는 반드시 악과惡果(pāpa-phala)가 있다는 것이다. 이와 같이 업에는 반드시 그에 상응한 과果가 있다는 주장은 십이처의 작용·반응의 필연성에 이론적 근거를 두고 있다고 보지 않을 수 없다.

따라서 십이처의 의意·법法 관계는 업설에 이론적 근거를 제공한 것이며, 업설은 그것을 토대로 성립한 것이라고 말할 수 있다.

2) 윤회설輪廻說의 성립근거

업설은 필연적으로 윤회輪廻(saṁsāra)설로 발전하게 되는데, 이 발전도 십이처의 확고한 바탕을 근거로 이루어진다.

업에는 반드시 그에 상응한 과보가 있다는 것이 업설이었다. 그러나 이 업설은 중대한 문제에 봉착하지 않을 수 없다. 왜냐하면 우리의 현실을 볼 때 반드시 그렇지만은 않기 때문이다. 아무리 선업을 닦아도 과보가 나타나지 않을 때가 있는가 하면, 어떤 때는 업보라고 할 만한 것에 대한 업인業因을 우리의 현세에서 발견할 수가 없을 때도 있다. 부처님 당시에 어떤 바라문이 "타세他世도 없고, 갱생更生도 없고, 선善·악惡 업보

17) 『中阿含』 卷3 「思經」, 高麗 17, p.1048.c ; 大正 1, p.437.b

業報도 없다"[18]고 주장했다는 것은 이런 문제성을 나타내고 있다.

이와 같이 우리의 현실에는 업설로 도저히 설명할 수 없는 현상이 엄연히 존재하고 있다. 아무도 이것을 부인하지 못할 것이다. 그렇다면 업설은 폐기되어야 한다. 왜냐하면 그런 현상을 설명할 수 없으므로, 진리라고 말할 수 없기 때문이다. 그러나 아무리 그렇다 하더라도 인과因果의 존재를 또한 부정할 수 없는 것이 우리의 현실이다.

이런 문제성에서 나타나는 것이 유신론有神論이다. 중생도 아니고 자연도 아닌 초현실적인 신과 같은 것의 존재를 믿음으로써 그런 문제가 일단 해결되기 때문이다. 그리하여 그런 믿음에 입각하여 경건한 기도와 값비싼 제물祭物을 바치게 된다. 인간의 미약한 노력보다는 초현실적인 위력을 빌리는 것이 훨씬 확실하고 커다란 결과를 초래할 것으로 생각되기 때문이다.

그러나 조용히 반성해 보자. 중생도 자연도 아닌 그런 초현실적인 존재가 이 세상에 과연 있을 수 있을까? 그런 것은 아무데도 존재할 수가 없다. 부처님은 다음과 같이 묻고 계신다. "삼명三明을 통달한 바라문 중에 과연 한 사람이라도 범천梵天을 본 자가 있느냐?"[19] 범천을 비롯하여 많은 천신天神이 아함에 등장하고 있지만, 그들은 모두가 중생의 속성을 나타내고 있다.

이와 같이 중생도 자연도 아닌 초현실적인 것의 존재를 인정

---

18) 『長阿含』 卷7 「弊宿經」, 高麗 17, p.870.c ; 大正 1, p.42.c
19) 『長阿含』 卷16 「三明經」, 高麗 17, p.960.c ; 大正 1, p.105.b

할 수 없음이 또한 우리 현실의 엄연한 사실이라면, 업설은 필연적으로 삼세윤회설三世輪廻說로 진전하게 된다. 왜냐하면 업설로 설명할 수 없었던 그 문제가 삼세윤회설로는 설명되기 때문이다. 현세에서 업인이 발견되지 않는 업보는 전생이 있었음을 뜻하고, 업보가 나타나지 않는 현세의 선업은 내세에 받을 것임에 틀림없다. 업설을 곤란하게 했던 그 문제는 오히려 삼세윤회의 존재를 입증해 주는 뚜렷한 증거가 된다.

업설이 이와 같이 삼세윤회설로 발전하게 되는 근거는 초현실적인 것의 부정에 있는데, 이 부정은 십이처설임을 알아야 한다. '일체는 십이처'라고 할 때, 이 말에는 이 세상에 있는 것은 오직 '12'에 포섭되는 것이요, 그 외에 무엇이 있을 수 있느냐는 물음이 담겨 있는 것이다. 따라서 업설이 삼세윤회설로 발전하게 되는 데에 확고한 바탕을 제공하는 것도 십이처라고 하지 않을 수 없다.

아함의 업보윤회설業報輪廻說을 흔히 당시 인도의 통속설에서 채택된 것이라고 말하고 있지만[20] 아함에 설해 있는 그것은 불설佛說이라고 하지 않으면 안 된다. 당시의 인도에 그런 설이 있었다고 해서 아함의 업설을 거기에서 채택한 것이라고 한다면 어찌 업설에만 한하겠는가? 그와 비슷한 것은 일일이 지적할 수 없을 정도일 것이다.

뿐만 아니라 다 같이 업설을 주장하고 있다 해서 그 견해가 다 동일한 것은 아니다. 예를 들면 위에서 잠깐 살펴보았지만,

---

20) 木村泰賢. 『原始佛敎思想論』 p.178

니건친자尼揵親子는 신벌身罰을 최중最重한 것으로 치고 있는데 대해서, 부처님은 의업意業을 최중한 것으로 보고 계신 것이다. 따라서 아함에 설해진 업설은 불설佛說로서, 그것은 아함 교리체계의 일부를 형성한다고 보아야 한다.

4. 세간법世間法의 체계

십이처와 업설은 이와 같이 서로 밀접한 관계를 갖고 있다. 십이처는 업설의 이론적 근거를 제공하고, 업설은 그것을 근거로 성립해 있다.

십이처와 업설의 이러한 관계를 나는 '세간법世間法의 체계'라고 말하고 싶다. 십이처는 현실세간의 원리를 밝혀주는 부분이고, 업설은 그에 입각한 종교적 실천을 설해주는 부분이다. 이 교리체계는 아직 출세간법出世間法에 이르지는 못하고 있다. 십이처도 일종의 연기설이긴 하지만, 그 연기의 환멸계還滅界가 마련되어 있지 않으며, 업설은 선업을 설유說喩하고 있지만 그 구경究竟은 '생천生天'으로서 업보윤회의 테두리를 벗어나지 못하고 있다. 따라서 이 교리체계를 나는 '세간법의 체계'라고 말하는 것이다.

십이처와 업설은 이와 같이 하나의 완전한 교리조직을 이루고 있지만, 이들이 항상 결합하여 아함에 나타나는 것은 아니다. 십이처는 십이처대로, 업설은 업설대로 각각 별행別行하고 있다. 이런 점이 바로 아함설상阿含說相의 하나이다. 그리하여 십이처는 무상無常 · 고苦 · 무아無我 등의 술어가 연결되어 조복調伏 · 대치對治의 대상이 되고 있다. 이것은 십이처가 일종의 연기설로서 유위법의 성질을 띤 것이기 때문이다. 그리고 업설은 육도윤회六道輪廻와 결합하여 생천설生天說로 부각된다. 아함의 곳곳에 설해 있는 점위설법 시교이희 시론계론생천지론漸爲說法 示教利喜 施論戒論生天之論[21]은 바로 이것을 가리키고 있는지 모르겠다.

그러나 십이처와 업설이 항상 유리遊離된 것은 아니다. 그들이 결합해서 나타나는 예도 허다하게 볼 수 있다. 그 일례를 다음에 들어둔다.

> 於此六根不調伏 … 於未來世必受苦報 … 如是六根善調伏 … 於未來世必受樂報.[22]

---

21) 『長阿含』 卷1 「大本經」, 高麗 17, p.824.a ; 大正 1, p.9.a
22) 『雜阿含』 卷11, 高麗 18, p.812.c ; 大正 2, p.76.a(279)

2장 육육법설六六法說

1. 육육법의 명칭

1) 육육법의 유형

아함에는 보통 십이처와 한 자리에서 설해지며 그와 똑같은 속성, 다시 말하면 무상·고·무아 등의 유위속성을 나타내는 한 무리의 법이 있는데 그 유형을 소개하면 다음과 같다.

ⓐ 육근六根·육경六境·육식六識(viññāṇa)
ⓑ 육근·육경·육식·육촉六觸(samphassa)·
육수고락불고불락六受苦樂不苦不樂 (vedayita-dukkha-sukha-adukkhamasukha)
ⓒ 육근·육경·육식·육촉·육수六受(vedanā)·육상六想(saññā) ·육사六思(sañcetanā 또는 cetanā)
ⓓ 육근·육경·육식·육촉·육수·육상·육사·육애六愛(taṅhā ; 觸을 緣하여 일어난 것)
ⓔ 육근·육경·육식·육촉·육수·육애
ⓕ 육근·육경·육식·육촉·육수·육애(受로 緣하여 일어난 것)
ⓖ 육근·육경·육식·육촉·육수·육애·취取(upādāna)·유有(bhava)·생生(jāti)·노사老死(jarā-maraṇa)

이 한 무리의 법은 위에서 볼 수 있는 바와 같이 다양한 양상을 나타내고 있는데 이 밖에도 그의 어느 한 부분이 독립적으로 설해져 있을 때도 적지 않다. 예를 들면 "내가 아직 삼보리三菩提를 얻기 전 보살로 있을 때 이렇게 생각되었느니라. 어떤 것이 수受이며, 어떤 것이 수受의 집集이며, 어떤 것이 수受의 멸滅에 이르는 길인가"[1] 라고. 여기의 수受는 분명히 '육근·육경·육식·육촉·육수' 등의 '수受'에 해당한 것이다.

이상 소개한 여러 유형 가운데서 가장 빈번히 나타나는 것이 육근·육경·육식·육촉·육수 고락불고불락受苦樂不苦不樂으로 이루어진 ⓑ형이다. 그 표준적인 경문을 소개하면 다음과 같다.

一切無常 云何一切無常. 謂眼無常 若色眼識眼觸 若眼觸因緣生受苦覺樂覺不苦不樂覺 彼亦無常 耳鼻舌身意亦復如是.[2]

sabbaṁ aniccaṁ. kiñca, bhikkhave, sabbaṁ aniccaṁ? cakkhu, bhikkhave, aniccaṁ, rūpā aniccā, cakkhuviññānaṁ aniccaṁ, cakkhusamphasso anicco, yampidaṁ cakkhu-samphassa-paccayā uppajjati vedayitaṁ sukhaṁ vā dukkaṁ vā adukkham asukhaṁ vā taṁ pi aniccaṁ, jivhā anicca,… [3]

---

1) 『S.N.』 Ⅲ, p.206
2) 『雜阿含』 卷8, 高麗 18, p.775.c ; 大正 2, p.50.a(195)
3) 『S.N.』 Ⅲ, p.25

이 ⓑ형을 중심으로 그 이하의 유형들은 크게 두 가지로 분류됨을 본다. 하나는 오온의 성질을 나타내는 것이니 이에 속한 것이 ⓒⓓⓔ형이며, 다른 하나는 십이연기의 성질을 보여주는 것이니 ⓕⓖ형이 이에 속한다. ⓒⓓⓔ형이 오온의 성질을 띠었다는 것은 육근六根·경境·식識·촉觸·수受·상想·사思·애愛 중의 '수·상·사'가 모두 촉을 연緣하여 일어났다고 말할 뿐만 아니라 심지어는 '촉·수·상·사'를 사음四陰(四蘊)이라고까지 말하고 있기 때문이다.

眼色緣生眼識　三事和合觸. 觸俱生受想思 此四無色陰.[4]

남전南傳 니카야尼柯耶는 한 걸음 더 나아가 오온의 '수受·상想·행行'에 해당한 것뿐만 아니라 '식識'에 해당한 것까지도 모두 촉觸을 연하여 일어났다고 말하고 있는 것이다.

yampidaṁ cakkhusamphassapaccayā uppajjati
vedanāgataṁ saññāgataṁ saṅkharagataṁ
viññāgataṁ taṁ pi niccaṁ vā aniccaṁ vā ti.[5]

그리고 ⓕⓖ형이 십이연기의 성질을 보여주고 있다고 함은 ⓕ형의 '애愛'와 ⓖ형의 '애愛·취取·유有·생生·노사老死'가 ⓒⓓⓔ형에서와 같이 촉觸에서 일어났다고 설하지 않고 촉

4)『雜阿含』卷13, 高麗 18, p.829.b ; 大正 2, p.87.c(306)
5)『S.N.』Ⅲ, p.97

觸 다음의 수受에서 일어났다고 함이 십이연기의 연기 차례와 동일하기 때문이다.

2) 명명命名

이상 대강 살펴보았지만, 이 한 무리의 법은 잡다한 양상과 내용을 갖고 있어 도대체 그들을 어떤 이름으로 부를지 알 수가 없다. 또한 이들은 종래 불교학의 주의를 받지 못했던 관계로 오온·십이처·십팔계·십이연기 등과 같이 통용되는 이름조차 없다. 그러나 아함에는 그들 중의 하나인 ⓔ형에 대해서 명확히 '육육법六六法'이라고 부르고 있다.

> 有六六法 何等爲六六法 謂六內入處六外入處六識身六觸身六受身六愛身. 何等爲六內入處 謂眼入處 耳入處 鼻入處 舌入處 身入處 意入處. 何等爲六外入處 色外入處 聲外入處 香外入處 味外入處 觸外入處 法外入處. 云何六識身 謂眼識身 耳識身 鼻識身 舌識身 身識身 意識身. 云何六觸身 謂眼觸身 耳觸身 鼻觸身 舌觸身 身觸身 意觸身. 云何六受身 謂眼觸生受 耳觸生受 鼻觸生受 舌觸生受 身觸生受 意觸生受. 云何爲六愛身 謂眼觸生愛 耳觸生愛 鼻觸生愛 舌觸生愛 身觸生愛 意觸生愛.[6)]

따라서 이 '육육법六六法'이라는 이름을 갖고 그에 해당한

---

6) 『雜阿含』 卷13, 高麗 18, p.828.a ; 大正 2, p.86.c(304)

ⓔ형뿐만 아니라 그들 전부를 통칭하는 이름으로 삼고자 한다.

이러한 나의 명명법에 대해서 가장 빈번히 나타나는 유형은 ⓑ형이므로 그것을 대표형으로 삼아 명명하는 것이 타당하지 않겠느냐는 이유로 반대할 사람이 있을지 모른다. 이 반대 의견은 일리가 있지만 그러나 그럴 수가 없는 이유가 있다.

그 이유로 무엇보다도 먼저 ⓑ형에 대한 어떤 이름을 아함에서 찾을 수 없음을 지적하고 싶다. 발견되는 이름은 오직 ⓔ형에 대한 상기上記의 '육육법'뿐이다.

다음, ⓔ형은 ⓑ형보다 빈도수는 적지만 어느 의미에 있어서는 그들 전체를 대표하고 있다는 점을 들고 싶다. 최초의 ⓐ형은 필연적으로 ⓑ형으로 발전하게 되는데 이 ⓑ형은 누누이 설해지는 동안 그 기반을 굳힌 다음은 다시 오온론적五蘊論的인 ⓒⓓ형으로 연장될 성질의 것임을 아함에서 느낄 수 있다. 이에 대해서는 뒤에 논급論及이 있을 것이다. 그런데 문제의 ⓔ형은 이러한 성질을 가진 ⓓ형의 약형略形이라고 할 수가 있다. 왜냐하면 ⓔ형(六根・境・識・觸・受・愛)의 '수受'는 ⓓ형(六根・境・識・觸・受・想・思・愛)의 '상想・사思'를 함유하고 있기 때문이다. 그 이유는 ⓓ형의 '수受・상想・사思'는 모두 촉觸에서 구생俱生한 것이므로 그들 상호간에 연기론적인 주종관계는 없고 모두 평등한 위치에 있으므로 최초의 '수受'를 갖고 그들 셋을 나타낼 수가 있는 것이다. '수・상・사' 삼온三蘊에 대한 이러한 견해는 아함에도 나타나 있다.

覺想思 此三法爲合爲別 此三法可別施設耶. 尊者大拘絺羅答

曰 覺想思 此三法合不別 此三法不可別施設. 所以者何. 覺所覺者 卽是想所想思所思.[7)]

따라서 ⓔ형은 ⓓ형의 약형이라고 할 수가 있는 것이다. 그리고 다시 이 ⓔ형은 오온론적五蘊論的인 ⓒⓓ형과 십이연기론적十二緣起論的인 ⓕⓖ형의 중간 역할을 하고 있다. 즉, ⓔ형의 '애愛'를 촉觸에서 일어난 것이 아니라 수受에서 일어난 것이라고 하면 그것은 곧장 ⓕ형으로 넘어감과 동시에 ⓖ형으로 연장될 토대가 되는 것이다. 따라서 ⓔ형은 어느 의미에 있어서 ⓐ에서 ⓖ에 이르는 모든 유형을 대표한다고 말할 수가 있다.

따라서 ⓔ형은 ⓑ형보다 비록 빈도수는 적지만 어느 면에 있어서 ⓐ에서 ⓖ에 이르는 모든 유형을 대표하고 있을 뿐만 아니라 이미 독자적인 이름을 갖고 있으므로 그 이름을 갖고 그들 한 무리의 법문을 통칭하려는 데에 대해서 반대할 필요는 없다고 본다.

2. 육육법六六法의 독립성

아함이나 니카야의 편집에 의하면 십이처와 육육법은 주로 육처부六處部(saḷāyatana-vagga)에 속해 있다. 이것은 그들을 각각 독립 법문으로 보고 있지 않음을 뜻한다. 종래의 불교

7) 『中阿含』 卷58 「大拘絺羅經」, 高麗 18, p.286.a ; 大正 1, p.791.b

학에서도 육육법을 하나의 독립법문으로 취급한 일이 없었을 뿐만 아니라 별다른 주의마저 보내지 않았다. 그러나 육육법은 오온·십이처·십이연기 등에 못지않은 중요한 독립법문이다.

십이처나 오온 또는 십이연기에 '일체·세간' 이라는 술어가 연결되어 그들이 각각 현실세계 전체를 포섭하는 독자적인 법문임을 표시하고 있듯이 이 육육법에도 그런 말이 따르고 있다. 일례를 들면 다음과 같다.

> 所謂一切法 云何爲一切法. 佛告婆羅門 眼及色 眼識眼觸 眼觸因緣生受 若苦若樂不苦不樂 耳鼻舌身意法 意識意觸 意觸因緣生受 若苦若樂不苦不樂 是名爲一切法.[8)]

그리고 이 육육법은 오온설과 십이연기설에 인도하는 교량적인 법문으로서 그들을 이해하는 데에 중요한 열쇠를 쥐고 있을 뿐만 아니라 독자적으로도 훌륭한 교리조직을 이루고 있다. 이에 대해서는 앞으로 계속해서 고찰해 갈 것이다. 따라서 본서는 육육법을 십이처나 오온 또는 십이연기에 못지않은 하나의 중요한 독립법문으로 취급한다.

---

8)『雜阿含』卷13, 高麗 18, p.834.a ; 大正 2, p.91.b(321)

3. 육식六識의 소연所緣 문제

1) 육식의 발생

육육법이 십이처에서 발달함과 동시에 그로부터 분립되는 근본적인 원인은 육식六識(cha-viññāṇa)의 발생에 있음은 육육법과 십이처의 지분배열支分配列을 보면 쉽게 알 수 있다. 따라서 육육법의 고찰은 육식을 토대로 진행되지 않으면 안 된다.

아함은 육식이 발생하는 인연(hetu-paccaya)을 다음과 같이 설하고 있다.

> 緣眼色生眼識 三事和合觸 …… 如是耳鼻舌身意
> 亦如是說.[9]

> cakkhuṁ ca paṭicca rūpe ca uppajjati
> cakkhuviññānaṁ.[10]

즉, 십이처의 육근과 육경을 연緣하여 육식이 일어난다는 것이다. 어떤 경우에는 육근을 인因으로 하고 육경을 연緣으로 하여 육식이 일어난다고 인과 연으로 식별해서 말하는 경우도 있다.

---

9) 『雜阿含』 卷8, 高麗 18, p.782.b ; 大正 2, p.54.c(218)
10) 『S.N.』 Ⅲ, p.79

眼因 緣色 眼識生.11)

이러한 설명은 육식의 발생을 인연론에 의해서 설명하려고 함이 분명하지만 그러나 육근과 육경을 연하여 일어난 육식이 의존하고 있는 곳은 어느 쪽인가가 분명하지 않다. 육근에 의존하고 있는지, 그렇지 않으면 육근과 육경의 양쪽에 걸쳐 있는지, 이에 대해서 아함은 구체적인 비유를 들어 다음과 같이 설명해 주고 있다.

識隨所緣生 卽彼緣說 緣眼色生識 生識已 說眼識 … 猶若如火隨所緣生 卽彼緣說 緣木生火 說木火也.12)

즉, 육근과 육경을 연하여 육식이 일어나지만 육식이 의존하고 있는 곳은 육근이며, 따라서 육근의 이름을 따라 안식眼識·이식耳識·비식鼻識·설식舌識·신식身識·의식意識이라고 한다는 것이다.

2) 식識(viññāṇa)의 어의語義

이상 소개한 것이 대개 육식의 발생 인연과 그 명명에 대한 아함의 설명인데 다음은 식識이라는 술어의 원뜻이 무엇인가를 먼저 살펴두고자 한다.

---

11)『雜阿含』卷9, 高麗 18, p.786.c ; 大正 2, p.57.c(238)
12)『中阿含』卷54「茶帝經」, 高麗 18, p.251.c ; 大正 1, p.767.a

식에 해당한 원어는 viññāṇa(Sk. vijñāna)인데 이 말은 'vi'와 'ñaṇa'로 분석된다. 'vi-'는 영어의 'dis-'에 해당한 접두사이며, 'ñāṇa'는 jānāti(know)라는 동사어근에서 파생한 중성 추상명사로서 '알음'이라는 뜻을 나타낸다. 따라서 이 둘이 결합한 'viññāṇa'의 기본적인 뜻은 '다르게(vi-) 앎(ñāṇa, 了別, 分別)'이라고 말할 수 있다. 아함도 이것을 인정하고 있다.

識識 是故說識.13)

따라서 식識은 '다르게 안다'는 기본적인 뜻을 가진 술어라는 것을 염두에 두고 다음 문제로 넘어갈 것이다.

3) 육식六識의 소연所緣에 대한 경설

식識의 기본적인 뜻이 이와 같이 '다르게 앎'이라면 육식은 도대체 무엇을 어떻게 다르게 아느냐가 문제로 되는데 이에 대한 경설은 그 진정한 뜻을 나타내는 것으로는 보기가 어렵다. 비담가毘曇家의 술어를 빌리자면 요의설了義說이라고 할 만한 것이 못 된다.

육식은 십이처의 육근과 육경을 연緣으로 일어난 것이므로

---

13) 『中阿含』 卷58 「大拘絺羅經」, 高麗 18, p.285.a ; 大正 1, p.790.c

그 인식대상은, 다시 말하면 무엇을 어떻게 아느냐의 그 '무엇' 에 해당한 것은 육경일 것임을 쉽게 알 수 있다.

識何等耶 識色 識聲香味觸法.14)

그러나 그 육경을 '어떻게' 다르게 아느냐에 대해서는 뚜렷하지 않다. 이에 대해서 경설이 제공하는 답변은 대개 육경의 가애可愛·가념可念·가락可樂·가착可着과 이와 반대되는 것을 식별하는(다르게 아는) 것이라 한다.

有眼識色 可愛 可念 可樂 可着 比丘見已 歡喜讚歎 樂着堅住. 有眼識色 不可愛 不可念 不可樂著 苦厭 比丘見已 瞋恚 嫌薄 … 耳鼻舌身意 亦復如是.15)

이것은 십이처의 인식내용과 별다른 차이가 없다. 더욱 놀라운 것은 어떤 경우에는 그러한 곳에 '식識' 대신 '견見' 등의 말이 쓰여 있는 것이다.

若眼見可愛樂可意可念長養於欲之色 見已彼說讚歎

---

14) 『中阿含』 卷58 「大拘絺羅經」, 高麗 18, p.285.a ; 大正 1, p.790.c

15) 『雜阿含』 卷9, 高麗 18, p.788.b ; 大正 2, p.58.c(245) 『S.N.』 Ⅲ, p.84 "santi, bhikkhave, cakkhuviññeyyā rūpā iṭṭhā kantā manāpā piyarūpā kāmupasaṁhitā rajanīyā, taṁ ce, bhikkhu, abhinandati abhivadati ajjhosāya tiṭṭhati."

繫着欣悅[16]

이것은 식識을 십이처의 '견見' 등과 전혀 동일한 개념으로 취급하고 있는 것이다. 식이라는 말이 경설과 같이 만일 십이처의 인식내용과 거의 같은 것이라면 무슨 까닭으로 그 술어가 새로 사용되었을까? 십이처의 인식론으로 충분할 것이다. 십이처의 인식론 위에 다시 육식이라는 새로운 개념이 시설되었다는 것은 십이처의 인식과 구별되는 어떤 새로운 인식이 일어났음에 틀림없다. 더구나 그것이 십이처로부터 육육법이라는 새로운 법문을 분립시킨 근본적인 원인이 되고 있다면 그만큼 중대한 내용을 가진 것이 아니어서는 안 된다. 그럼에도 불구하고 경설은 육식을 십이처의 인식과 동등한 뜻으로 나타내고 있다.

따라서 육식을 십이처의 인식과 동등한 뜻으로 나타내고 있는 그 경설은 부처님의 진정한 요의설了義說이라고 할 수가 없다. 그것은 기지旣知의 십이처의 인식론을 가지고 새로 설해지는 육식을 설명하고 있는 밀의설密意說이라고 하지 않으면 안 된다. 따라서 육식의 진정한 소연所緣(ārammana)이 무엇인가에 대한 문제는 그러한 경설에서는 해결될 수 없고 아함의 법상을 체계적으로 고찰함으로써만 밝혀질 것이다.

---

16) 『雜阿含』 卷13, 高麗 18, p.831.a ; 大正 2, p.89.a(310)

4. 불교 특유의 주이관住異觀

1) 유위상有爲相

제법諸法의 '변화變化' 현상에 대해서 불교는 대소승을 통해 매우 독특한 견해를 갖고 있는데 이 견해는 '식識'이라는 술어가 갖고 있는 기본적인 뜻 '다르게 앎(了別)'과 너무나도 상통한 바가 있다.

불교는 모든 유위법(saṅkhata-dhamma)이 생生(jāti)·주住(thiti)·이異(aññathatta)·멸滅(aniccatā)의 과정을 겪고 있다고 보고 있다.

> 如此二法 謂有爲無爲 有爲者 若生若住若異若滅. 無爲者 不生不住不異不滅.17)

이것이 소위 유위4상有爲四相이라 하는 것인데 어떤 경우에는 이 4상 가운데 '주住'를 빼거나 또는 '주住'와 '이異'를 합쳐 3상으로 하고 있는 예도 있다.

> 此三有爲有爲相. 云何爲三. 知所從起 知當遷變 知當滅盡.18)
>
> sace taṁ, Ānanda, evaṁ puccheyyuṁ …

17) 『雜阿含』 卷12, 高麗 18, p.823.b ; 大正 2, p.83.c(293)
18) 『增壹阿含』 卷12, 高麗 18, p.394.b ; 大正 2, p.607.c

katamesaṁ, āvuso Ānanda, dhammānaṁ uppādo paññāyati, vayo paññāyati, thitassa aññathattam paññāyati.[19]

이와 같이 어떤 때는 4상을 설하고 어떤 때는 3상을 설하고 있지만 이 가운데 주로 채택되고 있던 것은 3상설三相說인 것 같다. 왜냐하면 이 3상설은 아함이나 니카야뿐만 아니라 대승경론에도 주로 이것이 채택되고 있기 때문이다.[20]

3상은 4상의 약형임에 틀림없지만 그것이 그렇게 널리 채택되고 있는 데에는 어떤 이유가 있음에 틀림없다. 이에 대해서 세친世親보살은 "주住는 유정有情들이 애착하는 바이므로 이것을 염리厭離시키기 위해서 이異와 합하여 3상을 설하는 것이다"[21]고 한다. 이런 이유로 해서 3상이 4상설보다 널리 채택되고 있는지는 모르겠지만 어떻든 3상설은 제법諸法의 '변화'에, 다시 말하면 '주이住異(thitassa aññathattam)'에 보다 큰 비중을 두고 있다는 것만은 틀림없는 사실이다.

2) 특히 주이상住異相에 대해서

모든 유위법이 생주이멸生住異滅하고 있다는 사실은 우리들

---

19) 『S.N.』 II, p.270

20) 大乘經論 三相說의 예를 들면 『摩訶般若波羅蜜經』 卷14(高麗 5, p.380.c ; 大正 8, p.324.b)에 "不見衆生心生相 滅相住異相"이 있고, 『中論』 卷2 제7 觀三相品의 第三偈(高麗 16, p.360.b ; 大正 30, p.9.b)에도 "utpāda-sthiti-bhaṅgānam anyat saṁskṛta-lakṣaṇaṁ"(若謂生住滅更有有爲相) 등이 있다.

21) 俱舍論 卷5, 高麗 27, p.490.c ; 大正 29, p.27.b

이 매일 눈앞에 대하고 있는 바이므로 신기할 것이 없다. 불교철학이 그의 독특한 견해를 나타내고 있는 것은 이 유위4상有爲四相 가운데서 특히 그 '주이상住異相'에 대해서이다.

'주이住異'라는 말은 아함이나 니카야에 변화變化(pariṇāma)나 변이變異(aññathābhāva)이라는 말과 자유로이 교체되고 있다.[22] 따라서 그 말은 변화라는 말과 같다고 할 수 있다. 변화(pariṇāma)라는 개념은 어떤 물건이 다른 물건으로 '됨(bhava)'을 의미한다. 예를 들면 유乳가 낙酪이 되고, 낙이 생소生酥가 되며, 생소가 숙소熟酥가 되고, 숙소가 제호醍醐가 됨과 같다.

이러한 현상에 대해서 수론數論(sāṅkhya)은 전변설轉變說(pariṇāma-vāda)을 주장하고 있다. 전변설이 뜻하는 바는 어떤 불변의 법(有法)이 있어서 그 자성은 상주하며, 그에 의해서 다른 법이 생멸함이 있다는 것이다.[23] 또는 법을 떠나 따로 어떤 불변의 법이 있는 것이 아니라, 불변의 법(有法)이라는 것은 전변 때에 이상異相의 소의所衣가 되는 것을 이름한다는 것이다.[24] 수론의 이러한 견해는 변화라는 개념에 대해서 보통 우리들이 갖고 있는 생각과 별로 다를 바가 없다.

그러나 유위법의 주이상에 대해서 수론의 그러한 전변설과 같이 보지 않는 곳에 불교의 독특한 견해가 있다. 제법諸法에

---

22) S.N. Ⅲ, p.63. "cakkhu aniccaṁ vipariṇāmi aññathābhāvi"
23) 『俱舍論』卷11, 高麗 27, p.534.b ; 大正 29, p.57.b "數論云何執轉變義 謂執有法 自性常存 有餘法生 有餘法滅"
24) 上揭書. "誰言法外 別有有法 唯卽此法於轉變時 異相所依 名爲有法"

대한 놀라운 '바른 성찰省察'이라 할 만한 것이 있다. 불교의 독특한 철학은 여기서부터 시작하는데 그것은 어떤 내용을 가진 것일까?

3) 아함의 견해

아함은 유위법의 주이住異에 대해서 그것을 수론數論이나 또는 보통 우리들이 생각하고 있는 바와 같이 '전변'으로 보지 않고 전법前法과 후법後法은 완전히 '다르다(別物)'고 보고 있다.

변화라는 것은 질적인 변화를 의미한다. 현대적인 용어로 한다면 화학적인 변화라는 말과 같다. 그것은 어떤 물건의 형상이나 체적體積이 달라지는 것과 같은 물리적인 변화와는 근본적으로 다르다. 물리적인 변화에 대해서는 이미 십이처설의 작용・반응의 인과관계에서 남김없이 다루어졌음을 상기해야 한다.

어떤 물건이 질적인 변화를 했다면 거기에는 수론의 전변설에서 주장하는 바와 같은 어떤 '불변의 법'의 존재는 인정할 수가 없다. 무슨 뜻이냐 하면 변화 이전의 물건의 어떠한 성질도 남아 있을 수가 없다는 말이다. 어떤 물건의 일부만 변하고 다른 부분은 그대로 있는 경우가 있겠지만 여기서 지금 문제로 삼고 있는 것은 변화한 그것에 대해서 말하고 있음을 잊어서는 안 된다.

이와 같이 어떤 물건이 다른 물건이 되었을 때 거기에 어떤 '불변의 법'이 존재하지 않음이 확실하다면 논리적으로 그 두 물건은 완전히 '다른 것(別個의 것)'이라고 하지 않으면 안 된다.

아함에는 제법諸法의 변화를 이렇게 보는 견해가 곳곳에 나타나 있는데 그 일례를 소개하면 다음과 같다. 상수사리불象首舍利弗(Hathi sāriputta)이라는 바라문이 부처님께 욕계인신欲界人身이 있을 때 욕계천신欲界天身·색계천신色界天身 등도 함께 소유하고 있느냐고 질문한 일이 있다.

> 世尊 當有欲界人身四大諸根時 復有欲界天身 色界天身 空處 識處 不用處 有想無想處天身 一時有不.[25)]

이 질문은 유乳가 낙酪으로 변했을 때 그 낙酪은 유乳를 함께 소유하고 있느냐고 묻는 것과 같다. 여기에는 전변설적인 뜻이 깃들어 있는 것이다. 이 대목에 해당한 팔리문은 다음과 같이 되어 있다.

> yasmiṁ, bhante, samaye oḷāriko attapaṭilābho hoti, moghassa tasmiṁ samaye manomayo attapaṭilābho hoti, mogho arūpo attapaṭilābho hoti, oḷāriko vāssa attapaṭilābho tasmiṁ samaye sacco hoti…….[26)]

즉, 추신麤身이 되었을 때는 의성신意成身과 무색신無色身은 공空(mogha)하게 되고 추신은 드러나게(sacca) 되느냐는

---

25) 『長阿含』 卷17 「布吒婆樓經」, 高麗 17, p.970.b ; 大正 1, p.112.a
26) 『D.N.』 I, p.165

뜻이다. 이 팔리문에는 전변설적인 뜻이 더욱 짙게 풍기고 있음을 볼 것이다.

이에 대해서 부처님은 욕계인신이 있을 때는 오직 욕계인신만이 있는 것이지 욕계천신이나 색계천신 등은 있을 수 없다고 명확히 답변하고 계신다.

若有欲界人身四大諸根 爾時正有欲界人身四大諸根. 非欲界天身 色界天身 空處 識處 無所有處 有想無想處天身.27)

그리고 계속해서 부처님은 다음과 같은 비유를 설하여 그 뜻을 더욱 뚜렷하게 하고 계신다.

譬如牛乳 乳變爲酪 酪爲生酥 生酥爲熟酥 熟酥爲醍醐 醍醐爲第一爲. 象首 當有乳時 唯名爲乳 不名爲酪酥醍醐28)

다시 말하면 유乳가 낙酪으로 변했을 때 그것은 정히 낙酪일 뿐이지 거기에 유乳나 소酥 또는 제호醍醐 등의 이름(saṅkhā)

---

27) 『長阿含』 卷17 「布吒婆樓經」, 高麗 18, p.970.c ; 大正 1, p.112.a

28) 『長阿含』 卷17 「布吒婆樓經」, 高麗 18, p.970.c ; 大正 1, p.112.b

『D.N.』 I, p.167 "seyyathāpi, citta, gavā khīraṁ, khīraṁhā dadhi, dadhiṁhā navanītaṁ, navanītaṁhā sappi, sappimhā sappimaṇḍo. yasmiṁ samaye khīraṁ hoti, neva tasmiṁ samaye dadhīti saṅkhaṁ gacchati"

이 붙지 않는다는 것이니 바꿔 말하면 유乳일 때에는 낙酪들이 존재하고 있지 않다는 말이다. 이 뜻은 부처님과 상수사리불 간에 오고간 다음의 대화에서 다시금 뚜렷해진다. 부처님은 상수사리불에게 과거신過去身이 있을 때 현재신現在身과 미래신未來身도 동시에 있을 수 있느냐고 묻고 계신다.

> 若有人間汝言 若有過去身時 有未來現在身一時有不. 有未來身時 有過去現在身 一時有不. 有現在身時 有過去未來身一時有不.29)

이에 대해서 상수사리불은 과거신이 있을 때는 오직 과거신일 뿐이고 거기에는 미래신이나 현재신은 있을 수 없다고 수긍하게 되는 것이다.

이상 고찰한 바와 같이 제법諸法의 변화에 대해서 아함은 그것을 수론數論이나 또는 범인凡人이 생각하는 바와 같이 '전변'으로 보지 않고 전법前法과 후법後法은 완전히 '다른 것(別物)'으로 보고 있는 것이다. 이것은 철저한 논리적인 성찰이라고 하지 않을 수 없다. 이와 같이 전법과 후법을 완전히 다른 것으로 본다면 필연적으로 전법은 사라지고 후법은 일어났다고 보지 않을 수 없게 된다. 왜냐하면 전법과 후법은 완전히 별물別物이므로 후법이 존재하기 위해서는 전법은 없어지지 않으면 안 되기 때문이다. 이리하여 아함의 주이상住異相에 대

29) 『長阿含』 卷17 「布吒婆樓經」, 高麗 18, p.970.c ; 大正 1, p.112.b

한 견해는 수론의 전변설과 근본적으로 다른 특징을 나타내게 된다.

4) 유찰나설有刹那說

제법諸法의 주이상住異相에 대한 이렇게 독특한 견해는 아함이나 니카야에 한한 것이 아니다. 대소승의 모든 경론에 일관된 사상이기도 하다.

일례를 들면 대승大乘 반야경般若經에 다음과 같은 대목이 있다.

> 世尊 菩薩前心近阿耨多羅三藐三菩提 後心近阿耨多羅三藐三菩提 世尊前心後心各各不俱 後心前心 亦各不俱 世尊若前心後心不俱者 菩薩諸善根 云何得增長.[30)]

전심前心과 후심後心을 각각 별개의 것으로 보고 있는 것이다. 그러나 무엇보다도 우리의 주의를 끄는 것은 아비담이나 유식 인명론에 나타난 소위 유찰나설有刹那說(Sk. kṣaṇika-vāda)이다.

유위4상有爲四相에 대해서 『구사론』은 다음과 같이 설명하고 있다.

> 相續初名生 滅謂終盡位 中隨轉名住 住異前後別.[31)]

---

30) 『小品般若波羅蜜經』 卷7, 高麗 5, p.805.b ; 大正 8, p.567.a : 『摩訶般若波羅蜜經』 卷17, 高麗 5, p.412.b ; 大正 8, p.346.a

이것은 경량부經量部의 소설所說을 인용한 것이지만 어떻든 유위사상에 대해서 그것을 부단히 생멸하고 있는 찰나적 존재의 상속相續(Sk. pravāha)에 의해서 설명하고 있음은 위에서 고찰했던 아함의 독특한 주이관住異觀에 매우 가까운 것이다. 다시 말하면 사상四相 중에 '이상異相'에 대해서 그것을 전변으로 보지 않고 생멸상속의 '전후별前後別(Sk. pūrvāpara-viśiṣṭatā)'로 보고 있다.

이러한 견해는 세친보살의 기세간器世間 성립과정에 대한 설명에서 더욱 뚜렷해진다. 그는 말하기를 유정의 증상력增上力에 의해서 기세간이 생성되는데 그때 물을 변하여 보등寶等을 생하는 과정이 있다 한다. 그러나 인因(물)은 멸하고 과果(寶等)는 생하므로 수론의 전변소성轉變所成과는 근본적으로 다르다고 확실히 말하고 있다.

如是變水 生寶等時 因滅果生 體不俱有
非如數論轉變所成.32)

뿐만 아니라 그는 수론에서 말하는 전변은 후후後後의 찰나가 전전前前의 찰나와 다르게 생하는 것이라는 말도 하고

---

31) 『俱舍論』卷5, 高麗 27, p.491.b ; 大正 29, p.27.c : 國譯一切經 毘曇部 25, p.23.a "jātir ādiḥ pravāhasya. [ucchedo vyayaḥ] sthitis saḥ. [sthityanyathātvaṁ] tasyaiva [pūrvāparaviśiṣṭatā]"
32) 『俱舍論』卷11, 高麗 27, p.534.b ; 大正 29, p.57.b

있다.

後後刹那 異前前生 名爲前變.[33]

이러한 생각이 더욱 철저해진 것이 소위 유찰나설有刹那說이다. 찰나(Sk. kṣaṇa)라는 것은 몸을 얻는 무간無間에 멸하는 것을 말하며, 이러한 찰나를 가진 법法을 유찰나有刹那(Sk. kṣaṇika; instantaneous being)라고 한다.

刹那何 謂得體無間滅 有此刹那法 名有刹那.[34]

따라서 모든 유위법은 몸을 얻는 순간에 멸하는 유찰나이므로 행동(gati)이 있을 수 없고 멸하는 데에도 인을 기다리지 않는다(不待因滅)고 한다.[35] 이 유찰나설은 뒤의 유식 인명가들에 의해서 더욱 철저해져 적호寂護(Śāntirakṣita)는 그 뜻을 이렇게 간결하게 표현하고 있다.

The momentary thing represents its own annihilation.[36]

유찰나설의 이러한 행동의 부정, 부대인멸不待因滅의 견해는

33) 『俱舍論』 卷30, 高麗 27, p.678.b ; 大正 29, p.159.a
34) 『俱舍論』 卷13, 高麗 27, p.548.c ; 大正 29, p.67.c
35) 『俱舍論』 卷13, 高麗 27, p.549.a ; 大正 29, p.67.c
36) 『Buddhist Logic』. Ⅰ, p.95

불교의 원뜻에서 멀어진 감이 없지 않다. 이에 대해서는 다음 제5절에서 논급함이 있을 것이다. 그러나 유찰나설은 유위법의 주이상住異相에 대한 불교의 독특한 견해를 유감없이 발휘해 준 것만은 높이 평가해야 할 것이다.

5) 육식六識의 법상의法相義

제3절에서 육식六識은 육경六境에 대해서 '어떻게' 식별識別함을 가르치는가를 문제로 하고, 그 문제는 밀의密意로 설하는 경설에서는 해결할 수 없고 아함의 법상法相을 고찰함으로써만 밝혀질 것이라고 했는데, 그 육식은 바로 유위법의 주이상住異相에 대한 아함의 이러한 논리적 성찰을 뜻하는 것으로 생각된다.

식識의 기본적인 뜻은 '다르게 앎(了別, 分別)'이라고 했는데 이것은 유위법의 주이상에 대해서 전법과 후법을 완전히 '다르다고 아는' 아함의 뜻을 너무나도 잘 나타내고 있다. 이러한 앎은 사실 수승한 지혜라고 할 만한 것인데, 아함에는 육식을 지혜와 동등하게 보는 일까지 있다.

> 智慧及識. … 此二法合不別. 此二法不可別施設. 所以者何 智慧所知卽是識所識.[37)]

---

37) 『中阿含』 卷58 「大拘絺羅經」 高麗 18, p.285.b ; 大正 1, p.790.c

뿐만 아니라 다음에 고찰하려는 인연론因緣論, 십팔계설十八界說 등은 육식의 소연所緣이 그러한 것이라는 생각을 더욱 확고히 해 준다.

따라서 식의 기본적인 뜻 '다르게 앎'은 유위법(六境)의 주이상에 대한 아함의 논리적인 성찰, 다시 말하면 어떤 법이 다른 법으로 되었을 때 그 전후 두 법을 완전히 '다르다고 아는' 깨달음이라고 할 수 있다.

5. 인연론因緣論에로의 발전

1) 인연因緣과 연기緣起의 혼동

인연론이란 모든 법은 인因(hetu)과 연緣(paccaya)의 화합和合(samaggī)에 의해서 생한다(uppajjati)는 말이다. 따라서 이것은 연기緣起(paṭiccasamuppāda)와는 개념상의 차이를 갖고 있다.

연기緣起는 중생의 무명無明(avijjā)으로부터 현실미계現實迷界가 어떻게 생하는가를 설명해 주는 법문이기 때문이다(양자의 구별에 대해서는 제2장, 제4장 등에서 논급함이 있을 것이다.)

그러나 인연因緣이나 연기緣起는 유위법有爲法의 발생과정을 설명해 주는 점에 있어서는 서로 뜻을 같이하고 있다. 인연의 화합에서 생하는 법도 유위법이고, 연기한 고온苦蘊의 집集(現實迷界)도 유위법인 것이다. 따라서 그들은 유위법의 공空함을 논할 때도 동일한 개념으로 취급되어 그 논리적 이유로 제시된다.

이리하여 인연과 연기는 대소승경론에서 동의이어同義異語로 생각되어 자유로이 혼용되기에 이르는데 그 심한 예를 우리는 용수보살의 『중론中論』 등에서 볼 수 있다. 거기에는 인연과 연기는 아무런 차이가 없다. 인연과 연기의 이러한 혼용성은 역경譯經에도 작용하여 한역경전만으로는 그 원어가 무엇인가를 알기 어려울 정도이다. 예를 들면 paṭiccasamuppāda(Sk.

pratītya-samutpāda)를 연기緣起로 옮기는 이외에 인연因緣,[38] 인연지법因緣之法[39] 중인연생법衆因緣生法[40] 등으로 옮기고 있는가 하면, hetu-paccaya(Sk. hetu-pratyaya)에 대해서도 인연이라는 역어譯語 외에 중연衆緣[41]이라고 번역된 것이 보인다. 따라서 이러한 한역문만을 가지고는 그 원어가 어떤 것인가를 알기 어려운 것이다.

이리하여 특히 한역경전을 소의로 한 불교계에서는 인연과 연기는 완전히 동의이어同義異語로 생각되어 이러한 가운데 인연과 연기는 각각 그 본래의 독자적인 고유성을 잃어버린 감이 없지 않다.

2) 인연론因緣論과 육육법六六法의 관계

이와 같이 인·연은 연기와 혼동되고 있지만 그렇다고 그 존재성이 완전히 사라진 것은 아니다. 아함에는 인연론이 뚜렷하게 존재하고 있으며 육육법과 밀접한 관계를 보여주고 있다.

어떤 결과結果(phala)가 일어나기 위해서는 인因과 연緣이라는 두 개의 조건이 필요하다는 교설을 우선 다음과 같은 예에서 볼 수 있다.

---

38) 『雜阿含』 卷12, 高麗 18, p.824.b ; 大正 2, p.84.b(296)
39) 『增壹阿含』 卷46, 高麗 18, p.660.a ; 大正 2, p.797.b(5)
40) 「中論」 卷4, 第24 觀四諦品 第18偈, 高麗 16, p.392.b ; 大正 30, p.33. b.
41) 「中論」 卷3, 第15 觀有無品 第1偈, 高麗 16, p.374.c ; 大正 30, p.19.c

有因有緣 衆生煩惱 有因有緣 衆生淸淨故.[42)]

이 밖에도 어떤 결과의 발생조건으로서 인因과 연緣의 둘이 제시된 예는 허다하게 볼 수 있다. 이것은 연기緣起(paṭicca-samuppāda)나 연이생緣已生(paṭicca-samuppanna)으로부터 명확하게 구별된다.

그러나 어떤 결과의 발생조건으로서의 인과 연이 가장 뚜렷하게 그리고 빈번하게 나타나는 곳은 육육법에서이다. 그 한 예를 들어 보면

世尊 何因何緣 眼識生 何因何緣 耳鼻舌身意識生. 佛告比丘 眼因緣色 眼識生.[43)]

또는 인과 연이 다음과 같이 사용되어 있기도 한다.

若眼及色生眼識 彼因彼緣 爲常爲無常 答言無常.[44)]

뿐만 아니라 육육법의 각 지법支法은 서로 앞 지支를 '연緣하여 생生한다(paṭiccauppajjati)'고 설해져 있다.

따라서 인·연은 연기와 혼동되고 있지만 아직도 그 존재성이 아함에 뚜렷하며 그것은 육육법과 밀접한 관계를 갖고 나타

42) 『雜阿含』 卷26, 高麗 18, p.970.b ; 大正 2, p.190.c(711)
43) 『雜阿含』 卷9, 高麗 18, p.786.b ; 大正 2 p.57.c(238)
44) 『雜阿含』 卷9, 高麗 18, p.789.b ; 大正 2 p.59.c(248)

나고 있는 것이다.

3) 육식설六識說의 발전

인연론은 이와 같이 육육법과 밀접한 관계를 갖고 아함에 나타나고 있는데 더욱 놀라운 것은 육식은 필연적으로 인연론으로 발전해 갈 성질을 갖고 있음이다.

제3절에서 고찰했던 바와 같이 육식의 법상적法相的인 뜻을 유위법(六境)의 '이상異相'에 대한 '다르게 앎(識別)'이라고 한다면 그렇게 식별된 전후 두 법은 완전히 별개의 것이므로 후법後法이 생生하기 위해서는 전법前法은 멸滅하지 않으면 안 된다. 유찰나설有刹那說은 이러한 뜻을 잘 발휘한 것임은 앞서 본 바와 같다.

그러나 여기서 다시 주의를 모아야 할 일이 있다. 그것은 그 전법과 후법 사이에는 불가분의 연고관계緣故關係가 있음이다. 다시 말하면 후법이 생하기 위해서는 반드시 전법에 의존하지 않으면 안 된다. 예를 들면 유乳에서 낙酪이 되려면 반드시 유乳가 필요하다. 유乳에서 낙酪이 될 수 있는 외적인 조건을 아무리 만족시켜 주어도 물이나 목석木石 등에서는 낙이 되지 않는다. 따라서 유와 낙은 완전히 별물別物이지만 그들 사이에 불가분의 연고관계가 있음을 엄연한 사실로서 받아들여야 한다.

이와 같이 육식은 필연적으로 전후 두 법 사이에 뗄래야 뗄 수 없는 연고관계가 있음을 발견하는 논리적 단계로 발전하는

데 이러한 연고관계를 토대로 제법諸法의 발생조건을 설하는 것이 바로 불교의 인연론이다.

인연론의 '연緣(paccaya)'은 'paṭi(toward, against)−i(go)' 라는 동사에서 나온 남성명사인데 그 동사는 '의존依存한다(recourse, rely, trust)'는 뜻을 나타내고 있다. 그의 동명사형 paṭicca는 '연緣하여'라는 뜻으로 아함에 널리 쓰이고 있다. 따라서 paccaya는 '연緣함(confidence, trust)'이라는 뜻을 갖게 되는데 이 뜻은 육식에 의해서 식별된 전후 두 법 간의 그 연고관계를 잘 나타내고 있다. 이러한 연고관계는 좀 더 구체적으로 말하면 후법이 전법에 연하는 것이다.

따라서 paccaya라는 추상명사는 구상적具象的(substantively)으로는 전법을 지시하게 된다. 왜냐하면 인연론은 과果(phala)의 발생을 중심으로 고찰하는 것이므로 그것을 중심으로 할 때 paccaya의 지시대상에 알맞은 것은 전법일 수밖에 없기 때문이다

과果의 발생에는 연緣이 필요하지만 연만으로는 부족하다. 그들을 생멸生滅하게끔 작용을 가하는 외적인 조건, 다시 말하면 동력인動力因이 필요하다. 인연론의 '인因(hetu)'은 이 동력인을 가리키는데 hetu라는 술어는 이 뜻을 잘 나타내고 있다. 그것은 'hi'라는 동사에서 나온 남성명사인데 'hi'는 '몰다(set in motion, cast)'와 같은 뜻을 갖고 있기 때문이다.

모든 과果(後法)는 이러한 연緣(前法)과 인因(外的인 條件)의 화합和合에 의해서 생한다는 것이 인연론의 내용인데, 이러한 논리적 전개는 그 최초의 실마리가 육식에 있다. 따라서 육

식은 필연적으로 인연론으로 발전해 갈 성질을 갖고 있다고 말할 수 있는 것이다.

이와 같이 인연론은 육육법과 밀접한 관계를 갖고 아함에 나타날 뿐만 아니라 그것은 육육법의 육식에 의해서 식별되는 전후 두 법의 연고관계를 토대로 성립된 것이다. 다시 말하면 육식은 필연적으로 인연론으로 발전한다.

4) 인연론因緣論의 올바른 이해

인연론은 후대에 여러 방면으로 연구되고 해석되었다. 그러한 학설 중에는 인연론의 참뜻을 잘 발휘한 것도 있지만 그것을 왜곡되게 해석한 것도 적지 않다. 그러한 견해를 검토해 보는 것은 인연론의 올바른 이해에 큰 도움이 되지만 여기서 그 잡다한 견해를 일일이 다 검토할 수는 없다. 따라서 그 중에서 특히 아함의 인연론을 이해하는 데에 도움 될 몇 가지만을 골라 살펴볼까 한다.

① 사연설四緣說 : 유부有部의 사연설은 인연론이 육육법의 육식에서 필연적으로 발전해온 것이라는 나의 견해를 더욱 확실한 것으로 해 준다.

유부는 인연론의 인因·연緣·과果에 대해서 그 성질을 살펴 육인六因,[45] 사연四緣[46] 오과五果[47]의 설을 세우고 있는

45)「發智論」卷1, 高麗 24, p.923.b－924.a ; 大正 26, p.920.c
46)「識身足論」卷3, 高麗 25, p.27.a－b ; 大正 26, p.547.b
47)「婆沙論」卷121, 高麗 26, p.927.b ; 大正 27, p.629.b

데 이 중에서 가장 중요한 것은 사연설이라 할 수 있다. 사연설은 대승의 논서는 물론이고[48] 심지어는 반야경에까지 나타나 있다.[49] 이것은 사연四緣이 당시에 불설佛說로까지 인정되고 있었음을 뜻한다. 『구사론』은 사연설이 계경契經 중에 설해 있다고 말하고 있지만[50] 현재現在의 아함이나 니카야에는 그것이 문자 그대로는 보이지 않는다. 그러나 어떻든 사연설은 아함의 인연론에 근거를 가진 것이라는 것만은 확실하다.

사연四緣이라는 것은 인연因緣(Sk. hetu-pratyaya), (등等)무간연無間緣[(sam)anantara-pratyaya], 소연연所緣緣(ālambana-pratyaya), 증상연增上緣(adhipati-pratyaya)을 가리키는데, 쉽게 말하면 연緣을 네 가지로 분류한 것이다. 이 사연四緣에 대한 『식신족론識身足論』의 설명을 소개하면 다음과 같다.

> 有六識身 謂眼耳鼻舌身意識. 眼識有四緣 一因緣 二等無間緣 三所緣緣 四增上緣. 何等因緣 謂此俱有相應法等. 何等等無間緣 謂若從彼諸心心法平等無間 如是眼識已生正生. 何等所緣緣 謂一切色. 何等增上緣 謂除自性餘一切法.[51]

48) 예를 들면 「中論」 卷1, 第1 觀因緣品 第3偈, 高麗 16, p.352.a ; 大正 30, p.2.c

49) 예를 들면 『摩訶般若波羅蜜經』 卷1 高麗 5, p.228.c ; 大正 8, p.219.c

50) 『俱舍論』 卷7, 高麗 27, p.504.a ; 大正 29, p.36.b. "如契經中說 如契經中說: 「四緣性謂因緣性、等無閒緣性、所緣緣性、增上緣性.」 此中性者.是緣種類.

51) 『識身足論』 卷3, 高麗 25, p.27.a-b ; 大正 26, p.547.b

이 설명에 의하면 사연은 육식의 발생을 근거로 연을 분류한 것임을 쉽게 알 수 있다. '인因'연은 육식과 구유상응俱有相應하는 법이라 했으니 그것은 곧 육식이 의존하고 있는 육근을 가리키는 것이다. 육근을 '인因'이라고 함은 아함에 이미 그렇게 시사하고 있음이 있다.

眼因緣色 眼識生.[52)]

따라서 여기에 근거하여 육근을 인연이라고 한 것이다.

소연연所緣緣은 안식眼識에 대해서 일체색一切色이라고 했으니 곧 육경境을 가리킨다. 육경을 소연所緣이라고 한 것은 그것이 육식의 식별대상識別對象이 되기 때문이다. 뿐만 아니라, 위에 인용한 경문에서 육근은 인因이라고 한 데에 대해서 육경을 연緣이라고 한 데에도 근거를 두고 있는 것이다. 왜냐하면 ārammaṇa(Sk. ālambana)는 '소연所緣(holding fast to ; support)'이라는 뜻을 갖고 있는데 이것은 paccaya(緣)와 비슷한 뜻을 나타내는 것이다.

증상연增上緣은 자성自性(즉, 六識 자신)을 제외한 일체법一切法이라 했으니 육근과 육경을 합한 것(十二處)이다. 왜 이런 연緣을 생각하게 되느냐 하면 아함에서 '눈과 색을 연緣하여 안식眼識이 생한다', 다시 말하면 눈과 색을 함께 연하여 안

52) 『雜阿含』 卷9, 高麗 18, p.786.c ; 大正 2, p.57.c(238)

식이 생한다고 누누이 설하고 있기 때문이다.

그리고 등무간연等無間緣은 육식에 의해서 식별된 전후 두 법의 연고관계에 입각한 연緣, 좀 더 구체적으로 말하면 전법을 가리킴에 틀림없다. 왜냐하면 그것을 '등무간等無間'이라고 이름하며 '평등무간平等無間히 이생정생已生正生한 것'이라고 설명하고 있기 때문이다. 육식에 의해서 식별된 전후 두 법은 그와 같이 평등무간히 생멸하는 것이다. 『식신족론識身足論』이나 다른 논서論書에서 특히 등무간연等無間緣을 심心·심소법心所法을 갖고 설명함은 불교심식설佛敎心識說의 영향을 받은 것에 불과하다.

이와 같이 사연 중에서 인因·소연所緣·증상增上의 삼연三緣은 확실히 육식의 발생인연을 근거로 한 것이며, 등무간연도 육식에 의해 식별되는 전후 두 법 간의 연고관계를 나타내고 있다. 따라서 사연설이 불설佛說로까지 인정되고 있다면 아함의 인연론은 육식에서 필연적으로 발전해 온 것이라는 나의 견해를 뒷받침해 주는 또 하나의 증거라고 할 수 있다.

② 친인소연親因疎緣 : 옛날부터 친인소연이라는 말이 있다. 과果를 발생시키는 직접적인 원인은 인因이며, 연緣은 그 어의부터가 종속적일 뿐만 아니라 과를 생하기 위해서는 멸滅해야 하므로, 그 말은 이런 의미에 있어서 요要를 얻은 것이라 할 것이다.

그러나 이 말은 잘못하면 연에 대한 인식을 오도할 우려가 있다. 인연론에서 중요한 것은 인이며, 연은 다만 과를 발생시키는 데에 부차적인 역할을 하는 것에 불과하다는 생각을 일으키기 쉽다. 서양학자들이 인因을 primary cause로 번역하고 연緣을 secondary cause로 번역하는 것도 바로 이러한 생각을 나타내고 있다. 인因을 종자種子에 비하고 연緣을 밭에 비기는 것도 그와 비슷한 생각이다.[53)]

그러나 인연론에서는 위에서 고찰한 바와 같이 인과론과는 달리 인보다는 연에 중점이 있으며 인보다는 연의 존재성이 더 뚜렷함을 잊어서는 안 된다.

③ 인멸과생因滅果生 : 인연론에서는 과果(後法)를 생하기 위해 멸滅하는 전법을 연緣이라 한다. 십이연기설에서도 '무명연행無明緣行(avijjāpaccayā saṅkharā)'이라고 함과 같이 연고관계에 있는 두 법 중에 전법을 연이라고 한다.

그런데 논서에서는 그러한 전법에 대해서 '연緣'이라고 하지 않고 '인因'이라 부르는 일이 있다. 예를 들면 『구사론』에 "如是變水生寶等時因滅果生"[54)]이라고 했고, 『중론』에도 "若因與果因 作因已而滅, Sk. hetukam phalasya dattvā yadi hetur nirudhyate)"[55)]이라고 되어 있다. 이것은 인연론에 대한 이해가 부족하거나 그렇지 않으면 술어 사용에 철저를 기하지 못한 것이라고 볼 수 밖에 없다.

④ 부대인멸설不待因滅說 : 세친보살은 모든 유위법은 유찰나有刹那(Sk. kṣanika)로서 인因을 기다림이 없이(不待因)

---

53) 『俱舍論』 卷26, 高麗 27, p.647.c ; 大正 29, p.137.b "第一於苦 是初因故說名爲因. 如種子於果. … 第三於苦爲別緣 故說名爲緣. 如田於果"

54) 『俱舍論』 卷11, 高麗 27, p.534.b ; 大正 29, p.57.b

55) 『中論』 卷3, 第20 觀因果品 5偈, 高麗 16, p.383.b ; 19)

몸을 얻는 찰나에 멸한다고 주장한다. 그 이유에 대해서 그는 인因을 기다리는 것은 과果인데 멸滅은 무無로서 과가 아니므로 인을 기다리지 않는다는 것이다.

有爲法滅不待因 所以者何. 待因謂果 滅無非果故不待因.[56)]

그러나 이 부대인멸설不待因滅說은 인연론의 한계와 정신을 도외시한 것이라고 보지 않을 수 없다. 인연론은 애초에 유위법의 주이상住異相에 대해 논리적인 고찰을 했던 것이다. 주이住異를 중심으로 변화를 일으키는 외적인 원인이 인因이고, 변화의 전법前法이 연緣이고, 그 결과가 과果로서 인연론이 성립한 것이다.

엄밀히 말하면 인연론은 아직 유위법의 생상生相과 멸상滅相에 대해서는 취급을 하지 않고 있다. 여기에 인연론이 적용되려면 虛空(ākāsa)도, 세친보살의 말을 빌리면 '멸무滅無'도 일종의 유위법으로 인정이 되어야 한다. 그러기 전에는 세친보살의 예리한 논리적인 고찰과 같이 인연론이 거기에는 성립될 수 없다. 왜냐하면 허공이나 멸무는 연緣이나 과果라고 할 수 없기 때문이다. 그런데 아함에는 놀랍게도 허공도 일종의 물질적 요소로 보는 육계설六界說(地·水·火·風·空·識界)이 있다. 이 육계설에 이르러 인연론은 비로소 생상生相과 멸상滅相에도 유감없이 적용된다. 따라서 거기에 이르지 않은 현 단

56)『俱舍論』卷13, 高麗 27, p.549a ; 大正 29, p.67.c

계에서는 그들은 인연론의 범위 밖이라 하지 않을 수 없다.(육계설에 대해서는 제3장 2절에서 논할 것이다).

유부有部의 교설은 허공도 일종의 물질적 요소(유위법)로 보는 단계에 들어서 있지 않다. 왜냐하면 그의 삼무위설三無爲說(虛空・擇滅・非擇滅)에 허공이 끼어 있기 때문이다.[57] 이러한 단계에서 세친보살이 유위법의 멸상을 근거로 부대인멸설을 주장한 것은 논리적으로 명석한 고찰이긴 하지만 인연론의 한계를 고려에 넣지 못한 것이라고 하지 않을 수 없다. 만일 그러기로 말한다면 어찌 멸상에 한하겠는가. 생상을 근거로 해서 모든 법은 연緣없이 생한다고 말할 수도 있을 것이다. 왜냐하면 생상生相의 직전은 허공(滅無)이기 때문이다. 이렇게 되면 모든 법은 생하지 않는다는 뜻이 되어 有部의 '일체유一切有(Sk. sarvamasti)'의 교리敎理는 파경에 이르고 말 것이다.

부대인멸설不待因滅說은 이와 같이 인연론의 한계를 고려에 넣지 못한 것일 뿐만 아니라 인연론의 정신을 크게 망각한 것이기도 하다. 인연론은 모든 법은 반드시 인因과 연緣의 화합에 의해서 생한다는 법칙이다. 따라서 인과 연이 달라지지 않는 한 모든 법은 주住하고 있다. 모든 법이 찰나적이라면 그것은 인과 연이 찰나적으로 달라지기 때문이다. 따라서 그런 인연에 관계없이 모든 유위법을 덮어놓고 유찰나有刹那라고 주장하는 것은 인연론의 정신을 망각하는 것이라고 하지 않을 수 없다.

---

57)『俱舍論』卷1, 高麗 27, p.454.a ; 大正 29, p.1.c "無漏云何 謂道聖諦及三無爲 何等爲三 虛空二滅 二滅者何 擇非擇滅"

6. 십팔계十八界의 성립

1) 가장 기본적인 계界

아함에는 많은 계界가 설해 있는데, 보통 62계가 헤아려진다.

阿難 見此六十二界 知如眞[58]

이 62계 가운데 십팔계가 가장 기본적인 것임은 62계가 나열될 때 그것이 맨 앞에 위치하는 것만 보아도 알 수 있다. 십팔계는 육근계六根界·육경계六境界·육식계六識界의 열여덟 가지를 말하는데 그 경문經文을 소개하면 다음과 같다.

云何爲種種界 謂眼界色界眼識界 耳界聲界耳識界 鼻界香界鼻識界 舌界味界舌識界 身界觸界身識界 意界法界意識界是名種種界[59]

2) 생멸生滅의 개념

제5절에서 고찰한 바와 같이 육식설六識說은 필연적으로 인연론으로 발전하게 되는데 이 인연론은 다시 그의 생멸의 개념을 수정하지 않을 수 없게 된다. 한역의 '생멸生滅'에 해당한 원어 'uppajjati'와 'nirujjhati'는 이 수정된 뜻을 미리부터 잘

58) 『中阿含』 卷47 「多界經」, 高麗 18, p.188.c ; 大正 1, p.723.c
59) 『雜阿含』 卷16, 高麗 18, p.869.a ; 大正 2, p.115.c(451)

나타내고 있다.

유위법의 주이住異에 대해서 그 전후 두 법을 완전히 다르다고 식별할 때 전법은 멸하고 후법은 생한다고 보게 된다(육식설). 그러나 그 두 법 사이에는 불가분의 연고관계가 없을 수 없다(인연론). 그렇다면 여기에 다시 문제가 생기게 된다. 만일 전법이 멸하고 후법이 생한다면 그들 사이에 어떻게 연고관계가 있을 수 있단 말인가. 전법이 있는 동안 후법은 아직 생하지도 않았다. 다시 말하면 아직 아무 곳에도 없는 것이다. 이렇게 아직 아무 곳에도 없는 것이 어떻게 전법에 연緣할 수 있으며, 또 전법은 그런 것에 대해서 연이 될 수 있단 말인가.

이것은 아무리 생각해도 논리적으로 부당하다. 완전한 무無로부터 생生하고 완전한 무로 멸滅하는 전후 두 법 사이에는 인연론적인 연고관계는 있을 수 없다. 그들 사이에 그런 연고관계가 있다는 것이 엄연한 사실이라면 '생멸'에 대한 지금까지의 개념이 비판되지 않으면 안 된다. 다시 말하면 '생'을 완전한 무에서 생하는 것이라고 볼 수 없고 '멸'을 완전한 무로 멸하는 것이라고 보아서는 안 되겠다는 말이다. '생'은 생이로되 어딘가에 잠재해 있다가 현현하는 것이고, '멸'은 멸이로되 어딘가에 잠복해 있다고 보아야 한다는 말이다.

이렇게 볼 때 그 문제는 비로소 이론적인 타당성을 갖고 무난히 해결된다. 즉, 전후 두 법은 생멸하는 것이 아니라 현현顯現·은복隱伏하여 그들 사이의 인연론적인 연고관계가 가능해지는 것이다.

한역의 '생生·멸滅'에 해당한 uppajjati와 nirujjhati는 이

런 뜻을 잘 나타내고 있다. 이 두 술어는 가끔 jāyati(誕生)와 miyyati(死)로 교체됨을 보는데, 이것은 그들에게 '탄생誕生'이나 '사死'와 같은 개념, 다시 말하면 완전한 무無에서 생하고 완전한 무로 멸한다는 개념도 있음을 나타낸다. 그러나 그 두 술어의 문법적인 뜻은 '현현·은복'이라고 할 수가 있다. uppajjati는 'ut(up)-pad(get)'로 분석되므로 '위에 미친다', 즉 현현顯現의 뜻을 나타내고, nirujjhati는 'ni(down)-rudh(check)'로 분석되어 '밑에 갇힌다', 즉 은복隱伏의 뜻이 되는 것이다. 이것은 마치 우리말의 '일어나다'에 '발생發生'과 '기립起立'의 두 가지 뜻이 있고, '사라지다'에 '멸진滅盡'과 '은몰隱沒'의 두 가지 뜻이 있는 것과 같다.

따라서 인연론은 그의 '생멸'의 개념을 '현현顯現·은복隱伏'의 개념으로 수정하지 않을 수 없게 되는데 한역의 '생·멸'에 해당한 uppajjati(일어난다)와 nirujjhati(사라진다)는 벌써부터 그런 뜻을 잘 나타내고 있었다고 보지 않을 수 없다.

3) 계界의 의미

이와 같이 인연론이 그의 '생·멸'의 개념을 '현현·은복'의 개념으로 수정받게 되면 유위법은 그의 실상에 있어서 입체적인 복합구조를 갖게 된다. 왜냐하면 은복중인 법들은 현현중인 법을 중심으로 그에 의존(緣)하여 하나의 무리(類)를 이루고 있을 것이기 때문이다. '계界(dhātu)'라는 술어는 이런 뜻을 잘 나타내주고 있다.

‘계’라는 술어는 dhātu를 번역한 것인데 이 한역어는 잘못하면 ‘경계’라는 뜻으로 생각되기 쉽다. 다시 말하면 인식이나 활동의 범위 · 대상 등을 뜻하는 visaya나 gocara와 비슷한 말로 생각되기 쉽다는 말이다. 그러나 아함에 쓰인 계(dhātu)의 근본적인 뜻은 그런 것이 아니라 유유상종類類相從하는 그 ‘유類’를 가리키고 있다.

衆生常與界俱 與界和合 云何衆生常與界俱 謂衆生行不善心時 與不善界俱 善心時 與善界俱 勝心時 與勝界俱 鄙心時 與鄙界俱.60)

다시 말하면 어떤 것을 중심으로 그와 비슷한 성향을 가진 것들이 더불어 있을 때 그 ‘어떤 것’을 가리키고 있는 것이다. 아함에 이와 비슷한 문장이 계속 되풀이되고 있다는 사실61)은 그 뜻이 그만큼 중요함을 나타내고 있다.

『구사론』도 이와 비슷한 뜻으로 계를 주석하고 있다. 즉, 그것을 ‘종족種族(Sk. gotra)’의 뜻으로 설명하고 있는 것이다.

法種族義是界義 如一山中 有多銅鐵金銀等族說名多界. 如是一身或一相續 有十八類諸法種族名十八界.62)

---

60) 『雜阿含』 卷16, 高麗 18, p.867.c ; 大正 2, p.115.a(445)
『S.N.』 II, p.131 “dhātuso va sattā saṁsandanti samenti”
61) 『雜阿含』 卷16 (高麗 18, p.867.c~868.b ; 大正 2, pp.115~116)에 그와 비슷한 내용의 경이 여섯 개나 계속되고 있다.
62) 『俱舍論』 卷1 高麗 27, p.458.b-c ; 大正 29, p.5.a

따라서 계라는 술어는 현현중인 법과 그것을 중심으로 그에 연하고 있는 한 무리(種族)의 법을 잘 나타내고 있다고 말할 수 있다. 뿐만 아니라 계에는 '층層(layer)'이라는 뜻도 있어 그 한 무리의 법을 나타내는 데에 아주 적절한 말이 되고 있다. 왜냐하면 그 한 무리의 법은 층과 비슷한 입체적인 복합구조성을 띠고 있을 것이기 때문이다.

4) 육식설六識說의 귀결

이와 같이 육식에 의해 식별되었던 전후 두 법이 인연론을 거쳐 계를 이루게 되면 여기에 십팔계가 성립한다.

먼저 육외입처六外入處에 각각 계가 성립하여 외육계外六界를 이룰 것이다. 이와 동시에 육내입처六內入處에도 각각 계가 성립하여 내육계內六界를 이루게 된다. 왜냐하면 십이처의 인식관계에서 육경의 존재는 육근의 존재를 전제로 한 것이었으므로 육경에 계가 존재한다는 것은 육근에 이미 그런 계가 존재하고 있다는 말이 되기 때문이다. 내육계가 이루어지면 이에 따라 육식계가 성립한다. 육식은 본래 육근을 소의로 했던 것이므로 그 소의처가 계로 되면 그것도 자연히 계의 형태를 띠게 될 것이기 때문이다.

이리하여 십팔계가 성립하는데, 육식에서 발단한 논리적 전개의 과정이 인연론을 거쳐 여기에 귀결한 것이다. 십팔계가 과연 이러한 논리적 과정을 거쳐 성립한 것인지는 부처님이 안 계신 오늘날 확인할 길이 없다. 그렇지 않다고 단정할 길도 물론 없다. 그러나 어떻든 십팔계와 육식은 그들 간에 심상치 않은 깊은 관계를 갖고 있다는 것만은 십팔계 안에 육식계가 들어 있다는 사실에 의해 의심할 여지가 없다.

5) 진여법계眞如法界로서의 십팔계十八界

십팔계가 이상과 같은 내용을 가진 것이라면 그것은 육근·육경·육식으로 이루어진 유위세간有爲世間에 대하여 그 실상을 밝힌 진여법계와 같은 것이라고 말할 수 있다. 이것은 십팔계의 성립과정을 논리적으로 규명한 결과 얻어진 생각이지만 이밖에도 아함에는 십팔계를 그렇게 볼 수 있도록 뒷받침 해주는 바가 적지 않다.

이미 서론 제3절에서 밝힌 바와 같이 십팔계는 무상無常·고苦·무아無我와 같은 말이 술어로 연결되어 있는 예가 다른 유위법에 비해 극히 드물 뿐만 아니라, 계라는 말은 무루無漏나 상주불변의 원리와 같은 뜻으로 쓰일 때가 있는 것이다(서론 제3절 참조).

그리고 무엇보다도 중요한 것은 십팔계가 육육법과 밀접한 관계를 갖고 그 연기의 성립근거가 되고 있다는 점이다. 이에 대해서는 다음 절에서 고찰할 것이다.

물론 십팔계가 칠처선삼종관의七處善三種觀義[63]에서와 같

63) 『雜阿含』 卷2, 高麗 18, p.720.c ; 大正 2, p.10.c(42)

이 무상한 오온이나 십이처와 동일한 취급을 받고 있는 예가 없는 것은 아니다. 그러나 이것은 역시 서론에서 밝힌 바와 같이 아함의 모든 교설이 궁극적으로는 십이연기설에 귀입함을 목적으로 한 데에 기인하고 있다.

따라서 십팔계는 육근·육경·육식으로 이루어진 유위세간에 대하여 그 실상을 구체적으로 나타낸 진여법계와 같은 것이라고 말할 수 있다. 대소승을 통해 진여계眞如界를 가리키는 술어로 쓰이고 있는 '법계法界'는 이 십팔계의 하나인 법계에 그 근원이 있음을 알아야 한다.

7. 육육법六六法의 교리조직

1) 육육법과 십팔계와의 관계

육육법은 십팔계와 결합하여 하나의 완전한 교리조직을 이루고 있다. 즉, 십팔계는 육육법에 대하여 그의 실상을 밝힌 진여법계이며, 육육법은 그의 진여법계인 십팔계를 근거로 연기한 유위세간이다.

육육법이 연기라는 것은 이미 서론에서 밝힌 바와 같이 그것에 일체一切·무상無常·무아無我·연이생緣已生과 같은 술어가 연결되어 있는 점에서 명백하다. 아함에는 육육법의 유전연기流轉緣起(苦集)뿐만 아니라 그의 환멸還滅(滅道)도 누누이 설해져 있는데 그 일례를 들어 육육법이 연기라는 것을 더욱 확실하게 해 두고자 한다.

眼色眼識眼觸 眼觸因緣生受內覺 若苦若樂不苦不樂 耳鼻 … 是名世間. 所以者何 六入處集則觸集 如是乃至純大苦聚集 … 若無彼眼無色無眼識無眼觸 無眼觸因緣生受內覺 若苦若樂不苦不樂 無耳鼻 … 者 則無世間 亦不施設世間. 所以者何 六入處滅則觸滅 如是乃至純大苦聚滅故.64)

육육법은 크게 두 부분으로 갈라진다. 육근·육경·육식으로 이루어진 전반부와 그 뒤의 6촉으로 시작되는 후반부이다. 이 중에서 전반부는 제6절 십팔계十八界의 성립에서 밝힌 바와 같이 십팔계 성립의 이론적 기초가 되었던 것이다. 다시 말하면 십팔계는 육근·육경·육식으로 이루어진 현상계의 실상을 밝힌 것이었다.

이와 같이 육육법의 전반부는 십팔계와 밀접한 관계를 갖고 있는데 아함에는 놀랍게도 육육법의 후반부도 십팔계와의 밀접한 관계를 보여주고 있다. 즉, 6촉으로 시작되는 육육법의 후반부는 십팔계를 연하여 일어난다고 한다.

緣種種界 生種種觸 緣種種觸 生種種受 緣種種受 生種種愛 云何種種界 謂十八界.65)

여기의 촉觸·수受·애愛는 육육법 ⓕ형의 후반부와 동일한 것이다.

---

64)『雜阿含』卷9, 高麗 18, p.784.c ; 大正 2, p.56.a(230)
65)『雜阿含』卷16, 高麗 18, p.869.a ; 大正 2, p.116.b(452)

그러나 어떤 경우는 종종계種種界(十八界)를 연하여 일어나는 법에 약간 이례적인 것이 있다. 예를 들면 『잡아함』권16(高麗 18, p.869.c ; 大正 2, p.116.b 454경)에는 그 곳이 촉觸·수受·상想·욕欲·각覺·열熱·구求로 되어 있는 것이다. 이것은 육육법의 후반부와 비할 때 촉觸·수受·상想까지는 동일하지만 그 뒤는 그렇지 않다.

그러나 이것은 별로 문제가 되지 않는다. 니카야의 소설所說을 참조하면 그 문제가 곧 해결된다. 니카야는 연기의 성립근거로서의 종종계種種界(dhātu-nānātta)를 십팔계로 하지 않고 외육계外六界(六境)와 내육계內六界(六根)로 갈라서 하고 있다. 그리하여 외육계를 연하여서는 상想(saññā)·사유思惟(saṅkhappa)·[촉觸(phassa)·수受(vedanā)]·욕欲(chanda)·열熱(pariḷāha)·구求(pariyesana)·[득得(lābha)][66]이 일어난다고 한다. 이것은 아함의 그 이례적인 것과 매우 비슷한 점이 있다. 따라서 아함의 그것은 니카야에서 볼 수 있는 외육계연기外六界緣起의 전승을 남기고 있는 것으로 생각되는 것이다.[67]

뿐만 아니라 내육계를 연하여서는 니카야도 촉과 수가 일어난다고 설하고 있다.

---

66) S.N. II, p. 123 ; 같은 책. p. 125에는 [ ]內의 법이 더 추가되어 있다.

67) 니카야의 외육계연기는 그가 '想'을 色想·聲想 등으로 설명하는 것과 관계를 맺고 있는 것 같다. 그러나 아함은 '想'을 그렇게 色想·聲想 등으로 설명하기도 하지만 어떤 경우는 眼想·耳想 등으로 설명하기도 한다. (제7절 2항 참조할 것)

dhātunānattaṁ, bhikkhave, paṭicca uppajjati phassanānattaṁ. phassanānattaṁ paṭicca uppajjati vedānānānattaṁ. kataṁ ca, bhikkhave, dhātunānattaṁ. cakkhudhātu sotadhātu ghānadhātu jivhādhātu kāyadhātu manodhātu.[68]

이것은 아함의 육육법 후반부와 동일하다. 연기는 본래 주관적인 미혹을 중심으로 하는 것이므로 니카야가 종종계를 내·외육계로 갈라서 설하고 있지만 그 근본적인 것은 내육계연기內六界緣起라 할 것이다. 아함과 니카야는 육육법의 후반부가 종종계種種界를 연하여 일어난다고 하는 점에서 의견을 일치하고 있다고 말할 수 있다.

육육법의 후반부가 십팔계를 근거하고 십팔계는 육육법의 전반부에 대해서 그의 실상을 밝힌 법계法界라는 점에 있어서는 이제 아무도 반대하지 못할 것이다. 그러나 육육법 전체가 십팔계를 근거로 연기한다는 것과, 십팔계는 육육법 전체에 대한 진여법계眞如法界라고는 못할 것이다.

왜냐하면 육육법의 전반부는 십팔계를 연한 것이 아니고, 십팔계는 육육법의 후반부에 대해서는 그의 진여법계라고 할 수 없기 때문이다. 육육법의 연기론적인 연쇄(causal chain)가 이와 같이 전·후반부로 단절되어 있다는 것은 육육법의 교리조직상으로도 심각한 문제가 아닐 수 없다.

---

68) 『S.N.』 II, p.121

그러나 이 문제도 아함에는 실로 놀라운 솜씨로 해결되어 있다. 즉 아함은 육육법의 후반부가 시작되는 육촉六觸을 '삼사화합三事和合'이라고 설하고 있는 것이다.

緣眼色生眼識 三事和合觸.[69]

cakkhuñ ca paṭicca rūpe ca uppajjati

cakkhuviññāṇaṁ tiṇṇaṁ saṅgati phasso.[70]

삼사三事라는 것은 말할 것도 없이 육근·육경·육식으로서 육육법의 전반부이다. 따라서 삼사의 화합을 촉觸이라고 말함으로써 전반부·후반부로 단절되었던 육육법의 연기론적인 연쇄가 다시 이어지는 것이다. 아함의 빈틈없는 논리성에 놀라지 않을 수 없다.

따라서 십팔계는 육육법의 전반부뿐만 아니라 그 후반부까지를 합한 전체에 대해서 그의 실상을 밝힌 진여법계가 되며, 육육법은 전체로서 그의 진여법계인 십팔계를 근거로 연기한 유위세간有爲世間(一切)이라고 말할 수 있다. 이와 같이 육육법과 십팔계는 결합하여 하나의 완전한 교리조직을 이루고 있다.

---

69) 『雜阿含』 卷8, 高麗 18, p.782.b ; 大正 2, p.54.c(213)
70) S.N. Ⅲ, p.79

2) 육육법六六法 각지各支의 기본 뜻

육육법이 이와 같이 십팔계를 근거로 연기한 것이라면 그 각 지분(aṅga)의 뜻은 각자가 그러한 연기체계를 전정사유專精思惟함으로써만 제대로 이해될 수 있는 성질의 것이다. 그러나 인간은 흔히 언어에 의해서 사색한다. 더구나 아함의 교설은 선의선설善義善說된 것이다. 따라서 육육법 연기의 각 지분을 나타내고 있는 술어에 대한 지식은 각자의 전정사유에 커다란 도움이 될 것으로 믿는다. 이하 간단히 그에 대한 해설을 해 둔다.

근根(indriya) · **경**境(attha) · **식**識(viññāṇa) : 육육법의 전반부를 이루는 것으로서 육근 · 육경에 대해서는 제1장 십이처설에서, 육식에 대해서는 제2장 3절에서 충분히 설명을 했으므로 더 이상 말할 필요가 없다.

촉觸(samphassa **또는** phassa) : 육육법 후반부의 첫째 지분으로서 십팔계를 연하여 일어난 것이다. 아함에서 이것을 '삼사화합三事和合'이라고 설하는 것은 전반부 · 후반부로 단절된 육육법연기六六法緣起의 연쇄를 이으려는 것임은 위에서 고찰한 바와 같다.[71] samphassa(또는 phassa)에는 'touch,

---

71) '三事和合觸'에 대해서 經部는 三事和合이 그대로 觸이라 했고, 有部에서는 육육법 속에 六觸身이 독립해 있는 것을 보면 삼사화합을 떠나 따로 觸體가 있다고 주장하였다. (『俱舍論』 卷10, 高麗 27, 526c-527a ; 大正 29, p.52.b) 그러나 '삼사화합촉'의 진의(眞義)는 전반부 · 후반부로 단절된 육육법의 연기연쇄를 연결하려는 데에 있

contact'와 같은 뜻이 있으므로 흔히 '접촉接觸'으로 생각되기 쉽지만 그렇게 단순한 게 아니다. Sk. sparśa에 'feeling (headache, jealousy)'이라는 뜻이 포함되어 있는 것과 같이 phassa는 접촉을 통하여 외부로부터 받는 심한 내적內的인 '충격衝擊·갈등葛藤·모순矛盾' 등을 의미한다.

수受(vedanā) : 촉觸을 연하여 일어난 것으로서 촉에 대한 내부의 '지각知覺·경험經驗'을 의미한다. vedanā는 vedeti라는 동사에서 나온 여성명사인데 vedeti에는 'to know ; to experience'의 두 가지 뜻이 있다. 이 중에서 vedanā는 'to experience'와 관계를 맺고 있다. 수受가 내부의 지각·경험이라는 것은 그것을 고락불고불락苦樂不苦不樂이라고 설명하고 있는 점에서도 명백하다. 이 삼수三受는 어느 것이나 내부의 경험인 것이다. 따라서 vedanā에 대한 한역어가 '수受'라고 해서 그것을 '밖에서 받는 것'이라고 보아서는 안 된다.

상想(saññā) : 상想은 제1절에서 말한 바와 같이 촉觸을 연하여 일어난 것이다(觸俱生受·想·思). 이것은 연기의 통례에서 벗어난 것이라 하지 않을 수 없다. 연기의 통례에 의하면 상想은 반드시 바로 자기 앞의 수受를 연해야 한다. 그럼에도 불구하고 수를 건너 촉을 연한다고 함은 연기의 통례를 벗어난 것으로, 거기에는 반드시 그럴 만한 이유가 있음에 틀림없다. 이것은 온蘊의 성격을 밝혀야만 해결될 성질의 것이므로 제3

다고 생각된다.

장 오온설五蘊說에 가서 논하고자 한다. saññā의 어원은 'sam (together)+jñā(know)'이므로 '합해서 아는 것'이 그 기본적인 뜻이다. 따라서 어떤 판단이나 인식(perception)이 내려진 것으로 볼 수 있다. 그렇다면 거기에는 반드시 그러한 판단이나 인식에 대한 대상이 있지 않으면 안 된다. 이에 대해 경설은 두 가지로 유동流動하고 있다. 하나는 그것이 육근이라는 설이다.

六想身 眼想耳鼻舌身意想.72)

다른 하나는 그것을 육경이라고 한다.

有六法 謂六想身 色想聲想香想味想觸想法想.73)

니카야는 주로 이 후자의 해석에 따르고 있는 듯하다. 따라서 육육법연기六六法緣起의 성립근거로서의 종종계種種界에 대해서도 내內·외外 육계六界로 갈라 촉觸·수受는 내육계內六界를, 상想·사유思惟 등은 외육계外六界를 연한다고 설하게 된 것 같다. 그러나 연기가 항상 주관적인 미혹을 중심으로 하고 있음을 보면 육육법연기의 입장에서는 후자보다는 전자의 설이 일차적인 것이라고 해야 할 것 같다.

---

72)『中阿含』卷21「說處經」高麗 17, p.1230.a ; 大正 1, p.562.c
73)『長阿含』卷8「衆集經」高麗 17, p.884.a ; 大正 1, p.51.c

사思(sañcetanā 또는 cetanā) : 상想과 마찬가지로 사思도 촉觸을 연으로 하고 있다. cetanā는 cinteti(또는 ceteti)에서 나온 여성명사인데 cinteti가 'think, intend'의 뜻을 갖고 있으므로 cetanā는 'active thought, intention(意欲)'으로 번역될 수 있는 말이다. 상想이 '아는 것'인 데에 대해서 사思는 뜻하여 '하는 것'을 의미한다. 사思가 사업思業·사이업思已業과 같이 업業과 관계되고, 오온의 '행行'과 동일한 것으로 해석됨은 이 때문이다. cetanā에 접두사 'sam(together)-'이 연결된 것이 sañcetanā인데 사전에 의하면 'sam-'이 첨가된 것과 안 된 것의 이 두 말에 의미상의 차이가 없다. 그렇다면 무슨 이유로 '비경제적인' sañcetanā라는 말이 쓰였던가를 생각해 볼 필요가 있다. sañcetanā의 'sam-'은 판단이나 의욕의 '방법方法'(합하여)을 나타내고 있는 것이 아닐까. 각자 생각해 보아야 한다. 육사六思의 구체적인 대상에 대한 경설도 육상六想에 대한 것처럼 두 가지로 유동流動하고 있지만 일차적인 것은 색사色思·성사聲思 등 보다는 안사眼思·이사耳思 등이라 할 것이다.

애愛(taṇhā) : 애愛는 제 1절에서 말한 바와 같이 어떤 경우는 촉觸을 연으로 한다고 하고[ⓓ형], 어떤 경우는 수受를 연으로 한다고 한다[ⓕ형]. taṇhā는 '애愛'로 한역되고 있지만 원뜻은 '목마름(thirst)'을 의미한다. 애에 대해서도 경설은 안애眼愛 등이라고 하는 것과 색애色愛 등이라고 하는 것의 두 가지가 있다.(애愛 이하는 십이연기설에 가서 논하고자 한다.)

이상 소개한 것이 육육법연기의 각 지분을 나타내는 술어에 대한 간단한 설명인데 이러한 설명으로 그 참뜻이 파악될 리는 만무하다. 그 참뜻을 알기 위해서는 각자 스스로 육육법연기를 전정사유하는 길밖에 없다.

3장 오온설五蘊說

1. 오온의 특질

1) 설명순說明順 상으로 본 오온설五蘊說의 위치

서론 제4절에서 말한 바와 같이 아함은 어떤 법을 다른 법에 의해 설명하는 일이 많다. 이것은 아함의 교설이 설해진 순서를 밝히는 데 중요한 빛을 던져준다. 즉, 설명에 쓰인 법은 이미 알고 있는 법일 것이므로 그에 의해 설명되는 법보다도 먼저 설해진 법임에 틀림없다.

아함에서 오온은 항상 육육법에 의해서 설명되고 있다. 그 일례를 간추려 소개하면 다음과 같다.[1]

[色] 云何色如實知 諸所有色 一切四大及四大造色 是名爲色.
Katamaṁ rūpaṁ. cattāro ca mahābhūtā catunnaṁ ca mahā-bhūtānam upādāya-rūpaṁ. idaṁ vuccati rūpaṁ. (Sam. Ⅱ 289)

[受] 云何受如實知 謂六受(身) 眼觸生受 耳鼻舌身意觸生受 是名受.
Katamā vedanā. chayime vedanākāya.

---

1) 『雜阿含』 卷2 高麗 18, p.720.a~c ; 大正 2, p.10.a~c(42)

cakkhusamphassajā vedanā … .

[想] 云何想如實知 謂六想(身) 眼觸生想 耳鼻舌身意觸生想 是名爲想

[行] 云何行如實知 謂六思身 眼觸生思 耳鼻舌身意觸生思 是名爲行

[識] 云何識如實知 謂六識身 眼識 耳鼻舌身意識身 是名爲識

색온色蘊을 제외하고는 모두 육육법에 의해 설명되고 있는 것이다. 따라서 오온은 육육법의 다음에 설해진 교설임에 틀림없다.

2) 사대四大와 사대조색四大造色

십이처와 육육법은 중생의 감각기관(indriya)에 기초를 둔 것이었다. 감각기관에 기초를 두고 있기 때문에 인식주관(육근)과 인식대상(육경)의 구별이 있었다. 그런데 오온은 그러한 감각기관과 그 인식대상을 만들고 있는 사대와 사대조색에 기초를 두고 있다.

아함은 십이처의 색처色處뿐만 아니라 다른 것도 모두 사대와 사대조색으로 되었다고 설하고 있다. 즉, 육내입처(육근)에 대해서는 의처意處를 제외한 나머지 오처五處를 사대조정색四大造淨色이라고 설하고, 육외입처에 대해서는 법처法處를 제외한 나머지 오처를 사대와 사대조색이라고 설하고 있는 것이다.

眼是內入處 四大所造淨色 不可見有對 耳鼻舌身內入處 亦如是說 … 色外入處 若色四大造 可見有對 是名色是外入處 … 云何聲是外入處 若聲四大造 不可見有對. 如聲 香味亦如是 … 觸外入處者 謂四大及四大造色 不可見有對.2)

정색淨色(pasāda-rūpa)도 색色의 일종이므로 의意·법法 이처二處를 제외한 나머지 십처十處 모두 사대와 사대조색이라는 말이다. 사대四大(cattāro mahābhūtāni)는 지地(paṭhavī)·수水(āpo)·화火(tejo)·풍風(vāyu)의 네 가지를 가리킨다. '대大(bhūta)'라는 말은 현대적인 용어로 하면 원소나 요소(element)라고 할 수 있는 말이다. 대大(bhūta)는 bhū(be)의 과거분사로서 '된 것', 다시 말하면 모든 것이 (그것으로) 된 것이라는 뜻을 나타내고 있다.

그리고 사대조색四大造色(catunnaṁ mahābhūtānaṁ upādāya-rūpa)은 그러한 사대로 만들어진 색(色)이라는 말이다. 현대적인 용어로 하면 그러한 네 가지 원소로 된 화합물이라는 말이다. '조색造色'에 해당한 원어는 upādāya-rūpa인데 이에 대해서는 약간의 설명이 필요하다.

upādāya는 upādīyati(grasp, assume)라는 동사의 동명사형이므로 '취取하여(taking it up)'라는 뜻을 갖고 있다. 따라서 upādāya-rūpa(造色)라는 복합명사는 '취取하여 색色'이라는 뜻이 되는데 이것은 조어법造語法상으로나 어의語義상

---

2)『雜阿含』卷13 高麗 18, p.834.b~c ; 大正 2, p.91.c(322)

으로 곤란한 문제가 아닐 수 없다.

범문법梵文法에 부사와 명사가 결합하여 avyayībhāva 복합 명사를 만드는 일이 없는 것은 아니지만 어떻든 쉽게 이해가 안 된다. 따라서 사전에 자세한 설명이 없고 upādāya에는 'hanging on to'라는 뜻도 있으므로 'derived, secondary'의 뜻으로 해석할 수 있다는 설명을 하고 있다.3)

그러나 이 문제를 나는 이렇게 해결하고 싶다. upādāya에는 '취取하여'라는 뜻에서 '의존하여(hanging on to)'라는 뜻도 나올 수 있으므로 upādāya-rūpa는 '(…에게) 의존하여 (있는) 색色'이라는 뜻으로 볼 수 있다. 범어에서 bhū(또는 as)(be 동사)는 흔히 생략되므로 upādāya와 rūpa 사이에서도 그것 '있는'은 생략될 수 있는 것이다. 다음은 무엇에 의존하여 있느냐가 문제로 되는데 그것은 곧 사대일 것임에 틀림없다. 그렇다면 사대四大(mahā-bhūta)의 어미가 목적격이 되어야 할 텐데 무슨 이유로 소유격이 되었느냐고 물을 사람이 있을 것이다.

그러나 이것은 간단하다. upādāya-rūpa가 (복합)명사가 되어 있으므로 사대가 그것과의 의존관계를 나타내기 위해서는 소유격이 될 수 밖에 없는 것이다. 이렇게 생각할 때 그 문제는 쉽게 해결된다. 즉, 'catunnaṁ mahā-bhūtānaṁ upādāya-rūpa(四大造色)'는 '사대四大에 의존依存하고 (있는) 색'이라는 뜻이다.

따라서 의意·법法 이처二處를 제외한 십처十處를 모두 사

---

3) PTS : Pāli-English Dictionary, p.149

대와 사대조색이라고 할 때는 이 세상에 있는 것은 정신적인 것(意·法)을 제외하고는 모두 네 가지 원소로 되어 있다는 말이 된다. 소리나 냄새까지도 모두 물질(色)적인 원소로 되었다는 것은 주의할 만한 일이다.

그런데 오온을 육육법에 의해 설명하는 경설(1항 참조)에서 색온色蘊을 '일체사대급사대조색一切四大及四大造色'이라고 설명하고 있다. 사대와 사대조색은 바로 위에서 고찰한 네 가지 원소와 그 화합물임은 물론이다. 따라서 육육법이 감각기관에 기초를 둔 것인데 비해 오온은 그 감각기관을 이루고 있는 원소, 다시 말하면 사대에 기초를 둔 것이라고 말할 수 있다.

3) 육법성六法性의 소실

오온五蘊이 이와 같이 사대四大에 기초를 둔 것이라면 거기에는 십이처의 구별이 사라져야 한다. 왜냐하면 사대를 기초로 할 때는 육근六根·육경六境이 다 똑같은 것이므로 그들 사이에 어떤 구별을 설정할 수 없기 때문이다. 그런데 놀랍게도 오온五蘊에는 실제로 십이처十二處의 구별이 사라져있다.

오온을 육육법에 의해서 설명하는 경설(1항)에서 색온色蘊을 '일체사대급사대조색一切四大及四大造色'이라고 했다. 이 '사대급사대조색'은 의意·법法 이처二處를 제외한 나머지 십처十處를 가리킨다는 데에는 아무도 반대를 못할 것이다.(2항 참조) 따라서 색온을 사대와 사대조라고 설명한 것은 색온은 의·법 이처를 제외한 십처라는 말과 같다. '색色'='십처十處'

라는 등식은 다시 말하면 색은 십처에 두루 해당한다는 말이 된다. 이 말은 곧 색에는 십처의 구별이 없다는 뜻이 된다. 만일 색에 십처의 구별이 있어 색은 그 십처 가운데서 색처 하나만을 가리킨다면 '색'='십처'의 등식은 성립하지 못할 것이다. 색온에서 이와 같이 십처의 구별이 사라진다면 의·법 이처도 그에 따라 사라지게 된다. 왜냐하면 의근意根과 법경法境은 본래 오근五根과 오경五境이 각각 독자성을 지녀 마치 왕령王領(indriya)과 같은 성질을 갖고 있으므로 그들을 한 몸으로 통합하고 있을 제육근과 제육경으로 시설되었던 것이다.(제1장 2절 참조). 따라서 오근과 오경 사이의 구별이 사라지면 그들도 함께 사라지는 것이다. 따라서 색온色蘊이 '일체사대급사대조색一切四大及四大造色'이라면 그 색色에서는 십이처의 구별, 다시 말하면 육육법의 '육법성六法性'이 완전히 사라졌다고 말할 수 있다.

다음 오온五蘊을 육육법六六法에 의해서 설명하는 그 경설에서 오온의 수受·상想·행行·식識은 육수신六受身·육상신六想身·육사신六思身·육식신六識身이라고 설명하고 있다. 이 설명도 위에서 고찰한 색온의 경우와 같다. 따라서 같은 이유로 수·상·행·식온에서도 육육법의 '육법성六法性'은 사라졌다고 말할 수 있다.

이상과 같은 이유로 오온이 만일 사대四大를 기초로 한 것이라면 거기에는 십이처의 구별, 다시 말하면 육육법의 '육법성'이 없어야 하는데 실제로 그러한 구별을 여의고 있다고 말할 수 있다. 육육법이 육근六根을 근거로 한 것이라면 오온은 그러한 육근 발생 이전의 사대를 근거로 한 것이라고 말할 수 있다. 또는 오온은 육육법에서 십이처의 구별, 다시 말하면 '육법성六法性'이 사라진 것이라고 말해도 좋다.

4) 오온五蘊의 무연기성無緣起性

육육법六六法의 육법성六法性이 사라진 것은 위에서 본 바이지만 이 밖에 또 한 가지 주의할 만한 일이 있다. 그것은 오온도 분명히 육육법과 같은 연이생법緣已生法인데 아함은 어찌된 일인지 오온에 대해서는 그의 각 지분(aṅga) 사이에 그런 연기관계가 있는 것으로 설하고 있지 않음이다.

아함은 육육법이나 십이연기에 대해서는 그 각 지분 사이에 '차유고피유此有故彼有 차기고피기此起故彼起'와 같은 연기관계가 있음을 명확히 설하고 있다. 그런데 오온에 대해서는 그렇게 설한 예를 한 곳도 찾을 수가 없다.

오온의 각 지분에 대해서도 모두 동등한 취급을 해 주고 있다. 가령 색色에 대해서 집集·멸滅·미味·환患·리離 등을 설했다면 똑같은 형식으로 수受·상想·행行·식온識蘊에도 수고스러울 정도로 그것을 반복하고 있는 것이다. 이러한 예는 너무나 많아서 일일이 예시할 필요가 없을 정도이다.

오온에 연기성이 없음은 제2장 1절에서 언급한 바와 같이 촉구생수·상·사 차사무색음觸俱生受·想·思 此四無色陰[4])

---

4)『雜阿含』卷13 高麗 18, p.829.b ; 大正 2, p.87.c(306)

이라는 문장에서 더욱 뚜렷해진다. 수受·상想·사思는 각각 오온의 수受·상想·행行에 해당하는데 그들은 다 같이 촉觸을 연하여 일어났다고 한다.

다시 말하면 수受·상想·사思 사이에는 그런 연기관계가 결했다는 말이다. 따라서 아함은 오온도 분명히 육육법과 같은 연이생법緣已生法이라고 하면서도 그 각 지분 사이에는 연기관계가 없는 것으로 설하고 있다고 말할 수 있다. 오온의 각 지분은 별립하여 제나름대로의 범주를 이루고 있다. 오온이 옛날부터 제법분류諸法分類의 대표적인 것이 된 것은 바로 이러한 이유 때문이다.

5) 온蘊(khandha)의 어의

'온蘊'의 원어 khandha는 오온의 이러한 무연기성無緣起性을 잘 나타내고 있다. khandha는 본래 신체의 어깨나 수목樹木의 기간基幹(trunk of a stem)을 가리키는 말로서 니카야에 그런 뜻으로 자주 쓰이고 있다.[5] khandha가 갖고 있는 이러한 기본적인 뜻은 aggi-kkhandha '불덩어리'와 같은 예로써 볼 수 있는 바와 같이 'bulk, mass(巨物)'와 같은 뜻을 나타내게 될 것은 물론이다. 왜냐하면 어깨나 기간基幹은 신체나 수목의 주요 부위로서 양적量的으로도 커다란 비중을 차지하고 있기 때문이다. 어깨나 기간은 거기서 팔이나 가지가 뻗어

---

5) 『S.N.』 Ⅳ, p.140. mahato rukkhassa tiṭṭhato sāravato ye mahantatarā khandhā te pallujjeyyuṁ

갈라지는 곳(branching part of the stem)이다. 따라서 khandha에는 다시 'division(分斷)', 'part(部分)', 'chapter(章節)'와 같은 뜻이 있게 된다. khandha가 나타내는 이러한 뜻은 어느 것이나 오온의 무연기성無緣起性 또는 분립성分立性에 잘 부합하고 있다. 따라서 온蘊의 원어 khandha는 오온의 '분단分斷' 의義를 잘 나타내고 있다고 말할 수 있다.

6) 오취온五取蘊

오온의 각 지분이 그들 상호간에 연기관계가 없어 각각 별립하고 있다는 사실은 아함에 오취온五取蘊(pañcupādāna-kkhandha)이 설해 있는 점에서도 확실하다. 옛날부터 오온환신五蘊幻身이라는 말이 있는 것과 같이 오온은 '세간은 물론 중생의 몸을 이루는 것'이라고 생각되고 있다. 아함도 이러한 취지를 나타내고 있다.

何等謂有身 謂五受陰 色受陰 受想行識受陰6)

이와 같이 오온이 중생의 몸을 가리키는 일이 있다면 여기에 곤란한 문제가 일어난다. 만일 오온이 중생의 몸이라면 한 중생은 다섯 개의 몸을 갖고 있다는 말이 되어 버린다. 왜냐하면 오온은 각각 별립하여 독자성을 지닌 것이기 때문이다. 이것은

6) 『雜阿含』 卷6 高麗 18, p.761.b ; 大正 2, p.40.a(123)

마치 십이처설에서 다섯 개의 감각기관이 각각 별립하여 마치 왕령王領(indriya)과 같은 성질을 나타내고 있었던 것과 같다. (제1장 2절 참조)

따라서 오온이 중생의 몸이 되려면 그들을 한 몸으로 통합하고 있는 것이 없어서는 안 된다. 십이처설의 제육근(意)과 같은 것이 필요하다는 말이다. 아함에 오취온五取蘊이 설해져 있는 것은 바로 이러한 문제를 해결한 것으로 생각된다.

오취온은 오온에 욕탐이 있는 것으로서,7) 오온과 같은 것도 아니고 그렇다고 다른 것도 아니라 한다.

非五陰即受 亦非五陰異受 能於彼有欲貪者 是五受陰.8)

그러나 이러한 설명보다는 그 '취온取蘊'이라는 술어에 주의할 필요가 있다. '취온'은 범어문법의 복합명사 해석법(六離合釋)에 의하면 의주석依主釋으로 함이 가장 적이하다고 느껴지는데 그렇게 해석할 경우 '취取의 온蘊', '취에 속한 온'이라는 뜻이 된다. 따라서 오온은 '취에 속한 온이 다섯 개'라는 뜻으로서 각각 별립된 오온이 취取(upādāna)에 의해서 한 몸으로 통합되어 있다는 뜻이 된다. 다시 말하면 '취取'는 십이처설의 제육근(意)과 같은 작용을 하고 있다. 따라서 아함에 오취온이 설해 있다는 사실은 순수한 오온에는 그들 사이에 한 몸이 될

---

7) 팔리본에는 取蘊을 '有漏(sāsava) 可取(upādāniya)'의 蘊이라고 설명하고 있다.[『S.N』 Ⅱ. p 279]

8) 『雜阿含』 卷2, 高麗 18, p.726.a ; 大正 2, p.14.b(58)

수 있는 결합성이 없다는 뜻, 다시 말하면 오온의 무연기성無緣起性을 확실히 해주는 증거의 하나가 되는 것이다.

7) '온蘊'에 대해서

온蘊(khandha)을 '취聚(rāsi)'의 뜻으로 보는 견해가 있다. khandha를 '온蘊'으로 한역한 것도 이러한 견해에 입각한 것이다. 그러나 이 견해도 온의 원뜻에 접근한 것이라고는 볼 수 없다. 온을 취聚의 뜻으로 보지 않을 수 없는 증거로서 세친 보살은 다음과 같은 경설을 전거로 내세우고 있다.

> 所有諸色 若過去若未來若現在 若內若外若麤若細 若好若醜 若遠若近一向積聚 作如是觀 一切無常[9]

이 경설에서 보는 바와 같이 그 모든 것을 일취一聚로 하여 온이라고 하므로 온은 취聚의 뜻을 갖고 있다고 말하고 있다.[10] 그리하여 그는 온을 어깨(肩)나 분단分段(Sk. praccheda)의 뜻으로 봄은 경설에서 볼 때 지나친 것이라고 단정하고 있다.[11]

---

9) 『雜阿含』 卷5, 高麗 18, p.754.a ; 大正 2, p.35.a(109) 『S.N.』 Ⅲ, p.307 "yaṁ kiñci rūpamatitānāgatapaccuppannaṁa jjhattaṁ vā bahiddhā vā oḷārikaṁ vā sukkhumaṁ vā hīnaṁ vā panītaṁ vā yaṁ dūre santike vā sabbaṁ rūpam－aniccaṁ"

10) 『俱舍論』 卷1, 高麗 27, p.458.c ; 大正 29, p.5.a "彼經如言 如是一切略爲一聚說明蘊故"

11) 上揭書, "此釋越經 經說聚義 是蘊義故"

세친보살이 전거로 제시한 그 경문은 아함에 많이 설해져 있다. 그러나 '일향적취一向積聚' 또는 '일체약위일취一切略爲一聚(Sk. tad ekadhyām abhisaṁkṣipya)'라는 구절이 항상 거기에 따라 다니는 것이 아니다. 그런 말이 없는 경우가 훨씬 많은 것이다. 뿐만 아니라 그 경문을 자세히 음미해 보면 과거·미래 등의 각각의 색에 대해서 개별적으로 색온色蘊이라 부르고 있다고는 할 수 없지만12) 그렇다고 반드시 그것을 전부 한데로 쌓아서 비로소 색온이라고 한다는 뜻으로도 볼 수 없는 것이다.

만일 그들을 전부 한데로 쌓은 것에 한해서 온이라고 할 수 있다면 '일실一實의 극미極微'나 과거·현재 등의 각 색色에 대해서는 어떻게 온이라고 말할 수 있을 것인가. 그 하나하나에는 취聚의 뜻이 성립되지 않기 때문이다. 그러나 그런 경우에도 아함에서는 분명히 온蘊이라고 부르고 있다.

따라서 세친보살이 전거로 제시한 그 문장은 그것이 '취聚'의 뜻을 명시하는 것이라기보다는 모든 '종류種類'를 의미한 것이라고 봄이 가장 온당한 것이다. 이러한 '종류'의 뜻은 오온에서 연기성이 배제되므로 말미암아 '제법분류諸法分類'의 뜻이 짙어지게 된 것과 관계를 갖고 있는 것이다. 따라서 khandha를 반드시 취聚(heap)의 뜻으로 해석할 근거는 없다.

아함에는 온이 '취聚'의 뜻으로 생각될 수 있는 경우가 또 하나 있다. 예를 들면 다음과 같은 경우이다.

---

12) 上揭書, "若謂此經顯過去等一一色等 各別名蘊 是故過去色等一一實物各各名蘊 此執非理"

云何色集(受想行識集) 緣眼及色 眼識生 三事和合觸 緣觸生受 緣受生愛 乃至純大苦聚生[13)]

kevalassa dukkhakkhandhassa uppādo hoti

그러나 이때도 온이 비록 '취聚'로 번역되어 있긴 하지만 온 자체에 적취積聚의 뜻이 있는 것으로는 볼 수 없다. 왜냐하면 이런 경우에는 반드시 집集(samudaya)과 결합되어 있는 것이다. 어떤 경우에는 집集이 온의 다음에 위치하여 다음과 같은 형태를 이루고 있다.

如是純大苦聚集

evam-etassa kevalassa dukkhakkhandhassa samudayo hoti[14)]

따라서 '적취'의 뜻을 담당하고 있는 것은 온蘊이라기보다는 '결합하여 올라간다'는 뜻을 가진 집集인 것이다. 따라서 온蘊(khandha)을 반드시 취聚(heap)로 보아야 할 근거는 없다.

---

13) 『雜阿含』 卷3 高麗 18, p.731.a ; 大正 2, p.18.a(68)
14) 『S.N.』 II, p.3

2. 육계六界의 성립

1) 성립과정

아함은 십팔계十八界를 설한 다음 다시 육계六界를 설하고 있다.

若有比丘 見十八界 知如眞 … 復次阿難 見六界 知如眞 地界水界火界風界空界識界.15)

이 육계六界는 사대四大를 기초로 십팔계에서 발전한 것이다. 제2장에서 논한 바와 같이 십팔계는 육근六根·육경六境·육식六識에 대한 실상의 구조를 밝힌 진여법계眞如法界라고 할 수 있다. 그러나 육근·육경·육식에서 육식의 대상이 된 것은 육근과 육경, 다시 말하면 십이처였으므로 십팔계 성립의 기초가 된 것은 십이처라고 할 수 있다. 그런데 아함은 제1절에서 본 바와 같이 이 십이처에서 의意·법法 이처二處를 제외한 십처十處는 모두 사대와 사대조색이라 한다. 이렇게 되면 십이처를 기초로 하고 있는 십팔계도 그에 따라 수정되지 않으면 안 될 것이다.

십이처에서 의·법 이처二處를 제외한 십처十處를 사대四大와 사대조색四大造色이라 하면 의·법 이처도 사라져 십이처의 구별, 다시 말하면 육법성六法性은 완전히 없어지게 된다

15) 『中阿含』卷47「多界經」高麗 18, p.188.b ; 大正 1, p.723.b

(제1절 참조). 이렇게 되면 이 세상에는 오직 사대四大와 사대조색四大造色과 그들 사이의 허공(ākasa)만이 존재하게 된다. 다시 말하면 지地·수水·화火·풍風의 네 원소와 그로 이루어진 화합물과 공간(space)만이 있을 뿐이다

사계四界 : 사대四大·사대조四大造·허공虛空으로 이루어진 이러한 세간에 대한 실상계實相界는 육근·육경·육식에 대한 십팔계라는 공식에 의해서 기계적으로 유도된다. 우선 지·수·화·풍 '사대四大'에 대한 지·수·화·풍 '사계四界'가 성립된다.

사대조색四大造色**의 귀속**歸屬 ; 다음에 사대조색은 사계四界에 귀속된다. 사대조색은 제1절에서 밝힌 바와 같이 '사대에 의존해 (있는) 색色(catunnaṁ mahābhūtānaṁ upādāya-rūpa)'이지만 세간에서는 사대四大와 공존하고 있다. 마치 원소상태의 물체와 화합물이 우리 눈 앞에 공존해 있는 것과 같다. 그러나 실상계實相界에서는 사계四界에 귀속되지 않을 수 없다. '계界'는 같은 성향을 가진 법들을 한 무리(種族)로 한 복합구조를 가진 것이므로 사계는 사대조색을 자기 속에 귀속시키는 것이다(제2장 6절 참조). 사대조색에는 '사대조색계四大造色界'와 같은 것이 생기리라고 생각해서는 안 된다.

공계空界 ; 계속해서 공계가 성립한다. 모든 법은 공간에 의해서 제한·구별되어 있다. 공간은 한 법을 여러 법으로 분립시키는 기능을 갖고 있다. 공계空界(ākāsadhātu)의 '공空'은 바로 이러한 공간이다.

我此身有內空界 而受於生 此爲云何 謂眼空 耳空 鼻空 口空 … 16)

사대四大 · 사대조四大造 · 허공虛空으로 이루어진 이 세간에는 십이처의 구별이 있을 수 없으므로 따라서 주관과 객관이 있을 수 없다. 주관과 객관이 사라지면 나와 남이 있을 수 없고, 나와 남이 사라지면 세간이 온통 한 몸(一體)이 된다. 이러한 한 몸에는 '한 법을 여러 법으로 분립시키는' 허공은 있을 수 없다. 그러한 허공은 없음에 틀림없다. 허공이 없어지려면 허공이 안 되는 길 밖에 없다. 허공도 사대와 같은 성질을 갖게 된다. 이와 같이 허공이 일종의 물질이 되면 그에 대해서도 계界가 성립되지 않으면 안 된다. 이리하여 공계空界가 성립하는 것이다. 공계는 참으로 놀라운 논리적 소산이며, 그로 말미암아 법계法界는 일진법계一眞法界가 되고 있다. 공계가 갖는 의의는 자못 크다고 아니할 수 없다.

식계識界 ; 마지막으로 '하나'의 식계가 성립한다. 사계四界와 허공계虛空界가 성립되었으므로 다섯 개의 식계가 이루어질 것 같지만 그들이 한 몸을 이루어 버렸으므로 '하나'의 식계가 성립하는 것이다.

이리하여 육계六界가 성립하는데 이것은 십팔계十八界에 사대설四大說을 적용한 결과이다. 따라서 육계는 사대를 기초로

16) 『中阿含』 卷42 「分別六界經」 高麗 18, p.142.b ; 大正 1, p.691.a

십팔계에서 발전한 것이라고 말할 수 있다.

십팔계가 아직도 육근六根·육경六境 등의 경계에 머물러 있다면 육계는 그러한 십이처성十二處性을 여의고 일진무변법계一眞無邊法界를 성취하여 우주에 충만해 있다. 십팔계가 아직도 추잡麤雜한 색계色界의 범위를 벗어나지 못한 것이라면 육계는 순수한 색계色界(四界)로부터 무색계無色界의 공무변처空無邊處(空界)·식무변처識無邊處(識界)에 걸쳐 폭을 넓히고 있다. 아함의 육계설을 가벼운 것으로 생각해서는 안 될 것이다.

2) 오온五蘊의 실상계實相界

십팔계十八界가 육육법六六法 세간에 대한 실상계實相界라면 육계六界는 오온五蘊 세간에 대한 실상계라 할 수 있다. 십팔계는 제2장 6절에서 논한 바와 같이 육육법의 전반부, 즉 육근六根·육경六境·육식六識에 대해 그 실상을 밝힌 진여법계와 같은 것이었다.

그런데 육계는 오온의 색色에 대해 그 실상의 구조를 밝힌 것이라고 말할 수 있다. 위에서 고찰한 바와 같이 육계는 사대와 사대조색으로 이루어진 세간을 그 성립의 기초로 한 것이다. 그런데 이 사대와 사대조색은 제1절에서 살핀 바와 같이 오온의 색色이다(諸所有色 一切四大及四大造色). 따라서 육계는 오온의 색에 대해 그 실상의 구조를 밝힌 것이라고 말할 수 있다.

육육법은 그의 첫 지분으로부터 최후의 지분에 이르기까지 '육법六法'의 성질을 정연하게 유지하고 있다. 육육법에 대한 실상계라 할 수 있는 십팔계에도 이 '육법六法'의 성질이 유지되어 있다. 그리하여 이 진망이계眞妄二界는 서로 어울리는 상응을 하고 있는 것이다. 이러한 상응관계를 오온과 육계 사이에서도 볼 수 있다. 오온의 색과 육계는 육법성六法性을 여윈 점에서 서로 상응하고 있음은 이미 말한 바이지만 색온色蘊 다음의 수受·상想·행行·식온識蘊에도 제1절에서 논한 바와 같이 육법성이 사라져 없는 것이다. 다시 말하면 오온은 색온으로부터 식온에 이르기까지 정연하게 육법성을 여의고 있다. 그리하여 오온과 육계는 진망 이계의 어울리는 상응을 보여주고 있다. 따라서 십팔계十八界가 육육법六六法에 대한 진여법계眞如法界라면, 육계六界는 오온에 대한 실상계實相界라고 말할 수 있다.

3) 육계설六界說의 이해

이와 같이 육계설의 중요성은 온蘊·처處·계界에 못지 않은 것이지만 종래 이에 대한 깊은 이해가 부족하였다. 그리하여 그릇된 견해들이 제출됨을 본다. 그 중에서 한두 가지만 지적해 두고 싶다.

ⓐ **사대**四大**와 사계**四界 ; 흔히 사대와 사계가 동의이어同義異語로 취급됨을 본다. 사대와 사계를 다같이 '요소(element)'로 번역하는 것도 그 일례라 할 수 있다. 그러나 이것은 커다란

잘못이다. 사계四界는 사대四大에 대한 실상實相의 구조요, 사대는 사계에 대한 미혹迷惑의 가유假有다. 따라서 그 둘은 천지현격한 차이가 있다. 사계四界가 지혜라면 사대四大는 무지이고, 사계가 해탈解脫이라면 사대는 계박繫縛이다. 따라서 그 둘을 동의이어同義異語로 알아서는 안 된다. 그런 혼동은 다른 철학체계라면 모르지만 적어도 아함의 교리체계에서는 용납될 수 없다.

ⓑ **허공무위설**虛空無爲說 ; 유부의 삼무위三無爲(虛空・擇滅・非擇滅)설에는 허공이 끼어 있다.[17] 허공虛空도 일종의 무위법無爲法으로 본다는 말이다. 그러나 이것은 아함의 교설을 철저히 이해하지 못한 견해라고 할 수 있다.

육육법설六六法說의 단계에서는 허공은 절대적인 멸무滅無요, 무애無礙(Sk. anāvaraṇa)를 속성으로 하기 때문에[18] 무위법無爲法이라고 할 만한 것이었다. 따라서 이것을 근거로 유찰나설有刹那說과 부대인멸설不待因滅說이 나온 것이었다(제2장 4절 참조). 그러나 육계설六界說에 허공은 지地・수水・화火・풍風과 같은 일종의 물질적인 존재로 등장하고 있다. 허공이 무위無爲라면 지・수・화・풍 사대도 무위無爲라고 해야 한다. 지・수・화・풍 사대를 무상無常・연이생緣已生이라고 한다면 허공도 무상無常・연이생緣已生이라고 해야 한다. 따라서 유부有部의 허공무위설虛空無爲說은 아함의 교설을 철저

17) 『倶舍論』 卷1, 高麗 27, p.454.a ; 大正 29, p.1.c "三無爲 何等爲三 虛空二滅 二滅者何 擇非擇滅"
18) 上揭書, "虛空但無碍爲性"

히 이해한 것이라고 볼 수가 없다.

3. 오온五蘊의 발생

1) 오온五蘊의 연기성緣起性

제1절에서 고찰한 바와 같이 아함은 오온五蘊의 각 지분支分 사이에 연기관계가 있는 것으로는 설하지 않는다. 그들은 각각 별립別立한 독자성獨自性을 나타내고 있다. 그러나 오온이 육계에 대한 유위세간이라면 그 각 지분 사이에 연기관계가 없다고는 도저히 볼 수 없다.

십팔계十八界는 육육법六六法에 대한 진여법계와 같은 것인데 이와 똑같은 상응을 육계六界와 오온五蘊 사이에서도 볼 수 있었다(제2절 참조). 따라서 오온은 육계를 근거로 연기한 유위세간有爲世間임에 틀림없다. 왜냐하면 육육법은 십팔계를 연하여 일어난다고 아함은 분명하게 설하고 있기 때문이다(제2장 7절 참조).

아함은 육육법六六法이나 십이연기十二緣起뿐만 아니라 오온에 대해서도 '연이생緣已生'이라는 술어를 연결하고 있다. '연이생'은 연기했다는 뜻이다. 따라서 그 말은 오온도 연기한 것이라고 시사하는 것과 같다. 뿐만 아니라 십이연기의 (무명無明)・행行・식識은 오온의 (상想)・행行・식識과 동일한 것이며, 심지어 어떤 경우에는 십이연기의 각 지분을 온蘊이라고 설하는 일까지 있다.[19]

연기緣起는 본래 우리가 진여실상眞如實相을 미迷할 때 어떻게 되는가를 밝혀 유위세간有爲世間에 이르는 과정을 설명해 주는 것이 그 기본적인 개념이다. 미망迷妄으로부터 유위세간에 이르기까지의 한 고비, 한 고비가 연기의 지분인 것이다. 따라서 각 지분 사이에는 연고관계緣故關係가 없을 수 없다. 그런 연고관계를 떠나서는 각 지분의 참뜻을 이해할 수 없다.

오온의 색色은 '일체사대급사대조一切四大及四大造'로 설명되므로 이것은 분명히 육계六界를 미迷한 것이다. 그것은 육육법의 촉觸이나 십이연기의 무명無明에 해당하는 것이다. 따라서 오온은 육계를 근거로 연기한 유위세간으로서 그 각 지분 사이에는 반드시 어떤 연기관계가 없어서는 안 된다.

2) 오온연기五蘊緣起의 분단分斷

이와 같이 오온의 각 지분 사이에는 반드시 연기관계가 있어야만 하는데, 제1절에서 고찰한 바와 같이 아함은 애써 그것을 부정하고 있다. 따라서 이것은 오온에 본래 연기성이 없는 것이 아니라 있는데도 아함이 그 뜻을 배제·억제하고 있다고 보지 않을 수 없다. 그렇다면 이렇게 배제·억제하는 이유는 도대체 무엇일까? 이 문제는 오온의 집集(samudaya)을 밝힘으로써 저절로 해결되므로 제4절에서 논하고자 한다. 이와 같이 아함은 오온에서 일부러 연기성을 배제하고 있다고 생각되는

---

19) 일례를 들어 無明 支分에 대해서, '거대한 無明蘊이 부서진다' (mahantaṁ avijjākkhandhaṁ padāleti)[A.N.I, p.265]라고 하고 있다.

데, 놀라운 사실은 연기에서 등기等起(samuppāda)성性을 제거하면 그 연기는 분단되어 '온蘊(分斷)'의 양상을 띠게 된다는 점이다.

어떤 법이 다른 법을 연하여 일어날 때, 이 발생을 아함은 두 가지로 설하고 있다. 하나는 인연론因緣論이고, 다른 하나는 연기론緣起論이다. 이 두 가지 발생법에서 오온은 전자에 해당되지 않음은 물론이다. 왜냐하면 인연론에 의하면 과果가 생하려면 연緣은 멸해야 한다. 그런데 오온에서는 색·수·상·행·식이 전부 구존俱存하여 그 중에 생멸하는 자가 없다. 따라서 오온은 인연론에 해당되지 않는다.

그렇다면 오온은 연기론에 관계를 가질 수 밖에 없다. 연기緣起(paṭiccasamuppāda)는 인연因緣과 달리 과果가 발생할 때 연緣이 멸하는 것이 아니라 그 둘은 결합하여 위로 등기等起(samuppāda)하는 것이다(제4장 1절 참조). 이러한 발생법에서 이유야 어떻든 간에 만일 등기성等起性을 제거한다면 그 결과는 어떻게 될까. 그들은 우선 결합관계를 잃고 분립分立할 것이다. 이어 연기관계도 여의게 된다. 왜냐하면 연고관계를 여의지 않으면, 인연론이 작용하여 전법(前法)은 멸한다고 되기 때문이다. 이러한 상태는 제1절에서 살핀 오온의 양상과 너무나도 흡사하다.

따라서 연기에서 등기성等起性(즉 集)을 제거하면 그 연기는 분단되어 온蘊의 모습을 띠게 된다고 말할 수 있다. 이러한 양상은 연기성이 완전히 사라진 상태라고 말할 수도 있다. 등기성과 함께 연고관계(緣)도 단절되었기 때문이다.

3) 오온五蘊 각 지분의 기본 뜻

오온의 각 지분 사이에는 연기관계가 없는 것으로 설해지고 있지만 이것은 본래부터 그런 연기성이 없는 것이 아니라, 있음에도 불구하고 그 뜻이 배제되었음을 보았다. 따라서 오온의 올바른 이해는 그 연기성에 입각해서 추구되지 않으면 안 된다. 다시 말하면 육계를 미迷했을 때(色蘊) 어떻게 되는가를 전정사유專精思惟해야 한다는 말이다. 이러한 사유는 각자가 해야 할 일임은 물론이다. 그러나 그렇게 함에 있어서 오온연기의 각 지분을 나타내고 있는 술어에 대한 지식은 큰 도움이 될 것이다. 아래 간단한 설명을 붙여둔다.

색色(rūpa) ; 오온의 연기는 색에서 시작하므로 그 성격을 잘 파악하여 사유의 기초를 튼튼히 해야 한다. 색은 '일체 사대급사대조색一切四大及四大造色'이므로(제1절 참조) 이것은 분명히 육계를 미迷한 것인데 여기서 한 가지 조심해야 할 일이 있다. 그것은 만일 육계를 미迷한다면 응당 '사대四大·사대조색四大造色·공空'이 되어야 하는데 오온연기에서는 '공空'이 빠지고 '사대급사대조색四大及四大造色'만이 망집妄執되어, 따라서 색온色蘊이 되어 있다는 점이다. 세간世間 전반全般에 대한 미혹迷惑이 아니라, 허공으로 한정된 자기영역에 한한 망집妄執인 것이다. 따라서 육육법六六法의 십팔계十八界 전반에 대한 미혹과 커다란 차이가 있으므로 조심할 필요가 있다.

색온을 흔히 '물질物質'로 번역하고 있는데 이것은 커다란 잘못이다. '사대급사대조색四大及四大造色'을 물질로 볼 수 없는 것은 아니지만, 오온연기의 첫 지분으로서의 '색'은 물질이라기보다는 무명無明·망심妄心이라고 해야 할 것이다.

수受(vedanā), 상想(saññā) ; 육육법의 수·상에서 육법성六法性만 여의면 된다.

행行(saṅkhāra) ; 육육법의 사思(sañcetanā, 또는 cetanā)에 해당하지만 사思에 비해서 조작造作의 뜻이 훨씬 강하다. 사思가 cinteti(생각한다)라는 동사에서 나온 말인데 비해 행(saṅkhāra)은 karoti(do)라는 동사에서 나온 것이다. saṅkhāra의 기본적인 뜻은 '붙게(sam-) 함(kāra)'이다. 결합작용을 의미한다. 모든 유위법(saṅkhata-dhamma)의 가장 근원적인 작용이 바로 이 saṅkhāra임을 알아야 한다.

식識(viññāṇa) ; 기본적인 뜻은 육육법의 식과 같다. 그러나 그 인식대상은 반드시 그와 같다고 할 수는 없다. 술어는 같지만 의미 내용은 교설의 진전에 따라 항상 새로워지기 때문이다.

4. 사성제四聖諦와의 관계

1) 사성제四聖諦의 조직

불교 수행문修行門의 가장 대표적인 것으로 사성제(catāri ariya saccāni)가 있다. "무량선법無量善法이 있다면 그것은 모두 사성제에 포섭된다"[20]고 할 정도로 그것은 불교교리의 일대강요一大綱要라고 할 만한 것이다. 이 사성제는 그들 하나하나가 별개의 것인 듯한 인상을 주고 있지만 실은 그들 사이에 정연한 유기적인 체계를 지니고 있다. 사제의 조직에 대해서 아함은 다음과 같이 설하고 있다.

> 此四聖諦 漸次無間 非頓無間等 佛告長者 若有說言於苦聖諦 未無間等而 於彼苦集聖諦 苦滅聖諦 苦滅道跡聖諦 無間等者 此說不應.[21]

즉, 고苦·집集·멸滅·도道의 순서로, 마치 사등계도四登階道를 차례로 밟고 올라가듯이 끊임없이 익혀야 한다는 것이다.

이러한 조직은 사제에 한한 것만이 아니다. 사제의 도제道諦를 이루고 있는 팔정도八正道(atthaṅgika-magga)도 그러한 조직을 지니고 있다. 팔정도의 정견正見·정사유正思惟·정어正語·정업正業·정명正命·정정진正精進·정념正念·정정正定도 다음과 같은 조직을 갖고 있는 것이다.

> 正見生已 起正志 正語 正業 正命 正方便 正念 正定 次第而起.[22]

---

20) 『中阿含』 卷7 「象跡喩經」, 高麗 17, p.1087b~c ; 大正 1, p.464.b
21) 『雜阿含』卷16, 高麗 18, p.864.c ; 大正 2, p.112.c(435)
22) 『雜阿含』卷28, 高麗 18, p.981.c ; 大正 2, p.198.b(749)

즉 정견正見(sammā-diṭṭhi)을 근거로 그 뒤의 칠정도七正道가 일어난다는 것이다. 이것은 正見을 비롯한 7정도는 마지막에 위치한 정정正定(賢聖等三昧)의 '근본중구根本衆具'[23]라는 말이기도 하다.

이와 같이 사제四諦·팔정도八正道에는 정연한 유기적인 조직이 있다. 이것은 아함교설의 체계성의 일면을 보여주는 일례라고 할 수 있다. 이러한 사제·팔정도의 조직은 '연기론緣起論적인 조직이라고 해도 좋다. 최초에 위치한 고제苦諦(dukkha-sacca)가 어떤 것인가를 명확히 앎으로써 그 다음의 집集·멸滅·도제道諦가 그에 따라 일어날 성질의 것이기 때문이다. 따라서 사성제의 성격은 먼저 고제苦諦(果)와 특히 그 내용을 말해주고 있는 집제集諦(samudaya-sacca)(因)를 규명함으로써 쉽게 파악될 것으로 믿어진다. 이하 이런 취지로 고찰해 갈 것이다.

2) 오온五蘊과의 관계

사제四諦는 어느 한 법문에 국한된 행문行門으로 보기는 어렵다. 우리의 미망에서 일어난 일체의 유위법을 그의 대상으로 하고 있다. 어떤 때는 육내입처와 결합되어 있고, 어떤 때는 육육법, 오온, 심지어는 십이연기와 결합되어 있기도 한 것이다.[24] 그러나 사제가 가장 밀접한 결합관계를 보여주고 있기

23) 『雜阿含』 卷28, 高麗 18, p.983.a ; 大正 2, p.199.a(754)
24) 四諦가 그들과 결합된 예를 하나씩 들면 六內入處[『雜阿含』 卷9, 高麗 18, p.785.b ; 大正 2, p.56.c(233)] ; 六六法[『雜阿含』

는 오온과의 관계에서이다. 대승불교大乘佛敎에서 사제四諦라면 곧 성문승聲聞乘을 위한 교설로 생각된다.25) 대승경전은 흔히 후대의 저작으로 생각되고 있으므로 대승의 이러한 성문사제설聲聞四諦說은 신뢰할 만한 것이 못 된다고 할지 모른다. 그러나 우리는 그것을 아함에서도 찾아볼 수가 있다.

以四眞諦 爲聲聞說 苦與苦因 滅苦之諦26)

이 성문聲聞이라는 것은 벽지불辟支佛에 이르지 못한 것이므로 그와 관련된 법문도 십이연기설에 이르지 못한 오온설 이하의 것이라고 보아야 할 것이다.

사제가 나타나는 가장 대표적인 경설은 「초전법륜경初轉法輪經」이라고 할 수 있는데 거기엔 사제의 고제苦諦가 다음과 같이 설명되어 있다.

云何苦聖諦 謂生苦 老苦 病苦 死苦 怨憎會苦 愛別離苦 所求不得苦 略五盛陰苦.27)

卷8, 高麗 18, p.782.b ; 大正 2, p.54.c(218)] ; 五蘊[『雜阿含』卷3, 高麗 18, p.731.c ; 大正 2, p.18.b(71)] ; 十二緣起[『雜阿含』卷14, 高麗 18, p.846.a ; 大正 2, p.99.c(355)]

25) 『法華經』 卷1, 「序品」, 高麗 9, p.727.c ; 大正9, p.3.c “爲求聲聞者說應四諦法 度生老病死 究竟涅槃 爲求辟支佛者 說應十二因緣法”

26) 『長阿含』 卷1 「大本經」 高麗 17, p.825.c ; 大正 1, p.10.b

27) 『中阿含』 卷7 「分別聖諦經」 高麗 17, p.1092.a ; 大正 1, p.467.b

saṅkhittena pañcupādānakkhandhā dukkhā.[28)]

다시 말하면 고제苦諦는 오취온五取蘊이라고 결론하고 있는 것이다. 이것은 사제가 오온과 밀접한 관계를 갖고 있음을 나타내는 중요한 경설이라고 하지 않을 수 없다.

불교의 교리는 일미一味의 것이어서 어느 것이나 동등한 자격으로 교체될 수가 있다. 따라서 사성제四聖諦가 십이처十二處, 육육법六六法, 십이연기十二緣起와 결합되어 있다고 해서 사성제에는 그의 본령이라 할 만한 곳이 없다고 단정할 수는 없다.

이상과 같은 이유로 사성제는 오온과 밀접한 관계를 갖고 있으며, 그의 본령이라 할 만한 곳은 오온이라고 말하고 싶다. 사성제와 오온과의 이러한 밀접한 관계는 다음에 사성제의 집제集諦를 관찰함으로써 더욱 확실해질 것이다.

3) 집集의 의미

집(samudaya)이라는 술어는 아함에 연기(paṭiccasamuppāda)와 거의 같은 뜻으로 사용되고 있다. 가령 일례를 들면

云何苦集道跡 緣眼色生眼識 三事和合觸 緣觸受 緣受愛 緣愛取 緣取有 緣有生 緣生老病死憂悲惱苦集. 如是耳鼻舌身

---

28)『S.N.』 Ⅳ, p.361

意 亦復如是 是名苦集道跡.29)

즉, 육육법의 연기를 집集이라고 말하고 있는 것이다. 집이 연기의 뜻으로 사용되기는 육육법에 한한 것만이 아니다. 때로는 십이연기에도 사용되어 있다.

緣無明行 乃至 純大苦聚集30)

avijjāpaccayā saṅkhārā …… evam etassa kevalassa dukkhakkhandhassa samudayo hoti.31)

이것은 집集이 십이연기 전체에 사용되어 그것을 '순대고취집純大苦聚集'이라고 말한 예이지만, 어떤 경우에는 십이연기의 일부에 사용되어 있기도 한다.

云何行集覺知 謂無明集是行集 如是行集覺知. 云何行滅覺知 無明滅是行滅 如是行滅覺知32)

avijjāsamudayā saṅkhārasamudayo avijjānirodhā saṅkhāranirodho33)

---

29)『雜阿含』卷8, 高麗 18, p.782.b ; 大正 2, p.54.c(218)
30)『雜阿含』卷12, 高麗 18, p.826.b ; 大正 2, p.85.c(301)
31)『S.N.』II, p.3
32)『雜阿含』卷14, 高麗 18, p.846.b ; 大正 2, p.99.c(355)
33)『S.N.』II, p.39

이와 같이 집集은 연기와 거의 같은 뜻으로 사용되고 있다. 그러나 그들 사이에 어떤 의미상의 차이가 없지 않을 수 없다. 왜냐하면 그 두 술어가 전혀 똑같은 뜻을 가진 것이라면 애초에 그런 두 말이 나오지 않았을 것이기 때문이다. paṭicca samuppāda(연기)는 '연緣하여(paṭicca) 함께(sam) 일어난다(uppāda)'로 분석된다. 다시 말하면 어떤 법이 다른 법에 연하여 발생할 때 전법前法이 사라지지 않고 함께 결합하여 일어난다는 말이다. 십이연기에서 예를 든다면 무명無明이 있을 때, 이 무명에 연하여 (없었던) 행行이 일어나 그 두 법은 결합하여 상승한다는 말이다. 여기에서 특히 주의해야 할 점은 연하여 일어나는 법은 본래부터 있었던 것이 아니라 새로 생生한 것이라는 말이다. 다시 말하면 paṭiccasamuppāda의 'paṭicca(緣하여)'와 'uppāda(生)'에 조심해야 한다는 말이다. 이에 대해 samudaya(集)에는 그런 인연론적인 발생(uppāda)의 뜻이 없고, '함께(sam) 올라(ud) 간다(aya)'는 뜻만을 갖고 있다. 다시 말하면 이미 존재하고 있는 법들이 '결합하여 상승한다'는 뜻을 나타낼 뿐이다. 이것은 집集이 연기로부터 구별되는 가장 중요한 의미상의 차이라고 하지 않을 수 없다.

집集이 연기와 거의 같은 뜻으로 사용되고 있는 까닭은 둘이 다 유위법(苦)의 생기형태生起形態를 설명해 주는 술어이고 '결합하여 올라간다'는 점에 있어서는 뜻을 같이 하고 있기 때문이다.

이러한 뜻을 가진 samudaya가 '집集'으로 한역된 데에는 놀라지 않을 수 없다. '집集'이라는 한자는 'collection(集合)'

의 뜻을 가진 것으로 생각되는 것이 보통이다. 범어사전에서 samudaya가 'collection'의 뜻으로 사용될 경우는 군대를 집합시키는 때에 한한다. 그러나 팔리어사전에는 그런 뜻마저 보이지 않는다. 또 samudaya의 동사형에는 범어와 팔리어에 다 같이 'collection'의 뜻이 없다. 그리고 samudaya가 paṭicca samuppāda와 거의 같은 뜻으로 사용되고 있는 예에 비추어 봐서도 그것을 '집集(collection)'으로 한역한 것은 적당하지 못하다.

4) 집集에 대한 경설

사성제의 고제苦諦가 결론적으로 오취온이라면 '결합하여 상승上昇한다'는 기본적인 뜻을 가진 samudaya(集)는 그 각 취온取蘊의 어떤 생기형태生起形態를 가리키는 것일까? 이에 대해서 아함은 여러 가지 설명을 시도하고 있는데 그것은 크게 세 가지로 분류할 수가 있다.

ⓐ 아함은 오온의 각 지분을 육육법에 의해서 설명했는데, 그와 똑같이 오취온의 집멸集滅에 대해서도 육육법으로 설명하는 경우가 있다.

> 云何色集 云何色滅 云何受想行識集 云何受想行識滅 愛喜集是色集 愛喜滅是色滅 觸集是受想行集 觸滅是受想行滅 名色集是識集 名色滅是識滅.[34]

34)『雜阿含』卷3, 高麗 18, p.727.b ; 大正 2, p.15.b(59)

색色과 식識의 집集에 대해서는 육육법에 그에 해당한 연기가 없으므로 애희愛喜와 명색名色에 의해 설명했음을 알 수 있다. 특히 색에 대해서는 식집食集이 곧 색집色集이라는 예도 보인다.[35)]

ⓑ 어떤 경우에는 이러한 방법을 떠나 육육법의 전체적인 연기에 의해 오온 각각의 집集·멸滅을 설명할 때도 있다.

云何色集 受想行識集 緣眼及色 眼識生 三事和合生觸 緣觸生受 緣受生愛 乃至 純大苦聚生 是名色集 如是緣耳鼻舌身意 …… 乃至純大苦聚生 是名色集 受想行識集[36)]

ⓒ 또 어떤 경우는 오취온에 삼애三愛(taṅhā)가 더불어 존재함을 집集이라고 말할 때도 있다.

云何苦集如實知 當來有愛喜貪俱 彼彼集着 是名苦集.[37)]
idaṁ dukkhasamudayaṁ yāyaṁ taṅhā ponobhavikā nandī rāgasahagatā tatratatrābhinandinī[38)]

오온의 집集에 대한 이 세 가지 경설을 검토할 때, 그 집은

35)『S.N.』Ⅱ, p.289 "āhārasamudayā rūpasamudayo, āhāranirodhā rūpanirodha."
36)『雜阿含』卷3, 高麗 18, p.731.a ; 大正 2, p.18.a(68)
37)『雜阿含』卷14, 高麗 18, p.839.b ; 大正 2, p.95.a(344)
38)『S.N.』Ⅳ, p.361

결코 단일법에 대한 것이 아니라 두 개 이상의 법에 대한 것임을 알 수 있다. 이것은 samudaya의 어의에 잘 상응한다. 따라서 samudaya는 두 개 이상의 법이 '집'한 것이라는 것만은 틀림없다고 할 수 있다.

그런데 위의 세 가지 경설은 −비담가의 술어를 빌리면− 어느 것이나 부처님의 요의설了義說이라 할 수가 없다. ⓐ와 ⓑ는 육육법에 의한 설명이므로, 이것은 오온을 육육법으로 설명하는 예와 다를 바가 없다. 따라서 요의설了義說이라기보다는 밀의설密意說이라고 할 만한 것이다. ⓒ는 오취온의 성격을 살려서 집集을 설명한 것이라고 볼 수 있다. 즉, 오온에 애탐愛貪이나 루漏(āsava)가 가해진 것이 오취온인데, 이 애탐이나 루漏에 의해 집集을 설명한 것이다. 이 설명은 애탐愛貪이나 루漏가 오온과 더불어 집集의 한 성립 조건, 즉 '두 개 이상의 법'을 이루어 주기 때문에 일리 있는 설이라고 할 수 있다. 그러나 이것도 진정한 요의설이라고 하기가 곤란하다. 왜냐하면 이차적으로 가해진 그런 애탐愛貪의 원리遠離만으로는 오온 자체의 완전한 멸滅은 성취될 수 없기 때문이다. 애愛를 집集이라고 하는 경설이 아함의 요의설了義說이 아니라 수승설隨勝說에 불과하다는 것은 이미 『구사론』도 주의하고 있는 바이다.39)

39) 『俱舍論』 卷22, 高麗 27, p.617.a ; 大正 29, p.116.a "經就勝故說愛爲集 … 然經中說愛爲集者 偏說起因 … 故非唯愛爲集諦體"

5) 오온五蘊에서 연기성緣起性이 배제된 이유

이와 같이 오온의 집集에 대한 경설이 모두 부처님의 진정한 요의설了義說이 아닌 듯한 인상을 주고 있다면 그럼 오온의 집集은 도대체 오온의 어떤 생기형태生起形態를 설명하고 있는 것일까? 제2절과 제3절에서 논한 바와 같이, 오온의 각 지분 사이에는 연기관계가 배제되어 있다. 따라서 그들 사이에서 '집集'이 성립될 수는 없다. 집集이 성립될 수 있는 장소라고는 오온의 각 지분의 자체 내일 뿐이다. 그러나 그 각 지분의 자체 내에서 집集이 성립되려면 오온의 집集에 대한 위의 세 가지 경설의 경우를 빼놓고는 생각할 수 없다. 그러나 그 경설이 집集에 대한 진정한 설명이라고 보기 어려운 지금, 집集은 도대체 오온의 어떤 생기형태生起形態를 가리키는가가 문제로 되지 않을 수 없다.

이런 문제성에서 우리의 관심을 끄는 것은 오온이 소의所依로 하고 있는 육계이다. 계界는 본래 복합구조를 가진 것이므로 육계六界에 오온五蘊이 결합했을 때 그것은 '두 개 이상의 법'이라는 것과 그 법들은 새로 생生하는 것이 아니라 '이미 존재하고 있던 것'이라는 집集에 대한 두 가지 성립조건을 잘 충족시켜 주는 것이다.

이렇게 생각할 때 오온에서 연기성이 배제된 이유가 또한 명백해진다. 만일 오온에서 연기성을 배제하지 않으면 이 배제되지 않은 연기성은 오온계五蘊界의 集과 겹쳐 이중적인 등기等起를 이루어 범부의 마음을 착란시키고 말 것이기 때문이다.

오온의 집集에서 살필 수 있는 이러한 뜻은 육육법에도 적용될 것이다. 왜냐하면 육육법이 소의로 하고 있는 십팔계도 복합구조를 가진 것이기 때문이다. 육육법에 촉수상사觸受想思의 사음四陰(蘊)이 포함되어 있는 것은 결코 우연한 일이 아니다.

6) 오온五蘊의 교리조직

육계와 오온, 그리고 사성제는 결합하여 하나의 완전한 교리조직을 이루고 있다. 즉, 오온五蘊(苦)의 집集은 육계를 근거로 연기한 유위세간이고, 육계는 그러한 고온苦蘊의 집集에 대한 환멸계還滅界라고 말할 수 있다. 이것은 육육법설에서 육법성六法性이 타개된 것이며, 교리조직의 면에 있어서도 훨씬 더 정비된 것이라고 볼 수 있다.

5. 사과四果의 문제성

1) 사과의 순서

아함에는 여러 가지 도과道果가 설해 있는데 그 근본적인 것은 사문사과沙門四果・벽지불辟支佛・삼먁삼불타三藐三佛陀라고 할 것이다. 이 중에서 사문사과는 오온설과 밀접한 관계를 갖고 있다. 아함은 사제를 비롯하여 삼십칠조도품三十七助道品, 사증정四證淨, 사선四禪 등의 무수한 행문行門을 시설하고 있다. 이들은 한결같이 열반과 지혜에 이르고, 또는 사과四果・삼먁삼보리三藐三菩提에 이른다고 주장하고 있다. 이것은 아함 교설의 일미성一味性에서 오는 결과임은 두말 할 것도 없다. 그러나 이 중에서 사문사과와 가장 빈번하게 명확한 결합관계를 보여주고 있는 것은 사제이다. 뿐만 아니라 사문사과는 성문사과聲聞四果라는 말과 같다. 따라서 사문사과沙門四果, 즉 수다원須陀洹·사다함斯陀含·아나함阿那含·아라한阿羅漢은[40] 사제四諦 다시 말하면 오온의 교리 조직과 밀접한 관계를 갖고 있다고 말할 수 있다.

이 사과四果는 그 순서대로 수행의 단계를 가리키고 있다. 아함은 사과에서 단절되는 번뇌煩惱의 종류를 다음과 같이 설명한다.

> 何等爲須陀洹果 謂三結斷 是名須陀洹果. 何等爲斯陀含果 謂三結斷 貪恚癡薄 是名斯陀含果. 何等爲阿那含果 謂五下分結斷 是名阿那含果. 何等爲阿羅漢果 若彼貪欲永盡 瞋恚永盡 愚癡永盡 一切煩惱永盡 是明阿羅漢果.[41]

즉, 수다원은 신견身見·계금취戒禁取·의疑의 삼결三結(saṁ-yojana)을 끊고, 사다함은 삼결과 탐貪·진瞋·치癡의 일부를 끊고, 아나함은 신견·계금취·의·탐·진의 오하분결五下分結, orambhagiya-saṁyojana)을 끊고, 아라한阿羅漢은 일체의 탐

40) 『雜阿含』 卷41, 高麗 18, p.1121.b ; 大正 2, p.298.c(1128) "比丘 有四沙門果. 何等爲四. 謂須陀洹果 斯陀含果 阿那含果 阿羅漢果"
41) 『雜阿含』 卷41, 高麗 18, p.1121.b ; 大正 2, p.299.a(1129)

진치貪瞋癡 번뇌를 끊는다는 것이다. 이 경설에서 초과初果로부터 극과極果에 이르는 동안 점점 많은 번뇌가 단절됨을 볼 수 있다. 따라서 사과는 그 순서대로 수행의 단계를 가리킨다고 말할 수 있다.

사문사과가 이와 같이 수행의 단계를 나타내고 있다면 그들은 각각 별립된 것이 아니라 상호간에 밀접한 관계를 갖고 조직되어 있다고 보는 것이 원칙이다. 다시 말하면 하나의 수행진로를 네 단계로 구분한 것이라는 말이다. 아함도 이러한 뜻을 나타내고 있다.

> 若比丘於此五受陰 精勤思惟 得須陀洹果證 … 已得須陀洹果證已 欲得斯陀含果證者 亦當精勤 … 42)

즉 한 과果를 증득한 뒤 그 다음 果로 나아간다는 것이다. 따라서 사문사과는 오온의 교리조직과 밀접한 관계를 갖고 그 교리조직에 입각한 한 줄기의 수행 진로를 네 단계로 구분한 것이라고 볼 수 있다.

2) 사과四果의 의미

사과가 그와 같이 오온의 교리조직과 밀접한 관계를 갖고 그에 입각한 한 줄기의 수행진로를 네 단계로 구분한 것이라면, 이 구분의 기준은 어디에 둔 것일까. 다시 말하면 그 사과는

---

42) 『雜阿含』 卷10, 高麗 18, p.797.b ; 大正 2, p.65.b(259)

도대체 무엇을 나타낸 것일까가 문제로 되지 않을 수 없다.

사과四果를 나타내는 술어의 기본적인 뜻은 대개 다음과 같다.

[sota-āpanna] 예류預流(須陀洹);
흐름(sota)에 이른(āpanna) 자.

[sakadāgāmin] 일래一來(斯陀含);
한번(sakad) 옴(āgāma)이 있는(in) 자.

[anāgāmin] 불환不還(阿那含);
옴(āgāma)이 없는[an(āgāma) in] 자.

[arahan] 아라한阿羅漢; 동등한(arahat) 자.

이상 소개한 것이 사과의 기본적인 뜻인데 이러한 뜻은 사과四果를 그 각 과果에서 단절되는 삼결三結·오하분결五下分結 등의 번뇌의 종류에 의하여 시설한 것이라고는 볼 수 없다. 그러면 도대체 무엇을 기준으로 한 것일까. 이에 대해서 아함은 다음과 같이 설명하고 있다.

[須陀洹] 不墮惡趣法 決定正向三菩提 七有天人往生 究竟苦邊[43)]

[斯陀含] 當受一生 究竟苦邊[44)]

[阿那含] 生於天上 而般涅槃 不復還生此世[45)]

[阿羅漢] 現法得漏盡 無餘涅槃[46)]

---

43) 『雜阿含』 卷30, 高麗 18, p.1009.c; 大正 2, p.217.c(854)
44) 上揭書
45) 『雜阿含』 卷30, 高麗 18, p.1009.c; 大正 2, p.217.b(852)
46) 『雜阿含』 卷27, 高麗 18, p.979.a; 大正 2, p.196.c(734)

즉 수다원須陀洹은 최고 7회를 천상과 인간에 왕생하고, 사다함斯陀含은 1회를 인간에 수생受生하고, 아나함阿那含은 인간에 옴이 없이 천상에서 반열반般涅槃하고, 아라한阿羅漢은 '현법득루진現法得漏盡'이라고 했으니, 결국 인간에서 무여열반無餘涅槃한다는 말이 된다.

사과四果를 나타내는 술어는 주로 '가고 오는' 개념으로 이루어져 있는데, 이 경설은 그 뜻을 명확히 해 주고 있다. 이 경설에 입각해서 사과의 주처住處를 추구하면 인간에서 천상(須陀洹), 천상에서 인간(斯陀含), 인간에서 다시 천상(阿那含), 천상에서 다시 인간(阿羅漢)이라는 곡선을 그리게 된다.

수다원의 '극칠반생極七返生(sattakkhattu-bhava-parama)'에 대해서 『구사론』은 인간과 천상에 각각 7회 왕생한다는 뜻으로 해석하고 있지만[47] 반드시 그래야 할 이유는 없다. 아함의 '칠유천인왕생七有天人往生'은 『구사론』과 같이 천인각각칠생天人各各七生의 뜻으로 해석할 수도 있지만 '천인합칠생天人合七生'의 뜻으로도 해석할 수 있는 것이다. 이 두 가지 해석의 가능성 속에서 우리에게 쉽게 이해되는 것은 '각각칠생各各七生'보다는 '합칠생合七生'의 해석이다. 왜냐하면 '합칠생'의 견해에 의하면 극칠반생은 결국 천상에 수생受生한다는 뜻이 되므로, 사과가 한 줄기의 수행진로를 네 단계로 구분한 것이라는 점을 고려할 때, 사다함斯陀含의 '당수일생當受一生'과 연락이 되어 위에서 본 바와 같은 곡선을 그리기 때문이다.

---

47) 『俱舍論』 卷23, 高麗 27, p.627.b ; 大正 29, p.123.a "七返言顯七往返生 是人天中各七生義"

이와 같이 사과四果에 대한 아함의 설명은 그 사과를 나타내는 주요 개념을 명확히 해주고 있지만 그러나 우리가 요구하고 있는 바를 설해준 것은 아니다. 우리가 알고 싶은 것은 그 '가고 옴'이 도대체 오온의 교리조직 속에서 어떤 의미를 지니고 있느냐일 것이다. 더구나 아함의 '천인왕생天人往生' 등의 설명은 당시의 통속설通俗說을 빌린 듯한 인상이 짙다.

> 從初受胎至於塚間 所有四大身 如是展轉 極至七生 身命行盡 我入淸淨聚 是故彼言 我有邊48)

이것은 부처님이 외도外道의 소설所說을 인용하신 것인데 그 속에 '극지칠생極至七生'이라는 말이 있음을 보면, 그 말이 당시의 통속설이었음을 의미한다. 따라서 수다원에 대한 '칠유천인왕생七有天人往生'의 경설은 부처님의 진정한 요의설了義說이 아니라 당시의 통속설로 사과四果를 설명하신 것으로 느껴지는 것이다. '칠七'이라는 숫자는 일래과一來果(斯陀含)의 '일一'과 대조되어 그것을 선명히 부각시키고 있다.

따라서 사문사과에 대한 경설은, 이것도 다른 경설의 예와 같이 진정한 요의설이라고 할 수가 없다. 사문사과沙門四果가 오온의 교리조직과 밀접한 관계를 갖고 있다면, 그 사과는 도대체 그런 교리조직을 근거로 한 수행진로의 무엇을 나타내고 있는가가 여전히 문제로 남는다. 이런 문제는 각자 스스로 그

---

48) 『長阿含』 卷19 「世起經」, 高麗 17, p.994.a ; 大正 1, p.128.b

러한 교리조직에 입각해서 전정사유專精思惟해서 밝히는 길밖에 없을 것이다. 본서도 여기서 논술을 거두지 않을 수 없다.

4장 십이연기설十二緣起說

1. 연기緣起의 구조

1) 연기緣起의 표준형

아함의 모든 교설은 궁극적으로 십이연기에 유주流湊하고, 십이연기는 아함의 교설을 완성한다. 먼저 십이연기의 표준형을 소개하면 다음과 같다.

云何緣起法法說 謂此有故彼有 此起故彼起 謂緣無明行 緣行識 緣識名色 緣名色六入處 緣六入處觸 緣觸受 緣受愛 緣愛取 緣取有 緣有生 緣生老死憂悲惱苦 如是純大苦聚集 是名緣起法法說.[1)]

imasmiṁ sati idaṁ hoti, imassuppādā idaṁ uppajjati ; imasmiṁ asati idaṁ na hoti, imassa nirodhā idaṁ nirujjhati, yad idaṁ avijjāpaccayā saṅkhārā saṅkhārapaccayā viññāṇaṁ …, jātipaccayā jarā maraṇaṁ sokaparidevadukkhadom-anassupāyāsā sambhavanti. evam etassa kevalassa dukkhakkhandhassa samudayo hoti.[2)]

---

1) 『雜阿含』 卷12, 高麗 18, p.825.b ; 大正 2, p.85.a(298)
2) 『S.N.』 II, p.55

2) 지수문제支數問題

연기의 이러한 표준형에는 십이지十二支(dvādāsaṅga)가 정연히 갖추어 있는데, 어떤 경우에는 그 일부가 결한 것이 있다. 예를 들면 『잡아함』 권12[高麗 18, p.818.c ; 大正 2, p.80.b (287경)]의 제식연기齊識緣起에는 십이지十二支의 무명無明과 행行이 빠져 십지十支를 이루고 있는 것이다.

何法有故名色有 何法緣故名色有 卽正思惟如實無間等生 識有故名色有 識緣故有名色 我作是思惟時 齊識而還 不能過彼

paccudāvattati kho idaṁ viññāṇaṁ nāmarūpamhā na paraṁ gacchati.[3)]

이 십지설十支說은 팔리문과 일치하고 있는 점으로 해서 학자들이 관심을 모아 일본의 기무라 다이켄(木村泰賢)씨는 "십이지설十二支說은 처음부터 마련되어 있었지만, 어떤 경우에는 생략해서 십지十地·구지九支로 했던 것일까, 그렇지 않으면 처음엔 반드시 십이지十二支가 아니었는데 뒤에 정리의 결과로서 십이十二로 된 것일까"라는 문제를 제기하고, "부처님의 만년晩年에 교조敎條가 차츰 고정화하려고 할 즈음 십이지로 확정된 것이다"라고 결론하고 있다.[4)]

---

3) 『S.N.』 II, p.89
4) 木村泰賢. 『原始佛敎思想論』 pp.238～247

그러나 이러한 문제는 아함의 교의나 설상說相에 비추어 볼 때 문제가 될 수 없다.

첫째, 제식연기齊識緣起의 '제식이환 불능과피(齊識而還不能過彼'는 오온설의 식집識集에 대한 경설에 관련을 맺고 있음이 분명하다. 제3장 4절에서 고찰한 바와 같이 오온의 '집集'을 육육법의 연기에 의해 설명할 때 수受(六受身), 상想(六想身), 행行(六思身)은 육촉六觸의 집集에 의해서 설명이 가능했지만, 색온色蘊과 식온識蘊에 대해서는 그럴 길이 없었다. 왜냐하면 이 둘은 육육법의 연기에 포함되어 있지 않기 때문이다.

따라서 색집色集에 대해서는 '애희집愛喜集(또는 식집食集)'에 의해, 식집識集에 대해서는 '명색집名色集'에 의해 각각 설명했던 것을 상기할 필요가 있다. 제식연기齊識緣起의 식識과 명색名色의 상호관계는 바로 그 '명색집名色集'에 관련을 갖고 있다고 생각하지 않을 수 없다.

둘째, 제식연기가 설해 있는 바로 그 곳에 곧 이어 십이지를 완전히 갖춘 연기가 설해 있음을 알아야 한다. 아함뿐만 아니라 팔리문[5]에도 그를 이어 곧 '행집行集'이 설해 있으니, 이것은 십이지가 완전히 갖추어진 연기가 설해 있다는 말과 같은 것이다.

셋째, 지수支數를 문제로 한다면 어찌 제식연기의 십지十支에 한하겠는가. 십이연기를 설하기 이전의 모든 유위법은 십이연기지十二緣起支의 어느 일부에 해당된다. 뿐만 아니라, 그들

5) 『S.N.』 II, p.91

에게도 '미성정각시未成正覺時 … '라는 말이 따르고 있다. 따라서 만일 제식연기에 어떤 의의를 부여하고자 한다면 그들에게도 마땅히 똑같은 의의를 부여해야 할 것이다.

넷째, 십이처十二處·육육법六六法·오온五蘊 등은 결코 십이연기보다 더 근본적인 교설이라고 할 수는 없다. 그들은 십이연기에 이끌어가기 위한 예비적인 법문에 불과하다. 십이연기는 앞으로 고찰하겠지만 아함교설의 구경究竟이요, 총화總和요, 완성完成이라 할 만한 것이다. 따라서 제식연기를 십이연기보다 더 근원적이라고 생각함은 삼가해야 한다.

그리고 연기라면 곧 십이연기를 생각할 만큼 경에 빈번히 나타나는 것은 십이연기이며, 제식연기는 그 횟수에 있어서 그에 비교가 안 된다. 뿐만 아니라 십이지 이상의 지수支數를 가진 연기는 아함에 한 번도 나타나지 않으니 이것은 십이지가 연기의 구경적究竟的인 지수支數임을 뜻하고 있다.

이상과 같은 이유로 제식연기를 그렇게 큰 문제로 삼을 필요가 없다고 본다. 그것은 십이처·육육법·오온 등과 함께 십이연기의 예비적인 교설의 하나에 불과하다.

3) 연기지緣起支의 결합방식

연기에 포함된 십이지는 '차유고피유此有故彼有 차기고피기此起故彼起'의 관계를 갖고 일어난 것인데, 그들은 일어나 그대로 쌓여 있는 것이 아니라 하나로 결합해 있다. 이 결합구조를 표현하는 말이 연기(paṭiccasamuppāda)라는 술어이다.

paṭiccasamuppāda는 제3장에서 잠깐 언급한 바와 같이 '연緣하여(paṭicca) 함께(sam) 일어남(uppāda)'을 뜻한다. 따라서 이것은 samudaya(集)나 hetu-paccaya(因緣)와 현격한 의미상의 차이를 갖고 있다.

ⓐ **집集과의 차이** ; samudaya에는 인연론적인 발생(uppāda)의 뜻이 없음은 제3장 4절에서 논한 바와 같다. 이미 존재하고 있는 법들이 '결합하여(sam) 올라간다.(ud-aya)'라는 단순한 뜻 밖에 없는 것이다. 그러나 paṭiccasamuppāda의 'paṭicca'와 'uppāda'에는 인연론적인 발생의 뜻이 있다. 따라서 이 두 술어는 '결합하여 위에 있다'는 점에 있어서는 같지만 그렇게 존재하고 있는 법들의 성질에 있어서는 커다란 차이를 갖고 있다.

ⓑ **인因·연緣과의 차이** ; paṭiccasamuppāda에는 인연론적인 발생의 뜻이 있지만, 그러나 단순한 인연론과는 다르다. 인연론에는 '결합結合(sam)'의 뜻이 없다. 인因과 연緣의 화합으로 과果가 생하지만, 이때 연은 반드시 멸하는 것이다(제2장 5절 참고). 그러나 paṭicca samuppāda에서는 연이 사라지지 않고 과와 결합해서 일어나는 것이다. 예를 들면, 십이연기에서 무명無明은 행行의 연이 되었지만, 멸하지 않고 존재하는 것이다. 그러기에 무명을 멸진하려는 수행이 요구되는 것이다. 따라서 paṭiccasamuppāda는 hetu-paccaya와도 커다란 차이를 갖고 있다. paṭiccasamuppāda의 'sam'에는 이처럼 중대한 의미가 있다. 종래 우리는 이 뜻을 너무나 등한시해 왔다고 하지 않을 수 없다.

연기緣起라는 술어에는 이와 같이 인연因緣이나 집集과 다른 독특한 뜻이 있다. 차라리 그것은 인因·연緣과 집集을 하나로 결합한 개념이라고 함이 더 적절한 표현일지 모른다. 이 술어의 뜻에 의하여 십이지를 일으키면 무명을 연하여 행이 일어나고, 행을 연하여 식이 일어나고…, 이리하여 하나의 큰 고온苦蘊의 집集이 되지 않을 수 없다. 이것은 위에 제시한 연기의 표준형에 잘 상응한다. 따라서 연기라는 술어는 십이연기의 결합구조를 표현해 주는 말이라고 할 수 있다. 다시 말하면 연기는 '연기緣起'의 결합구조를 갖고 있다.

4) 연기의설緣起義說

아함은 연기의 원리를 연기법설緣起法說이라고 말하고, 연기의 각 지분에 대한 설명을 연기의설緣起義說이라고 부르고 있다.[6] 연기법설은 대개 위에서 고찰한 바와 같은 내용을 가진 것이다. 연기의설은 경에 따라 약간의 이동異同과 구략具略이 있지만 대개 다음과 같이 간추릴 수 있다.[7]

무명無明(avijjā) ; 云何名爲無明. 所謂不知苦·不知集·不知滅·不知道.

행行(saṅkhārā) ; 云何爲行. 行有三種 身行·口行·意行.

---

6) 『雜阿含』 卷12, 高麗 18, p.825.b ; 大正 2, p.85.a(298)

7) 여기에 소개하는 緣起義說은 『雜阿含』 卷12(高麗 18, p.825.b ; 大正 2, p.85.a), 『增壹阿含』 卷46(高麗 18, p.660.a~c ; 大正 2, p.797.b)의 경설에서 요점을 간추린 것이다.

식識(viññāṇa) ; 云何爲識. 謂六識身 眼識身 耳・鼻・舌・身・意識身.

명색名色(nāma-rūpa) ; 云何名. 謂四無色陰 受・想・行・識陰. 云何色. 謂四大四大所造色. 此色及前所說名是爲名色.

육처六處(saḷāyatana) ; 云何爲六入處. 謂六內入處 眼・耳・舌・ 身・意入處.

촉觸(phassa) ; 云何爲觸. 謂六觸身 眼・耳・鼻・舌・身・意觸身.

수受(vedanā) ; 云何爲受. 謂六受 苦・樂・不苦不樂受.

애愛(taṇhā) ; 云何爲愛. 謂三愛 欲・色・無色愛.

취取(upādāna) ; 云何爲取. 四取 欲・見・戒・我取.

유有(bhava) ; 云何爲有. 三有 欲・色・無色有.

생生(jāti) ; 云何爲生. 若彼彼衆生 彼彼身種類 一生・超越・和合・出生, 得陰・得界・得入處・得命根 是名爲生.[8)]

노사老死(jarā-maraṇa) ; 云何爲老. 若髮白露頂 皮緩根熟 支弱背僂 垂頭呻吟 短氣前輸 柱杖而行 身體黧黑 四體班駁 闇鈍垂熟 造行艱難羸劣 是名爲老. 云何爲死 彼彼衆生 彼彼種類 沒遷移 身壞壽盡 火離命滅 捨陰時到 是名爲死. 此死及前說老 是名老死.

---

8) 『S.N.』 II, p.4 "katamā jāti? yā tesaṁ tesaṁ sattānaṁ tamhi tamhi saṭtanikāye jāti sañjāti okkanti nibbatti abhinibbatti khandhānaṁ pātubhāvo āyatanānaṁ paṭilābho, ayaṁvuccati jāti"

이 연기의설은 육육법과 오온에 의해서 십이지十二支를 설명한 것임은 쉽게 알 수 있다. 즉, 무명無明은 사성제에 대한 무지無知(aññāṇa)라는 것이며, 행行은 삼업三業의 '업業' 대신 오온의 '행行'을 대치한 신身·구口·의意 삼행三行이라 한다. 식識은 육육법의 육식신六識身이고, 명색名色은 오온의 사무색음四無色陰(名)과 색음色陰(色)이며, 육처六處는 육육법의 육내입처이다. 육육법의 육촉신六觸身이 촉觸이며, 그의 삼수三受(苦·樂·不苦不樂) 또는 육수신六受身이 수受이며, 삼애三愛(欲·有·無有) 또는 육애신六愛身이 애愛이다. 취取와 유有는 본서에서는 자세히 취급하지 않았지만 역시 오온의 교리조직 속에 설명되는 사취四取(欲·見·戒·我)와 삼유三有(欲·色·無色)라는 것이다. 생(生)과 노사(老死)는 구태여 설명할 필요가 없다. 이와 같이 십이지가 모두 육육법이나 오온에 의해 설명되어 있다.

여기서 우리는 두 가지 사실을 알 수 있다. 하나는 십이연기는 육육법이나 오온보다도 뒤에 설해진 법문이라는 점이다. 설명의 대상(십이연기)이 되고 있는 법문은 설명에 쓰이고 있는 법문(육육법과 오온)보다 먼저 설해진 것일 수가 없기 때문이다.

다른 하나는—이러한 설명법은 위에서 여러 번 언급했지만—비담가의 말을 빌리면 밀의설密意說로서, 부처님의 진정한 요의설了義說이라고 볼 수 없다는 점이다. 우리는 여태까지의 고찰에서 술어는 같지만 그 의미내용은 교설의 진전에 따라 발전적인 달라짐이 있었던 것을 보았다. 예를 들면 허공은 십팔계설에서는 멸무滅無이지만 육계설에서는 일종의 사대와 같은 것이 된다. 이러한 현상은 십이연기설에서도 나타날 것임에 틀림없다. 따라서 육육법이나 오온에 의한 연기의설緣起義說을 문자 그대로 진정한 뜻이라고 볼 수는 없다. 그들은 상호대조相互對照의 역할을 하고 있을 뿐이다. 진정한 뜻은 그러한 설명을 참고하며 스스로 전정사유專精思惟하는 길밖에 없다.

2. 명明

1) 십이연기十二緣起의 성립근거

십이연기가 '순대고온純大苦蘊의 집集'이라면 그것도 오온五蘊이나 육육법六六法과 같은 성질을 가진 것이다. 무상無常·무아無我의 유위법이다. 따라서 그에게도 반드시 그러한 연기에 대한 성립근거가 있어야 한다. 육육법연기에 십팔계十八界가 있고 오온의 집集에 육계六界가 있듯이, 십이연기에도 십팔계나 육계에 해당한 연기론적인 성립근거는 없어서는 안 된다.

십이연기에 대한 그러한 연기론적인 성립근거는 '명明(vijjā)'이라는 말로 표현되고 있다. 모든 형태의 연기는 진여실상眞如實相에 대한 미혹迷惑으로부터 시작한다. 진여실상을 미迷할 때 어떻게 되는가. 어떻게 되는가를 추적하여 우리의 현실세계가 이루어지는 과정을 설명해 주는 것이 그 제일의 뜻이다. 따라서 그러한 연기의 첫째 지분은 언제나 진여실상에 대한 반대개념으로 이루어져 있다. 육육법의 촉觸은 '삼사화합

三事和合'으로 설명되어 있는데 이 삼사三事는 육근·육경·육식이니, 이들은 곧 십팔계에 대한 미혹인 것이다. 오온의 색色은 '사대급사대조색四大及四大造色'이니, 이것은 곧 육계를 미迷한 것이다. 그런데 십이연기의 첫째 지분은 무명無明(a-vijjā)으로 되어 있다. 이것은 명明에 대한 반대개념이다.

이와 같이 모든 형태의 연기가 진여실상眞如實相에 대한 반대개념으로 그의 첫째 지분을 삼고 있다면, 이번에는 거꾸로 그 첫째 지분에 대한 지혜는, 또는 반대개념은 그 연기의 성립근거를 이루고 있는 진여실상이라고 할 수 있을 것이다. 육근六根·육경六境·육식六識에 대한 실상의 구조는 십팔계이고, 색온色蘊의 '사대급사대조색四大及四大造色'에 대한 실상구조가 육계임은 물론이다.

십이연기의 첫째 지분인 무명無明에 대한 반대개념은 명明이다. 따라서 십이연기의 연기론적인 성립근거를 이루고 있는 진여실상은 명明이라는 술어述語로 표시되고 있다고 말할 수 있다.

2) 명明(vijjā)의 어의語義

이제 명의 성격을 밝혀감에 있어서, 먼저 그 어의부터 살펴두고자 한다. vijjā(明)는 vid(know ; find)에서 나온 여성명사로서 '지식知識(knowledge), 학문學問(learning), 기술技術(science)' 등의 뜻을 갖고 있다. 특히 베다(veda)에 대한 삼종三種의 지식知識(三明)을 가리킨다. 아함이나 니카야에는

그런 뜻으로 사용되고 있는데, 단 삼명三明에 대해서 불교적인 개념으로 바꾸고 있다.[9)]

그러나 아함은 vijjā의 뜻을 좀 더 자유롭게 취하여 '지혜智慧(ñāṇa)에 가까운 뜻으로도 쓰고 있다. 우선 연기의설緣起義說에서 무명을 사성제에 대한 무지無知(aññāṇa)라고 설명하는 데에서 그런 취지를 엿볼 수 있으며, 또 다음과 같은 귀절에서도 확인할 수 있다.

此苦聖諦 本所未曾聞法 當正思惟時 生眼・智・明・覺[10)]

즉, vijjā는 안眼(cakkhu)・지智(ñāṇa)・각覺(āloka)과 함께 있음을 보면, 그들과 비슷한 개념을 갖고 있다고 볼 수 있다.

vijjā는 이와 같이 지식知識(knowledge)이나 지혜智慧(ñāṇa)를 가리키는 추상명사로 쓰이고 있지만, 그것은 다시 그러한 지식이나 지혜에 의해서 깨쳐지는 '참(진리眞理)'이나 진여실상과 같은 것을 가리킬 수 있는 기능을 갖고 있다. 범어에서 모든 추상명사는 구상적具象的(substantively)으로 사용될 수 있기 때문이다. 더구나 vijjā는 'vid (know ; find)'와 'ya'로 분석되는데, 이차적 접미사 ya(여성형 yā)에는 'having a relation with'와 같은 뜻을 갖고 있으며, 이러한 접미사를 가진 추상명사는 자유로이 구상명사로 전용될 수 있는 것이다. 우리말로 하면 '(…할) 바' 또는 '(…할) 것'에 해당된다.

---

9) PTS : Pāli-English Dictionary. p.617(vijjā 項)
10) 『雜阿含』 卷15, 高麗 18, p.851.c ; 大正 2, p.103.c(379)

따라서 명明(vijjā)이라는 말은 무명연기無明緣起의 성립근거로서의 진여실상을 가리키는 술어가 될 수 있다. 明이 지식이나 지혜와 같은 뜻을 나타내는 추상명사인데, 어떻게 진여실상과 같은 구체적인 대상을 지시할 수 있는가라고 반대할 필요는 없다.

3) 명明의 구조적 특성

명明이 이와 같이 무명연기無明緣起의 성립근거로서의 진여실상眞如實相을 가리킨다면, 그것은 육육법 연기에 대한 십팔계나, 오온의 집集에 대한 육계와 같은 것이라고 말할 수 있는데, 그러나 그들과는 현저한 구조적 차이를 갖고 있는 것으로 느껴진다. 다시 말하면, 십팔계나 육계에서 입체적인 복합구조의 성질이 타개된 단일구조를 가진 것으로 생각된다는 말이다.

명이 단일구조를 가진 것으로 생각되는 가장 근본적인 이유는 오온과 십이연기가 보여주는 각 지분支分 간의 결합방식의 차이에 있다.

오온도 십이연기(純大苦蘊)와 같은 연이생법緣已生法이다. 그런데 거기에선 연기성이 배제되어, 각 지분은 khandha(蘊)와 같은 양상을 띠고 있다(제 3장 3절 참조). 오온에서 연기성이 배제된 까닭은, 그의 성립근거가 육계와 같이 복합구조를 가진 것이므로, 만일 오온에서 연기성을 배제하지 않으면 그것은 오온의 집集과 겹쳐 이중적인 등기等起(samuppāda)가 되기 때문이다(제 3장 4절 참조). 따라서 어떤 연기가 khandha

(分斷, 蘊)와 같은 양상을 드러내고 있다면 그의 성립근거로서의 진여실상은 복합구조, 다시 말하면 '계界'의 형태를 가진 것이라고 말할 수 있다. 이 말은 다시 어떤 연기가 khandha(蘊)와 같은 양상을 가지고 있지 않다면, 그의 성립근거로서의 진여실상은 단일구조를 가진 것이라는 말과 같다.

십이연기의 각 지분이 khandha와 같이 각각 분단되어 있지 않다는 것은 두말 할 필요가 없다. 따라서 그의 진여실상이라고 말할 수 있는 명明은 단일구조를 가진 것임에 틀림없다. 다시 말하면 십팔계나 육계와 같은 계에서 '계성界性'을 타개打開한 것이 명明이라고 말할 수 있다.

4) 명明의 체상體相

계에서 '계성界性'이 타개되었다는 것은 잘못하면 계에 대한 미혹을 다시 찾았다는 뜻으로 생각될지 모른다. 예를 들면, 육근六根·육경六境·육식六識에 대한 진여실상을 십팔계라고 할 때, 이 십팔계에서 '계성界性'을 제거하면 단일구조적인 미혹의 육근·육경·육식이 도로 되는 것과 같다. 그러나 명明은 그런 미혹에 속한 단일구조가 아니다. 이것은 계와 같은 진여실상에서의 그 '계성界性'마저 타개된 것이다. 그렇다면 그것은 어떤 체상體相을 갖고 있을까.

이러한 문제는 자내증自內證에 속하므로 불교학의 대상이 될 수 없다. 그러나 이왕 여기까지 논술해 온 바에야 언설言說적인 시도라도 해보지 않을 수 없다. 명의 체상은 일체의 연기생법緣起生法이 공空(suñña)한 '공空'이라고 표현할 수 있다. 명의 구조나 체상에 대해서 아함은 아무런 설명을 해주지 않는다. 그러나 명의 체상을 우리는-가장 손쉬운 방법으로-십이연기의 환멸還滅을 근거로 규정할 수 있다. 십이연기는 명에 대한 미혹, 다시 말하면 무명을 첫째 연으로 하여 일어난 것이므로 명의 체상은 그러한 십이연기가 환멸한 것이라고 말할 수 있다. 십이연기의 각 지분은 어느 것이나 세간의 '염오染汚·유위有爲·분별分別·번뇌煩惱' 등을 나타내는 개념들뿐이다. 따라서 명은 그런 종류의 개념들이 말끔히 사라진 것이라고 말할 수 있다. '염오染汚·유위有爲·분별分別·번뇌煩惱' 등의 모든 개념들이 말끔히 사라진 명明의 체상體相을 형용하는 말로는, '청정淸淨·무위無爲·평등平等·상적常寂' 등 헤아릴 수 없는 어휘들이 있을 수 있다.

그러나 이 모든 어휘들은 '공空(suñña, suññatā)'이라는 한 마디로 집약될 것이다. '공空'은 본래 연이생법緣已生法(paṭicca-samuppanna-dhamma)의 속성을 나타내는 말이다.

왜냐하면 그러한 법은 무아無我(空)이기 때문이다. 그러나 '공'은 그와 동시에 그러한 연이생법에 대한 진여(tathatā)를 가리키는 말이 될 수가 있다. 왜냐하면 진여는 그러한 연이생법이 '공한 것'이기 때문이다. 불교술어의 묘妙는 한이 없다. 따라서 명明의 체상體相은 세간의 모든 염오상染汚相이 사라진 지극히 '청정淸淨·무애無礙·상적常寂'한 '공空'이라고 말할 수 있다. 명의 이러한 '단일구조적인 공'은 대승불교의 공과 그 구조와 체상에 있어서는 다르다고 말할 수가 없다. 대승불교의 공은 명에서 다시 명明·무명無明 등의 일체의 '차별성差別性'을 타개한 것이지만, 그 구조와 체상은 역시 '단일구조적인 공空'이기 때문이다.

5) 명明에 이르는 논리적 과정

아함의 실상론이 이와 같이 '단일구조적인 공空(明)'에 이르렀다면, 이것은 놀라운 발전이라고 하지 않을 수 없다. 그러나 그에의 논리적 과정에 대해서는 아함은 여전히 구체적인 설명을 삼가한다. 다른 경우에 비해서 더욱 그런 인상이 짙다. 연기는 실로 '심심난견甚深難見'이라고 하는 것이다. 그러나 명明은 육계六界에서 그 복합구조성, 다시 말하면 '계성界性'을 타개한 것이라는 것만은 확실하다.

명이 육계의 계성을 타개한 것이라는 이유는, 십이연기의 (무명無明)·행行·식識의 처음 세 지분이 오온의 (상想)·행行·식識과 같다는 데에 있다. 모든 연기는 그의 실상계와 상응한다. 육육법은 십팔계에 상응하고, 오온은 육계에 상응했다. 따라서 십이연기의 근본 삼지三支가 오온과 같다면, 명은 육계와 같다는 뜻이 된다. 그런데 육계는 복합구조를 가진 것이지만, 명은 단일구조이다. 따라서 명은 육계에서 그 '계성界性(복합구조성)'이 타개된 것이라는 것이다.

명이 육계에서 계성을 타개한 것이라면 그 타개에 이르는 논리적 과정이 무엇인가가 문제로 된다. 이것은 불교철학의 중요한 문제의 하나가 될 것이다. 아함은 이에 대해서 아무런 시사를 주고 있지 않다. 그러나 아무런 이유도 없이 육계에서 대뜸 명으로 발전할 리는 없다. 거기에는 반드시 그래야만 할 논리적 과정이 있음에 틀림없다.

여기에서 주의를 끄는 것은 사문사과沙門四果의 심상치 않은 의미이다. 사과四果는 오온의 교리조직과 밀접한 관계를 가진 것이므로, 그것은 오온의 집集으로부터 그의 멸계滅界(六界)에 이르는 수행진로修行進路를 네 단계로 구분한 것이라고 볼 수가 있다. 이렇게 볼 때 수다원의 '흐름에 이른 자'라는 뜻은 이해가 된다. 그러나 그 뒤의 삼과三果는 알 길이 없는 것이다. 육계가 명으로 발전한다면, 그 수행진로도 발전의 과정을 포함하게 된다. 아함에 설해진 근본적인 도과道果는 사문사과沙門四果 · 벽지불과辟支佛果 · 삼먁삼불타과三藐三佛陀果라는 것을 상기할 필요가 있다. 벽지불과는 이론적으로 말하면 명에 이른 상태이다. 생각이 이렇게 미칠 때, 사문사과가 나타내는 의미는 심상치 않은 바가 있는 것이다. 아함은 그 뜻을 천상 · 인간의 왕생으로 설명하여, 그 진정한 내용은 설명해 주지 않는다(제3장 5절 참조). 그것은 아함이 어디까지나 자증성自證性을 중요시하기 때문이다. 따라서 본서도 더 이상 논술을 진행시키지는 않을 것이다. 그러나 어떻든 십이연기의 성립근거로서의 명은 육계에서 그 계성을 타개한 것이라는 것만은 확실하다. 육식설에서 움이 튼 아함의 실상론은 십팔계 · 육계의 성립을 거쳐 마침내 구경적인 명에 이른 것이다.

3. 아함교설의 완성

1) 십이연기十二緣起의 교리조직

십이연기는 단일구조적인 명明을 소의로 함으로써 그 교리조직은 지극히 순일純一·완벽完璧한 것이 되고 있다.

순일성純一性 ; 오온이 소의所衣로 한 육계는 복합구조를 가진 것이기 때문에, 교리조직상 오온의 연기성은 배제되고, 사성제의 시설施設이 필요해진 것이다(제3장 3·4절 참조). 그러나 십이연기가 소의로 한 명明은 계성界性을 타개한 단일구조적인 것이므로 사제와 같은 법문을 별도로 시설할 필요가 없다. 십이연기 자체에 이미 사제의 뜻이 포함되어 있는 것이다. 무명無明으로부터 노사老死에 이르는 관찰을 순관順觀(anuloma)이라 하고, 노사老死로부터 무명無明에 이르는 관찰을 역관逆觀(paṭiloma)이라고 하는데,[11] 순관은 사제의 집集에 해당하고, 역관은 멸滅에 해당한다. 제12지의 '노老·사死·우憂·비悲·뇌惱·고苦'는 고제苦諦의 뜻을 성취하고, 역관逆觀에 의한 환멸還滅은 도제道諦가 된다.

이렇게 볼 때 십이연기의 최후 지분이 '노老·사 死·우憂·비悲·뇌惱·고苦'로 된 이유가 명백해진다. 연기과정에서 변화의 개념이 자리 잡게 되는 지분이 '유有(bhava, 됨)'이고, 생生의 개념이 자리 잡게 되는 지분이 '생生(jāti)'이다. 생에는 멸의 뜻이 함축되어 있으므로, 연기는 이 지분에 이르러 유

---

11) 『雜阿含』卷15, 高麗 18, p.848.c ; 大正 2, p.101.b(369)

위세간의 '생生·주住·이異·멸滅' 사상四相을 완성하여 사실상 연기는 종결된 셈이다. 그런데 '생生에 이어 다시 '노·사·우·비·뇌·고'가 추가된 것은 연기상에서라기보다는 교리조직상에서 고제苦諦의 뜻을 성취하려는 것이다.[12]

완벽성完璧性 ; 오온이나 육육법은 완벽한 교리가 못 된다. 오온에는 십이처 등의 차별상이 나오는 설명이 결여되어 있고, 육육법에는 그러한 차별상이 존재하기 이전의 소식이 없다. 그러나 십이연기에는 그 두 부분이 하나의 연쇄를 이루어 그 두 법문의 결점을 원만히 해결하고 있다. 십이연기가 이와 같이 완벽한 법문을 성취할 수 있는 것도 그것이 소의로 한 명明에 계성界性이 타개打開되었기 때문이다. 계라는 것은 본래 유유상종類類相從의 '유類'와 같은 것이므로(제2장 6절 참조), 육법성六法性을 띤 십팔계十八界를 소의로 한 육육법六六法은 육법성을 벗어날 수 없고, 육법성을 여읜 육계六界를 소의로 한 오온五蘊은 식온識蘊을 한도로, 그 이상의 연기를 전개할 수가 없다. 그러나 명에는 그러한 제약성(또는 相應性)을 가진 계성界性이 타개되어 있다. 따라서 이것을 소의로 한 십이연기는 무명無明에서 육처六處를 거쳐 노사老死에 이르는 완벽한 연기를 전개하게 된 것이다.

이와 같이 십이연기는 단일구조적인 명을 소의로 함으로써 그 교리조직은 지극히 순일純一·완벽完璧한 것이 되고 있다.

---

12) 이 支分을 '老·死'로 통칭함은 隨勝說이다. 본래의 뜻은 '死'에 있는 것이 아니라 '苦'에 있다.

아함은 물론이지만, 다른 종교나 철학에서, 세간世間·출세간出世間의 모든 현상과 원리를 완벽하게 설명할 수 있는 것으로서, 이 십이연기보다 더 순일·간결한 것을 찾아볼 수 없을 것이다.

2) 아함의 묘법妙法

아함의 모든 교설은 궁극적으로 십이연기설에 유주流湊하고, 십이연기는 그들을 완성하고 있다. 그들은 십이연기를 설하기 위한 예비적인 법문이라고 말할 수 있다. 십이연기는 십이처, 육육법, 오온 등의 모든 지분을 포괄하고 있는데, 그렇다고 십이연기를 단순히 그들의 총화라고 해서는 안 된다. 그들은 십이연기를 설하기 위한 예비적 단계로서 하나씩 둘씩 설해진 것이라고 보아야 한다. '연기緣起'는 육육법의 '인연론因緣論'과 오온의 '집설集說'이 하나로 결합된 복합체라고 볼 수 있지만, 이것도 단순히 그 두 개념을 복합해서 얻어진 것이라고 보아서는 안 된다.

육식에서 발단發端한 아함의 실상론은 인연론을 거쳐 십팔계와 육계를 성립시키고 명明에 이른다. 이 논리적 발전 과정에 있는 십팔계와 육계는, 명에 이르기 위한 방편적인 '화성化城'에 불과하다. 십팔계와 육계가 육육법·오온의 유위세간에 대한 진여실상계에 틀림없지만, 그들이 무상無常·무아無我라고 배척된 것은(서론 3절 참조), 그 뜻이 실로 여기에 있는 것이다.

이와 같이, 아함의 모든 교설은 궁극적으로 십이연기설에 유주流湊하고, 십이연기는 그들을 완성한다. 십이연기 이전의 모든 교설은 십이연기를 설하기 위한 방편시설이며, 논리적 전개과정에 불과하다. 아함의 묘법妙法(saddhamma)은 실로 십이연기이다.

4. 제법개공諸法皆空

1) 무아無我의 논리적 근거

불교의 가장 특징적인 교리는 제법개공諸法皆空이라고 할 수 있다. 대소승을 통하여 일관된 교설이며, 인도의 전통적인 범아일여梵我一如 사상思想의 '아我(atta, Sk. ātman)'를 부정한 것이기 때문이다. 아함에는 제법개공諸法皆空의 이유를 여러 가지로 들고 있다. 그 중에서 가장 소박한 것은 아함에 숱하게 반복되고 있는 다음과 같은 귀절이라고 할 수 있다.

色無常 無常卽苦 苦卽非我[13)]

yaṁ dukkhaṁ tad anattā.[14)]

여기에서 무상無常은 고苦의 이유가 되고, 고는 무아無我의 이유가 되고 있다. 이런 귀절이 어떤 경우에는 '무아자즉시공

13) 『雜阿含』 卷1, 高麗 18, p.708.b ; 大正 2, p.2.a(9)
14) 『S.N.』 II, p.259

無我者卽是空'[15]으로 연장되어 무아無我이니까 곧 공空이라는 뜻을 보여 준다. 제법무아諸法無我에 대한 소박한 이유는 이밖에도 여러 가지 형태로 아함에 나타나고 있다. 어떤 경우에는 유위법의 '생멸성生滅性'을 그 이유로 들고,[16] 어떤 경우에는 그러한 생멸성을 '괴壞'라는 말로 표현하기도 하며,[17] 또 어떤 경우에는 '자재불능自在不能'함을 무아의 이유로 들기도 한다.[18] 그러나 아함이 제법개공諸法皆空의 진정한 논리적 이유로 제시하고 있는 것은 제법연기諸法緣起이다.

아함에는 「제일의공경第一義空經」,[19] 「제일최공법경第一最空法經」,[20] 「대공법경大空法經」[21]과 같이 '공空'이라는 이름을 가진 경이 셋이나 눈에 띤다. 이러한 '공空'명경名經은 어느 것이나 연기를 그 내용으로 하고 있다. 그 중에서 제일의공경第一義空經의 내용을 소개하면 다음과 같다.

> 云何爲第一義空經. 諸比丘 眼生時無有來處 滅時無有去處. 如是眼不實而生 生而盡滅. 有業報而無作者. 此陰滅已 異陰

15)『增壹阿含』卷30, 高麗 18, p.544.b ; 大正 2, p.715.c(10)
16)『雜阿含』卷13, 高麗 18, p.828.a ; 大正 2, p.87.a(304) "若有說言眼是我 是則不然 所以者何 眼生滅故"
17)『雜阿含』卷3, 高麗 18, p.729.b ; 大正 2, p.16.c(64) "此色壞有 受想行識壞有 故非我非我所 我我所非當有"
18)『雜阿含』卷2, 高麗 18, p.716.b ; 大正 2, p.7.b(33) "色非是我 若色是我者 不應於色 病苦生 亦不應於色 欲令如是 不令如是"
19)『雜阿含』卷13, 高麗 18, p.836.a ; 大正 2, p.92.c(335)
20)『增壹阿含』卷30, 高麗 18, p.542.b ; 大正 2, p.713.c(7) 제일최공법경
21)『雜阿含』卷12, 高麗 18, p.825.a ; 大正 2, p.84.c 대공법경

相續. 除俗數法. 耳鼻舌身意 亦如是說. 除俗數法 俗數法者 謂此有故彼有 此起故彼起. 如無明緣行 行緣識 廣說乃至純大苦聚集起. 又復此無故彼無 此滅故彼滅. 無明滅故行滅 行滅故識滅 如是廣說 乃至純大苦聚滅.[22]

이 경문經文에서 '생했을 때 온 곳이 없고 멸했을 때 간 곳이 없다'함은 제법무아諸法無我의 표현이며, 그 말에 이어 '속수법俗數法을 제외한다' 또는 「제일최공법경第一最空法經」의 술어에 의하면, '가호인연假号因緣의 법을 제외한다' 함은 그와 같은 제법諸法은 연기한 것임을 나타내고 있다.

여기에서 특히 우리의 주의를 끄는 것은 연기를 '속수법俗數法'이라 부르고, 경명經名을 '공空'이라고 한 점이다. 연기를 속수법이라고 한 것은, 그것이 세간법에 속해 있다는 뜻, 다시 말하면 미계迷界의 성립원리라는 뜻이고, 경명을 공이라고 한 것은 그러한 미계는 空하다(suñña)는 뜻으로 해석된다. 이 두 말을 종합하면 미계는 공한 것이요, 그것은 연기緣起한 것이기 때문이라는 말이 된다.

경에는 또 제법諸法의 무상無常·무아無我·가명假名 등의 이유로 '인연합회생因緣合會生'[23], '인연회이생因緣會已生'[24] 또는 '개유합회제법인연皆由合會諸法因緣'[25]과 같은 말들을

---

22) 『雜阿含』 卷13, 高麗 18, p.836.a ; 大正 2, p.92.c (5-19와 동)(335)
23) 『中阿含』 卷11 「頻鞞娑邏王迎佛經」, 高麗 17, p.1136.c ; 大正 1, p.498.b
24) 『雜阿含』 卷45, 高麗 18, p.1160.a ; 大正 2, p.327.c(1203)

쓰고 있는데, 이들은 '연기緣起'또는 '연이생緣已生'에 대한 이역異譯으로 생각된다.

따라서 아함이 제법무아諸法無我 · 제법개공諸法皆空에 대해 진정한 논리적 이유로 제시하고 있는 것은 연기라고 말할 수 있다. 아함의 '공空'은 연기에 입각한 것이다.

2) 연기緣起는 곧 중도中道

제법무아諸法無我 · 제법개공諸法皆空의 교설은 이 세상에는 아무 것도 없다는 뜻으로 생각되기 쉽다. 그러나 제법무아 · 제법개공은 연기에 입각한 것이며, 이 연기는 유有(atthi)와 무無(natthi), 자작自作(sayaṁkata)과 타작他作(paraṁkata)의 두 끝(ubho ante)을 떠난 중도中道(majjhimā patipadā)라는 것을 망각해서는 안 된다.

모든 법이 무상無常 · 무아無我 · 공空하다는 말을 들으면 누구나 다음과 같은 의문을 갖지 않을 수 없다.

若使色無常 覺·想·行·識無常者 誰活·誰受苦樂[26)]

다시 말하면, 모든 것이 무상하다면 도대체 살고 있는 것은 누구이며, 고락苦樂은 또 누가 받는다는 말인가. 이런 문제로 심한 번민에 빠진 비구가 실제로 있었다.

---

25) 『增壹阿含』 卷49, 高麗 18, p.691.c ; 大正 2, p.819.c(8)
26) 『中阿含』 卷11 「頻鞞娑邏王迎佛經」, 高麗 17, 1136b ; 大正 1, p.498.b

闡陀語諸比丘言. 我已知色無常 受·想·行·識無常 一切行無常 一切法無我 涅槃寂滅. 闡陀復言. 然我不喜聞一切諸行空寂·不可得 愛盡·離欲·涅槃 此中云何有我而言 如是知·如是見·是名見法27)

모든 것이 무아無我라지만, '나'는 엄연히 존재하고 있다. 일체행一切行이 공적空寂하여 불가득不可得이라면 도대체 그 속에 '나'는 어떻게 있어서 '이렇게 알고 이렇게 본다'라고 말할 수 있겠는가. '나'는 반드시 존재하고 있다. 덮어놓고 '일체행공적一切行空寂'이라는 말은 견딜 수가 없다.

이에 대해서 아난阿難은 다음과 같은 법문을 들려주고 있다.

我親從佛聞 教摩訶迦旃延言 … 迦旃延 如實正觀世間集者 則不生世間無見 如實正觀世間滅 則不生世間有見 迦旃延 如來離於二邊說於中道 所謂此有故彼有 此生故彼生 謂緣無明行…28)

즉, 일체행공적一切行空寂과 같은 말은 덮어놓고 없다는 것이 아니라 연기에 입각한 것이라는 말이다. 무명이 있는 한은 세간도 있으므로 무無라고 할 수 없고, 무명이 멸하면 세간도 멸하므로 유有라고 할 수도 없다. 무아無我나 공空은 바로 이런 뜻, 다시 말하면 유와 무의 두 끝을 떠난 중도中道를 표현

---

27) 『雜阿含』 卷10, 高麗 18, p.798.c ; 大正 2, p.66.b(262)
28) 『雜阿含』 卷10, 高麗 18, p.799.b ; 大正 2, p.66.c(262)

한 것이라는 뜻이다.

이 말에 찬타비구闡陀比丘는 '멀리 티끌과 때를 여의고 법안法眼을 밝혔다'고 한다. 이해가 갈 만하다. 그는 제법무아諸法無我에 대한 그의 견해를 확인했는지 모른다. 따라서 아함의 무아나 공은 연기에 입각한 것이며, 그 연기는 곧 유와 무를 떠난 중도라는 것을 잊어서는 안 된다. 다시 말하면 모든 법은 공한 것이지만, 무명이 있는 동안은 아我(妄我)는 존재하고 있다는 그러한 뜻을 가진 '공空'이다.

5. 연기론緣起論 여설餘說

1) 삼세양중인과설三世兩重因果說

불교교리 중에 십이연기만큼 많은 학자들이 이견이설異見異說을 모은 것도 드물 것이다. 그 중에 특히 중요한 것으로 유부有部의 사종연기설四種緣起說이 있다. 사종연기는 ① 찰나刹那(Sk. kṣaṇika) ② 연박連縛(Sk. sāmbandhika) ③ 분위分位(Sk. āvasthika) ④ 원속遠續(Sk. prākarṣika)의 네 가지 연기로서, 이 중에서 찰나연기刹那緣起는 찰나경刹那傾의 행동에 십이지十二支가 구유俱有함을 말하고, 연박연기連縛緣起는 십이지가 무간無間(連)히 계기繼起(縛)함을 가리킨다. 그리고 분위연기分位緣起는 십이지가 각각 오온을 갖추고 있는데, 그 십이지 소유의 오온이 삼세三世의 분위分位에 나누어짐을 말하고, 원속연기遠續緣起는 이것이 현원상속懸遠相續

하여 무시무종한 것을 가리킨다.29) 이 사종연기에서 부처님의 뜻은 분위연기에 있다는 것이 유부의 주장이라 한다.30)

연기에 대한 이러한 견해 속에서 발달하여 완벽한 체계를 이룬 것이 삼세양중인과설三世兩重因果說로 생각된다. 이것은 다시 통속적인 태내외오위설胎內外五位說 및 사유설四有說과 결합하여 태생학적胎生學的 연기관緣起觀을 낳게 된다.31)

삼세양중인과설은 유부뿐만 아니라 남방상좌부南方上座部, 심지어는 법상종法相宗을 제외한32) 대승교단에 의해서까지 지지支持된 점에서 주목을 끌고 있다. 그러나 아함이나 니카야의 정신에 비추어 볼 때, 그 부당성이 명백하여 근대의 불교학자들은 수긍할 만한 논거를 들어 그것을 지적하고 있다. 이에 대해서는 이미 원시불교나 아비담을 다룬 여러 문헌에 상세하게 논급되어 있으므로 여기서 다시 소개할 필요를 느끼지 않는다. 다만 그에 찬동하는 입장에서 그 내용을 간단히 소개하고 나의 견해를 하나 더 보태고자 한다.

삼세양중인과설이란 십이지十二支 가운데 무명無明(惑)·행行(業)을 과거의 이인二因으로 보고, 식識·명색名色·육처六處·촉觸·수受(苦)를 현재의 오과五果로 보고, 애愛·취取(惑)·유有(業)를 미래의 삼인三因으로 보고 생生·노사老死(苦)를 미래의 이과二果로 보아, 삼세양중인과三世兩重因果로

---

29) 『俱舍論』 卷9, 高麗 p.521.c-p.522.a ; 大正 2, p.48.c
30) 上揭書 "世尊於此意 諸者何 頌曰 傳許約位說 從勝立支名"
31) 宇井伯壽. 『佛教思想研究』 p.110
32) 法相宗은 二世一重因果說을 주장한다.
(宇井伯壽, 『佛教思想研究』. p.107)

십이연기를 보는 견해이다.

이러한 분위적 해석은, 아함에서 십이연기의 식識을 결생식結生識(paṭisandhiviññāṇa)으로 설명함이 있는데, 그것에 근거를 두고 있음을 쉽게 알 수 있다. 즉, 아함에 다음과 같은 귀절이 있다.

阿難 緣識有名色. 此爲何義. 若識不入母胎者有名色不. 答曰無也. 若識入胎不出者 有名色不. 答曰無也. 若識出胎者 嬰孩壞敗 名色得增長不. 答曰無也.[33)]

이와 같이 식識을 결생식으로 보면, 그 식은 현재의 생生이 되고, 그 이전의 무명無明과 행行은 과거로 보게 될 것이며, 동시에 뒤의 생生과 노사老死는 미래의 생으로 보게 될 것이다. 그리고 무명과 애는 번뇌로 생각되므로 현재에 배속되는 식識·명색名色·육처六處·촉觸·수受·애愛·취取·유有에서 애愛 이하가 미래의 생生에 대한 현재의 인因으로 생각되게 될 것은 당연한 순서라 하겠다.

이러한 견해를 더욱 뒷받침해 주는 것은 아함에 다시 십이지十二支의 일부를 수태受胎에서 시작되는 생장과정生長過程으로 설명하는 대목이 나온다.

復次三事合會 入於母胎. 父母聚集一處 母滿精堪耐 香陰已

33) 『長阿含』 卷10 「大緣方便經」, 高麗 18, p.898.a ; 大正 1, p.61.b

至 此三事合會 入於母胎. 母胎或持九月十月 便生. 生已以血長養. …. 彼於後時諸根轉. … 彼如是隨憎·不憎所受覺 或樂或苦或不苦不樂. …. 是爲受. 彼緣受有有 緣有有生 緣生有老死.[34)]

이리하여 십이연기는 분위分位・원속遠續적인 삼세양중인과설三世兩重因果說로 전환한데다가 다시 그 위에 태생학적胎生學的 해석이 보태지게 된 것이다.

이러한 삼세양중인과설의 성립근거가 된 결생식설結生識說은 당시의 한낱 통속설에 불과했음은 의심할 여지가 없다. 왜냐하면 식수태설識受胎說은 십이연기와 관계없이 아함의 곳곳에 설해 있는데, 단독으로 나타나는 일례를 들면 다음과 같다.

有三因緣 識來受胎. …. 父母集在一處 父母無患 識神來趣 然復父母 俱相有兒 此則成胎[35)]

이와 같이 식수태설識受胎說이 본래 십이연기와 밀접한 관계를 가진 것이 아니라면 그것이 십이연기에 결합된 경우를 우리는 '지혜가 낮은 자를 위해 어려운 연기설緣起說을 이해하기 쉽게 하기 위하여 비유적으로 구체적인 예(具体例)를 갖고 설한 것'[36)]이라고 해석함이 가장 온당한 견해가 될 것이다.

---

34) 『中阿含』卷54「茶帝經」, 高麗 18, p.255.a ; 大正 1, p.769.b
35) 『增壹阿含』卷12, 高麗 18, p.387.b ; 大正 2, p.602.c(3)
36) 水野弘元.『原始佛敎』p.172

따라서 그러한 통속적인 비유설譬喻說을 갖고 연기의 제일의적第一義的 의의로 해석한 과거의 삼세양중인과설은 커다란 잘못이라고 하지 않을 수 없다.

뿐만 아니라, 연기지緣起支의 결합방식의 견지에서 볼 때도(제1절 참조), 그러한 분위연기分位緣起는 있을 수 없다. 오온과 같이 분단된 것이라면 몰라도, 적어도 십이연기의 각 지분은 함께 결합하여 일어난 것이므로 분위배속分位配屬 같은 것은 생각할 수 없는 일이다.

2) 무시간적無時間的 연기관緣起觀

십이연기에 대해서는 현대학자들 사이에서도 의견이 분분하다. 그 중에서 특히 우리의 주의를 끄는 것은 연기를 시간적 인과관계로 보는 전통적인 견해에서 벗어나 무시간적 논리관계로 보려는 일본의 우이 하쿠쥬(宇井伯壽)씨의 주장이다. 그의 주장의 요점을 소개하면 다음과 같다.

> 시간적 생기生起의 의미로 풀이하고자 한다면 식識・명색名色・육입六入・촉觸・수受의 사이를 생각해 봄이 좋다. 그것을 다시 십이지十二支 전반에 적용하여 고찰해 봄이 좋다. 도저히 이해할 수 없는 것이 될 것이다. 물론 일상생존日常生存상 시간적인 경험도 있으므로 전혀 그것을 배제하려고 하는 것은 아니지만(此有故彼有 등의 문장에서) 일어나는 것과 멸하는 것과는 시간적 의미의 글이긴

하지만, 그러나 전체로서의 그 속에는 시간적 의미가 다른 것과 같이 무게를 갖고 있다고 볼 수는 없다. (그 문장은) 근본불교의 연기설을 보여주는 것으로서 일상생존의 모든 것은 서로 관계적으로 상의상자相依相資하여 나타나 있다고 보는 생각의 것이라고 말할 수 있는 것이다.[37]

우이(宇井)씨가 이러한 주장을 하게 되는 이유는 십이지를 일상생존日常生存의 세분細分으로 생각하여 그들을 고정적으로 또는 개념적으로 보는 견해를 부정하려는 데에 있다. 다시 말하면 십이지 하나하나를 전체적으로 또는 관계상에 나타난 것으로 파악하여 제법무아諸法無我를 밝히려는 것이다.

우이(宇井)씨의 이러한 주장은, 연기가 본래 제법무아諸法無我의 논리적 근거가 되므로 그 정신을 잘 포착한 것이라고 할 수 있다. 따라서 그런 점에 있어서는 높이 평가할 만하다. 그러나 이 견해는 연기 그 자체를 여실하게 본 것이라고 하기는 어렵다. 왜냐하면 연기는 분명히 십이지가 선후의 관계를 갖고 '연緣하여 등기等起한 것'임은 의심할 여지가 없기 때문이다. '차유고피유此有故彼有는 각 지분간의 그러한 관계를 나타내고 있다. 그리고 제법무아에 대한 이유로서의 연기는 비유非有·비무非無의 중도적 연기임을 잊어서는 안 된다. 무명無明이 있는 한은 아我(妄我)가 존재하고 있다는 내용의 무아無我요, 공空이므로 우이(宇井)씨가 보는 바와 같이 일향적一向

37) 宇井伯壽.『佛教思想研究』pp.85~86.

的인 무아라고 할 수가 없다. 따라서 그의 무시간적·논리적 관계로서의 연기관은 연기 그 자체를 여실하게 본 것이라고 할 수는 없다.

Ⅲ. 결론結論

이상과 같이 아함교설의 체계성을 밝히기 위하여 이 논문이 고찰의 대상을 삼은 ① 십이처十二處 ② 육육법六六法 ③ 오온五蘊 ④ 십이연기十二緣起의 네 가지 유위세간有爲世間의 법문은 첫째, 각 법문 자체적으로 독자적인 교리조직을 갖고 있으며 둘째, 그들은 다시 전체적으로 관련하여 놀랍도록 정연한 교리체계를 이루고 있음이 발견된다.

고찰의 대상이 된 네 가지 법문 중에서 가장 기초적인 것이 십이처라는 것은 따질 필요가 없었다. 이 법문은 우리의 주관과 객관의 인식관계를 근거로 시설된 것이지만 거기에 다시 중생(satta)과 자연(nissatta) 사이의 작용·반응의 인과관계까지를 나타낸 것이다.

제6근의 '의意(manas)'와 그에 대한 제6경의 '법法(dhamma)'은 바로 그러한 뜻을 나타내고 있는 술어이다. 중생과 자연 사이의 이러한 인과율은 업윤회설業輪廻說의 선인선과善因善果, 악인악과惡因惡果의 이론적 기초가 된 것임에 틀림없다. 따라서 이 둘은 결합하여 하나의 교리조직을 이룬다고 말할 수 있는데 이것을 '세간법世間法의 체계體系'라고 부르고 싶다. 십이처의 주관과 객관 사이에 연기관계가 있지만 아직 그에 대한 환멸계還滅界가 마련되어 있지 않기 때문이다.

그 다음, 육육법六六法은 아함이나 니카야에서 육처부六處部

(saḷ ayātana-vagga)에 속해 있는데, 이런 점에서도 느낄 수 있듯이 그것은 분명히 십이처에서 발달한 법문이다. 육육법이 십이처에서 분립되는 근본적인 원인은 육식의 발생에 있는데, 이 육식의 대상은 유위법의 주이상住異相에 대한 것임을 알았다. 다시 말하면 변이變異(aññathābhāva)의 전후 두 법을 완전히 '다르다'고 식별함을 말한다. 전후 두 법을 완전히 다르다고 식별하면 필연적으로 전법은 멸하고 후법은 생한다고 보게 된다. 이것이 불교 특유의 주이관住異觀으로서 수론학파 등의 전변설과 근본적인 차이를 갖는다.

유위법의 주이상住異相에 대한 아함의 논리적인 성찰은 이 정도에 머무는 것이 아니다. 변이變異의 전후 두 법이 이와 같이 완전히 '다른' 것이지만 그러나 전법은 후법 발생의 필수조건의 하나가 됨을 인정하지 않으면 안 된다. 다시 말하면 그 두 법 사이에는 연고緣故(paccaya) 관계가 있다. 인연론은 바로 이 뜻을 나타내고 있다. 생멸하는 전후 두 법 사이에 연고 관계가 있다면 다시 그 '생生·멸滅'의 개념이 반성되지 않을 수 없는데, 이러한 성찰에서 마침내 유위법의 실상의 구조가 밝혀져 십팔계가 성립한다.

육육법은 육근六根·육경六境·육식六識으로 이루어진 전반부와 육촉六觸·육수六受·육애六愛 등으로 이루어진 후반부로 갈라진다. 전반부는 십팔계 성립의 기반이 됨을 보았다. 다시 말하면 십팔계는 그들에 대한 진여실상계眞如實相界이다. 그런데 후반부는 십팔계十八界를 연하여 일어난다고 아함은 분명하게 설하고 있다. 다시 말하면 육육법六六法의 후반부는 십팔계를 근거로 한 연기이다. 이와 같이 육육법은 전반부·후반부로 단절되는데 아함은 다시 후반부의 최초 지분인 육촉을 '삼사화합三事和合'이라고 설하고 있다. 삼사三事는 육근·육경·육식, 다시 말하면 육육법의 전반부를 가리킨다. 따라서 전반부·후반부로 단절되었던 육육법은 다시 연기론적인 연쇄를 회복하게 된다. 이리하여 육육법은 전체적으로 십팔계를 근거로 한 연기가 되고, 십팔계는 그러한 유위세간에 대한 진여법계가 된다. 육육법과 십팔계는 이와 같이 밀접한 관계를 갖고, 하나의 연기론적인 교리조직敎理組織을 이루고 있다.

육육법에 대해서 종래 주의를 못했다는 것은 불교학의 허점을 드러내고 있다. 십팔계를 삼과분류三科分類의 하나로만 취급해 온 것도 '계界'에 대한 이해부족으로 보지 않을 수 없다. 계界의 '종족의種族義'는 유위법이 그의 실상에서 보여주는 복합구조성을 표현한 것이다.

육육법의 근본 십이처가 지地·수水·화火·풍風 사대四大(元素)로 분석되면, 십이처의 구별, 다시 말하면 육법성六法性이 사라진다. 십팔계에서 육법성이 사라짐과 함께 일진무변법계一眞無邊法界를 이루게 된 것이 다름 아닌 육계이다.

오온은 육계를 근거로 연기한 유위세간이다. 그러나 교리조직상 오온의 연기성은 배제되어 분단상分斷相(khandha, 蘊)을 나타내고 있다. 오온 연기에서 연기성이 배제되지 않을 수 없음은 만일 그러지 않으면, 그것에 다시 '오온계五蘊界'의 집集이 겹쳐 이중적인 등기等起(samuppāda)가 되어 버리기 때문이다. 이리하여 오온은 사성제四聖諦를 맞아들이며, 육계를 근거로 연기론적인 교리조직을 이루고 있다. 사문사과沙門四果는 이러한 교리조직에 입각한 수행진로를 네 단계로 구분한 것인데, 그 술어가 나타내는 의미는 심상치 않은 바가 있다.

십이연기의 성립근거를 이루고 있는 진여실상은 '명明'이라는 술어로 표현되고 있는데, 이 '명明'은 육계六界에서 '계성界性'(복합구조성)이 타개된 것이라는 것만은 틀림없는 사실이다. 그러나 육계에서 계성이 타개되어 단일구조적인 청정淸淨·무애無礙·상적常寂한 명明에 이르는 논리적 전개과정은 각자가 자증自證 해야 할 문제로 남아있다. 이 문제와 관련하여 사문사과沙門四果의 심상치 않은 의미는 우리의 주의를 끌고 있다.

십이연기는 이러한 '명明을 미迷한 무명연기無明緣起인데, 그 성립근거인 명이 이처럼 계성을 여윈 단일구조적인데서 그 교리조직은 지극히 순일純一·간결簡潔하고 완벽完璧·무결無缺한 것이 되었다.

아함의 모든 교설은 궁극적으로 십이연기에 이르러 완성된다. 십이연기 이전의 모든 교설은 그를 설하기 위한 또는 그에 유도하기 위한 예비적 방편시설이었으며, 논리적 전개과정이었다.

십이처·육육법·오온을 설하는 동안 십이지十二支는 설명되고 있었으며, '연기緣起'는 '인연因緣'과 '집集'을 결합한 개념이다. 육식에서 발단한 아함의 실상론은 십팔계·육계를 성립시켰지만, 궁극적으로는 명明에 이르러야 한다.

십팔계十八界·육계六界가 육육법六六法·오온五蘊에 대한

진여법계眞如法界에 해당하지만, 무상無常·고苦·무아無我로 배척된 것은 이 때문이며, 부처님이 장야長夜에 벌유법栰喩法(뗏목의 비유)을 설하신 것도 이 때문이다. 십이연기는 아함의 구경究竟이요, 완성完成이요, 묘법妙法이다.

십이처·육육법·오온·십이연기를 중심으로 고찰한 이상과 같은 아함의 교리체계를 도시圖示하면 다음 표와 같다.

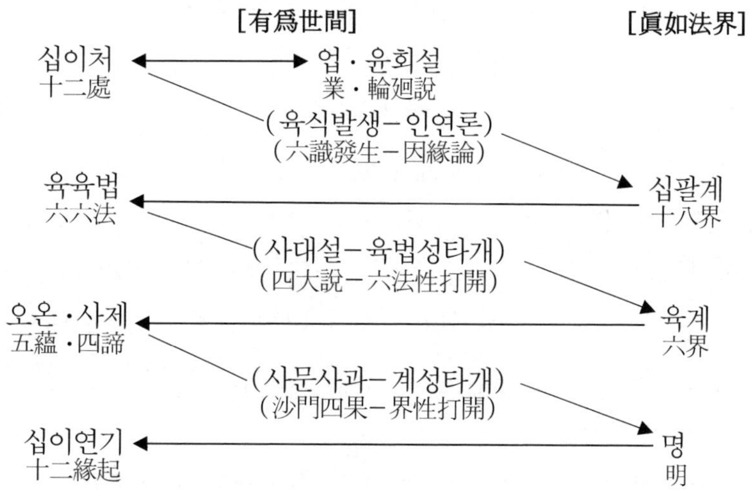

아함은 이러한 교리체계에 입각해서 제법개공諸法皆空을 부르짖고 있다. 따라서 그 '공空'은 단순한 허무虛無가 아니다. 제법개공의 '제법諸法'은 십이처十二處·육육법六六法·오온五蘊·십이연기十二緣起와 같은 유위법有爲法을 가리키는데, 그들은 모두 연기한 것이므로 제법개공은 '연기緣起한 것은 공空'이라는 말과 같다. 그런데 연기는 무명이 있는 한은 아我가 있으므로 무無도 아니고, 무명이 멸하면 아我도 멸하므로 유有도 아니다. 다시 말하면 유무有無를 떠난 중도中道이다. 따라서 아함의 '공空'은 무명이 있는 한은 아我(망아妄我)도 있다는 중도적인 공임을 잊어서는 안 된다.

대승불교의 반야개공般若皆空은 아함의 이러한 이론을 기초로 성립한 것이다. 그의 진여실상은 십이연기의 명에서 다시 명明·무명無明 등의 일체의 '차별성差別性'을 타개한 것이지만 역시 단일구조적인 공이다. 그리고 명明에서 명明·무명無明 등의 일체의 차별성을 타개하게 되는 것도 아함의 인연론에 근거를 둔 것이다. 따라서 대승불교의 올바른 이해를 위해서는 아함에서부터 이론적 기초를 쌓아가지 않으면 안 된다.

흔히 아함의 교설은 단순한 수의설隨宜說로서 거기에서 논리적인 체계를 찾으려 함은 커다란 잘못이라고 말하고 있지만 그렇게 말하는 것이 오히려 속단임을 알았다. 아함의 수의설 속에는 놀라운 의미연관의 체계가 들어있다. 점교성漸敎性 또는 일미성一味性의 시사는 바로 그러한 체계성을 두고 한 말이다.

아함교설의 그러한 체계성은 선의선설善義善說된 아함의 법상을 깊이 고찰함으로써만 밝혀질 것이다. '독일정처獨一靜處에서 전정사유專精思惟하여 관찰기의觀察其義하라'는 간곡한 설유說諭를 깊이 음미해 볼 필요가 있다. 본서는 그러한 체계성의 일단을 밝혀본 것이지만 결코 충분한 고찰이 행해진 것은 아니다. 이 문제 추구를 위하여 절대적인 가치를 갖고 있는 팔리 니카야도 충분히 이용하지 못한 것이다. 서명書名에 '아함含阿'이라는 한정사를 붙인 것은 이 때문이다. 근본교설의 이론적인 체계를 밝히려는 노력은 앞으로도 계속 진행되어야 할 것이다.

【참고문헌】

*高麗 : 고려대장경高麗大藏經
*大正 : 대정신수대장경大正新修大藏經.
長阿含經 22권, 佛陀耶舍・竺佛念共譯
(高麗 17, 815-1024 ; 大正 No. 0001, 一 001-149)
中阿含經 60권, 僧伽提婆譯 (高麗 17, 1025부터 高麗 18, 312쪽 ; 大正 No. 0026, 一 421-809)
雜阿含經 50권, 求那跋陀羅譯
(高麗 18, 707-1217 ; 大正 No. 0099, 二 001-373)
增壹阿含經 51권, 僧伽提婆譯
(高麗 18, 313-706 ; 大正 No. 0125, 二 549-830)
阿毘達磨集異門足論 20권, 玄奘譯
(大正 No. 1536, 二六 367-453)
阿毘達磨法蘊足論 12권, 玄奘譯
(大正 No. 1537, 二六 453-513)
施設論 7권, 法護譯 (大正 No. 1538, 二六 514-529)
阿毘達磨識身足論, 16권, 玄奘譯
(大正 No. 1539, 二六 531-614)
阿毘達磨界身足論, 3권, 玄奘譯
(大正 No. 1540, 二六 614-625)
阿毘達磨品類足論, 18권, 玄奘譯
(大正 No. 1542, 二六 692-770)
阿毘達磨發智論, 20권, 玄奘譯
(大正 No. 1544, 二六 918-1031)
阿毘達磨俱舍論, 30권, 玄奘譯 (大正 No. 1558, 二六 1-159)

小品般若波羅蜜經 10권, 鳩摩羅什譯
(高麗 5, 759-835 ; 大正 No. 0227, 八 536-586)
摩訶般若波羅蜜經 27권, 鳩摩羅什譯
(高麗 5, 225-526 ; 大正 No. 0223, 八 217-424)
Dīgha-nikāya, PTS 3 vols. ; NDP 3 vols.
Majjhima-nikāya, PTS 3 vols. ; NDP 3 vols.
Saṁyutta-nikāya, PTS 5 vols ; NDP 4 vols.
Aṅguttara-nikāya, PTS 5 vols. ; NDP 4 vols.
Khuddaka-nikāya, NDP 7 vols.
Lord Chalmers, Sutta-nipāta, 1932 Harvard Univ. Press.
S. Radhakrishnan, The Dhammapada, 1966 Oxford Univ. Press.
Kanga Takahata, Ratnamālāvadāna, 1954 The Toyo Bunk.
Ryusho Hitaka, Suvikrāntavikrāmi-Paripṛcchā
prajñāpāramitā sūtra, 1958 Kyush Univ.
西義雄, 阿毘達磨俱舍論(國譯一切經毘曇部 25, 26)
寺本婉雅, 梵漢獨對校・西藏文和譯 龍樹造中論無毘疏,
昭和12 大東出版社.
木村泰賢, 原始佛教思想論, 大正15, 丙午出版社
木村泰賢, 小乘佛教思想論, 昭和10, 明治書院
宇井伯壽, 佛教思想研究, 昭和18, 岩波書店
金東華, 原始佛教思想史, 1968, 東國大學校
水野弘元, 原始佛教, 1962, 平樂寺書店
水野弘元, 巴梨語佛教讀本, 1956, 山喜房佛書林
宇井伯壽, 佛教倫理學, 昭和6, 大東出版社
梶芳光運, 原始般若經의 研究, 昭和19, 山喜房佛書林
Stcherbatsky, Buddhist Logic, 1955 Dover.

Summary

A Study on The Doctrinal System of Four Chinese Āgamas

By Koh Ik-Jin
Department of Buddhism,
Graduate School, Dongguk University

1. Introduction

The Āgamas or Pāli Nikāyas exhibit a great variety of doctrines, all of which claim the same supremacy and prevalence. They are believed to be case-by-case discourses(隨宜說) delivered by the Buddha who was well of the divergent mental disposition and intelligibility of his adherents. They say it would be a grave mistake to make an attempt to systematize such case-by-case doctrines. But an intensive study reveals that a well arranged doctrinal system or logical sequence exists among the seemingly accidental discourses, which is to be studied by this thesis.

2. Method

The Buddhist dhammas, innumerable they may be, fall under two heads-saṅkhata(有爲法) and asaṅkhata(無爲法). The saṅkhata-dhammas, being the object to be destroyed by the paractice(bhāvanā), constitute the center of the doctrinal frame-work of Buddhism, which is composed of the two parts. The study of the doctrinal system of Āgamas, therefore, should be advanced on the basis of the saṅkhata-dhammas.

The saṅkhata-dhammas are found, in the Āgamas, mainly connected with following three attributes or predicates ;

(1) everything(sabba), the world(loka)
(2) impermanence(anicca), suffering(dukkha), non-self(anatta), void(suñña)
(3) to know its origination(samudaya), cessation (atthaṁgama), taste(assāda), danger(ādinava), renunciation (nissaraṇa)

The typical saṅkhata-dhammas which fulfil the above three requirements are four dhamma-pariyāyas(doctrine). They are ;

(1) Twelve Āyatana(十二處)
(2) Sis Six-dhammas(六六法)
(3) Five Khandhas(五蘊)
(4) Twelve-links' Paṭiccasamuppāda(十二緣起)

With regards to these four dhamma-pariyāyas, the study of the doctrinal system of Āgamas shall be conducted in two ways : (1) what doctrinal frame-work each of them has, and (2) how they are related with each other.

The Āgamas make it their practice to explain a doctrine by means of another. For example, the Five Khandhas are explained by the Six Six-dhammas, and the Twelve-links' Paṭicca-samuppāda, in turn, by the Five Khandhas plus Six Six-dhammas. This practice sheds light on the order in which the doctrines were delivered by the Buddha, because the explaining doctrine must have been pleaded prior to the one explained by it.

This kind of explanation, however, cannot be assumed to represent the real meaning(了義) of the dhamma. It is a mere indication(密意說). The real meaning should be pursued at the dhamma itself. This is why the Abhidhammas rely on the dhamma-lakkhana(法相). This thesis also follows this method.

3. Results

The results obtained from the tentative study based on the aforementioned methods are summarized as follows.

1) Twelve Āyatanas

The basic one of the four doctrines is the Twelve Āyatanas, consisting of our six sense-organs and their respective objects. The doctrine indicates that everything in the world(sabbam) enters into(āyatati) the twelve, apart from which nothing exists. Besides, the technical terms, manas(mind) and dhamma(law), for the sixth sense-organ and its object respectively, denotes the 'action-and-response' relationship between the living being(satta) and the nature(nissatta). The Buddhistic doctrine of Karma and Saṁsāra(transmigration) is obviously based on this theory of 'action-and-response' relationship.

2) Six Six-dhammas

This dhamma-pariyāya is apparently developed from the Twelve Āyatanas by the emergence of six discriminations(viññāṇa). The object(ārammana) of the six discriminations is identified to be the 'change' (aññathābhāva) of the saṅkhata-dhammas. In other Words, regarding the two dhammas involved in the change, the 'viññāṇa' discriminates the former quite 'different' from the latter. This discrimination necessarilly abrogates the conception of change, because the former dhamma cannot turn into the latter, but pass away for the latter to arise. The unique philosophy of Buddhism starts from this logical observation, showing a marked difference from the pariṇāma-vāda of Sāṅkhyas.

It should be admitted, however, that the two dhammas, though they are different from each other, have a close relationship of reliance(paccaya). For example, curd results only from milk. The doctrine of Hetu-paccaya(causation) is the principle of this relationship.

In due course, the conception of arising(uppāda) and cessation(nirodha) is put under reflection. If the former dhamma should pass away into nothingness and the latter dhamma come into being from nothingness, how could they make such a relationship? From this reflection, the real aspect of the saṅkhata-dhammas is revealed to result in the Eighteen Dhātus(十八界). The 'dhātu' denotes the compound (racial) structure of the saṅkhata-dhammas in their real aspect.

The Six Six-dhammas are devided into two parts :

(1) six sense-organs-objects-discriminations, and (2) -contacts-perceptions-thirsts. The first part is, as observed so far, concerned with the establishment of the Eighteen Dhātus. Meanwhile, the latter part is clearly stated in the Āgamas to arise relying(paṭicca) on the Eighteen Dhātus. In other words, it is a kind of paṭiccasamuppāda based on the Eighteen Dhātus.

On the other hand, the Āgamas paraphrase the 'contact' (samphassa), the first component of the latter part, by the phrase of 'combination of three'. The 'three' indicate six sense-organs, objects and discriminations, that is, the first part. Thus, the Six Six-dhammas regain their causal chain, and become, on the whole, the doctrine of paṭiccasamuppāda based on the Eighteen Dhātus. The Eighteen Dhātus are the Tathatā(suchness, 眞如) for the illusionary world of the Six Six-dhammas.

3) Five Khandhas

All the Twelve Āyatanas are analyzed into four elements-earth, water, fire, and wind. The distinctiveness of the Six-dhammas exists no more in this state. Through this analytical process, the Eighteen Dhātus develop into the Six Dhātus(六界). The Five Khandhas are the saṅkhata world which is based on this infinite, unified Tathatā of the

Six Dhātus.

The Five Khandhas are understood to have assumed the aspect of 'khandha'(division) by losing their conception of paṭiccasamuppāda. This suppression of paṭiccasamuppāda is required for the formation of a doctrine, because, if it is not suppressed, it would produce a sophisticated two-fold 'rising up'(samuppāda) with the samudaya(origination) of the five khandha-dhātus.

Thus, the Five Khandhas, the Four Noble Truths(四聖諦), and the Six Dhātus combine to set up a well arranged doctrinal frame-work. The Four Samaṇa-phalas(沙門四果) are of the four stages for the practice based on this doctrine.

4) Twelve-links' Paṭiccasamuppāda

The vijjā(明) on which the Twelve-links' Paṭiccasam uppāda is based, is no doubt developed from the Six Dhātus. But the logical process for the Six Dhātus to lose their nature of dhātu(界性) is remained a religious task to be proved by oneself. The enigmatic meaning of the Four Samaṇa-phalas seems to have a significant bearing on this problem. As the vijjā is not compound but simple structure, the doctrinal frame-work of the Twelve-links' Paṭiccasamuppāda is wonderfully concise and perfect.

All the doctrines of the Āgamas ultimately tend to the Twelve links' Paṭiccasamuppāda, and the Paṭiccasamuppāda consummates them. This is why the Eighteen Dhātus and Six Dhātus, though they are a kind of Tathatā, are rejected in the Āgamas as the saṅkhata-dhammas. The previous dhammas have been a preliminary expediences or logical process leading to the Paṭiccasamuppāda. The saddhamma(妙法) of the Āgamas is the Twelve-links' Paṭiccasamuppāda.

4. Conclusion

The four dhamma-pariyāyas on which this thesis has conducted a study have such a well-knit doctrinal system or logical sequence among them as briefly introduced above.

The Āgamas are really 'well spoken and of good meaning'(善義善說).

The Mahāyāna Buddhism is founded on this doctrinal system of Āgamas. For a proper understanding of it, we had better study from its basic theories.

반야심경에 나타난 연기론적 교설에 대하여

병고 고익진

Ⅰ. 서언序言

Ⅱ. 불교의 '무無'에 대한 논리적 근거

Ⅲ. 대승불교의 논리적 딜레마

Ⅳ. 반야심경의 연기론적 교설

Ⅴ. 결어結語

※ 범어 반야심경 및 한글역

Ⅰ. 서언序言

'중생즉불衆生卽佛'이라는 도전적인 명제는 대승불교의 핵심을 가장 단적으로 나타내고 있는 말이다. 무지無知 번뇌에 쌓인 중생衆生과 지덕원만智德圓滿한 불타佛陀와의 사이에 추호의 차이도 없다는 것이다. 다시 말하면 양자兩者는 절대적으로 동일하다는 말이다.

그러나 문제는, 양자를 참으로 그렇게 동일하다고 볼 수 있겠느냐 하는 데에 있다. 만일 참으로 그렇게 동일하다면, 도대체 깨달음이나 수행과 같은 것들은 무슨 의의가 있단 말인가? '중생즉불'임을 자각치 못한 것이 중생이요, 자각한 것이 불타라는 설명은 타당한 답변이 될 수가 없다. 왜냐하면 '중생즉불'이라는 명제는 그런 미자각未自覺의 중생 그것이 곧 불타와 동일하다는 단안斷案이기 때문이다.

'중생즉불衆生卽佛'은 일종의 가능태可能態라는 견해, 다시 말하면 중생도 성불할 수 있는 가능성의 시사에 불과하다는 견해는 이런 문제성에서 필연적으로 제기되어 온다. 그러나 이 해석은 결코 온당한 소견이라고는 못할 것이다. 왜냐하면 '중생즉불'이라는 명제는 대승불교의 불이법문不二法門의 입장에서 단안한 것이므로 성불의 가능성을 시사한 것으로는 해석할 수 없기 때문이다.

뿐만 아니라 가능태로 보려는 견해는 중생과 불타와의 사이에 어떤 차별을 인정하고 있는 것이므로 불이법문에서 볼 때 도저히 용납될 수 없는 사려분별思慮分別임에 틀림없다.

그러나 우리가 주의하지 않으면 안 될 점은 왜 그런 절대적 동일성을 주장하고 있는 명제에 대해, 그것을 가능태로 보고자 하는 논의가 제기되느냐 하는 것이다. 이것을 그저 천박한 사려 분별이라고만 배척하기에 앞서 우리는 그 근본동기에 대해 각자 심사숙고해 보아야 할 것이다.

반야경류般若經類는 일반적으로 제법불가득諸法不可得 일체개공一切皆空의 사상을 전개한 대승불교의 실상론實相論(本體論)으로 판석되고 있다. 반야심경般若心經은 반야 육백부六百部의 핵심적 제요提要로 생각되는데, 거기에는 놀랄 정도로 정연한 논리적 체계로써 상술한 바와 같은 문제에 명확한 해답을 주고 있음을 본다. '중생즉불衆生卽佛'이 대승불교의 실상론에 관한 것이라면 그에 대한 상기 의문은 일체개공一切皆空의 궁극적 본체에 의거한 연기론緣起論에 관한 문제라고 볼 수 있겠는데, 반야심경에는 그런 연기론적緣起論的 교설敎說이 실상론의 다음에 명확히 제시되어 있는 것이다.

그렇건만 종래 심경心經의 이런 연기론적 교설은 전혀 주의를 받지 못했을 뿐만 아니라, 그런 부분까지도 선행하는 실상론에 의해 이해되어, 완전히 은폐되어 버린 감이 없지 않다. 본 논論은 그렇게 간과, 은폐되었던 심경의 연기론적 교설을 다시금 천명하려는 데에 목적이 있다.

Ⅱ. 불교적 '무無'에 대한 논리적 근거

불교의 교리적 체계의 밑바탕을 이루고 있는 것은 제법무아諸法無我인데, 이 제법무아는 다시 인연소생因緣所生의 법이라는 데에 그 논리적 근거를 두고 있다.

인연소생이라는 것은 제법諸法(존재)의 변화를 '인연소생'으로 본다는 말로서, 가령 물이 얼음으로 되었(變化했)을 때, 그 얼음이라는 결과(phala)를 영도零度 이하의 냉기冷氣와 물과의 인因(hetu) 연緣(pratyaya)에 의해 생한 것(所生)이라고 본다는 말이다. '생生한 것'이라는 말은 물이 얼음으로 변화했다는 뜻이 아니라, 물은 멸滅했고 얼음은 생生했다는 뜻임을 명심해야 한다. 다시 말하면 '변화'가 아니라 '생멸'이라는 뜻으로서, 찰나생刹那生 찰나멸刹那滅이라는 말이 나오는 근거가 여기에 있다.

이렇게 제법을 인연소생으로 볼 경우, 필연적으로 그 제법은 자성自性(svabhāva)의 존재를 부정받기에 이른다. 이 부정의 과정에 두 가지 단계가 있으니, 제1단계는 제법을 인연가합因緣假合에 의한 찰나적 존재로 보고, 거기 상일주재常一主宰하는 자아의 존재를 인정할 수 없다는 것이다. 이것이 이른바 '석공관析空觀[1]'이라는 것이다. 그러나 이 견해는 철저한 자성의 부정에 이르지는 못했다. 왜냐하면 아무리 인연가합에 의한 찰

1) 天台, p.224

나적 존재라 할지라도, 그 찰나적 존재의 체성體性은 인정하고 있기 때문이다. 제법의 이런 체성體性마저 부정한 것이 이른바 '체공관體空觀[2]'이라는 것으로, 인연소생因緣所生에 의한 자성 부정의 제2단계는 바로 이것이다(因緣所生의 諸法이 그 자성을 부정 받게 됨은 막연히 그렇게 되는 것이 아니라, 논리적 필연의 소치인 것이다. 그러나 이 논리적 과정에 대한 논술은 너무나 복잡하므로 고稿를 달리해서 밝히기로 한다).

제법의 자성自性이 일단 부정되면(體空觀의 입장에서) 이와 함께 지금까지의 관견觀見이 또한 일전一轉하게 된다. 즉, 자성이 부정된 제법은 이제 일종의 상相(lakṣaṇa), 다시 말하면 현상으로 보게 되는 것이며, 따라서 이런 현상의 담지체擔持體로서의 담연청정湛然淸淨한 본질적 실체가 전제되는 것이다. 이런 본질적 실체를 법성法性, (dharmatā)이라 한다. 동시에 인연因緣에 의해 생멸生滅했다고 보던 것도 이젠 현상적 변화에 불과하다는, 다시 말하면 불생불멸不生不滅했다는 견해로 수정받게 된다.

상相과 법성法性과는 참으로 미묘한 관계 속에 있다. 양자兩者는 마치 수형水形과 수성水性이 서로 떨어져 존재할 수 없는 것처럼 별립別立할 수 없으면서도 '법성法性에는 상相은 없다'라는 개념이 성립하기 때문이다. 불교에서 말하는 '무無'는 바로 이런 관계 속의 '없다'를 가리키고 있다. 그것은 단순한 부정의 무無가 아니라, 본질적 실체를 드러내기 위한 '현진적顯

---

2) 天台, p.227

眞的 무無'인 것이다.

소승불교의 중생衆生과 불佛, 생사生死와 열반涅槃, 번뇌煩惱와 보리菩提 등은 이상과 같은 실상론實相論에 의해 시설, 분별되어 있다. 즉, 담연청정湛然淸淨한 법성法性에 환멸還滅한 자가 불佛이며, 그 상태가 열반涅槃이며, 그 알음이 보리菩提인 것이다. 그 법성을 미迷하여 생사에 유전하고 있는 것이 중생인 것이다. 이 생사유전의 형성과정을 '연기緣起(pratītya samutpāda)'라는 술어로 설하고 있는데, 십이연기가 이의 대표적 교설이다.

연기라는 술어의 제1차적인 뜻은, 이와 같이 본래 청정한 법성法性을 미迷하여 그 법성 아닌 것, 다시 말하면 무명無明(avidyā)에 의지할 경우 어떤 법들이 계기繼起하여 생사 유전生死流轉을 형성하게 되는가를 나타내는 말이었다. 연기를 설명하는

"차유고피유 차무고피무 차생고피생 차멸고피멸"
此有故彼有 此無故彼無 此生故彼生 此滅故彼滅

의 구句는 무명으로부터 생사에 이르는 십이연기 각지各支 간의 상의상관성相依相關性을 나타내고 있다고 봄이 가장 온당할 것이다.

그렇건만 어느 새 그 연기라는 술어는 인연소생因緣所生이라는 말과 동의어로 사용되고 있었다. 이런 혼용은 용수龍樹의 『중론中論』3)에서도 찾아 볼 수 있는 바로서, 이미 하나의 용

3)『中論』의 歸敬偈. 또는 이른바 中論偈 등에서

법으로 확립되었음을 알 수 있다. 연기라는 술어에 주어진 이와 같은 두 가지 의미는 그 술어의 명확한 개념 파악과 사용에 있어 적지 않은 불분명함을 주고 있다. 따라서 현대 학자들은 연기의 이런 두 가지 면을 식별하기 위해 인연소생의 뜻으로는 '일체법인연생一切法因緣生의 연기緣起'라 부르고, 유정의 생존방식을 문제로 할 경우는 특히 그것을 '유정수有情數 연기緣起'라고 부르고 있다[4]. 본 논論에서 말하는 연기는 일체법인연생一切法因緣生의 뜻으로서가 아니라 제1차적인 뜻, 다시 말하면 유정수 연기有情數緣起라는 것을 말해 둔다.

Ⅲ. 대승불교의 논리적 딜레마

대승불교의 실상론實相論은 다시 어떤 이론을 필요로 하지 않는다. 이미 확립된, 상술한 바와 같은 불교적 '무無'의 이론을 그대로 고차원적으로 적용만 하면 그만인 것이다. 방대한 양의 대승경전속에 일체개공一切皆空에 대한 체계적인 설명이 없고, 기껏해야 인연소생因緣所生의 법이기 때문이라는 정도로 그치고 있음은 이 때문이다.

이제 유위有爲·무위無爲의 제법諸法을 한번 되돌아 보자. 불佛이니 열반涅槃이니 하는 법들은 도대체 무엇으로부터 유래한 것인가를. 그것들은 마치 물이 얼음으로 변화했듯이 중생이나 생사로부터 유래한 것이 아닌가! 그렇다면 그들도 제2절

4) 佛敎序 p.71

에서 밝힌 바와 같이 인연소생因緣所生의 법이라고 해야 한다. 인연소생의 법은 자성自性의 존재가 부정되게끔 되어 있다. 따라서 그들 제법의 자성도 부정되지 않을 수 없는 것이다. 다시 말하면 공(śūnya)하지 않을 수 없는 것이다.

이와 같이 대승불교의 실상론實相論은 '한번 되돌아만 봄'으로써 충분하다. 반야심경의 벽두에 돌연 "조견오온개공照見五蘊皆空(śūnya)[5]"이라고 나옴은 조금도 이상할 것이 없다. 여기 오온은 유위有爲·무위無爲 제법諸法을 대표하고 있다. 오온은 본래 유위법有爲法이지만, 유위·무위가 동등해진 이런 경우에는 그 양법을 대표할 수 있는 것이다

제법諸法의 자성自性이 공空하다는 말은 제2절에서 밝힌 바와 같이, 그 제법을 상相(현상)으로 보게 된다는 말이지, 이 제법을 상으로서 담지擔持하고 있는 본질적인 실체가 없다는 말은 아니다. 반야경은 제법의 자성自性이 공空(śūnya)한 이 본질적 실체를 공空(śūnyatā)[6]이라고 부르고 있다. 반야심경의 "色不異空(śūnyatā), 空不異色 色卽是空 空卽是色"은 이 본질적 실체의 존재성을 오온 등 제법의 당체當體에 '즉卽'해서 확인하고 있는 것이다.

그 다음의 "是諸法空相 不生不滅 不垢不淨 不增不減"은 이제 더 설명할 필요도 없이 상술한 바로서 자명할 것이다. 그 제법

---

5) 형용사 śūnya(空한)와 추상명사 śūnyatā(空性)를 모두 '공'으로 한역하고 있기 때문에 식별이 안 되고 있다. 본 논에서는 식별할 필요가 있을 경우 괄호 속에 원어를 넣겠다.

6) śūnyatā를 空性[즉 공한 것]으로 옮겼으면 더 명석한 뜻이 되었을 것이다.

이 공(śūnyatā)의 상相이라는 것[7]은 말할 것도 없는 일이며, 따라서 생멸生滅 구정垢淨 증감增減했을 리 없는 것이다.[8] 만일 어떤 일이 있었다면 그것은 단순한 현상적 변형에 불과했었을 것이므로.

반야심경의 실상론을 논결論結하고 있는 문장은 "是故 空中無色…"으로 시작하고 있다. 색色 등 제법은 이제 공空(śūnyatā)

---

7) 是諸法空相에 대한 원문은 sarva-dharmāḥ śūnyatā-lakṣaṇāh 이다. -lakṣaṇāh(dharmāḥ와 같이 복수주격)는 형용사적 변화를 했으므로, 그 복합어는 有財釋을 해야 할 것이다.
범어사전(Mcdonell의)은 그런 有財釋으로(一. a characterized by ; taking the form of ; …etc)의 뜻을 제시하고 있다.
英譯心經(W. Budh. p.114)의 "all dharmas are marked with emptiness"는 분명히 이 뜻에 의한 것이다. 현대 日譯 또한 같은 뜻을 나타내고 있다(解梵 p.242 ; 中村心經 p.9) 그러나 불교에서 lakṣaṇa라는 단어는 '相'의 전용어임은 말할 것도 없으며, 또 상기와 같은 有財釋으로서는 뜻이 불분명할 뿐만 아니라 반야심경의 이해를 불가능케 한다.
따라서 有財釋에 앞서(a. indicating, expressing indirectly)라는 용법도 사전에 나와 있으므로, 이를 취하여 "空[實體]을 간접적으로(현상적으로) 나타내고 있다." 다시 말하면 "空性의 相이다"라고 보고 싶다. 한역의 "是諸法空相"은 분명히 이 뜻을 취한 것이다.
그런데 이 한역문에 대해 "是諸法의 空한 相은"(申韶天講述, 반야심경강의 p.70)이라고 새김은 분명히 잘못이다.
또는 "是諸法空相 則眞空實相也 … 此眞空實相者 卽自性 卽眞如離言說…"(周心經 p.54 ; 新井心經)이라고 註釋함이 있는데, 이것은 지나친 견해로서, 經旨를 여실히 보는 태도가 아니며 心經의 정연한 논술의 순서를 혼란시키고 있다.

8) 漢譯에서는 時相이 불분명하여 그에 대한 새김은 전부 現在時로 되어 있다. 그러나 原典에는 분명히 現在完了時(과거분사 및 부정접두사에 의해)로 되어 있다. 논리상 마땅히 완료시라야 한다.

의 현상에 불과하므로, 공에 그것이 없다는 개념은 제2절에서 밝힌 법성法性과 상相과의 관계에서 쉽게 이해할 수 있을 것이다. 반야심경의 실상론이 이와 같이 공空에는 색色 등이 없다는 말로써 논결되고 있음은, 오직 이럼으로써 그 실상론이 진여 법성眞如法性의 현발顯發에로 귀결되기 때문이다.

대승불교의 실상론은 필연적으로 무한부정의 논리에로 진전하게 된다. 중생衆生과 불佛, 생사生死와 열반涅槃, 번뇌煩惱와 보리菩提 등과 같이 분별되었던 두 개의 법이 대치되어 어떤 경지가 얻어졌다면 이 경지는 다시 이 이전의 경지와 분별된다고 보아야 할 것이다. 따라서 이 경지도 마땅히 부정되어야 하며, 부정해서 어떤 경지가 얻어졌다면, 그것도 다시 부정되어야만 하는 것이다. 반야심경의 실상론을 종결하고 있는 "무득 이무소득고無得 以無所得故"[9]는 정녕 이런 무한부정의 이유를 시사하고 있다.

무한부정의 개념을 '공空(śūnya)'이라는 말로 나타내고 있음은 주의할 만하다. '무無'라는 단어가 다분히 정적靜的인데, '공空'은 동적動的인 느낌을 주고 있지 않은가? 일체개공一切皆空의 지혜를 '반야般若(prajñā)'라고 한 것도, 그 합성어의 접두사 'pra-'에는 진행적인(progressive) 뜻이 있다는 것을 생각할 때 수긍이 갈 것이다.

9) "以無所得故"(aprāptitvena, 또는 aprātitvāt)를 上文에 붙여 읽을지, 下文에 붙여 읽을지 의견이 분분하다. 이 문제는 梵本持頌者들도 그랬던 모양으로, 현존 범본에서도 역시 일정치 않다(中村心經 p.30). 그러나 그 위의 "無得" 및 무한부정에 대한 논리적 이유가 반드시 필요하므로 上文에 붙여 읽어야 한다고 생각한다.

서언에서 언급했던 '중생즉불衆生卽佛'이라는 명제는 대승불교의 이런 무한부정적無限否定的 불이법문不二法門에서 비로소 가능해진다. 분별 대립해 있던 중생衆生과 불佛, 생사生死와 열반涅槃과 같은 두 개의 법들은 본질적으로 평등하여 추호의 차이도 찾아 볼 수 없는 것이다. 그러나 '중생즉불'도 또한 마땅히 버려야 할 분별임이 알아진다. 실로 언망려절言忘慮絶 심행처멸心行處滅의 경계로서, 대승불교 궁극의 목적은 이런 경계의 증득에 있는 것처럼 생각되고 있다.

그러나 대승불교의 이런 무한부정적 실상론은 중대한 문제에 봉착하지 않을 수 없다. 일체 사려 분별이 끊어져 제법諸法이 아무리 평등하다 해도, 그런 불이평등不二平等의 법을 깨달은 자와 그렇지 못한 자와의 사이엔 반드시 현격한 차이가 있을 것이며, 이것은 교리적으로 반드시 수립되어야만 할 것이다.[10] 그러나 이것은 비록 차원을 달리한 것이긴 하지만, 어떻든 깨달은 자와 그렇지 못한 자와의 사이에 차별을 설정하려는 것이기 때문에, 대승불교의 그 무한부정적 실상론에서는 도저히 용납될 수 없는 성질의 것이다. 그럼에도 불구하고 교리적으로 그것이 수립되어야만 한다는 것은, 확실히 대승불교가 봉착한 일대 논리적 딜레마라 하지 않을 수 없다.

---

10) 이 문제는 教家뿐만 아니라 심지어는 禪家에서도 문제되고 있음을 볼 수 있다. 예를 들면 修心訣에, "此清淨空寂之心 是三世諸佛勝淨明心 亦是衆生 本源覺性 悟此而守之者 坐一如而 不動解脫 迷之而背之者 往六趣而長劫輪廻"(呑虛述, 普照法語 46張).

Ⅳ. 반야심경의 연기론적 교설

반야심경은 대승불교의 이런 논리적 딜레마를 정연한 논리적 체계와 정교한 술어 사용에 의해 무난히 해결하고 있다.

이 문제에 관한 한, 반야심경은 크게 두 부분으로 가를 수가 있다. 즉, 벽두의 "觀自在菩薩…"로부터 "…無得 以無所得故" 까지(第1科段)와, 그 다음의 "菩提薩埵…"로부터 "…究竟涅槃" 까지(第2科段)로. 제1과단第一科段은 이미 제2절에서 논술한 바와 같이 일체개공一切皆空의 사상을 전개한 무한부정적 실상론이다. 본 논論에서 특히 문제로 삼고자 한 것은 그 다음의 제2과단第二科段으로서, 여기엔 제1과단의 실상론에서 필연적으로 제기되는 두 가지 문제가 명확히 답변되어 있는 것이다.

첫째는 제1과단의 무한부정은 끝끝내 부정으로만 시종하는 것인지, 또는 어떤 궁극적 진여 법성眞如法性에 도달하는 것인지에 대한 것이요, 둘째는 만일 어떤 궁극적 진여 법성에 도달함이 있다면 거기에 도달한 자와 그렇지 못한 자와의 사이엔 어떤 차별이 생기는가에 대한 것이다.

제2과단의 이러한 교설은 종래 전혀 주의되지 않았을 뿐만 아니라, 일체개공一切皆空의 사상에 의해 굳이 이해되어 왔던 것이다. 따라서 제2과단을 고찰함에 있어서는, 오랫동안 그런 입장에서 주석되어온 한역본보다는 좀 더 문법적으로 명석한 현존 범본에 의함이 나을 것이다. 제2과단에 해당한 범문은 다음과 같다.

bodhisattvasya prajñāpāramitām āśritya viharaty acittāvaraṇaḥ cittāvaraṇāstitvād atrasto viparyāsātikrānto niṣṭhānirvāṇaḥ

[보살에겐[11] 반야바라밀다를 의지하여 주하느니, 생각(心)의 가림이 없다.[12] 생각의 가림이 없기 때문에 놀람이 없고, 전도顚倒함을 넘었고, 구경열반究竟涅槃을 했다.]

1. 궁극적 실체로서의 반야바라밀다

上文에서 첫째 문제, 즉 대승불교의 무한부정적 실상론은 끝끝내 부정으로만 시종하는 것인지. 또는 어떤 궁극적 진여 법성에 도달하는 것인지에 대한 답변을 해 주고 있는 부분은 "보살菩薩에겐 반야바라밀다般若波羅蜜多를 의지하여 주住하느니, 생각의 가림이 없다"라는 문장이다.

반야바라밀다(prajñāpāramitā)의 문법적 분석에 대한 학자

11) 범본 Bodhisattvasya prajñāpāramitām에 대해 英譯, 日譯할 것 없이 현대역은 거의 다 "菩薩의 般若波羅蜜多를"이라고, 즉 소유의 의미로 옮기고 있다. 현존 범본 가운데 어떤 것은[廣本心經] 그곳이 복수소유격으로 된 것이 아니라, "-에게"라는 與格的인 의미도 있으며, 이 용법은 속어에 있어서는 거의 결정적인 것이라 할 수 있다. 더구나 그 문장에 有無를 나타내는 술어가 있을 경우는 거의 예외 없이 이 뜻으로 쓰이고 있다. 따라서 acittāvaraṇaḥ(생각의 가림이 없다)라는 末句와 관련시켜 "菩薩에겐 … 생각의 가림이 없다"라고 보는 것이다. 한역도 그것을 소유의 의미로는 취하지 않았다.

12) 제 Ⅳ항 2 참조

들의 견해는 분분하지만 크게 두 가지로 가를 수가 있다. 그 하나는 pāramitā를 원시경전에 자주 쓰이고 있는 pārami(또는 pāramī)에 여성추상명사를 만드는 2차적 접미사 tā가 첨가됐다고 보는 견해이다.13)

pārami(또는 pāramī)는 parama(最勝한)에서 나온 2차적 파생어(男性 pārama, 女性 pāramī)로서 통달通達, 완성完成, 구경究竟의 뜻으로 사용되고 있다. 따라서 전체적 합성어 prajñāpāramitā를 '반야의 완성(perfection of wisdom)'으로 보는 것이다. 이 견해는 퍽 유력한 설이기는 하나, 왜 tā를 첨가하게 됐는지에 대한 설명이 명확하지 않다. 구태여 tā를 첨가하지 않더라도, 다시 말하면 prajñāpārami만으로도 충분히 '반야의 완성'이란 뜻이 이루어지기 때문이다.

다른 하나는 pāramitā를 pāra彼岸에서 나왔다고 보는 견해로서, 그것을 '도피안到彼岸'이라고 번역함은 모두 여기에 속한다고 할 수 있다. 세부적인 분석에 들어가서는 두 가지 의견으로 갈라지는데, 첫째는 pāramitā를 pāra(m)+i(t)에 2차적 접미사 tā(여성추상명사)가 결합된 것으로14) 보는 생각이다. 그러나 이 분석에 있어서, 합성어적 형용사로 쓰인 원형동사 -i(t)(가다)의 시상時相은 반드시 완료시完了時라고만은 할 수가 없다. 따라서 교리상 완료시로 보고자 하는 학자들은 pāramitā를 pāra(m)+ita(過去分詞)+tā에서 -ita의 ta가 축약법(contraction)에 의해 탈락했다는 의견을15) 제출하고,

---

13) BHS Dic. p.341 : 中村心經, p.15
14) Haribhadra의 Abhisamayālaṃkārālokā(荻原本, p.23)

전체적 의미를 '피안에 도달한 상태'라고 말하고 있다. 그러나 ta 탈락의 축약법은 확립된 문법규칙이 아니므로, 그 의견에 얼른 찬동할 수가 없다. 한편 pāramitā를 pāra(m)+ita(過去分詞)의 여성형[16]이라는 설이 있는데, 이것은 분명히 이런 난점에서 나온 생각이다.

이상 소개한 여러 가지 학설에서 우리는 무엇을 느낄 수 있는가? 문법적인 분석이야 어떻든 간에, 그들의 공통점은 prajñāpāramitā의 종합적인 의미를 '반야의 궁극적인 무엇'으로 보고 있다는 점이다. 나는 더욱 prajñāpāramitā의 접미사 tā에 주의할 필요를 느낀다. 앞서 언급한 바와 같이 prajñā pāramitā를 'perfection of wisdom'으로 볼 경우, 구태여 tā를 첨가할 필요가 없는데, 그것이 첨가된 데는 반드시 특별한 이유가 있음에 틀림없기 때문이다. tā는 성질(quality), 상태(state) 등을 나타내는 여성추상명사를 만드는 2차적 접미사로서, 불교 술어에 있어서도 본질적인 실체를 표시하기 위해 사용되고 있다. 법성法性(dharmatā), 진여眞如(tathātā), 공空(śūnyatā) 등은 그 일례이다. 따라서 prajñāpāramitā의 tā도 특히 그런 본질적인 실체를 표시하기 위해 첨가된 것이라고 보면 어떨까? 이렇게 볼 경우 반야바라밀다般若波羅蜜多는 '반야의 궁극적인 실체'를 가리키게 된다.

첫째 문제를 답하고 있는 상기 문장에서 다음에 주의할 점은 거기 사용된 'viharati(住한다)'라는 단어이다. 부처님이 유행

---

15) 善般若, 序論 p.XI (특히 그 註 5)
16) 解梵, p.240 : 中村心經, p.15

遊行 교화敎化의 도중, 일시 어느 곳에 안주하실 경우, 이 안주하심을 나타내는 단어는 언제나 'viharati'인 것이다.

대승불교의 무한부정적 실상론 아래서는 어떤 '궁극적窮極的인 실체實體'나 또는 '안주安住'와 같은 개념들은 도저히 있을 수 없는 것이었다. 그럼에도 불구하고 그런 무한부정적 제1과단第科段)에 이어 이와 같이 prajñāpāramitā나 viharati와 같은 개념들이 불쑥 나타난 것을 우리는 도대체 어떻게 생각해야 할 것인가?

반야바라밀다를 '반야의 궁극적인 실체'로서가 아니라, '피안彼岸에 도달到達한 상태狀態'에의 '행行(carya)'으로 보려는 이가 있다.17) 다시 말하면 육바라밀六波羅蜜의 하나로서 이렇게 볼 경우는 물론 위와 같은 의문은 제기되지 않을 것이다. 그리고 이렇게 볼 경우는 제1과단 말미末尾의 '이무소득고以無所得故''를 제2과단에 붙여 읽게 되는 것이며, '심무가애心無罣'도 '마음에 걸림이 없다'라고 새기게 된다. 왜 그러냐하면 반야바라밀다행般若波羅蜜多行의 원리로서 '이무소득고以無所得故'가 필요한 것이며, 진여 법성(眞如法性)으로서 그런 '심心'이 필요해지기 때문이다.

그러나 적어도 심경心經에서만은 반야바라밀다般若波羅蜜多를 '행行'으로는 볼 수가 없다. 그 이유로, 우선 심경心經 초두初頭의 '觀自在菩薩 行深般若波羅蜜多'(Āryāvalokiteśvarabodhisattvo gambhīrāyāṁ prajñāpāramitāyāṁ caryāṁ caramāṇaḥ)라는 문

---

17) 善般若, 序論 p.X(pāramitā as Bodhisattva－cāryā); 佛辭, p.363)

文을 인증引證하고 싶다. 한역에서는 불분명하지만 범문에는 반야바라밀다의 끝에 분명히 āyām(-에)이라는 여성 단수單數 처소격處所格 어미語尾가 붙어 있다. 이것은 그 어미가 붙어 있는 명사를 행의 목적지로 보라는 말, 바꿔 말하면 그 명사를 '행行'으로는 볼 수 없음을 명시하고 있는 것이다.[18] 더구나 반야바라밀다의 분석적 고찰은 반야般若의 완성完成, 다시 말하면 결과結果를 가리키는 것임을 앞서 보았다. 바라밀다波羅蜜多를 행으로 보려는 이도 이 점에 있어서는 의견을 같이 하고 있다.[19] 그렇다면 결과結果를 가리키는 술어를 가지고 그에 이르는 인행因行을 나타내는 술어로 본다는 것은 견강부회牽強附會라 하지 않을 수 없는 것이다.

따라서 제1과단第一科段의 무한부정적 논술 뒤에 반야바라밀다와 같은 궁극적窮極的 실체實體가 제시되고 거기에 의주依住한다는 교설이 나온 것은, 그것을 경계로 하여 그 이전과는 완전히 차원을 달리한 입장이라고 보지 않을 수 없다. 그리고 그런 입장에 서서, 상술한 첫째 문제, 다시 말하면 대승불교의 무한부정無限否定은 끝내 부정否定으로만 시종하는 것인

---

18) 따라서 이 梵文은 "觀自在菩薩이 般若波羅蜜多에 行하실 때"에라고 옮겨야 한다. 그렇건만 현대 학자들은 모두 般若波羅蜜多는 行을 가리킨다는 전제 하에서 "… was moving in the deep course of the wisdom"(W. Budh. p.114), "般若波羅蜜多에 있어서 行을 修하실 때"(解梵, p.241 ; 中村心經 p.23) 등으로 번역하고 있으며 또한 한역문에 대한 새김도 "般若波羅蜜多를 行하실 때"라고 하고 있다.(新井心經 ; 洪心經 등등)

19) 善般若, 序論 p.XI

지, 아니면 어떤 궁극적窮極的 실체實體에 도달하는 것인지에 대해 반야바라밀다라는 것에 도달함이 있다고 분명히 답하고 있다고 보지 않을 수 없다.

논리적으로도 그런 궁극적 실체는 반드시 도달되어야만 한다. 왜냐하면 그 무한부정의 논리論理는 시공적으로 원융무애圓融無礙한 진여법성眞如法性의 현발顯發을 전제한 것이었기 때문이다.[20]

그러면서도 반야심경은 형식논리학적形式論理學的 모순을 범하고 있지 않음을 끝으로 말해 두고 싶다. 심경에 사용된 jñāna(智)와 prajñā(般若)는 본질적으로 같은 대상을 지시하고 있다. jñāna는 vijñāna(分別智, 識)의 vi-(分別)를 제거한 어형으로서 무분별지無分別智를 나타내고 있으며, prajñā는 제3절에서 언급한 바와 같이 일체개공지一切皆空智의 진행적인(pra-) 속성을 나타내고 있다. 심경心經은 동의이형同義異形의 이 두 가지 술어 가운데 jñāna를 제1과단에 사용하여 vijñāna와 함께 대치시킴으로써 거기의 무한부정적 논리를 끝까지 성립시킨 것이며, 그러면서도 prajñā를 제2과단에 사용함으로써 지극히 청정한 일체개공지一切皆空智를 그 부정으로부터 살려내고 있는 것이다. 그런데도 jñāna와 prajñā는 어형語形이 상이相異하므로 논리적 모순은 조금도 범하지 않았다.

---

20) 본 논문 제 Ⅱ, Ⅲ 항 참조

2. 유심적唯心的 사지연기四支緣起

둘째 문제, 즉 만일 그런 궁극적窮極的 실체實體가 있다면 그것에 이른 자와 그렇지 못한 자와의 사이엔 어떤 차별이 생하는가에 대해 답해 주고 있는 문장은 '(생각의 가림이 없다) 생각의 가림이 없기 때문에 놀람이 없고, 전도顚倒함을 넘었고, 구경열반究竟涅槃을 했다'라는 부분이다.

모든 한역본은 범문梵文의 acittāvaraṇaḥ를 심무가애心無罣礙로 옮기고 있다. 이 '심무가애'를 흔히 '마음에 걸림이 없다'라고 새기고 있는데[21], 이 새김은 재검토할 필요가 있다고 본다. 범문梵文의 'a(無)－citta(생각)－āvaraṇaḥ(包蓋)'는 '생각을(목적격, 包蓋할 대상이 됨) 가림이 없다.' 또는 '생각의(소유격, 包蓋動作의 주체임) 가림이 없다'의 두 가지 해석이 가능하다. '심무가애心無罣礙'를 '마음에 걸림이 없다'로 새기는 것은 상기上記 두 가지 해석 중에 전자에 상통한 것으로서, 이렇게 새길 경우 그 마음(心)은 문맥상 진여법성眞如法性을 뜻하게 된다.

그러나 citta(心, 생각)라는 단어가 특히 반야경전에서 진여법성(眞如法性)의 의미로 사용되고 있을까? 그런 예는 찾아볼 수 없고, 오히려 bodhi(菩提)의 반대어로 사용된 명확한 예는 얼마든지 있다. 그 일례를 들면,

te punar vikalpya cittaṁ bodhiṁ cābhiniviśya

---

21) 解梵, p.244 ; 中村心經, p.11 ; 洪心經, p.12 ; 新井心經 등등

dvayato bodhāya cittam utpādayanti na hi Suvikrāntavikrāminn anyaṁ cittam anyā bodhir, na ca citte bodhir, nāpi bodhau cittaṁ, yā ca bodhir yāc ca cittaṁ, sā yathābhūtatā, yathāvattā[22)]

[그들은 다시 생각(心)과 깨달음(菩提)을 분별 집착하여, 그 분별 때문에 깨달음을 향해 생각을 일으킨다. 진실로, 선용맹善勇猛이여, 생각과 깨달음은 각각 다른 것도 아니요, 또한 생각 속에 깨달음이 있거나 깨달음 속에 생각이 있는 것도 아니다. 깨달음이자 곧 생각인 그것이 여실한 것이요, 여여如如한 것이니라.]

그리고 반야경 성립 이전부터 전승되고 있다는 '심心·의意·식識' 삼자동일三者同一의 설에 있어서 '심心'은 분명히 분별망심分別妄心인 것이다.

citta가 이와 같이 망심妄心을 뜻하고 있다면 범문梵文의 a-citta-āvaraṇaḥ는 '생각을 가림이 없다'로는 해석할 수 없다.

citta가 이미 망심妄心이니, 그것을 다시 무엇이 가린다는 말인가? 따라서 a-citta-āvaraṇaḥ는 상기 두 가지 해석 가운데 후자로, 다시 말하면 'citta(생각)가 (무엇을) 가림이 없다.'는 뜻으로 해석해야 한다. 이 해석은 citta가 포개包蓋할 바의 그 '무엇', 즉 대상물이 그 문장 속에 명시되어 있을 경우,

---

22) 善般若, p.19

더욱 타당한 해석이 될 수 있다. 그런데 앞서 그 문장 속의 반야바라밀다가 반야의 궁극적 실체를 가리키고 있다는 것을 밝힌 바 있다.

따라서 나는 a-citta-avaraṇaḥ를 '생각이 반야바라밀다(般若波羅蜜多)를 가림이 없다'는 뜻으로 보고 싶다. 여기서 한 가지 더 부언하고 싶은 것은, '마음에 걸림이 없다'로 새기는 것만이 '심무가애(心無罣礙)'에 대한 유일적절한 새김이라고 주장할 수 없다는 것이다. '마음은(主格) 가애罣礙함이 없다'라고 새길 수도 있지 않은가? 이렇게 새길 때 그것은 범문의 '생각의 가림이 없다'와 똑같은 내용이 된다.

이상과 같이 acittāvaraṇaḥ를 볼 경우, 그 전체 문장은 연기緣起의 형식과 놀랄 정도로 상통해진다. 즉, 그 문장 그대로는 연기의 환멸문還滅門(逆觀)과 똑같으며, 그것을 긍정문으로 바꾸면, "생각의 가림이 있기 때문에, 놀람이 있고, 전도顚倒함이 있고, 생사生死가 있다."라고 되어, 연기의 유전문流轉門(順觀)과 똑같은 형식이 된다.

이때의 '생각(心)'은 십이연기의 무명無明에 해당한다고 볼 수 있겠으며,

'일체유심조 一切唯心造',

'삼계허망 시일심소작 三界虛妄 是一心所作',

'삼계유일심 심외무별법 삼계유심
三界唯一心 心外無別法 三界唯心',

또는 '심불급중생 시삼무차별 心佛及衆生 是三無差別'[23] 등의 그 '심(心)'과 일맥상통한 바가 있다고 생각된다.

따라서 나는 반야심경의 이 교설을 일종의 유심적唯心的 연기설緣起說로 보고, 그 연기지緣起支로서 생각(citta), 놀람(trasta), 전도顚倒(viparyāsa), 생사生死의 사법四法이 있는 까닭에 사지연기四支緣起라고 부르고 싶은 것이다.[이 四支 상호간의 因果關係에 대한 고찰이 응당 있어야 할 것이지만, 이에 앞서 五蘊에 대한 고찰이 행해져야 한다고 생각되므로 이것은 다음 기회로 미루기로 한다]. 이 연기설緣起說은 상기 둘째 문제에 대한 자연스러운 답변이 될 것이다.

심경心經에서 이 연기설이 적극적으로 입언立言되지 않고, 소극적으로 제시된 이유는 무엇일까? 그것은 말할 것도 없이 제1과단의 그 무한부정적 실상론과 마찰을 피하려는 의도에서인 것이다.

V. 결어結語

이상 논한 바와 같이 반야심경에는 대승불교의 무한부정적無限否定的 실상론實相論뿐만 아니라, 그에 이어 연기론적 교설이 또한 명확히 제시되어 무한부정적 실상론에 따르기 마련인 여러 가지 문제에 명쾌한 해답을 주고 있다.

---

23) 佛辭, p.443. 華嚴宗에서는 그 '一心'을 如來藏 自性淸淨心으로 보고 있는데, 法相宗에서는 그것을 阿賴耶識으로 보고 있다. 따라서 화엄종의 所說만이 '一心'에 대한 결정적인 견해라고는 못할 것이다.

반야심경의 연기론적 교설의 내용은, 생각(citta : 心, 分別心)이 반야의 궁극적 실체(prajñāpāramitā : 般若波羅蜜多, 眞如法性)를 가릴(āvaraṇa : 包蓋) 때, 이로 말미암아 놀람(trasta : 공포), 전도顚倒(viparyāsa), 생사生死 등이 연기하게 된다 함이다. 이것을 나는 반야심경의 유심적唯心的 사지연기四支緣起라고 부르고 싶다. 그러나 종래 이 교설은 전혀 주의되지 않았을 뿐만 아니라, 선행하는 실상론에 의해 굳이 이해되고 있었다.

하나의 원리가 확립되면 무한한 응용이 이에 따르기 마련이다. 불교사 2,500년은 이런 응용의 역사라고 해도 좋을 것이다. 반야경전들 속에는 반야바라밀다도 없다는 교설이 숱하게 나온다. 또한 천태天台의 화법사교化法四敎에 의하면 본체론本體論과 연기론緣起論이 판연判然한 교설을 별교別敎라 하여, '본체즉현상本體卽現象'인 원교圓敎의 경지境地엔 이르지 못했다고도 한다.24) '중생즉불衆生卽佛' 또한 같은 취의趣意의 주장이다.

그러나 이런 교설 또는 주장들은 도대체 어떤 입장에서 설하고 있는 것인가를 주의하지 않으면 안 된다. 그렇지 않을 것 같으면 걷잡을 수 없는 논리적 혼란은 물론, 막행막식莫行莫食의 위험한 궤변詭辯에 빠지게 된다. 우리는 항상 근본적인 원리에 돌아가, 그것을 합리적으로 생각해보는 노력을 멈춰서는 안 된다. 이런 합리적 고찰은 결코 불의佛意에 어긋난 일이 아

---

24) 天台 pp. 229~231

니며, 버려야만 할 사려 분별이 아니다.

* 본 '반야심경에 나타난 연기론적 교설에 대하여'에 사용된 언어는 산스크리트어(梵語)입니다.

※「반야심경의 연기론적 교설」 참고문헌 (괄호 안은 略稱임)

榊亮三郎, 解說 梵語學(解梵)

中村元・紀野一義 譯註, 般若心經・金剛般若經(中村心經)

周止菴 編述, 般若婆羅密多心經 詮注(周心經)

新井石禪, 般若心經 講話(新井心經)

洪妙法藏, 般若心經 講義(洪心經)

干潟龍祥 校訂, 梵文 善勇猛般若婆羅密多經(善般若)

山口益 外 三人, 佛教學 序說(佛教序)

山田龍城, 大乘佛教成立論 序說(大乘序)

多屋賴俊 外 二人編, 佛教學辭典(佛辭)

趙明基, 高麗大覺國師와 天台思想(天台)

Franklin Edgerton, Buddhist Hybrid Sanskrit Dictionary (BHS Dic.)

Christmas Humphreys Ed. The Wisdom of Buddhism (W. Budh.)

prajñāpāramitā-hṛdaya-sūtra(반야심경)

번역 : 병고 고익진

1) namaḥ sarvajñāya
모든 것을 아는 부처님께 절하옵니다.

2) ① āryāvalokiteśvarabodhisattvo gambhīrāyāṁ prajñāpāramitāyāṁ caryāṁ caramāṇo vyavalokayati sma,
거룩한 관자재보살이 한없이 깊은 반야바라밀다 (알아냄이 건너편에 이르는 것)에 행하실 때, 살펴보시니

② pañca skandhāḥ tāṁś ca svabhāvaśūnyāṇ paśyati sma
다섯 가지 근간(온)이 있는데 그들은 자기 성품이 모두 비었음을 보셨느니라.

3) ① iha śāriputra rūpaṁ śūnyatā, śūnyataiva rūpaṁ
여기에서 사리불아 색은 빈 것(공)이요 빈 것은 또한 색이니,

② rūpān na pṛthak śūnyatā śūnyatāyā na pṛthag rūpaṁ
색을 떠나 빈 것이 없고 빈 것을 떠나 색이 없어,

③ yad rūpaṁ sā śūnyatā, yā śūnyatā tad rūpaṁ
색이 바로 빈 것이요 빈 것이 바로 색이다.

④ evam eva vedanā−saṁjñā−saṁskāra−vijñānāni
느낌과 생각과 결합(작용)과 식별 또한 이와 같다.

4) ① iha śāriputra sarva dharmāḥ śūnyatā−lakṣaṇā
여기에서 사리불아 모든 법은 빈 것을 나타내나니

② anutpannā aniruddhā amalāvimala nonā na paripūrṇāḥ
생하거나 멸한 일이 없었고, 더럽거나 깨끗한 일이 없었고, 모자라거나 가득 찬 일이 없었다.

5) ① tasmāc chariputra śūnyatāyāṁ na rūpaṁ na vedanā na saṁjñā na saṁskarāḥ na vijñānam
그러므로 사리불아 빈 것에는 색이 없고 느낌·생각·결합(작용)·식별이 없다.

② na cakṣuḥ−śrotra−ghrāṇa−jihvā−kāya−manāṁsi
눈·귀·코·혀·몸·의지가 없고

③ na rūpa−śabda−gandha−rasa−spraṣṭavya−dharmāḥ
색·소리·냄새·맛·촉감·법이 없다.

④ na cakṣur-dhātur yāvan
na mano-vijñāna-dhātuḥ
눈의 계층이 없고 이어 의지식별의 계층에
이르기까지 없다.

⑤ na vidyā na avidyā na vidyā-kṣayo
밝힘과 밝힘 아닌 것이 없고 밝힘의 멸진과
na avidyā-kṣayo
밝힘 아닌 것의 멸진이 없으며,

⑥ yāvan na jarā-maraṇaṁ
이어 늙고 죽음에 이르기까지 없고
na jarā-maraṇa-kṣayo
늙고 죽음의 멸진에 이르기까지 없다.

⑦ na duḥkha-samudaya-nirodha-mārgā
괴로움 · 집기 · 멸함 · 길이 없다.

⑧ na jñānaṁ na prāptir na aprāptiḥ
알음이 없고 얻음과 얻음 아닌 것도 없다.

6) ① tasmād aprāptitvād bodhisattvasya
따라서 얻음이 없는 까닭에 보살에게는
prajñāpāramitām āśritya viharaty
반야바라밀다에 의지하여 머무나니
acittāvaraṇaḥ
마음에 가림이 없다.

② cittāvaraṇa nāstitvād atrasto
마음에 가림이 없으므로 두려움이 없고

viparyās ātikrānto niṣṭhanirvāṇaḥ
뒤바뀐 생각을 넘었고 열반을 다하였다.

③ tryadhva vyavasthitāḥ sarvabuddhāḥ
삼세의 모든 부처는
prajñāpāramitām āśritya
반야바라밀다에 의지하여
anuttarāṁ samyaksambodhiṁ
다시없는 바르고 원만한 깨달음을
abhisambuddhāḥ
이루셨다.

7) ① tasmāj jñātavyaṁ
그러므로 마땅히 알라.

② prajñāpāramitā–mahāmantro
mahāvidyāmantro
반야바라밀다의 큰 진언, 큰 밝힘의 진언,
anuttara–mantro'samasama mantraḥ
다시없는 진언, 동등함이 없는 진언은
sarvaduḥkha praśamanaḥ
satyam amithyatvāt
모든 괴로움을 없애주는, 진실로

③ prjñāpāramitāyām ukto mantraḥ
반야바라밀다에서 설한 진언이니

8) tad yathā
그것은 다음과 같다.

9) gate gate pāragate pārasaṁgate bodhi svāhā
가테가테 파라가테 파라상가테 보디스바하
(가니가니 건너가니 건너편에 닿으니 깨달음이 있네 스바하.)

10) iti prajñāpāramitā-hṛdaya-sūtraṁ samāptam
이렇게 반야바라밀다심경은 완성되었다.

– 편집자 주 –

* 범본 반야심경 한글 역은 '반야심경의 연기론적 교설'을 이해하는데 도움이 되기를 바라는 마음으로 수록하였습니다.
* 한글 해설은 고익진 교수님께서 번역하신 일승보살회 독송용 한글 반야심경입니다.

원시불교의 외도론
原始佛教 外道論

Ⅰ. 정통바라문正統婆羅門의 사상

Ⅱ. 신흥사문新興沙門의 사상

Ⅲ. 불교의 외도비판外道批判

※ 참고문헌

Ⅰ. 정통바라문正統婆羅門의 사상

Tha Upaniṣads(동방성서 중에서)
F. Max Miller, oxford, 1879.
*Chandogya Upaniṣad에서

1. Śāṇḍilya의 사상

Ⓐ Ⅲ. Prapāthaka 14th khaṇḍa

1. All this is Brahman(n.) Let a man meditate on that(visible world) as beginning, ending, and breathing[1) in it(the Brahman).
 Now man is a creature of will. According to what his will is in this world, so will he be when he has departed this life. Let him therefore have this will and belief:
2. The intelligent, whose body is spirit, whose form is light, whose thoughts are true, whose nature is like

1) Jalān is explained by ja, born, la, absorbed, and an, breathing. It is an artificial term, but fully recognised by the Vedānta school, and always explained in this manner.

ether (omnipresent and invisible), from whom all works, all desires, all sweet odours and tastes proceed ; he who embraces all this, who never speaks, and is never surprised.

3. He is my self within the heart, smaller than a corn of rice, smaller than a corn of barley, smaller than a mustard seed, smaller than a canary seed or the kernel of a canary seed. He also is my self within the heart, greater than the earth, greater than the sky, greater than heaven, greater than all these worlds.
4. He from whom all works, all desires, all sweet odours and tastes proceed, who embraces all this, who never speaks and who is never surprised, he, my self within the heart, is that Brahman(n.) When I shall have departed from hence, I shall obtain him (that Self). He who has this faith[2]; has no doubt thus said Śāṇḍilya,[3] yea, thus he said.

〈Max. Up. I , p.48〉

---

2) Or he who has faith and no doubt, will obtain this.

3) This chapter is frequently quoted as the Śāṇḍilya-vidyā Vedāntasāra, init ; Vedānta-sūtra Ⅲ, 3, 31.

2. Uddālaka Āruṇi의 사상

Ⓑ Ⅵ. Prapāthaka 1st khaṇḍa

1. Hariḥ, Om. There lived once Śvetaketu Āruṇeya(the grandson of Aruṇa). To him his father(Uddālaka, the son of Aruṇa) said ; 'Śvetaketu, go to school; for there is none belonging to our race, darling, who, not having studied (the Veda), is, as it were, a Brāhmaṇa by birth only'.

〈Max. Up. Ⅰ, p.92〉

2nd khaṇḍa

1. 'In the beginning', my dear, 'there was that only which is(Îòöυ), one only, without a second. Others say, in the beginning there was that only which is not(Îò µ ή̧ öυ), one only, without a second and from that which is not, that which is was born.
2. 'But how could it be thus, my dear?' the father continued. 'How could that which is, be born of that which is not? No, my dear, only that which is, was in the beginning, one only, without a second.
3. 'It thought,[4] may I be many, may I grow forth. It

4) Literally, it saw. This verb is explained as showing that

sent forth fire.[5)]

'That fire[6)] thought, may I be many, may I grow forth. It sent forth water.[7)]

'And therefore whenever anybody anywhere is hot and perspires, water is produced on him from fire alone.

4. 'Water thought, may I be many, may I grow forth. It sent forth earth[8)] (food).

'Therefore whenever it rains anywhere, most food is then produced. From water alone is eatable food produced. 〈Max. Up. I, pp. 93~94〉

---

the Sat is conscious, not unconscious(bewusst, nicht unbewusst).

5) In other Upaniṣads the Sat produces first ākāśa, ether, then vāyu, air, and then only tejas, fire. Fire is a better rendering for tejas than light or heat. See Jacobi, Zeitschrift der Deutschen Morgenl. Gesellschaft, XXIX, p.242. The difficulties, however, of accurately translating tejas are not removed by rendering it by fire, as may be seen immediately afterward in VI, 4, 1, where tejas is said to supply the red colour of agni, the burunig fire, not the god of fire. See also VI, 8, 6. In later philosophical treatises the meaning of tejas is more carefully determined than in the Upaniṣads.

6) Really the Sat, in the form of fire. Fire is whatever burns, cooks, shines, and is red.

7) By water is meant all that is fluid, and bright in colour.

8) By anna, food, is here meant the earth, and all that is heavy, firm, dark in colour.

3nd khaṇḍa

1. 'Of all living things there are indeed three origins only,[9] that which springs from an egg(oviparous), that which springs from a living being(viviparous), and that which springs from a germ.
2. 'That Being[10](i.e. that which had produced fire, water, and earth) thought, let me now enter thoes three beings10) (fire, water, earth) with this living Self(jīva ātmā)[11] and let me then reveal (develop) names and forms.
3. 'Then that Being having said, Let me make each of these three tripartite (so that fire, water, and earth should each have itself for its principal ingredient, besides an admixture of the other two) entered into

---

9) In the Ait. Up. four are mentioned, aṇḍaja, here āṇḍaja, jāruja(i.e. jarāyuja), here jīvaja, svedaja, and udbhijja, svedaja, born from heat, being additional. Cf. Atharva-veda Ⅰ, 12, 1.

10) The text has devatā, deity ; here used in a very general sense. The Sat. though it has produced fire, water, and earth, has not yet obtained its wish of becoming many.

11) This living self is only a shadow, as it were, of the Highest Self ; and as the sun, reflected in the water, does not suffer from the movement of the water, the real Self does not suffer pleasure or pain on earth, but the living self only.

those three beings(devatā) with this living self only, and revealed names and forms.

4. 'He made each of these tripartite ; and how these three beings become each of them tripartite, that learn from now, my friend!

〈Max. Up. I , pp. 94~95〉

8th khaṇḍa

1. Uddālaka Āruṇi said to his son Śvetaketu : Learn from me the true nature of sleep(svapna). When a man sleeps here, then, my dear son, he becomes united with the True,[12)] he is gone to his own(Self). Therefore they say, svapiti, he sleeps, because he is gone(apīta) to his own(sva).[13)]

---

12) The deep sushupta sleep is meant, in which personal consciousness is lost, and the self for a time absorbed in the Highest Self. Sleep is produced by fatigue. Speech, mind, and the senses rest, breath only remains awake, and the jīva, the living soul, in order to recover from his fatigue, returns for a while to his true Self(ātmā). The Sat must be taken as a substance, nay, as the highest substance or subject, the Brahman. The whole purpose of the Upaniṣad is obscured if we translate sat or satyam by truth, instead of the True, the true one.

13) This is one of the many recognised plays on words in the Upaniṣads and the Vedānta philosophy. Svapiti, he

3. 'Learn from me, my son, what are hunger and thirst. When a man is thus said to be hungry, water is carrying away (digests) what has been eaten by him. Therefore as they speak of a cow−leader (go−nāya), a horse−leader(aśva− nāya), a man−leader(purusha−nāya), so they call water (which digests food and causes hunger) food−leader (aśa−naya). Thus (by food digested &c.), my son, know this offshoot(the body) to be brought forth, for this(body) could not be without a root(cause).
4. 'And where could its root be except in food(earth)?[14] And in the same manner, my son,

---

sleeps, stands for sva(his own), i.e. the self, and apīta, gone to.

14) That food is the roof of the body is shown by the commentator in the following way: Food when softened by water and digested becomes a fluid, blood(śonita). From it comes flesh, from flesh fat, from fat bones, from bones marrow, from marrow seed. Food eaten by a woman becomes equally blood(lohita), and from seed and blood combined the new body is produced. We must always have before us the genealogical table:−

Sat
|
Tejas(fire)=Vāc(speech).
|
Ap(water)=Prāṇa(breath).
|
Anna(earth)=Manas(mind).

as food(earth) too is an offshoot, seek after its root, viz. water. And as water too is an offshoot, seek after its root, viz. fire. And as fire too is an offshoot, seek after its root, viz. the True. Yes, all these creatures, my son, have their root in the True, they dwell in the True, they rest in the True.

6. … 'And how these three beings(devatā), fire, water, earth, O son, when they reach man, become each of them tripartite, has been said before(Ⅵ, 4, 7). When a man departs from hence, his speech[15] is merged in his mind, his mind in his breath, his

15) If a man dies, the first thing which his friends say is, He speaks no more. Then, he understands no more. Then he moves no more. Then, he is cold.

* 7항의 문장은 9th ; 10th ; 11th~15th(16th) khaṇḍa의 결문結文으로 계속 반복되고 있다.
* What that subtle essence is – 'That art Thou!' A state-of-having-that-as-its-nature is this universe; that is the Real, that is the Soul(ātman), 'THAT ART THOU', śvetaketu.
〈The outline of Indian philosophy by Franklin Edgerton p.175〉
This is a very noteworthy passage; it contains the celebrated 'That art thou!'(tattvam asi), which later Vedānta philosophers(notably Śaṅkara) regard as a sort of quintessence of their monistic doctrine. 〈ibi. p.170〉
* Sa ya esa 'nimaitad ātmyam idaṁ sarvaṁ. tat sat yaṁ, sa ātmā, tat tvaṁ asi śvetake to ______ .

breath in heat(fire), heat in the Highest Being.

7. 'Now that which is that subtile essence(the root of all), in it all that exists has its self. It is the True. It is the Self, and thou, O Śvetaketu, art it.'

〈I, pp.98~101〉

VII. Prapāthaka 24th khaṇḍa

1. 'Where one sees nothing else, hears nothing else, understands nothing else, that is the Infinite. Where one sees something else, hears something else, understands something else, that is the finite. The Infinite is immortal, the finite is mortal.'
'Sir, in what does the Infinite rest?'
'In its own greatness—or not even in greatness.'[16)]

2. 'In the world they call cows and horses, elephants and gold, slaves, wives, fields and houses greatness. I do not mean this', thus he spoke; 'for in that case one being (the possessor) rests in

---

16) This phrase reminds one of the last verse in the No sad āsīd hymn, where, likewise, the expression of the highest certainly is followed by a misgiving that after all it may be otherwise. The commentator takes yadi vā in the sense of, If you ask in the highest sense, then I say no; for the Infinite cannot rest in anything, not even in greatness.

something else, (but the Infinite cannot rest in something different from itself.)

〈I, p.123〉

Ⅷ. Prapāthaka 25th khaṇḍa

5. Then he should say : 'By the old age of the body, that (the ether, or Brahman within it) does not age ; by the death of the body, that (the ether, or Brahman within it) is not killed. That (the Brahman) is the true Brahma-city (not the body).[17] In it all desires are contained. It is the Self, free from sin, free from old age, from death and grief, from hunger and thirst, which desires nothing but what it ought to desire, and imagines nothing but what it ought to imagine. Now as here on earth people follow as they are commanded, and depend on the object which they are attached to, be it a country or a piece of land,
6. 'And as here on earth, whatever has been acquired by exertion, perishes, so perishes whatever is acquired for the next world by sacrifices and other good actions performed on earth. Those who depart

17) I translate this somewhat differently from the commentator, though the argument remains the same.

from hence without having discovered the Self and those true desires, for them there is no freedom in all the worlds. But those who depart from hence, after having discovered the Self and those true desires,[18] for them there is freedom in all the worlds.

〈Ⅰ, pp.126~127〉

Ⅷ. Prapāthaka 12 khaṇḍa

1. 'Maghavat, this body is mortal and always held by death. It is abode of that Self which is immortal and without body.[19] When in the body (by thinking this body is I and I am this body) the Self is held by pleasure and pain. So long as he is in the body, he cannot get free from pleasure and pain. But when he is free of the body (when he knows himself different from the body), then neither pleasure nor

---

18) True desires are those which we ought to desire, and the fulfilment of which depends on ourselves, supposing that we have acquired the knowledge which enables us to fulfil them.

19) According to some, the body is the result of the Self, the elements of the body, fire, water, and earth springing from the Self, and the Self afterwards entering them.

pain touches him.[20)]

5. … 'The Devas who are in the world of Brahman meditate on that Self (as taught by Prajāpati to Indra, and by Indra to the Devas). Therefore all worlds belong to them, and all desires. He who knows that Self and understands it, obtains all worlds and all desires'. Thus said Prajāpati, yea, thus said Prajāpati.

〈I, pp.140~142〉

Bṛhadāranyaka-Upaniṣad에서

(c) I. Adhyāya 4th Brāhmaṇa

1. In the beginning this was Self alone, in the shape of a person(purusha). He looking round saw nothing but his Self. He first said, 'This is I' ; therefore he became I by name. Therefore even now, if a man is asked, he first says. 'This is I', and then pronounces the other name which he may have. And because before (pūrva) all this, he (the Self) burnt down (ush) all evils, therefore he was a person (purusha). Verily he who knows this, burns down

20) Ordinary, worldly pleasure. Comm.

every one who tries to be before him.

〈Max. Up. Ⅱ, p.85〉

15. … Now if a man departs this life without having seen his true future life (in the Self), then that Self, not being known, does not receive and bless him, as if the Veda had not been read, or as if a good work had not been done. Nay, even if one who does not know that (Self), should perform here on earth some great holy work, it will perish for him in the end. Let a man worship the Self only as his true state. If a man worships the Self only as his true state, his work does not perish, for whatever he desires that he gets from that Self.

〈Ⅱ, p.90〉

Ⅱ. Adhyāya 4th Brāhmaṇa

5. And he said ; 'Verily, a husband is not dear, that you may love the husband ; but that you may love the Self, therefore a husband is dear.
'Verily, a wife is not dear, that you may love the wife ; but that you may love the Self, therefore a wife is dear.
'Verily, sons are not dear, that you may love the sons ; but that you may love the Self, therefore

sons are dear.

'Verily, wealth is not dear, that you may love wealth ; but that you may love the Self, therefore wealth is dear.[21)]

'Verily the Brahman–class is not dear, that you may love the Brahman–class ; but that you may love the Self, therefore the Brahman–class is dear.

'Verily, the Kṣatra–class is not dear, that you may love the Kṣatra–class ; but that you may love the Self, therefore the Kṣatra–class are dear.

'Verily, the worlds are not dear, that you may love the worlds ; but that you may love the Self, therefore the worlds are dear.

'Verily, the Devas are not dear, that you may love the Devas ; but that you may love the self, therefore the Devas are dear.[22)]

'Verily, creatures are not dear, that you may love the creatures ; but that you may love the Self, therefore are creatures dear.

'Verily, everything is not dear, that you may love everything ; but that you may love the Self, therefore everything is dear.

---

21) B. adds, Verily, cattle are not dear, &c.

22) B. inserts, Verily, the Vedas are not dear, &c.

'Verily, the Self is to be seen, to be heard, to be perceived, to be marked, O Maitreyī ! When we see, hear, perceive, and know the Self,[23] then all this is known.

13. … 'For when there is as it were duality, then one sees the other, one smells the other, one hears the other,[24] one salutes the other,[25] one perceives the other,[26] one knows the other ; but when the Self only is all this, how should he smell another,[27] how should he see[28] another,[29] how should he hear[30] another, how should he salute[31] another, how should he perceive another,[32] how should he know another ? How should he know Him by whom he knows all this? How, O beloved. should he know (himself), the Knower?'[33] 〈Ⅱ, pp.109~113〉

---

23) When the Self has been seen, heard, perceived, and known. B.
24) B. inserts, one tastes the other.
25) B. inserts, one hears the other.
26) B. inserts, one touches the other.
27) See, B.
28) Smell, B.
29) B. inserts taste.
30) Salute, B.
31) Hear, B.
32) B. inserts, how should he touch another?
33) Instead of the last line, B. adds(Ⅳ, 5, 15): 'That Self is to be described by No, no! He is incomprehensible,

Ⅲ. Adhyāya 2nd Brāhmaṇa

13. 'Yājñavalkya', he said, 'when the speech of this dead person enters into the fire, breath into the air, the eye into the sun, the mind into the moon, the hearing into space, into the earth the body, into the ether the self, into the shrubs the hairs of the body, into the trees the hairs of the head, when the blood and the seed are deposited in the water, where is then that person?'

Yājñavalkya said : 'Take my hand, my friend. We two alone shall know of this ; let this question of ours not be (discussed) in public.' Then these two went out and argued, and what they said was karman (work), what they praised was karman[34], viz. that a man becomes good by good work, and

---

for he cannot be comprehended ; he is imperishable, for he cannot perish: he is unattached, for he does not attach himself: unfettered, he does not suffer, he does not fail. How, O beloved, should he know the Knower? Thus, O maitreyī, thou hast been instructed. Thus far goes immortality' Having said so, Yājñavalkya went away(into the forest) 15. See also Khānd. Up. Ⅶ 24, Ⅰ.

34) What is intended is that the saṁsāra continues by means of karman, while karman by itself never leads to moksha.

bad by bad work. After that Jāratkārava Artabhāga held his peace.

〈Ⅱ, pp.126~127〉

4th Brāhmaṇa

2. … Yājñavalkya replied : 'Thou couldst not see the (true) seer of sight, thou couldst not hear the (true) hearer of hearing, nor perceive the perceiver of perception, nor know the knower of knowledge. This is thy Self, who is within all. Everything also is of evil.' After that Uṣasta Cākrāyaṇa held his peace.

〈Ⅱ, p.129〉

8th Brāhmaṇa

4. Yājñavalkya said : 'That of which they say that it is above the heavens, beneath the earth, embracing heaven and earth, past, present, and future, that is woven, like warp and woof, in the ether(ākāśa).'
7. … Gārgī said : In what then is the ether woven, like warp and woof?'
8. He said : 'O Gārgī, the Brāhmaṇas call this the Akṣara(the imperishable). It is neither coarse nor fine, neither short nor long, neither red(like fire)

nor fluid(like water) ; it is without shadow, without darkness, without air, without ether, without attachment,[35] without taste, without smell, without eyes, without ears, without speech, without mind, without light(vigour), without breath, without a mouth(or door), without measure, having no within and no without, it devours nothing, and no one devours it.'

10. 'Whosoever, O Gārgī, without knowing that Akṣara(the imperishable), offers oblations in this world, sacrifices, and performs penance for a thousand years, his work will have an end. Whosoever O Gārgī, without knowing this Akṣara, departs this world, he is miserable (like a slave)[36]. But he, O Gārgī, who departs this world, knowing this Akṣara, he is a Brāhmaṇa.'

〈II, pp.137~138〉

IV. Adhyāya 2nd Brāhmaṇa

4. … 'All the quarters are all the prānas. And he(the Ātman in that state) can only be described by

---

35) Not adhering to anything, like lac or gum.

36) He sotres up the effects from work, like a miser his riches, Roer. 'He is helpless'. Gough.

No[37], no! He is incomprehensible, for he cannot be comprehended ; he is undecaying, for he cannot decay ; he is not attached, for he does not attach himself : he is unbound, he does not suffer, he does not perish. O Janaka, you have indeed reached fearlessness', – thus said Yājñavalkya.

〈Ⅱ, p.160〉

3rd Brāhmaṇa

7. Janaka Vaideha said : who is that Self?'

Yājñavalkya replied : 'He who is within the heart, surrounded by the Prānas[38](senses), the person of light, consisting of knowledge. He, remaining the same, wanders along the two worlds[39], as if[40] thinking, as if moving. During sleep (in dream) he transcends this world and all the forms of death (all that falls under the sway of death, all that is perishable).

---

37) See Bṛh. Up Ⅱ, 3, 6: Ⅳ, 9, 26.

38) Sāmīpyalakshaṅā saptamī. Dvivedagaṅga. See Bṛh. Up. Ⅳ4. 22.

39) In this world, while awake or dreaming: in the other world, while in deep sleep.

40) The world thinks that he thinks, but in reality he does not, he only witnesses the acts of buddhi, or thought.

8. 'On being born that person, assuming his body, becomes united with all evils ; when he departs and dies, he leaves all evils behind.
9. 'And there are two states for that person, the one here in this world, the other in the other world, and as a third[41] an intermediate state, the state of sleep. When in that intermediate state, he sees both those states together, the one here in this world, and the other in the other world. Now whatever his admission to the other world may be, having gained that admission, he sees both the evils and the blessings[42].
15. Yājñavalkya said : 'That(person) having enjoyed himself in that state of bliss(samprasāda, deep sleep), having moved about and seen both good and

---

41) There are really two sthānas or states only: the place where they meet, like the place where two villages meet, belongs to both, but it may be distinguished as a third. Dvivedagaṅga(p.1141) uses a curious argument in support of the existence of another world. In early childhood, he says, our dreams consist of the impressions of a former world, later on they are filled with the impressions of our senses, and in old age they contain visions of a world to come.
42) By works, by knowledge, and by remembrance of former things: see Bṛh. Up. Ⅳ, 4, 2.

evil, hastens back again as he came, to the place from which he started (the place of sleep), to dream.[43] And whatever he may have seen there, he is not followed (affected) by it, for that person is not attached to anything'.

Janaka Vaideha said : 'So it is indeed, Yājñavalkya. I give you, Sir, a thousand. Speak on for the sake of emancipation'.

16. Yājñavalkya said : 'That(person) having enjoyed himself in that sleep(dream), having moved about and seen both good and evil, hastens back again as he came, to the place from which he started, to be awake. And whatever he may have seen there, he is not followed(affected) by it, for that person is not attached to anything'.

Janaka Vaideha said : 'So it is indeed, Yājñavalkya. I give you, Sir, a thousand. Speak on for the sake of emancipation'.

---

43) The Mādhyandinas speak only of his return from svapnānta to buddhānta, from sleep to waking, instead of his going from samprasāda (deep sleep) to svapnā (dream), from svapnā to buddhānta, and from buddhānta again to svapnānta, as the Kāṅvas have it. In §18 the Kāṅvas also mention svapnānta and buddhānta only, but the next paragraph refers to sushupti.

17. Yājñavalkya said : 'That(person) having enjoyed himself in that state of waking, having moved about and seen both good and evil, hastens back again as he came, to the place from which he started, to the state of sleeping(dream).

20. 'There are in his body the veins called Hitā, which are as small as a hair divided a thousandfold, full of white, blue, yellow, green, and red. Now when, as it were, they kill him, when, as it were, they overcome him, when, as it were, an elephant chases him, when, as it were, he falls into a well, he fancies, through ignorance, that danger which he (commonly) sees in waking. But when he fancies that he is, as it were, a god, or that he is, as it were, a king,[44] or "I am this altogether," that is his

---

44) Here, again, the commentator seems to be right, but his interpretation does violence to the context. The dangers which a man sees in his sleep are represented as mere imaginations, so is his idea of being a god or a king, while the idea that he is all this(aham, evedaṁ sarvaḥ, i.e. idaṁ sarvam, see Śaṅkara, p.873, I. 11) is represented as the highest real state. But it is impossible to begin a new sentence with aham evedaṁ sarvam, and though it is true that all the preceding fancies are qualified by iva, I prefer to take deva and rājan as steps leading to the sarvātmatva.

highest world.[45)]

21. 'This indeed is his (true) form, free from desires, free from evil, free from fear.[46)] Now as a man, when embraced by a beloved wife, knows nothing that is without, nothing that is within, thus this person, when embraced by the intelligent(prājña) Self, knows nothing that is without, nothing that is within. This indeed is his (ture) form, in which his wishes are fulfilled, in which the Self(only) is his wish, in which no wish is left, – free from any sorrow.[47)]

32. 'An ocean[48)] is that one seer, without any

---

45) The Mādhyandinas repeat here the sentence from yatra supto to pasyati, from the end of §19.

46) The Kāṇva text reads aticchandā apahatapāpmā. Śaṅkara explains aticchandā by aticchandam, and excuses it as svādhyāyadharmah pāthah. The Mādhyandinas read aticchando, but place the whole sentence where the Kāṅvas put āptakāmam & c., at the end of §21.

47) The Kāṇvas read śokāntaram, the Mādhyandinas aśokāntaram, but the commentators arrive at the same result, namely, that it means śokasūnyaṁ, free from grief. Śaṅkara says śokāntaram śokacchidraṁ śokaśūnyam ityetac, Chokamadhyaman iti vā sarvathāpy aśokam. Dvivedagaṅga says: na vidyate śoko' ntaremadhye yasya tad aśokāntaraṁ (ra,Weber) śokāsūnyam.

48) Salila is explained as salilavat, like the ocean, the seer

duality ; this is the Brahma-world,[49] O King'. Thus did Yājñavalkya teach him. This is his highest goal, this is his highest success, this is his highest world, this is his highest bliss. All other creatures live on a small portion of that bliss.

36. 'And when (the body) grows weak through old age, or becomes weak through illness, or becomes weak through illness, at that time that person, after separating himself from his members, as an Amra(mango), or Udumbara(fig), or Pippala-fruit is separated from the stalk, hastens back again as he came, to the place from which he started, to (new) life. 〈II, pp.161~173〉

4th Brāhmaṇa

1. Yājñavalkya continued : 'Now when that Self, having sunk into weakness[50], sinks, as it were, into

---

being one like the occan, which is one only. Dr. Deussen takes salila as a locative, and translates it 'In dem Gewoge,' referring to Śvetā-śvatara-upaniṣad VI, 15.

49) Or this seer is the Brahma-world, dwells in Brahman, or is Brahman.

50) In the Kaush, Up. III. 3. we read yatraitat purusha ārto marishyan abālyam etya sammohati. Here abālyam should certainly be abālyam, as in the commentary: but should it not be abālyam, as here. See also Bṛh. Up.

unconsciousness, then gather those senses(prāṇas) around him, and he, taking with him those elements of light, descends into the heart. When that person in the eye[51] turns away, then he ceases to know any forms.

2. … And when he thus departs, life(the chief prāṇa) departs after him, and when life thus departs, all the other vital spirits(prāṇas) depart after it.
3. 'And as a caterpillar, after having reached the end of a blade of grass, and after having made another approach (to another blade),[52] draws itself together towards it, thus does this Self, after having thrown off this body[53] and dispelled all ignorance, and after making another approach (to another body), draw himself together towards it.
5. 'That Self is indeed Brahman, consisting of knowledge, mind, life, sight, hearing, earth, water,

---

Ⅲ. 5, 1, note.

51) Kākshusha purusha is explained as that portion of the sun which is in the eye, while it is active, but which, at the time of death, returns to the sun.

52) See Bṛh. Up. Ⅳ, 3, 9. a passage which shows how difficult it would be always to translate the same Sanskrit words by the same words in English : see also Brahmopanishad, p.245.

53) See Bṛh. Up. Ⅳ, 3, 9. and Ⅳ, 3, 13.

wind, ether, light and no light, desire and no desire, anger and no anger, right or wrong, and all things. Now as a man is like this or like that,[54] according as he acts and according as he behaves, so will he be : —a man of good acts will become good, a man of bad acts, bad. He becomes pure by pure deeds, bad by bad deeds.

6. … 'So much for the man who desires. But as to the man who does not desire, who, not desiring, freed from desires, is satisfied in his desires, or desires the Self only, his vital spirits do not depart elsewhere, — being Brahman, he goes to Brahman.

8. … 'The small, old path stretching far away[55] has been found by me. On it sages who know Brahman move on to the Svarga—loka(heaven), and thence higher on, as entirely free.[56]

---

54) The iti after adomaya is not clear to me, but it is quite clear that a new sentence begins with tadyadetat, which Regnaud, II p.101 and p.139, has not observed.

55) Instead of vitataḥ, which perhaps seemed to be in contradiction with aṅu, there is a Mādhyandina reading vitara, probably intended originally to mean leading across. The other adjective māṁ spṛshṭa I cannot explain. Śaṅkara explains it by māṁ spṛshṭaḥ, mayā labdhaḥ.

56) That this is the true meaning, is indicated by the

14. 'While we are here, we may know this ; if not, I am ignorant, and there is great destruction. Those who know it, become immortal, but others suffer pain indeed.
19. 'By the mind alone it is to be perceived[57], there is in it no diversity. He who perceives therein any diversity, goes from death to death.
21. 'Let a wise Brāhmaṇa, after he has discovered him, practise wisdom.[58] Let him not seek after many words, for that is mere weariness of the tongue.
22. 'And he is that great unborn Self, who consists of knowledge, is surrounded by the prāṇas, the ether within the heart.[59] In it there reposes the ruler of all, the lord of all, the king of all. He does not become greater by good works, nor smaller by evil works. He is the lord of all, the king of all things, the protector of all things, He is a bank[60] and a

---

various readings of the Mādhyandinas, tena dhīrā apiyanti brahmavida utkramya svargaṁ lokam ito vimuktāh. The road is not to lead to Svarga only, but beyond.

57) See kaṭha Up. Ⅳ, 10~11.

58) Let him practise abstinence, patience, &c., which are the means of knowledge.

59) See Bṛh. Up. Ⅳ, 3, 7.

boundary, so that these worlds may not be confounded. Brāhmaṇas seek to know him by the study of the Veda, by sacrifice, by gifts, by penance, by fasting, and he who knows him, becomes a Muni. Wishing for that world (for Brahman) only, mendicants leave their homes. 'Knowing this, the people of old did not wish for offspring. What shall we do with offspring, they said, we who have this Self and this world (of Brahman)?[61] And they, having risen above the desire for sons, wealth, and new worlds, wander about as mendicants. For desire for sons is desire for wealth, and desire for wealth is desire for worlds. Both these are indeed desires only. He, the Self, is to be described by No, no![62] He is incomprehensible, for he cannot be comprehended ; he is imperishable, for he cannot perish ; he is unattached, for he does not attach himself ; unfettered, he does not suffer, he does not fail. Him (who knows), these two do not overcome, whether he says that for some reason he has done

60) See Khānd. Up. Ⅷ 4.
61) Cf. Bṛh. Up. Ⅲ, 5, 1.
62) See Bṛh. Up. Ⅲ, 9, 26; Ⅳ, 2, 4.

evil, or for some reason he has done good – he overcomes both, and neither what he has done, nor what he has omitted to do, burns(affects) him.

25. This great, unborn Self, undecaying, undying, immortal, fearless, is indeed Brahman. Fearless is Brahman, and he who knows this becomes verily the fearless Brahman.

〈II, p.187〉

IV. Adhyāya 2nd Brāhmaṇa

8. The king said : 'Do not be offended with us, neither you nor your forefathers, because this knowledge has before now never dwelt with any Brāhmaṇa. But I shall tell it to you, for who could refuse you when you speak thus?

9. 'The altar(fire), O Gautama, is that world(heaven) ; the fuel is the sun itself, the smoke his rays, the light the day, the coals the quarters, the sparks the intermediate quarters. On that altar the Devas offer the śraddhā libation (consisting of water). From that oblation rises Soma, the king(the moon).

15. 'Those who thus know this(even Gṛ hasthas), and

those who in the forest worship faith and the True[63](Brahman Hiranyagarbha), go to light(arcis), from light to day, from day to the increasing half, from the increasing half to the six months when the sun goes to the north, from those six months to the world of the Devas(Devaloka), from the world of the Devas to the sun, from the sun to the place of lightning. When they have thus reached the place of lightning a spirit[64] comes near them, and leads them to the worlds of the (conditioned) Brahman. In these worlds of Brahman they dwell exalted for ages. There is no returning for them.

16. 'But they who conquer the worlds(future states) by means of sacrifice, charity, and austerity, go to smoke, from smoke to night, from night to the decreasing half of the moon, from the decreasing half of the moon to the six months when the sun goes to the south, from these months to the world of the fathers, from the world of the fathers to the

63) Śaṅkara translates 'those who with faith worship the True', and this seems better.

64) 'A person living in the Brahma-world, sent forth, i.e. created, by Brahman, by the mind.' Śaṅkara. 'Der ist nicht wie ein Mensch,' Deussen. p.392

moon. Having reached the moon, they become food, and then the Devas feed on them there, as sacrificers feed on Soma, as it increases and decreases.[65] But when this(the result of their good works on earth) ceases, they return again to that ether, from ether to the air, from the air to rain, from rain to the earth. And when they have reached the earth, they become food, they are offered again in the altar-fire, which is man(see §Ⅱ), and thence are born in the fire of woman. Thus they rise up towards the worlds, and go the same round as before.

'Those, however, who know neither of these two paths, become worms, birds, and creeping things.'

〈Ⅱ, pp.208~209〉

65) See note 4 on Chānd. Up. V, 10. and Deussen, Vedānta, p.393. Śaṅkara guard against taking āpyāyasvāpakshīyasva as a Mantra. A similar construction is jāyasvmṛyasva, see Chānd. Up. V, 10, 8.

Ⅱ. 신흥사문新興沙門의 사상

1. 육사외도(六邪外道)

Sāmañña-phala-suttaṃ(沙門果經) 抄
〈DN. NDP. I, pp.41~75〉

1) Pūraṇakassapa-vādo
2) Makkhaligosāla-vādo
3) Ajitakesakambala-vādo
4) Pakudhakaccāyana-vādo
5) Nigaṇṭhanāṭaputta-vādo
6) Sañjayabelaṭṭhaputta-vādo

1) Pūraṇakassapa-vādo

17. Evaṃ vutte bhante Pūraṇo Kassapo maṃ etad avoca; "Karato kho mahā-rāja kārayato chindato chedāpayato pacato pācayato socayato kilamayato phandato phandāpayato pāṇaṃ atimāpayato adinnaṃ ādiyato sandhiṃ chindato nillopaṃ harato ekāgārikaṃ karoto paripanthe tiṭṭhato paradāraṃ gacchato musā bhaṇato, karoto na karīyati pāpaṃ. Khura-pariyantena ce pi cakkena yo imissā paṭhaviyā pāṇe

eka-maṃsa-khalaṃ eka-maṃsa-puññaṃ kareyya, n'atthi tato-nidānaṃ pāpaṃ, n‘ atthi pāpassa āgamo.

Dakkhīṇañ ce pi Gaṅgā-tīraṃ āgaccheyya hananto ghātento chindanto chedāpento pacanto pācento, n'atthi tato nidānaṃ pāpaṃ, n'atthi pāpassa āgamo. Uttarañ ce pi Gaṅgā-tīraṃ gaccheyya dadanto dāpento yajanto yajāpento, n'atthi tato nidānaṃ puññaṃ, n'atthi puññassa āgamo. Dānena damena saṃyamena sacca-vajjena n'atthi puññaṃ, n'atthi puññassa āgamo ti."

(譯) ⓐ 대왕大王이여, 〈어떤 짓〉을 하거나 하게 하면서 절단絶斷하거나 절단하게 하면서, 애타게 하거나 애타게 하게 하면서, 괴롭히거나 괴롭히게 하면서, 〈생류生類와 및 사람들에게〉 불안不安을 주거나 주게 하면서, 생류를 해치거나 해치게 하면서, 주지 않은 물건을 빼앗으면서, 타가他家에 침입侵入하면서, 약탈掠奪을 하면서, 도적盜賊질을 하면서, 박탈剝奪을 하면서, 타인他人의 처妻를 범하면서, 망어妄語를 하면서도 악惡을 지음이 없나이다. 또는 체도剃刀와 같은 날을 가진 무기武器을 갖고 이 지상地上의 중생을 한 고기덩이, 한 고기더미로 만든다고 하여도 그를 말미암아 罪惡을 생함이 없고 또 죄악의 과보도 없나이다.

ⓑ 항하恒河의 남안南岸에 가서 〈생류生類와 및 사람을〉 죽이고, 절단하고, 괴롭히고 아프게 하여도 이 때문에 罪惡을 생하는 일이 없고, 항하의 북안北岸에 가서 보시布施하고 또 보

시하게 하고 제사祭祀하고 제사하게 하여도 이 때문에 공덕功德을 생하는 일이 없고 공덕의 과보果報도 없나이다. 보시로도, 자제自制로도, 감관感官의 절제節制로도, 진실眞實을 말하는 것으로도 공덕을 생하는 일이 없고 또 공덕의 과보가 있는 일도 없나이다.

〈雲井昭善, 佛敎興起時代의 思想硏究 pp.72~73〉

2) Makkhaligosāla-vādo

20. Evaṃ vūtte bhante Makkhali-Gosālo maṃ etad avoca: n'atthi mahā-rāja hetu n'atthi paccayo sattānaṃ saṅkilesāya, ahetu-apaccayā sattā saṅkilissanti. n'atthi hetu, n'atthi paccayo sattānaṃ visuddhiyā, ahetu-apaccayā sattā visujjhanti. n'atthi atta-kāre n'atthi para-kāre, n'atthi purisa-kāre, n'atthi balaṃ n'atthi viriyaṃ, n'atthi purisa-thāmo n'atthi purisa-parakkamo. sabbe sattā sabbe pāṇā sabbe bhūtā sabbe jīvā avasā abalā aviriyā niyati-saṅgati-bhāva-pariṇatā chass' evābhijātisu sukha- dukkhaṃ patisaṃvedenti.

cuddasa kho pan' imāni yoni-pamukha-sata-sahasāni saṭṭhiñ ca satāni cha ca satāni, pañca ca kammuno satāni pañca ca kammāni tīṇi ca kammāni kamme ca aḍḍha-kamme ca, dvaṭṭhi paṭipadā, dvaṭṭh'antara-kappā, chaḷābhijātiyo, aṭṭha purisa-bhūmiyo, ekūna-paññāsa ājīva-sate, ekūna-paññāsa paribbājaka-sate, ekūna-paññāsa nāgāvāsa-sate, vise indriya-sate, tiṃse niriya-sate, chattiṃsa rājo-dhātuyo, satta saññi-gabbhā, satta asaññi-gabbhā, satta nigaṇṭhi-gabbhā, satta devā, satta mānusā, satta pesācā, satta sarā, satta paṭuvā, satta paṭuvā-satāni, satta papātā, satta papāta-satāni, satta supinā, satta supina-satāni, cullāsī'ti mahā-kappuno sata-sahassāni yāni bāle ca paṇḍite ca sandhāvitvā saṃsaritvā dukkhass'antaṃ karissanti. tattha n'atthi:

(譯) ⓐ 유정有情이 번뇌煩惱에 더럽히는 데에는 인因도 없고 연緣도 없다(n'atthi hetu n'atthi paccaya). 유정有情은 무인무연無因無緣 ahetu-apaccaya)으로 번뇌에 더럽힌다. 그리고 유정이 청정淸淨해지는 데에도 인因도 없고 연緣도 없다. 유정은 무인무연無因無緣으로 청정해진다. (유정이 어떠한 상태狀態로 되든지) 자작自作(atta-kāra)이 아니며 타작他作(para-kāra)이 아니며, 사람의 지음(purisa-kāra)이 아니며, 또 (그에 대해) 힘(bala)도 없고 정진(viriya)도 없고 사람의 정력(purisa-thāma)도 없고 사람의 세력(purisa-parakkama)도 없다. 일체一切의 유정, 일체의 생물生物, 일체의 유류有類, 일체의 영혼靈魂은 자재력自在力이 없고(avasa), 무력(abala), 무정진(aviriya)으로서 자연의 정定함[niyati]과 [苦樂과의] 결합結合(saṅgati)과 자연의 성질

(bhāva)과에 의해서 서로 변이變異하여, 육종六種의 계급階級(chaḷābhijātiyo)의 어느 것엔가에 있어서 낙樂과 고苦를 감수感受한다.

ⓑ 실로 이 백사십만종百四十萬種의 생문生門(yonipamukha)을 비롯하여 육천六千 및 육백종六百種의 생문이 있다. 오백업五百業, 오종업五種業, 삼종업三種業, 일업一業, 반업半業이 있다. 육십이종六十二種의 도적道跡이 있다. 육십이중겁六十二中劫, 육종계급六種階級(chaḷābhijātiyo), 팔종인지八種人地(aṭṭha purisa-bhūmi), 사천구백四千九百의 생활법生活法(ājīva), 사천구백의 유행자遊行者(paribbājaka), 사천구백의 용토龍土(nāgāvāsa), 이천의 근根(indriya), 삼천 지옥地獄(niriya), 삼천 육진계六塵界, 칠상태七想胎, 칠무상태七無想胎, 칠절태七節胎, 칠천七天, 칠인七人, 칠귀七鬼, 칠호七湖, 칠산七山, 팔험八嶮, 칠백험七百嶮, 칠몽七夢, 칠백몽七百夢이 있다. 팔백사십만대겁八百四十萬大劫이 있다.

〈雲井昭善, 佛敎興起時代의 思想硏究 pp. 77-78〉

3) Ajitakesakambala-vādo

Evaṃ vutte bhante Ajito Kesakambalī maṃ etad avoca: n'atthi mahā-rāja dinnaṃ n'atthi yiṭṭhaṃ n'atthi hutaṃ, n'atthi sukaṭa-dukkaṭānaṃ kammānaṃ phalaṃ vipāko, n'atthi ayaṃ loko n'atthi paro loko, n'atthi mātā n'atthi pitā, n'atthi sattā-opapātikā, n'atthi loke samaṇa-brāhmaṇā sammaggatā sammā-paṭippannā ye imañ ca lokaṃ parañ ca lokaṃ sayaṃ abhiññā sacchikatvā pavedenti. cātum-mahābhūtiko ayaṃ puriso, yadā kālaṃ karoti paṭhavī paṭhavi-kāyaṃ anupeti anupagacchati, āpo āpo-kāyaṃ anupeti anupagacchati, tejo tejo-kāyaṃ anupeti anupagacchati, vāyo vāyo-kāyaṃ anupeti anupagacchati, ākāsaṃ indriyāni saṃkamanti. āsandi-pañcamā purisā mataṃ ādāya gacchanti, yāva āḷāhanā padāni paññāpenti, kāpotakāni aṭṭhīni bhavanti, bhassantā-hutiyo. dattu-paññattaṃ yad idaṃ dānaṃ, tesaṃ tucchaṃ musā vilāpo ye keci aṭṭhika-vādaṃ vadanti. bāle ca paṇḍite ca kāyassa bhedā ucchijjanti vinassanti, na honti param maraṇā ti.

ⓐ 보시(dinna)[를 하여도 그 효력이] 없고, 공양(yiṭṭha)도 없고, 제사祭祀(huta)도 그 효력效力이 없다. 선악업의 이숙과도 없고(n'atthi sukaṭa-dukkaṭānaṃ kammānaṃ phalaṃ vipāko), 이 세상도 없고, 저 세상도 없고(n'atthi ayaṃ loko n'atthi paro loko), 모母도 없고 부父도 없고(n'atthi mātā n'atthi pitā), 화생化生의 유정有情도 없다(n'atthi sattā-opapātikā,). 사문 바라문으로서 정주정행正住正行 하여 금세타세今世他世를 완전히 알고 또(남에게) 알리는 자도 없다.

ⓑ 사람은 사대종四大種으로 성립되어(cātum-mahābhūtiko puriso), 죽으면 지地(地大)는 지신地身으로 돌아가고 수水

(水大)는 수신水身에, 화火(火大)는 화신火身에, 풍風(風大)는 풍신(風身)에 돌아가, 여러 감각기관感覺器官은 허공虛空에 환원還元해 버린다. [四]人이 第五로서의 들 것을 갖고 시체를 담아(싣고)가서 화장火葬터에 이를 때까지 (讚歎의) 소리를 발하여도 (타고 남은) 그의 뼈는 비둘기색(鴿色)이 되어 (그를 위해 바친) 그의 공물은 재로 변한다. 보시설布施說은 우자愚者의 허언虛言이요, 누가 만일 (死後)의 존재存在를 설한다면 그것은 사실무근事實無根의 망설妄說이다. 우자愚者도 현자賢者도 신종身終(身壞命終)하면 단멸斷滅, 소실消失하여 사후死後엔 아무 것도 없다.

〈雲井昭善, 佛敎興起時代의 思想硏究, p.66〉

4) Pakudhakaccāyana-vādo

Evaṃ vutte bhante Pakudho Kaccāyano maṃ etad avoca: satt' ime mahā-rāja kāyā akaṭā akaṭa-vidhā animmitā animmātā vañjhā kūṭaṭṭhā esikaṭṭhāyiṭṭhitā. te na iñjanti na vipariṇamanti na aññamaññaṃ vyābādhenti nālaṃ aññāmaññassa sukhāya vā dukkhāya vā sukha-dukkhāya vā. katame satta? paṭhavi-kāyo āpo-kāyo tejo-kayo vāyo-kāyo sukhe dukkhe jīva-sattame. ime satta kāyā akaṭā akaṭa-vidhā animmitā animmātā vañjhā kūṭaṭṭhā esikaṭṭhāyiṭṭhitā. te na iñjanti na vipariṇamanti na aññam-aññaṃ vyābādhenti nālaṃ aññam-aññassa sukhāya vā dukkhāya vā sukha-dukkhāya vā. tattha n' atthi hantā vā ghātetā vā sotā vā sāvetā vā viññātā vā viññāpetā vā.

yo pi tiṇhena satthena sīsaṃ chindati na koci kiñci jīvitā voropeti, sattannaṃ yeva kāyānam antarena sattha-vivaraṃ anupatatī 'ti.

ⓐ 이 칠신七身(satta kāyā 七要素)은 만들어지지 않고, 만들게 하여지지 않고, 창조創造되지 않고, 창조하게 하여지지 않는 것으로서, (어떤 것이라도) 생산生産하는 일이 없고 산봉우리처럼 상주常住하는 것으로서 석주石柱처럼 부동不動할 것이다. 이것은 동요動搖하지 않고 전변轉變하지 않고 서로 장애障礙하는 일이 없다. 그리고 서로 낙樂에도 고苦에도 또는 고락苦樂에도 인도함이 없다. 七이란 무엇인가?

지신地身(paṭhavi-kāya), 수신(水身 āpo-kāya), 화신火身(tejo-kaya), 풍신風身(vāyo-kāya), 낙樂(sukha), 고苦(dukkha)와 및 영혼靈魂(jīva)이 그것이다. 이 칠신七身은 만들어지지 않고 만들게 하여지지 않고 창조創造되지 않고 창조創造되게 하여지지 않은 것으로서 (아무 것도) 생산함이 없고 산정山頂처럼 상주常住, 석주石柱처럼 부동不動할 것이다.

ⓑ 이 때문에 능살자能殺者도 없고 죽이게 하는 자도 없고, 능문자能聞者도 없고 듣게 하는 자도 없고, 능식자能識者도 없고 알게 하는 자도 없다. 누가 만일 날카로운 칼을 갖고 남의 머리를 절단切斷한다 하여도 그 때문에 아무도 누구의 생명生

命을 빼앗는 일은 없다. 단지 칠신七身의 간극間隙에 칼이 관통貫通한 것에 불과한 것이다.

〈雲井昭善, 佛教興起時代의 思想硏究, pp.83~84〉

5) Nigaṇṭhanāṭaputta-vādo

Evaṃ vutte bhante Nigaṇṭho Nāta-putto maṃ etad avoca: idha mahā-rāja Nigaṇṭho cātu-yāma-saṃvara-saṃvuto hoti. kathañ ca mahā-rāja Nigaṇṭho cātu-yāma-saṃvara-saṃvuto hoti? idha mahā-rāja Nigaṇṭho sabha-vārī-vārito ca hoti, sabba-vārī-yuto ca, sabba-vārī-dhuto ca, sabba-vārī-phuṭṭho ca. evaṃ kho mahā-rāja Nigaṇṭho cātu-yāma-saṃvara-saṃvuto hoti. yato kho mahā-rāja Nigaṇṭho evaṃ cātu-yāma-saṃvara-saṃvuto hoti, ayaṃ vuccati mahā-rāja Nigaṇṭho gatatto ca yatatto ca ṭhitatto cā'ti.

니건자尼乾子는 이에 사종四種의 금계禁戒에 의한 제어制御를 한다. 어떻게 해서 사종의 금계에 의한 제어를 하는가. 이에 니건자는 일체의 물水을 사용함을 금禁하고 모든 악惡을 제어하고 모든 악을 떠나 모든 악의 제어에 이른다. 이렇게 니건자는 사종의 금계에 의한 제어를 한다. 이 때문에 니건자는 심心이 최고最高의 극치極致에 달達한 것, 심이 제어制御된 것, 심이 안정安定된 것이라고 칭한다.

〈雲井昭善, 佛教興起時代의 思想硏究, pp.89〉

6) Sañjayabelaṭṭhaputta-vādo

Evaṃ vutte bhante Sañjayo Belaṭṭhi-putto maṃ etad avoca: atthi paro loko ti iti ce taṃ pucchasi, atthi paro loko ti iti ce me assa, atthi paro loko ti iti te naṃ vyākareyyaṃ. evam pi me no. tathā ti pi me no. aññathā ti pi me no. no ti pi me no. no no ti pi me no. n' atthi paro loko? ti … pe … atthi ca n' atthi ca paro loko? n' ev' atthi na n' atthi paro loko?

… atthi sattā opapātikā? n' atthi sattā opapātikā? atthi ca n' atthi ca sattā opapātikā? n' ev' atthi na n' atthi sattā opapātikā?

… atthi sukaṭa-dukkaṭānaṃ kammānaṃ phalaṃ vipāko? n' atthi sukaṭa-dukkaṭānaṃ kammānaṃ phalaṃ vipāko? atthi ca n' atthi ca sukaṭa-dukkaṭānaṃ kammānaṃ phalaṃ vipāko? n' ev' atthi na n' atthi sukaṭa-dukkaṭānaṃ kammānaṃ phalaṃ vipāko?

… hoti tathāgato paraṃ maraṇā, na hoti tathāgato param maraṇā? hoti ca na hoti ca tathāgato param maraṇā? n' eva hoti na na hoti tathāgato param maraṇā? ti iti ce maṃ pucchasi, n' eva hoti na na hoti tathāgato param maraṇā ti iti ce me assa, n' eva hoti na na hoti tathāgato param maraṇā ti iti te naṃ vyākareyyaṃ. evam pi me no. tathā ti pi me no.

aññathā ti pi me no. no ti pi me no. no no ti pi me no ti

ⓐ 타세他世에 대해서 : 너 만일 타세他世가 있느냐고 나에게 묻는다면, 내가 만일 타세가 있다고 생각하면 타세가 있다고 너에게 답할 것이다. 그러나 나는 이렇게 생각하지 않고(evam ti pi me no). 저렇다고도 생각하지 않고(tathā ti pi me no), 다르게도 생각하지 않고(aññathā ti pi me no), 그렇지 않다고도(no ti pi me no), 그렇지 않지도 않다고도 생각하지 않는다(no no ti pi me no). 너 만일 타세가 없느냐고 묻는다면, …. 너 만일 타세他世가 있기도 하고 없기도 하느냐고 묻는다면, …. 너 만일 타세他世가 있는 것도 아니고 없는 것도 아니냐고 묻는다면, ….

ⓑ 화생化生의 유정有情에 대해서: 화생化生의 유정有情이 있느냐고…. 화생化生의 유정有情이 없느냐고…. 화생의 유정이 있기도 하고 하고 없기도 하느냐고…. 화생의 유정이 있는 것도 아니고 없는 것도 아니냐고…..

ⓒ 선악업善惡業의 이숙과異熟果에 대해서 : 선악업善惡業의 이숙과異熟果가 있느냐고…. 선악업의 이숙과가 없느냐고…. 선악업의 이숙과가 있기도 하고 또 없기도 하느냐고…. 선악업의 이숙과가 있는 것도 아니고 없는 것도 아닌가 라고….

ⓓ 여래如來의 사후死後에 대해서 : 여래如來는 사후死後에 있느냐고…. 여래는 사후에 없느냐고…. 여래는 사후에 있으면서 없느냐고…. 여래는 사후에 있는 것도 아니고 없는 것도 아니냐고….

〈雲井昭善, 佛教興起時代의 思想研究, pp.86～88〉

2. 지나교耆那教

Tattvār thādhiguna-sutra(入諦義經) 抄

Umāsvāti 撰, A.D. 290~300頃

鈴木重信 譯, 耆那教聖典 全

【品 1】

정견正見, 정지正智, 정행正行의 삼자三者에 의해서 해탈解脫에 인도引導된다. (第1品 1)

정견正見이란, 체의諦義(眞理)를 여실하게 신信하는 일이다. (1・2)

이것에 본유本有와 학습學習에 의한 이종二種이 있다. (1・3)

명命(jīva)・비명非命(ajīva)・루漏(āsrava)・박縛(bandha)・차업遮業(saṃvara)・멸업滅業(nirjara)・해탈解脫(mokṣa), 이것은 칠식의七識義다. (1・4)

〈耆那教 聖典 p. 65〉

정지正智에 혜지慧智・문지聞智・타계지他界智・타심지他心智・일체지一切智의 오五가 있다. (1・9)

이들 오지五智에 이량二量이 있다. (1・10)

처음의 둘은 간접지間接智이다. (1・11)

타他는 어느 것이나 직접지直接智이다. (1・12)

〈같은 책 p. 66〉

【品 2】

명命(jīva)의 본질本質에 다섯 상태가 있으니 지업止業・멸업滅業・혼업混業・기업起業・원만위圓滿位가 그것이다. (2・1)

이것에 각각 二·九·十八·二十一, 三의 내분별內分別이 있다. (2·2)
정체正諦와 정행正行과는 지업止業에 의한 상태狀態이다. (2·3)
멸업滅業에 의해서 절대지絶對智·절대견絶對見 외에 시施·득得·식食·희喜·열悅·력力을 얻는다. (2·4)
지智·무지無智·견見 및 시施 등의 수과受果와 그 四·三·三·五와 내분별內分別 및 오제五諦와 행行과 반자제半自制와의 십팔상태十八狀態는 혼업混業의 과果이다. (2·5)
사생四生·사악四惡·삼성三性·사신邪信·무지無智·무자제無自制·무번지無番地·육광六光은 기업起業의 상相이다. (2·6)
명자체위命自體位, 당래위當來位, 탈당래위脫當來位는 원만圓滿의 상태狀態이다. (2·7)
의식意識(upayoga)은 자아自我 즉 명命의 특징特徵이다. (2·8)
이것 또한 두 가지로 나뉘니 각각 八과 四의 내분별이 있다. (2·9)
명命에 윤회분輪廻分과 해탈분解脫分이 있다. (2·10)
윤회분에 유식有識과 무식無識이 있다. (2·11)
또 동動과 부동不動이 있다. (2·12)
부동자不動者란 지地·수水·식물植物 (2·13)
동자動者란 화火·풍風 및 이二 내지 오감각五感覺을 갖고 있는 것 (2·14)
무릇 생물生物의 사후死後 다시 그 육체를 형성하는 전생轉生

은 업신業身의 작용作用에 의한다. (2・26)
전생轉生은 속생적續生的이다. (2・27)
해탈解脫하는 命에는 전변轉變은 없다. (2・28)

【品 5】

비명계非命界는
법法(dharma)・비법非法(adharma)・공간空間(ākāśa)과
보특가라補特伽羅(pudgala)(個身)이다. (5・1)
이들과 명命은 실체實體(dravya)로서 (5・2)
영원永遠한 것이며, 그 수數가 정定해졌으며, 또한
무상無相인데 (5・3)
유상有相의 것은 보특가라補特伽羅(個身)이다. (5・4)
공간空間에 이르기까지의 실체實體는 개개의 실체로서,
(5・5)
무작용無作用이다. (5・6)
법과 비법은 무수한 질분점質分點(pradeśa)을 가져
일개一個의 명命도 또한 일개의 질분점을 가지며, 공간空間은
무제한無制限으로 많은 질분점을 갖는다. (5・7)
보특가라(個身)는 다수多數・무수無數・무제한無制限으로
많은 질분점을 점占한다. (5・10)
극미極微(anu)는 그러지 않고 단지 한 질분점質分點을
갖는다. (5・11)
세계공간世界空間(lokākāśa)은 만물을 포함包含한다.
(5・12)

세계공간에 법과 비법은 충만充滿하다. (5・13)
보특가라는 그 속에서 일一 내지 다수多數의 질분점質分點을
점占하는데 (5・14)
명命은 세계공간의 일一 내지 무수無數의 부분部分을
점占한다. (5・15)
왜냐하면 명命은 신축자재伸縮自在함이 등화燈火와 같기
때문이다. (5・16)
법法과 비법非法은 동動과 정靜과의 존재의 요건이 되며
(5・17)
공간空間은 일체의 존재를 포함包含하고 (5・18)
보특가라는 신身・어語・의식意識・출식出息・입식入息
(5・19)
및 낙樂・고苦・생生・사死의 인因이 된다 (5・20).
시간時間은 물체物體의 시간적 존재와 그 상태狀態와
작용作用과 노老・약若과의 요건要件이 된다. (5・22)
보특가라는 촉觸・미味・향香・색色을 갖는다. (5・23)
음향音響・결합結合・미소微小・광대廣大・형상形狀・분리分離・암흑闇黑・영상影像・열熱・광光 (5・24)
이들은 모두 극미極微와 및 온蘊(skandha)에 의한다.
(5・25)
후자後者는 합일合一과 분산分散과 및 양자兩者에 의해서
생生한다. (5・26)
분리分離에 의해서 극미極微는 있고 (5・27)
분리分離와 합일合一의 공동작용共同作用에 의해서

가견극미可見極微를 생生한다. (5・28)
존재存在하는 것은 모두 성립成立과 변화變化와 지속持續을 갖는다. (5・29)
어떤 존재의 변화變化하지 않음을 상주常住라고 한다. (5・30)
존재와 상주는 어떤 성질에 대한 주시注視의 유무有無에 의한 한限에서 모순矛盾하지 않는다고 한다. (5・31)

〈같은 책 pp 80~82〉

【品 6】
본능本能이란 신身・구口・의意의 작업作業을 가리킨다. (6・1)
이것이 루漏(āsrava) 이다. (6・2)
선행善行은 덕德의 루漏이다. (6・3)
악행惡行은 죄罪의 루漏이다. (6・4)

〈같은 책 pp 83~84〉

【品 8】
속박束縛의 원인原因은 사견邪見・계戒의
부주의不注意・경솔輕率・오탁惡濁과 본능(yoga)이다. (8・1)
명아命我는 오탁惡濁을 갖기 때문에 업業과 결합結合하는 보특가라를 취한다. (8・2)
여기에 속박束縛은 일어난다. (8・3)

〈같은 책 pp 90〉

【品 9】
루漏를 억압抑壓함은 업業을 차遮하는 곳에 있다. (9・1)
이것은 3종三種의 훈련訓練・5종五種의
주의注意・10종十種의 법칙法則・12의 반성反省・22의
곤란困難의 극복克服・5종의 행行에 의해서 도달된다. (9・2)
그리하여 또 금욕禁欲에 의해, (끝으로) 멸업滅業에 의해
(9・3)

〈같은 책 pp 94〉

【品 10】
치癡의 탈락脫落에 의해, 지智의 장障・견見의
장障・간격間隔의 장障을 탈락脫落함에 의해 절대지絶對智와
및 절대견絶對見(kevala)이 나타난다. (10・1)
속박束縛의 인因이 없어짐에 의해, 멸업滅業에 의해 (10・2)
각각의 업業을 멸하여 여기 해탈解脫이 있게 된다. (10・3)
해탈解脫이 온다. 왜냐하면 독재자獨在者 즉
정正・지智・견見・완전完全과 결합結合하는 상태狀態를
제除하고, 차遮・멸滅 등 선택選擇의 상태狀態도 또한
없어지는 까닭에 (10・4)
이에 해탈자解脫者는 世界의 최정最頂에 간다. (10・5)
전래前來의 발작發作에 의해, 그 평정平靜, 그 이박離縛, 그
선천적先天的 활약活躍에 의해 그 활동活動이 나타난다.
(10・6)

〈같은 책 pp 99~110〉

Ⅲ. 불교佛教의 외도비판外道批判

1. 삼종외도설三種外道說

(주요문헌)

① 중아함中阿含 권3 업상응품業相應品 도경度經
(大正藏 1, p 435・a)

② 중아함中阿含 권3 업상응품 니건경尼乾經
(大正藏 1, p 442・b)

③ Aṅguttara-N. 3Nipāta 61經 (AN. I, p. 173 ; NDP AN. I, p. 160. Titthāyatana-sutta)

④ Majjhima-N. 101經(MN. Ⅱ, p.222; NDP MN. Ⅲ, p.1. Devataha-sutta); 60經. Apannaka-suttanta (無戲論經)

@ AN. Titthāyatana-sutta 抄譯

Tatra, bhikkhave, ye te samaṇabrāhmaṇā evaṃvādino evaṃdiṭṭhino : 'yaṃ kiñcāyaṃ purisapuggalo paṭisaṃvedeti sukhaṃ vā dukkhaṃ vā adukkhamasukhaṃ vā sabbaṃ taṃ pubbekatahetū'ti, tyāhaṃ upasaṅkamitvā evaṃ vadāmi : 'saccaṃ kira tumhe āyasmanto evaṃvādino evaṃdiṭṭhino : "yaṃ kiñcāyaṃ purisapuggalo paṭisaṃvedeti sukhaṃ vā dukkhaṃ vā adukkhamasukhaṃ vā sabbaṃ taṃ pubbekatahetū"' ti?

Te ce me evaṃ puṭṭhā 'āmā'ti paṭijānanti.

Tyāhaṃ evaṃ vadāmi : 'tenahāyasmanto pāṇātipātino bhavissanti pubbekatahetu, adinnādāyino bhavissanti pubbekatahetu, abrahmacārino bhavissanti pubbekatahetu, musāvādino bhavissanti pubbekatahetu, pisuṇāvācā bhavissanti pubbekatahetu, pharusāvācā bhavissanti pubbekatahetu, samphappalāpino bhavissanti pubbekatahetu, abhijjhāluno bhavissanti pubbekatahetu, byāpannacittā bhavissanti pubbekatahetu, micchādiṭṭhikā bhavissanti pubbe katahetu. Pubbekataṃ kho pana, bhikkhave, sārato paccāgacchataṃ na hoti chando vā vāyāmo vā idaṃ vā karaṇīyaṃ idaṃ vā akaraṇīyanti. Iti karaṇīyākaraṇīye kho pana saccato thetato anupalabbhiyamāne muṭṭhassatīnaṃ anārakkhānaṃ viharataṃ na hoti paccattaṃ sahadhammiko samaṇavādo.

Ayaṃ kho me, bhikkhave, tesu samaṇabrāhmaṇesu evaṃvādīsu evaṃdiṭṭhīsu paṭhamo sahadhammiko niggaho hoti. 〈NDP. AN. I, pp.173~174〉

비구들이여, 어떤 사문・바라문은 이렇게 설說하고 이렇게 보나니, '모든 사람들은 때로는 고苦, 때로는 락樂, 때로는 비고비락非苦非樂을 영수領受한다. 그 일체一切의 인因은 전세前世에 지은 바라고宿作因說(pubbekata-hetu-vāda)'.

(그렇다면) 전세前世에 인因을 지은 까닭에 마땅히 살생殺生하는 것이며, 전세前世에 인因을 지은 까닭에 마땅히 불여취不與取하는 것이며, 전세前世에 인因을 지은 까닭으로 마땅히 비범행非梵行을 행하는 것이며, 전세에 인을 지은 까닭으로 마땅히 이간어離間語를 하는 것이며, 내지乃至 추악어麤惡語를 하며, 잡예어雜穢語를 하며, 탐욕자貪欲者가 되며, 진에瞋恚하고 사견邪見을 갖는 자가 되는 것이리라.

또 전세前世의 소작所作을 견실堅實하다고 집착執着하는 사람에게는 '이것은 해야 한다' '해서는 안 된다'와 같은 욕欲도 없을 것이며 정진精進도 없을 것이다.

〈雲井昭善, 佛教興起時代의 思想研究 pp. 280-301 발췌 해석〉

Tatra, bhikkhave, ye te samaṇabrāhmaṇā evaṃvādino evaṃdiṭṭhino : 'yaṃ kiñcāyaṃ purisapuggalo paṭisaṃvedeti sukhaṃ vā dukkhaṃ vā adukkhamasukhaṃ vā sabbaṃ taṃ issaranimmānahetū'ti, tyāhaṃ upasaṅkamitvā evaṃ vadāmi: 'saccaṃ kira tumhe āyasmanto evaṃvādino evaṃdiṭṭhino - yaṃ kiñcāyaṃ purisapuggalo paṭisaṃvedeti sukhaṃ vā dukkhaṃ vā adukkhamasukhaṃ vā sabbaṃ taṃ issaranimmānahetū'ti?

Te ce me evaṃ puṭṭhā 'āmā'ti paṭijānanti.

Tyāhaṃ evaṃ vadāmi : 'tenahāyasmanto pāṇātipātino bhavissanti issaranimmānahetu, adinnādāyino bhavissanti issaranimmānahetu, abrahmacārino bhavissanti issaranimmāna hetu, musāvādino bhavissanti issaranimmānahetu, pisuṇavācā bhavissanti issaranimmānahetu, pharusavācā bhavissanti issaranimmānahetu, samphap-palāpino bhavissanti issaranimmāna hetu, abhijjhāluno bhavissanti issaranimmānahetu, byāpanna cittā bhavissanti issaranimmānahetu, micchādiṭṭhikā bhavissanti issaranimmānahetu. Issaranimmānānaṃ kho pana, bhikkhave, sārato paccāgacchataṃ na hoti chando vā vāyāmo vā idaṃ vā karaṇīyaṃ idaṃ vā akaraṇīyanti. Iti karaṇīyākaraṇīye kho pana saccato thetato anupalabbhiyamāne muṭṭhasatīnaṃ anārakkhānaṃ viharataṃ na hoti paccattaṃ sahadhammiko samaṇavādo.

Ayaṃ kho me, bhikkhave, tesu samaṇabrāhmaṇesu evaṃvādīsu evaṃdiṭṭhīsu dutiyo sahadhammiko niggaho hoti.

〈NDP. AN. I , p.174〉

비구들이여, 어떤 사문 · 바라문은 이렇게 설하고 이렇게 보나니, '모든 사람들은 때로는 고, 때로는 락, 때로는 비고비락非苦非樂을 영수領受한다. 이 모든 일체一切의 인因은 신神의 화작化作이라고(尊祐說 ; issaranimmāno-hetu-vāda)'.

나는 그들에게 다음과 같이 말한다. 과연 그렇다면 신의 화작化作의 인因에 의해서 마땅히 살생할 것이다. 주지 않은 것을 빼앗을 것이다. 비범행非梵行을 할 것이다. 망어를 할 것이다. 이간어離間語를 할 것이다. 추악어麁惡語를 할 것이다. 탐욕자貪欲者가 될 것이다. 진에자瞋恚者가 될 것이다. 사견자邪見者가 될 것이다. 비구들이여, 또 신의 화작을 견실堅實하다고 집착하는 사람들은 '이것은 해야 한다' '이것은 해서는 안 된다'와 같은 의욕(欲)도 없고, 또 정진精進도 없을 것이다. 이와 같이 해서는 안 될 것과 해야 할 것이 참으로 확실하게 지키는 바 없이 머무는 사람들이 스스로 사문이라고 칭하는 것은 이유理由없는 일이다.

〈雲井昭善, 佛敎興起時代의 思想硏究 pp. 280-296〉

Tatra, bhikkhave, ye te samaṇabrāhmaṇā evaṃvādino evaṃdiṭṭhino : 'yaṃ kiñcāyaṃ purisapuggalo paṭisaṃvedeti sukhaṃ vā dukkhaṃ vā adukkhamasukhaṃ vā sabbaṃ taṃ ahetu-appaccayā'ti, tyāhaṃ upasaṅkamitvā evaṃ vadāmi: 'saccaṃ kira tumhe āyasmanto evaṃvādino evaṃdiṭṭhino - yaṃ kiñcāyaṃ purisapuggalo paṭisaṃvedeti sukhaṃ vā dukkhaṃ vā adukkhamasukhaṃ vā sabbaṃ taṃ ahetu-appaccayā'ti? Te ca me evaṃ puṭṭhā 'āmā'ti paṭijānanti. Tyāhaṃ evaṃ vadāmi : 'tenahāyasmanto pāṇātipātino bhavissanti ahetu-appaccayā …Pe… micchādiṭṭhikā bhavissanti ahetu-appaccayā.'" Ahetu-appaccayaṃ kho pana, bhikkhave, sārato paccāgacchataṃ na hoti chando vā vāyāmo vā idaṃ vā karaṇīyaṃ idaṃ vā akaraṇīyanti. Iti karaṇīyākaraṇīye kho pana saccato thetato anupalabbhiyamāne muṭṭhassatīnaṃ anārakkhānaṃ viharataṃ na hoti paccattaṃ sahadhammiko samaṇavādo.

Ayaṃ kho me, bhikkhave, tesu samaṇa-brāhmaṇesu evaṃvādīsu evaṃdiṭṭhīsu tatiyo sahadhammiko niggaho hoti. Imāni kho. bhikkhave, tīṇi titthāyatanāni yāni paṇḍitehi samanuyuñjiyamānāni samanugāhiyamānāni samanubhāsiya- mānāni paraṃ pi gantvā akiriyāya saṇṭhahanti.

〈NDP. AN. I , p.175〉

비구들이여, 어떤 사문・바라문은 이렇게 설하고 이렇게 본다. '모든 사람들은 때로는 고, 때로는 락, 때로는 비고비락非苦非樂을 영수領受한다. 그 일체는 무연무연無因無緣이라고(無因無緣說 ahetu-appaccaya-vāda)'.

무인무연으로부터 고・락이 생한다. … 과연 그렇다면 무인무연으로 마땅히 살생할 것이고, 내지 사견자가 될 것이다. 또

무인무연을 견실堅實하다고 집착執着하는 사람에게는 '이것은 해야 한다' '이것은 해서는 안 된다'와 같은 의욕(欲)도 없고 정진精進도 없을 것이다. 그러한 사람들은 사문이라고 칭할 수가 없을 것이다.

〈雲井昭善, 佛教興起時代의 思想硏究 pp.280-299〉

2. 오종악견五種惡見

若諸尼乾作是說者。於如法中得五詰責。爲可憎惡。云何爲五。今此衆生所受苦樂皆因本作。若爾者。諸尼乾等本作惡業。所以者何。因彼故。諸尼乾於今受極重苦。是謂尼乾第一可憎惡。復次。衆生所受苦樂皆因合會。若爾者。諸尼乾等本惡合會。所以者何。因彼故。諸尼乾於今受極重苦。是謂尼乾第二可憎惡。復次。衆生所受苦樂皆因爲命。若爾者。諸尼揵等本惡爲命。所以者何。因彼故。諸尼乾於今受極重苦。是謂尼乾第三可憎惡。復次。衆生所受苦樂皆因見也。若爾者。諸尼乾等本有惡見。所以者何。因彼故。諸尼乾於今受極重苦。是謂尼乾第四可憎惡。復次。衆生所受苦樂皆因尊祐造。若爾者。諸尼　乾等本惡尊祐。所以者何。因彼故。諸尼乾於今受極重苦。是謂尼乾第五可憎惡。

〈中阿含, 卷4, 尼乾經, 大正藏 1, pp 443~444〉

만일 니건들이 이렇게 말한다면 그는 법다운 것 가운데에서 다섯 가지 꾸짖음을 받고 미움을 받을 것이다. 어떤 것이 다섯 가지인가?

이제 이 중생이 받는 괴로움과 즐거움은 다 본래 지었던 원인(因)이 있기 때문이다. 만일 그렇다면 모든 니건들은 본래 악한 업을 지었던 것이다. 왜냐하면 그들은 그런 이유로 말미암아 니건들이 오늘날 저렇게 지극히 혹독한 고통을 받기 때문이다. 이것이 이른바 첫 번째 니건들이 미움을 받을 만한 것이다.

또 중생이 받는 괴로움과 즐거움은 다 모임에 원인한다. 만일 그렇다면 니건들은 본래 나쁘게 모인 것이다. 왜냐하면 그런 이유로 말미암아 니건들이 오늘날 저렇게 지극히 혹독한 괴로움을 받기 때문이다. 이것이 이른바 두 번째 니건들이 미움을 받을 만한 것이다.

또 중생이 받는 괴로움과 즐거움은 목숨을 위하는 데 원인한다. 만일 그렇다면 니건들은 본래 나쁘게 목숨을 위했던 것이다. 왜냐하면 그런 이유로 말미암아 니건들이 오늘날 지극히 혹독한 괴로움을 받기 때문이다. 이것이 이른바 세 번째 니건들이 미움을 받을 만한 것이다.

또 중생이 받는 괴로움과 즐거움은 다 견해(見)에 원인한다. 만일 그렇다면 니건들은 본래 나쁜 견해(惡見)를 가졌었다. 왜냐하면 그런 이유로 말미암아 니건들이 오늘날 지극히 혹독한 괴로움을 받기 때문이다. 이것이 이른바 네 번째 니건들이 미움을 받을 만한 것이다.

또 중생이 받는 괴로움과 즐거움은 다 존우尊祐의 지음에 원인한다. 만일 그렇다면 니건들은 본래 나쁜 존우였다. 왜냐하면 그런 이유로 말미암아 니건들이 오늘날 지극히 혹독한 괴로움을 받기 때문이다. 이것이 이른바 다섯 번째 니건들이 미움을 받을 만한 것이다.

〈동국역경원 전자불전연구소 한글대장경에서 인용〉

Evaṃvādī, bhikkhave, nigaṇṭhā. Evaṃvādīnaṃ, bhikkhave, nigaṇṭhānaṃ dasa sahadhammikā vādānuvādā gārayhaṃ ṭhānaṃ āgacchanti. Sace, bhikkhave, sattā pubbekatahetu sukhadukkhaṃ paṭisaṃvedenti; addhā, bhikkhave, nigaṇṭhā pubbe dukkaṭakammakārino yaṃ etarahi evarūpā dukkhā tibbā kaṭukā vedanā vediyanti. Sace, bhikkhave, sattā issaranimmāna-hetu sukhadukkhaṃ paṭisaṃvedenti; addhā, bhikkhave, nigaṇṭhā pāpakena issarenanimmitā yaṃ etarahi evarūpā dukkhā tibbā kaṭukā vedanā vediyanti. Sace, bhikkhave, sattā saṅgatibhāvahetu sukhadukkhaṃ paṭisaṃvedenti; addhā, bhikkhave, nigaṇṭhā pāpasaṅgatikā yaṃ etarahi evarūpā dukkhā tibbā kaṭukā vedanā vediyanti. Sace, bhikkhave, sattā abhijātihetu sukhadukkhaṃ paṭisaṃvedenti; addhā, bhikkhave, nigaṇṭhā pāpābhijātikā yaṃ etarahi evarūpā dukkhā tibbā kaṭukā vedanā vediyanti.

Sace, bhikkhave, sattā diṭṭhadhammūpakkamahetu sukhadukkhaṃ paṭisaṃvedenti; addhā, bhikkhave,

nigaṇṭhā evarūpā diṭṭhadhammūpakkamā yaṃ etarahi evarūpā dukkhā tibbā kaṭukā vedanā vediyanti.
〈PTS。 MN 101 MN ii 214, Devadaha vagga Devadaha Sutta〉

"Such is the teaching of the Niganthas. And, such being the teaching of the Niganthas, ten legitimate deductions can be drawn that give grounds for censuring them.

(1) "If beings experience pleasure & pain based on what was done in the past, then obviously the Niganthas have done bad things in the past, which is why they now feel such fierce, sharp, racking pains.

(2) "If beings experience pleasure & pain based on the creative act of a supreme god, then obviously the Niganthas have been created by an evil supreme god, which is why they now feel such fierce, sharp, racking pains.

(3) "If beings experience pleasure & pain based on sheer luck, then obviously the Niganthas have evil luck, which is why they now feel such fierce, sharp, racking pains.

(4) "If beings experience pleasure & pain based on birth, then obviously the Niganthas have had an evil birth, which is why they now feel such fierce, sharp,

racking pains.

(5) "If beings experience pleasure & pain based on efforts in the here-&-now, then obviously the Niganthas have evil efforts in the here-&-now, which is why they now feel such fierce, sharp, racking pains.

3. 육십이견설六十二見說(二類 八論)

자료) 장아함長阿含 14권 범망경梵動經

(大正藏1, 88 · b) : 支謙譯 梵網 六十二見經.

DN. Brahma-jāla-sutta (NDP. DN. I. p3)

MN. Pañcattaya-sutta (五三經) (NDP. MN.II. p.228)

DN. Pāsādika-sutta (NDP. DN.III. p.137)

1) 과거에 관한 것(pubbantakappika)-18견見

(1) 상주론常住論(sassata-vāda)-4견
(Pūrana, Pakudha)

(2) 일분상주론一分常住論, ekaccasassata-vāda)-4견
(Brahma)

(3) 변무변론邊無邊論(antānantika)-4견

(4) 궤변론詭辯論(amarāvikkhepika)-4견(sañjaya)

(5) 무인론無因論(偶然論, adhiccasamuppannika)-2견

(Gosala, Pakudha, Pūrana, Ajita)

2) 미래에 관한 것(aparantakappika)－44견見

(1) 사후死後에 관한 논論(uddhamāyhatanika)
① 유상론有想論(saññī－vāda)－16견
② 무상론無想論(asaññī－vāda)－8견
③ 비유상비무상非有想非無想論(nevasaññīnāsaññī－vāda)－8견
(2) 단멸론斷滅論(uccheda－vāda)－7견(Ajita)
(3) 현재열반론現在涅槃論(diṭṭhadhammanibbāna－vāda)－5견 (Ajita)

〈印度哲學硏究 Ⅲ. pp.202－208：佛教興起時代の思想硏究, p.164〉

【「원시불교의 외도론」 참고문헌】

宇井伯壽, 印度哲學硏究(第二), 東京 甲子社書房, 大正14, 昭和2
雲井昭善, 佛教興起時代の思想硏究, 平樂寺書店, 1967, 3. 25.
赤松智城, 宗教史方法論(現代史學大系Ⅴ, 共立社書店, 昭和7)
宇井伯壽, 六十二見論(印度哲學硏究 第三, 甲子社書房, 大正15)
鈴木重信 譯, 耆那教聖典, 世界聖典全集刊行會, 大正9.
金倉円照, インドの自然哲學, 平樂寺書店, 1971.
仁戸田六三郎 監修, 現代宗教思想のエッセンス、ペリカン社, 1965. 2. 5.

宇井伯壽, 印度哲學史, 岩波書店, 昭和10
蔡弼近, 比較宗教論, 대한기독교서회, 1973.
星野元豊, 宗教哲學, 法藏館, 昭和45.
瀧澤克己, 佛教とキリスト教, 法藏館.
增谷文雄, 佛教とキリスト教の比較研究(叢書, 113), 筑摩書房 1970.
프레드릭 스트렝, 宗教學入門(現代新書 43), 대한기독교서회, 1973.
박창환, 성서개론, 예수교장로회 총회 교육부, 1974.
폴 틸리히, 鄭鎭弘 譯, 基督教와 世界宗教(現代新書 16), 기독교서회, 1973.
E. 부루너, 이원규 역, 에밀부루너 神學入門, 백합출판사, 1973.
A.C. Bouquet : Comparative Religion (a Pelican Book.) Penguin Books 1954.
Streeter : The Buddha and the Christ. Macmillan, 1932.
B.G. Gokhale : Ancient īndia, History and Culture, Asia Publishing House, India 1970. (6版)
M. Hiniyana, M.B. Outlines of Indian Philosophy. London, George Allen & Unwin LTD. Museum Street (7th edition) 1968.
Franklin Edgerton : The Beginnings of Indian Philosophy. London George Allen & Unwin LTD. 1965 (1st edition)
F. Max Müller 譯 : The Upaniṣads, 2 vol. Dover edition, 1962.
Wasndev Laxman Shāstri Paṇsīkar 편, One Hundred & Eight Upaniṣads, Bonbay, 1925.

부 록

지 송 아 함 경

한글 지송아함경

1. 외도비판外道批判

1) 도경度經

〈중아함 제3권 13경〉

이와 같이 나는 들었다.

어느 때 부처님께서 사밧티국에서 유행하실 때 아나타핀디카 동산에 계셨다. 그때 세존께서 여러 비구에게 말씀하셨다.

“삼도처三度處가 있는데, 성을 달리 하고 이름을 달리 하며, 종宗을 달리하고 설說을 달리한다. 이른바 지혜가 있다고 하는 자가 잘 받아 지녀 남을 위하여 설명하지만, 아무 이익도 얻지 못하는 것이다.

어떤 것이 셋인가. 어떤 사문이나 바라문은 이와 같이 보고 이와 같이 말한다.

‘사람이 하는 것은 일체가 다 숙명宿命에 의해 지어진다.’

어떤 사문이나 바라문은 이와 같이 보고 이와 같이 말한다.

‘사람이 하는 것은 일체가 다 존우尊祐에 의해 지어진다.’

어떤 사문이나 바라문은 이와 같이 보고 이와 같이 말한다.

‘사람이 하는 것은 일체가 다 인因도 없고 연緣도 없다.’

그중에서 만일 어떤 사문이나 바라문이, ‘사람이 하는 것은 일체가 다 숙명에 의해 지어진다’라고 하여 그렇게 보고 그렇게 말한다면, 나는 곧 그들에게 가서, ‘여러분, 진실로 사람이

하는 것은 일체가 다 숙명에 의해 지어진다고 그렇게 보고 그렇게 말하는가?'라고 물을 것이다.

그들이, '그렇다'라고 대답한다면, 나는 다시 그들에게 말할 것이다.

'만일 그렇다면 여러분도 산목숨을 죽일 수도 있다. 왜냐하면 일체는 다 숙명에 의해 지어지기 때문이다. 이와 같이 여러분은 모두 주지 않는 것을 취하고(不與取), 사음邪婬하고, 거짓말·이간질·거친 말·꾸며대는 말을 하며, 탐냄·성냄·삿된 견해를 가질 수도 있다. 왜냐하면 일체는 다 숙명의 지음에서 비롯되기 때문이다. 여러분이 만일 〈일체는 다 숙명에 의해 지어진다〉는 것을 진실이라고 본다면, 마음속에서 해야 할 일과 하지 않아야 할 일에 대하여 어떠한 의욕도 없고 노력도 없을 것이다. 여러분이 만일 해야 할 일과 하지 않아야 할 일에 대하여 진실 그대로 알지 못하면 곧 바른 생각을 잃을 것이고, 바른 지혜가 없으면 가르칠 수 없을 것이다.'

이와 같이 사문의 법으로 말한다면, 곧 이치로써 그 사문이나 바라문을 항복시킬 수 있을 것이다.

그중에서 만일 어떤 사문이나 바라문이, '사람이 하는 것은 일체가 다 존우尊祐에 의해 지어진다'라고 그렇게 보고 그렇게 말한다면, 나는 곧 그들에게 가서, '여러분은 진실로 사람이 하는 것은 일체가 다 존우에 의해 지어진다고 그렇게 보고 그렇게 말하는가?'라고 물을 것이다.

그들이, '그렇다'라고 대답한다면, 나는 다시 그들에게 말할 것이다.

‘만일 그렇다면 여러분들은 다 산목숨을 죽일 수도 있다. 왜냐하면 일체는 다 존우에 의해서 지어지기 때문이다. 이와 같이 여러분은 모두 주지 않는 것을 취하고, 사음하고, 거짓말·이간질 말·거친 말·꾸며대는 말을 하며, 탐냄·성냄·삿된 견해를 가질 수도 있다. 왜냐하면 일체는 다 존우에 의해 지어지기 때문이다. 여러분이 만일 〈일체는 다 존우에 의해 지어진다〉는 것을 진실이라고 본다면, 마음속에서 해야 할 일과 하지 않아야 할 일에 대하여 어떠한 의욕도 없고 노력도 없을 것이다. 여러분이 만일 해야 할 일과 하지 않아야 할 일에 대하여 진실 그대로 알지 못하면 곧 바른 생각을 잃을 것이고, 바른 지혜가 없으면 가르칠 수 없을 것이다.’

이와 같이 사문의 법으로 말한다면, 곧 이치로써 그 사문이나 바라문을 항복시킬 수 있을 것이다.

그중에서 만일 어떤 사문이나 바라문이, ‘사람이 하는 것은 일체가 다 인도 없고 연도 없다’고 그렇게 보고 그렇게 말한다면, 나는 곧 그들에게 가서, ‘여러분은 진실로 사람이 하는 것은 일체가 다 인도 없고 연도 없다고 그렇게 보고 그렇게 말하는가?’라고 물을 것이다.

그들이, ‘그렇다’고 대답한다면, 나는 다시 그들에게 말할 것이다.

‘만일 그렇다면 여러분들은 모두 산목숨을 죽일 수도 있다. 왜냐하면 일체는 다 인도 없고 연도 없기 때문이다. 이와 같이 여러분은 모두 주지 않는 것을 취하고, 사음하고, 거짓말·이간질 말·거친 말·꾸며대는 말을 하며, 탐냄·성냄·삿된 견해를 가질 수도 있다. 왜냐하면 일체는 다 인도 없고 연도 없기 때문이다. 여러분이 만일 〈일체는 다 인도 없고 연도 없다〉는 것을 진실이라고 본다면, 마음속에서 해야 할 일과 하지 않아야 할 일에 대하여 어떠한 의욕도 없고 노력도 없을 것이다. 여러분이 만일 해야 할 일과 하지 않아야 할 일에 대하여 진실 그대로 알지 못하면 바른 생각을 잃을 것이고, 바른 지혜가 없으면 가르칠 수 없을 것이다.'

이와 같이 사문의 법으로 말한다면, 곧 이치로써 그 사문이나 바라문을 항복시킬 수 있을 것이다.

내가 스스로 알고 스스로 깨달은 법이 있다. 그 법을 그대들에게 설한다면, 사문이나 바라문 · 천신 · 마라 · 범천이나 세간의 다른 어떤 누구라도 나의 법을 항복시키지 못하고 더럽히지 못하며 제압하지 못할 것이다.

내가 스스로 알고 스스로 깨달은 법은 어떠한 법이어서 그대들에게 설하면, 사문이나 바라문 · 천신 · 마라 · 범천이나 세간의 다른 어떤 누구라도 나의 법을 항복시키지 못하고 더럽히지 못하며 제압하지 못하는가.

이른바 육처六處의 법이 있다. 그것은 내가 스스로 알고 스스로 깨달은 법으로서 그대들에게 설하면, 사문이나 바라문 · 천신 · 마라 · 범천이나 세간의 다른 어떤 누구라도 나의 법을 항복시키지 못하고 더럽히지 못하며 제압하지 못할 것이다.

그리고 육계법六界法이 있다. 그것은 내가 스스로 알고 스스로 깨달은 법으로서 그대들에게 설하면, 사문이나 바라문 · 천신 · 마라 · 범천이나 세간의 다른 어떤 누구라도 나의 법을 항복시키지 못하고 더럽히지 못하며 제압하지 못할 것이다.

어떤 것이 육처법六處法으로서, 내가 스스로 알고 스스로 깨달아 그대들에게 설하는 것인가. 안처眼處와 이처耳處・비처鼻處・설처舌處・신처身處・의처意處가 그것이다. 이것을 육처법이라 하며, 내가 스스로 알고 스스로 깨달은 것으로서 그대들에게 설하는 것이다.

어떤 것이 육계법으로서, 내가 스스로 알고 스스로 깨달아 그대들에게 설하는 것인가. 지계地界와 수계水界・화계火界・풍계風界・공계空界・식계識界가 그것이다. 이것을 육계라 하며, 내가 스스로 알고 스스로 깨달은 것으로서 그대들에게 설하는 것이다.

육계가 합함으로써 어머니 태 안에 나고, 육계로 인하여 육처가 있으며, 육처로 인하여 부딪침이 있고, 부딪침으로 인하여 느낌이 있다.

비구들이여, 만일 느낌이 있으면, 괴로움(苦)을 참답게 알고, 괴로움의 집기(習)를 알며, 괴로움의 멸함(滅)을 알고, 괴로움의 멸함에 이르는 길(道)을 참답게 안다.

어떻게 괴로움을 참답게 아는가. 이른바 생・노・병・사의 괴로움과 싫어하는 것과 만나는 괴로움, 사랑하는 것과 이별하는 괴로움, 구하여도 얻지 못하는 괴로움이다. 간략히 말하면, '다섯 가지 취한 근간을 유지하는 괴로움(五盛陰苦)'이다. 이것을 괴로움을 참답게 아는 것이라 한다.

어떻게 괴로움의 집기를 참답게 아는가. 이른바 이 갈애(愛)는 장차 존재(有)로 이끄는 것이며, 즐거움과 욕망을 함께 갖추어서 갖가지 존재를 구한다. 이것을 괴로움의 집기를 참답게 아는 것이라 한다.

어떻게 괴로움의 멸함을 참답게 아는가. 이 갈애는 장차 올 존재로 이끄는 것이며 즐거움과 욕망을 함께 갖추어서 갖가지 존재를 구하는 것이니, 이것을 남김없이 끊고 버리고 다 토하여 욕심이 없으며 멸하고 그치어 사라지게 하는 것이다. 이것을 괴로움의 멸함을 참답게 아는 것이라 한다.

어떻게 괴로움의 멸함에 이르는 길을 참답게 아는가. 팔정도八正道로서 바른 견해와 바른 생각·바른 말·바른 행동·바른 생활·바른 정진·바른 기억·바른 선정이니, 이것이 여덟 가지이다. 이것을 괴로움의 멸함에 이르는 길을 참답게 아는 것이라 한다.

비구는 마땅히 괴로움을 참답게 알아야 하고, 괴로움의 집기를 끊어야 하며, 괴로움의 멸함을 증득하여야 하고, 괴로움의 멸함에 이르는 길을 닦아야 한다.

만일 비구가 괴로움을 참답게 알고, 괴로움의 집기를 끊으며, 괴로움의 멸함을 증득하고, 괴로움의 멸함에 이르는 길을 닦으면, 이것이, '비구가 일체의 번뇌를 다하고 모든 맺힘이 이미 풀려, 능히 바른 지혜로써 괴로움의 끝을 얻는다'고 하는 것이다."

부처님께서 이와 같이 말씀하시니, 여러 비구들은 부처님 말씀을 듣고 기뻐하며 받들어 행하였다.

2. 십이처十二處 · 십업설十業說

1) 십이처十二處

(1) 일체경一切經

〈잡아함경 제13권 319경〉

이와 같이 나는 들었다.

어느 때 부처님께서 사밧티성 제타숲 아나타핀디카 동산에 계셨다. 그때 자눗소니(生聞) 바라문이 부처님 계신 곳으로 가서 서로 인사하고 안부를 여쭌 뒤 물러나 한쪽에 앉아 부처님께 여쭈었다.

"고타마시여, 일체란 어떤 것을 일체라 하십니까?"

부처님께서 바라문에게 말씀하셨다.

"일체란 십이입처十二入處이니, 눈과 색 · 귀와 소리 · 코와 냄새 · 혀와 맛 · 몸과 촉감 · 의지와 법이다. 이것을 일체라 한다.

만일 어떤 사람이, '이것은 일체가 아니다. 나는 이제 사문 고타마가 말하는 일체를 버리고 다른 일체를 세우겠다'라고 한다면 그것은 다만 말만 있을 뿐이며, 듣고도 알지 못하고 의혹만 더할 것이다. 왜냐하면 그것은 경계境界가 아니기 때문이다."

이때 자눗소니 바라문은 부처님 말씀을 듣고 기뻐하며 받들어 행하였다.

2) 삼법인三法印

(1) 무상경無常經

〈잡아함경 제8권 208경〉

이와 같이 나는 들었다.

어느 때 부처님께서 베살리의 지바카 코마라바차의 암라 동산에 계셨다. 그때 세존께서 비구들에게 말씀하셨다.

과거의 눈도 덧없고 미래의 눈도 덧없는데, 하물며 현재의 눈이겠느냐. 그러므로 많이 들어 아는 거룩한 제자들로서 이와 같이 관찰觀察하는 사람은 과거의 눈도 돌아보지 않고, 미래의 눈도 기뻐하지 않으며, 현재의 눈에 대해서도 싫어하여 즐기지 않고, 탐욕을 떠나 싫어하는 길로 나아간다. 귀·코·혀·몸·의지에 대해서도 또한 그와 같다."

부처님께서 이 경을 말씀하시자, 모든 비구들은 부처님 말씀을 듣고 기뻐하며 받들어 행하였다.

(덧없음과 같이, 괴로움·공·무아에 대해서도 또한 이와 같이 말씀하셨다. 또한 내입처에 대한 네 가지 가르침과 같이, 외입처, 즉 색·소리·냄새·맛·촉감·법에 관한 네 가지 가르침 역시 이와 같이 말씀하셨으며, 내외입처에 관한 네 가지 가르침 역시 이와 같이 말씀하셨다.)

(2) 상경相經

〈증일아함경 제12권 제 22-⑤경〉

이와 같이 나는 들었다.

어느 때 부처님께서 사밧티성 제타숲 아나타핀디카 동산에 계셨다. 그때 세존께서 비구들에게 말씀하셨다.

"유위법有爲法에는 세 가지 유위有爲의 상相이 있다. 어떤 것이 세 가지인가. 생기는 것(從起)과 변하는 것(遷變)과 없어지는 것(滅盡)이다.

어떤 것이 생기는 것인가. 이른바 태어남이니, 자라서 다섯 근간(五陰)의 형체를 이루며 모든 감각기관을 가지게 된다. 이것이 이른바 생기는 것이다.

어떤 것이 변하는 것인가. 이른바 늙는 것이니, 이는 빠지고 머리는 희어지며 기운은 다하고 나이가 들어 몸이 약해지고 무너지는 것이다. 이것이 이른바 변하는 것이다.

어떤 것이 없어지는 것인가. 이른바 죽음이니, 목숨은 머무르지 않고 덧없는 것이어서 모든 감각기관은 무너지고 친척들과 이별하며 목숨이 끊어지게 된다. 이것이 이른바 없어지는 것이다.

비구들이여, 이것이 유위법의 세 가지 유위의 상相이다. 마땅히 이 세 가지 유위의 상을 잘 분별해 알라. 비구들이여, 이와 같이 공부하여야 한다."

그때 비구들은 부처님 말씀을 듣고 기뻐하며 받들어 행하였다.

3) 십업十業

(1) 사경思經

〈중아함경 제3권 15경〉

이와 같이 나는 들었다.

어느 때 부처님께서 사밧티성에서 유행하실 때 제타숲 아나타핀디카 동산에 계셨다. 그때 세존께서 비구들에게 말씀하셨다.

'만일 일부러 짓는 업(故作業)이 있으면, 반드시 그 과보를 받되 현세에서 받거나 후세에서 받는다'라고 나는 말한다. '만일 일부러 지은 업이 아니면(不故作業), 반드시 그 과보를 받지 않는다'라고 나는 말한다. 그 가운데는 몸으로 일부러 짓는 세 가지 업이 있다. 그것은 선하지 않아 괴로움의 결과를 주고 괴로움의 과보를 받게 한다. 입에는 네 가지 업이 있고, 뜻에는 세 가지 업이 있다. 그것은 선하지 않아 괴로움의 결과를 주고 괴로움의 과보를 받게 한다.

어떤 것이 몸으로 일부러 짓는 세 가지 업으로서, 그것은 선하지 않아 괴로움의 결과를 주고 괴로움의 과보를 받게 하는가.

첫째는 살생이니, 모든 중생과 곤충에 이르기까지 자비로운 마음을 내지 않고 극악한 마음으로 그것들을 해치고 죽이며 심지어는 그 피를 마시고자 하는 것이다.

둘째는 남이 주지 않는 것을 취하는 것이니, 남의 재물에 집착하여 도둑질할 뜻으로 그것을 취하는 것이다.

셋째는 사음邪淫이니, 아버지의 보호를 받고, 어머니의 보호를 받고, 부모의 보호를 받고, 자매의 보호를 받고, 형제의 보호를 받고, 친정 부모의 보호를 받고, 친한 이들의 보호를 받고, 가문의 보호를 받는 여자, 채찍의 벌을 받는 두려움이 있는 남의 부녀자, 이름을 빌리거나 화만으로 머리장식을 한 여자 등 이러한 여자를 범하는 것이다.

이것이 몸으로 일부러 짓는 세 가지 악업으로, 그것은 선하지 않아 괴로움의 결과를 주고 괴로움의 과보를 받게 한다.

어떤 것이 입으로 일부러 짓는 네 가지 업으로서, 선하지 않아 괴로움의 결과를 주고 괴로움의 과보를 받게 하는 것인가.

첫째는 거짓말이니, 그가 대중 가운데 있거나 권속들 가운데 있거나 혹은 왕실에 있을 때, 그를 불러서, '그대는 아는 대로 말하라'고 하면, 그는 모르면서 '안다'하고, 알면서 '모른다'하며, 보지 않은 것을 '보았다'하고 본 것을 '보지 않았다'하며, 자신을 위하거나 남을 위하거나 재물을 얻기 위하여 알면서도 거짓말을 하는 것이다.

둘째는 이간하는 말이니, 남을 갈라서게 하고자 여기서 듣고 저기에 말하고, 이것을 부수고자 저기서 듣고 여기에 말하며, 저것을 부수고자 모인 자는 떠나게 하고, 떠난 자는 다시 떠나도록 당파黨派를 만들고 당파를 즐기며 당파를 칭찬해 말하는 것이다.

셋째는 거친 말이니, 그가 말을 하면 말의 기운은 거칠고, 그 거친 소리는 귀에 거슬려 대중이 기뻐하지 않고 좋아하지 않는다. 이렇듯 남을 괴롭게 하여 안정을 얻지 못하게 하는 이러한 말을 하는 것이다.

넷째는 꾸며대는 말이니, 그는 때가 아닌데 말하고, 진실이 아닌 것을 말하며, 의미 없는 것을 말하고, 법이 아닌 것을 말한다. 지식止息[1]이 아닌 것을 말하고, 지식止息이 아닌 일을 칭찬한다. 때를 어기어 잘 가르치지도 않으며, 잘 꾸짖지도 않는다.

이것이 입으로 일부러 짓는 네 가지 악업으로서, 그것은 선하지 않아 괴로움의 결과를 주고 괴로움의 과보를 받게 한다.

어떤 것이 의지로 일부러 짓는 세 가지 업으로서, 선하지 않아 괴로움의 결과를 주고 괴로움의 과보를 받게 하는가?

첫째는 탐냄이니, 남의 재물과 모든 생활의 기구를 항상 엿보고 구하고 원하여 나의 것으로 만들고자 하는 것이다.

둘째는 미워하고 성내는 것이니, 마음에 미움을 품어, '저 중생은 죽여야 하고 속박해야 하며, 재물을 빼앗고 파면시켜 쫓아내야 한다'고 생각하여, 그가 한량없는 괴로움을 받게 하는 것이다.

셋째는 삿된 견해이니, 그의 견해는 거꾸로 되어 이와 같이 보고 이와 같이 말한다. '보시布施도 없고 재齋도 없으며, 주문(呪說)도 없다. 선과 악의 업도 없고, 선업과 악업의 과보도 없다. 이 세상과 저 세상도 없으며, 아버지도 없고 어머니도 없다. 세상에는 참된 사람이 좋은 곳으로 가는 일도 없다. 이 세상을 떠나서 저 세상으로 잘 가고 잘 향하는 일도 없다. 스스로 알고 스스로 깨닫는 일도 없고, 스스로 증득하여 성취하여 노니는 일도 없다.'

---

1) 지식止息 : 번뇌의 그침

이것이 의지로 일부러 짓는 세 가지 악업으로서, 그것은 선하지 않아 괴로움의 결과를 주고 괴로움의 과보를 받게 하는 것이다.

많이 들어 아는 거룩한 제자는 몸의 선하지 않은 업을 버리고 몸의 선한 업을 닦으며, 입과 뜻의 선하지 않은 업을 버리고 입과 뜻의 선한 업을 닦는다. 저 많이 들어 아는 거룩한 제자는 이와 같이 정진하여 계율의 덕을 갖추어 몸의 깨끗한 업을 성취하고, 입과 뜻의 깨끗한 업을 성취한다. 그는 성냄을 떠나고, 다툼을 여의며, 잠을 없애고, 들뜬 마음을 없애며, 의심을 끊고, 교만을 모두 버려, 바른 생각과 바른 지혜를 갖춰 어리석음이 없다.

그의 마음은 자애와 함께하여 동쪽을 두루 채우고 노닌다. 이와 같이 서쪽 · 남쪽 · 북쪽과 사유四維와 상하의 일체를 두루 채운다. 그의 마음은 자애와 함께하므로 맺힘도 없고 원한도 없고 성냄도 없고 다툼도 없어 지극히 넓고 크며, 한량없이 잘 닦아 일체 세간을 두루 채우고 노닌다.

그는 이렇게 생각한다.

'나는 과거에는 이러한 마음이 거의 없었기 때문에 잘 닦지 않았는데, 지금은 이러한 마음을 한량없이 잘 닦는다.'

많이 들어 아는 거룩한 제자가 그 마음을 이와 같이 한량없이 잘 닦는다면, 만일 본래 악한 벗으로 인해 방일한 행동을 하고 선하지 않은 업을 지었더라도, 이제 악한 벗은 그를 데리고 갈 수 없고 능히 더럽힐 수 없으며, 다시는 서로 따르지 않을 것이다.

만일 남자아이와 여자아이가 세상에 태어나, '자애로운 마음의 해탈'을 행하였다면, 그가 훗날에 그 몸과 입과 뜻으로 다시 선하지 않은 업을 짓겠느냐?"

비구들이 말씀드렸다.

"아닙니다, 세존이시여. 왜냐하면 스스로 악업을 짓지 않았는데 무엇으로 인하여 악업이 생기겠습니까."

"그러므로 남자나 여자는 집에 있거나 집을 떠나거나, 항상 '자애로운 마음의 해탈'을 부지런히 닦아야 한다. 만일 남자나 여자가 집에 있거나 집을 떠나거나 '자애로운 마음의 해탈'을 닦으면, 이 몸을 가지고 저 세상에 가는 것이 아니라, 다만 마음을 따라 이곳을 떠나는 것이다. 그러므로 비구는, '나는 본래 방일하여 선하지 않은 업을 지었다. 지금 그 과보를 모두 받아서, 다음 세상에서는 받지 않도록 해야겠다'라고 생각하여야 한다. 만일 이와 같이 '자애로운 마음의 해탈'을 행하기를 한량없이 하여 잘 닦는 이가 있으면, 그는 반드시 아나함을 얻거나 다시 그 위의 과를 얻을 것이다.

이와 같이 '가엾이 여기는 마음'과 '함께 기뻐하는 마음'과 '담담한 마음'과 함께하면, 맺음도 없고 원한도 없고 성냄도 없고 다툼도 없어 지극히 넓고 크며, 한량없이 잘 닦아 일체 세상을 두루 채우고 노닐게 된다.

그는 이렇게 생각한다.

'나는 본래 이러한 마음이 거의 없었기 때문에 잘 닦지 않았는데 지금은 이러한 마음을 한량없이 잘 닦는다.'

많이 들어 아는 거룩한 제자가 그 마음을 이와 같이 한량없이 잘 닦는다면, 만일 본래 악한 벗으로 인해 방일한 행동을 하고 선하지 않은 업을 지었더라도, 이제 악한 벗은 그를 데리고 갈 수 없고 능히 더럽힐 수 없으며, 다시는 서로 따르지 않을 것이다.

만일 남자아이나 여자아이가 세상에 태어나 '담담한 마음의 해탈'을 행한다면 훗날에 그 몸과 입과 뜻으로 선하지 않은 업을 짓겠느냐?"

"아닙니다. 세존이시여. 스스로 악한 업을 짓지 않았는데, 무엇으로 인하여 악한 업이 생기겠습니까."

"그러므로 남자나 여자는 집에 있거나 집을 떠나거나, 항상 '담담한 마음의 해탈'을 부지런히 닦아야 한다. 만일 남자나 여자가 집에 있거나 집을 떠나거나 '담담한 마음의 해탈'을 닦으면, 이 몸을 가지고 저 세상에 가는 것이 아니라, 다만 마음을 따라 이곳을 떠나는 것이다.

그러므로 비구는, '나는 본래 방일하여 선하지 않은 업을 지었다. 지금 그 과보를 모두 받아서, 다음 세상에서는 받지 않도록 해야겠다'라고 생각하여야 한다. 만일 이와 같이 '담담한 마음의 해탈' 행하기를 한량없이 하여 잘 닦는 이가 있으면, 그는 반드시 아나함을 얻거나 다시 그 위의 과를 얻을 것이다."

부처님께서 이와 같이 말씀하시자, 비구들은 부처님 말씀을 듣고 기뻐하며 받들어 행하였다.

3. 육육법설六六法說

1) 육식六識

(1) 인연경因緣經

〈잡아함경 제9권 238경〉

이와 같이 나는 들었다.

어느 때 부처님께서 베살리의 원숭이못 곁에 있는 중각강당에 계셨다. 그때 어떤 비구가 부처님 계신 곳으로 가서 부처님 발에 예배하고 물러나 한쪽에 앉아 여쭈었다.

"어떠한 인因과 어떠한 연緣으로써 눈의 식별(眼識)이 생기며, 무슨 인과 무슨 연으로써 귀・코・혀・몸・의지의 식별이 생깁니까?"

부처님께서 비구에게 말씀하셨다.

"눈과 색色이 인연하여 눈의 식별이 생긴다. 왜냐하면 만일 눈의 식별이 생기면 그 일체는 다 눈과 색이 인연하여 생기기 때문이다.

귀와 소리가 인연하여 귀의 식별이 생긴다. 왜냐하면 만일 귀의 식별이 생기면 그 일체는 다 귀와 소리가 인연하여 생기기 때문이다.

코와 냄새가 인연하여 코의 식별이 생긴다. 왜냐하면 만일 코의 식별이 생기면 그 일체는 다 코와 냄새가 인연하여 생기기 때문이다.

혀와 맛이 인연하여 혀의 식별이 생긴다. 왜냐하면 만일 혀의 식별이 생기면 그 일체는 다 혀와 맛이 인연하여 생기기 때문이다.

몸과 촉감이 인연하여 몸의 식별이 생긴다. 왜냐하면 만일 몸의 식별이 생기면 그 일체는 다 몸과 촉감이 인연하여 생기기 때문이다.

의지와 법이 인연하여 의지의 식별이 생긴다. 왜냐하면 모든 의지의 식별은 그 일체가 다 의지와 법이 인연하여 생기기 때문이다.

이것을 비구여, 눈의 식별은 인연으로 생기고, 귀의 식별은 인연으로 생기고, 코의 식별은 인연으로 생기고, 혀의 식별은 인연으로 생기고, 몸의 식별은 인연으로 생기고, 의지의 식별은 인연으로 생기는 것이라 한다."

그때 그 비구는 부처님 말씀을 듣고 기뻐하며 예배하고 물러갔다.

2) 십팔계十八界

(1) 비심경鄙心經

〈잡아함경 제16권 445경〉

이와 같이 나는 들었다.

어느 때 부처님께서 사밧티성 제타숲 아나타핀디카 동산에 계셨다. 그때 세존께서 비구들에게 말씀하셨다.

"중생은 언제나 계층과 함께하고 계층과 화합한다. 어떻게 중생이 언제나 계층과 함께하는가. 중생이 선하지 않은 마음일 때는 선하지 않은 계층과 함께하고, 선한 마음일 때는 선한 계층과 함께하며, 훌륭한 마음일 때는 훌륭한 계층과 함께하고, 더러운 마음일 때는 더러운 계층과 함께한다. 그러므로 비구들이여, 마땅히 갖가지 계층에 대하여 이와 같이 배워야 한다.”

부처님께서 이 경을 말씀하시자, 모든 비구들은 부처님 말씀을 듣고 기뻐하며 받들어 행하였다.

(2) 계경界經

〈잡아함경 제16권 451경〉

이와 같이 나는 들었다.

어느 때 부처님께서 사밧티성 제타숲 아나타핀디카 동산에 계셨다. 그때 세존께서 비구들에게 말씀하셨다.

“나는 이제 갖가지 모든 계층을 설명하리니 자세히 듣고 잘 생각하여라. 그대들을 위하여 설명하리라.

어떤 것을 갖가지 계층이라 하는가? 이른바 눈의 계층(眼界)·색의 계층(色界)·눈의 식별의 계층(眼識界), 귀의 계층·소리의 계층·귀의 식별의 계층, 코의 계층·냄새의 계층·코의 식별의 계층, 혀의 계층·맛의 계층·혀의 식별의 계층, 몸의 계층·촉감의 계층·몸의 식별의 계층, 의지의 계층·법의 계층·의지의 식별의 계층이니, 이것을 갖가지 계층이라 한다.”

부처님께서 이 경을 말씀하시자, 모든 비구들은 부처님 말씀을 듣고 기뻐하며 받들어 행하였다.

(3) 촉경觸經

〈잡아함경 제16권 452경〉

이와 같이 나는 들었다.

어느 때 부처님께서 사밧티성 제타숲 아나타핀디카 동산에 계셨다. 그때 세존께서 비구들에게 말씀하셨다.

"갖가지 계층을 연하여 갖가지 '부딪침(觸)'이 생기고, 갖가지 부딪침을 연하여 갖가지 '느낌(受)'이 생기며, 갖가지 느낌을 연하여 갖가지 '갈애(愛)'가 생기느니라.

어떤 것이 갖가지 계층인가. 이른바 십팔계(十八界)로서 눈의 계층·색의 계층·눈의 식별의 계층, 귀의 계층·소리의 계층·귀의 식별의 계층, 코의 계층·냄새의 계층·코의 식별의 계층, 혀의 계층·맛의 계층·혀의 식별의 계층, 몸의 계층·촉감의 계층·몸의 식별의 계층, 의지의 계층·법의 계층·의지의 식별의 계층이니, 이것을 갖가지 계층이라 한다.

어떻게 갖가지 계층을 연하여 갖가지 부딪침이 생기고, 갖가지 부딪침을 연하여 갖가지 느낌이 생기고, 갖가지 느낌을 연하여 갖가지 갈애가 생기는가?

이른바 눈의 계층을 연하여 눈의 부딪침(眼觸)이 생기고, 눈의 부딪침을 연하여 눈의 느낌이 생기며, 눈의 느낌을 연하여 눈의 갈애가 생긴다.

귀의 계층을 연하여 귀의 부딪침(耳觸)이 생기고, 귀의 부딪침을 연하여 귀의 느낌이 생기며, 귀의 느낌을 연하여 귀의 갈애가 생긴다.

코의 계층을 연하여 코의 부딪침(鼻觸)이 생기고, 코의 부딪침을 연하여 코의 느낌이 생기며, 코의 느낌을 연하여 코의 갈애가 생긴다.

혀의 계층을 연하여 혀의 부딪침(舌觸)이 생기고, 혀의 부딪침을 연하여 혀의 느낌이 생기며, 혀의 느낌을 연하여 혀의 갈애가 생긴다.

몸의 계층을 연하여 몸의 부딪침(身觸)이 생기고, 몸의 부딪침을 연하여 몸의 느낌이 생기며, 몸의 느낌을 연하여 몸의 갈애가 생긴다.

의지의 계층을 연하여 의지의 부딪침(意觸)이 생기고, 의지의 부딪침을 연하여 의지의 느낌이 생기며, 의지의 느낌을 연하여 의지의 갈애가 생긴다.

비구들이여, 갖가지 갈애를 연하여 갖가지 느낌이 생기는 것이 아니고, 갖가지 느낌을 연하여 갖가지 부딪침이 생기는 것이 아니며, 갖가지 부딪침을 연하여 갖가지 계층이 생기는 것이 아니다.

반드시 갖가지 계층을 연하여 갖가지 부딪침이 생기고, 갖가지 부딪침을 연하여 갖가지 느낌이 생기며, 갖가지 느낌을 연하여 갖가지 갈애가 생기는 것이다.

이것을 비구들이여, 갖가지 계층을 연하여 갖가지 부딪침이 생기고, 갖가지 부딪침을 연하여 갖가지 느낌이 생기며, 갖가지 느낌을 연하여 갖가지 갈애가 생기는 것이라 한다."

부처님께서 이 경을 말씀하시자, 모든 비구들은 부처님 말씀을 듣고 기뻐하며 받들어 행하였다.

3) 육수六受 · 육상六想 · 육사六思

(1) 인경人經

〈잡아함경 제13권 306경〉

이와 같이 나는 들었다.

어느 때 부처님께서 사밧티성 제타숲 아나타핀디카 동산에 계셨다.

그때 어떤 비구는 혼자 어느 고요한 곳에서 골똘히 생각하다가 이렇게 생각하였다.

'비구는 어떻게 알고 어떻게 보아야 법을 볼 수 있는가.'

이렇게 생각한 뒤에 선정에서 일어나 부처님 계신 곳으로 가서 부처님 발에 예배하고 물러나 한쪽에 앉아 말씀드렸다.

"세존이시여, 저는 혼자 어느 고요한 곳에서 골똘히 생각하다가, '비구는 어떻게 알고, 어떻게 보아야 법을 볼 수 있는가'라고 생각하였습니다."

세존께서 그 비구에게 말씀하셨다.

"자세히 듣고 잘 생각하여라. 그대를 위하여 설명하리라. 두 가지 법이 있다. 어떤 것이 두 가지인가. 눈과 색, 귀와 소리 · 코와 냄새 · 혀와 맛 · 몸과 촉감 · 의지와 법, 이것이 두 가지 법이다.

비구여, 혹 어떤 이가, '사문 고타마가 말하는 두 법은 둘이 아니다. 나는 이제 그것을 버리고 다시 두 법을 세울 것이다'라고 말한다면 그것은 말만 있을 뿐 자꾸 물어도 알지 못하고 의혹만 더할 뿐이다. 그것은 경계가 아니기 때문이다.

왜냐하면 눈이 색을 연하여 눈의 식별이 생기고, 이 세 가지가 화합한 것이 부딪침이니, 부딪침에서 느낌・생각・의도가 함께 생긴다. 이 넷은 색이 없는 근간(無色陰)이요, 눈은 색의 근간이다. 이러한 법을 사람이라 한다. 이러한 법에 대하여 사람이라는 생각을 지어 '중생・나라・마누사・마나바・사부・풋갈라・지바・잔투'라고 한다.

또 이와 같이 말한다. 즉, '나는 눈으로 색을 보고, 나는 귀로 소리를 들으며, 나는 코로 냄새를 맡고, 나는 혀로 맛을 보며, 나는 몸으로 촉감을 느끼고, 나는 의지로 법을 식별한다.'

그는 이와 같이 말하고 이와 같이 가르친다. 즉, '이 존자는 이러한 이름과 이러한 출신과 이러한 성姓이며, 이렇게 먹고, 이렇게 괴로움과 즐거움을 받으며, 이렇게 오래 살고, 이렇게 오래 머무르며, 이렇게 목숨을 마쳤다.'

비구들이여, 이것을 곧 생각(想)이라 하고, 이것을 곧 마음의 기록이라 하며, 이것을 곧 말이라 한다. 이 모든 법은 덧없고, 유위이며, 마음의 바람(願)이요, 연하여 생기는 것이다.

만일 덧없고, 유위이며, 마음의 바람이요, 연하여 생긴 것이라면 그것은 곧 괴로움이다. 다시 또 그 괴로움은 생기고 또한 머무르며 멸하고 자꾸 생기니, 일체가 다 괴로움이다.

그러나 만약 다시 그 괴로움을 남김없이 끊고, 탐욕을 완전히 떠나고 멸하여 다른 괴로움이 다시 이어지지 않고 생기지 않으면, 이것이 곧 적멸寂滅이고 이것이 곧 승묘勝妙이다.

이른바 일체의 남아있는 것을 모두 버리고, 일체의 애욕이 다하고, 탐욕이 없고 번뇌가 다한 것이 열반이다.

귀·코·혀도 그와 같으며, 몸이 촉감을 연하여 몸의 식별이 생기고, 이 세 가지가 화합한 것이 부딪침이다. 부딪침에서 느낌·생각·의도가 함께 생긴다. 이 네 가지는 색이 없는 근간이요, 몸은 색이니, 이것을 사람이라 하며, …… 번뇌가 다한 것이 열반이다.

의지가 법을 연하여 의지의 식별이 생긴다. 이 세 가지가 화합한 것이 부딪침이다. 부딪침에서 느낌·생각·의도가 함께 생긴다. 이 네 가지의 색이 없는 근간과 사대四大는 우리가 의지하는 것으로 이러한 법을 사람이라 하며, …… 번뇌가 다한 것이 열반이다.

만일 이 모든 법에 대하여 마음이 따라가서 머물게 되거든 해탈하여 퇴전하지 말고, 매이고 집착하게 되는 법에 '나'가 없게 하라.

비구들이여, 이와 같이 알고 이와 같이 보면 곧 법을 보게 된다."

부처님께서 이 경을 말씀하시자, 모든 비구들은 부처님 말씀을 듣고 기뻐하며 받들어 행하였다.

4) 육촉六觸 · 육수六受

(1) 일체경一切經

〈잡아함경 제10권 321경〉

이와 같이 나는 들었다.

어느 때 부처님께서 사밧티성 제타숲 아나타핀디카 동산에 계셨다.

그때 자눗소니(生聞) 바라문이 부처님 계신 곳으로 가서 서로 인사한 뒤에 물러나 한쪽에 앉아 부처님께 여쭈었다.

"사문 고타마시여, 일체 법이란 어떤 것을 일체 법이라 하십니까?"

부처님께서 바라문에게 말씀하셨다.

"눈과 색과 눈의 식별과 눈의 부딪침과 눈의 부딪침을 연하여 생기는 느낌, 즉 괴로운 느낌 · 즐거운 느낌 · 괴롭지도 않고 즐겁지도 않은 느낌과 귀와 소리와 귀의 식별과 귀의 부딪침과 귀의 부딪침을 연하여 생기는 느낌, 즉 괴로운 느낌 · 즐거운 느낌 · 괴롭지도 않고 즐겁지도 않은 느낌과 코와 냄새와 코의 식별과 코의 부딪침과 코의 부딪침을 연하여 생기는 느낌, 즉 괴로운 느낌 · 즐거운 느낌 · 괴롭지도 않고 즐겁지도 않은 느낌과 혀와 맛과 혀의 식별과 혀의 부딪침과 혀의 부딪침을 연하여 생기는 느낌, 즉 괴로운 느낌 · 즐거운 느낌 · 괴롭지도 않고 즐겁지도 않은 느낌과 몸과 촉감과 몸의 식별과 몸의 부딪침과 몸의 부딪침을 연하여 생기는 느낌, 즉 괴로운 느낌 · 즐거운 느낌 · 괴롭지도 않고 즐겁지도 않은 느낌과 의지와 법과 의지의 식별과 의지의 부딪침과 의지의 부딪침을 연하여 생기는 느낌, 즉 괴로운 느낌 ·즐거운 느낌 ·괴롭지도 않고 즐겁지도 않은 느낌을 '일체법'이라 한다.

만일 다시 어떤 사람이, '이것은 일체 법이 아니다. 나는 이제 사문 고타마가 말하는 일체 법을 버리고 다시 일체 법을 세울 것이다'라고 말한다면, 그것은 다만 말만 있을 뿐 자꾸 물어도 알지 못하여 그 어리석음과 의혹만 더할 것이다. 왜냐하면 그것은 경계가 아니기 때문이다."

부처님께서 이 경을 말씀하시자, 자눗소니 바라문은 부처님 말씀을 듣고 기뻐하며 자리에서 일어나 떠나갔다.

(자눗소니 바라문이 물은 세 가지 경과 같이, 어떤 비구가 물은 세 가지 경, 아난 존자가 물은 세 가지 경, 세존은 법의 눈 · 법의 근본 · 법의 의지처의 세 가지 경도 위에서 말씀하신 것과 같다.)

(2) 무상경無常經

〈잡아함경 제 8권 195경〉

이와 같이 나는 들었다.

어느 때 부처님께서 사밧티성 제타숲 아나타핀디카 동산에 계셨다. 그때 세존께서 비구들에게 말씀하셨다.

"모든 것은 덧없다. 어떻게 모든 것은 덧없는가.

눈은 덧없는 것이고, 색과 눈의 식별과 눈의 부딪침과 눈의 부딪침을 연하여 생기는 느낌, 즉 괴로운 느낌 ·즐거운 느낌 · 괴롭지도 않고 즐겁지도 않은 느낌도 덧없는 것이다.

귀는 덧없는 것이고, 소리과 귀의 식별과 귀의 부딪침과 귀의 부딪침을 연하여 생기는 느낌, 즉 괴로운 느낌 · 즐거운 느낌 · 괴롭지도 않고 즐겁지도 않은 느낌도 덧없는 것이다.

코는 덧없는 것이고, 냄새와 코의 식별과 코의 부딪침과 코의 부딪침을 연하여 생기는 느낌, 즉 괴로운 느낌 · 즐거운 느낌 · 괴롭지도 않고 즐겁지도 않은 느낌도 덧없는 것이다.

혀는 덧없는 것이고, 맛과 혀의 식별과 혀의 부딪침과 혀의 부딪침을 연하여 생기는 느낌, 즉 괴로운 느낌 · 즐거운 느낌 · 괴롭지도 않고 즐겁지도 않은 느낌도 덧없는 것이다.

몸은 덧없는 것이고, 촉감과 몸의 식별과 몸의 부딪침과 몸의 부딪침을 연하여 생기는 느낌, 즉 괴로운 느낌 ·즐거운 느낌 ·괴롭지도 않고 즐겁지도 않은 느낌도 덧없는 것이다.

의지는 덧없는 것이고, 법과 의지의 식별과 의지의 부딪침과 의지의 부딪침을 연하여 생기는 느낌, 즉 괴로운 느낌 · 즐거운 느낌 · 괴롭지도 않고 즐겁지도 않은 느낌도 덧없는 것이다.

그러므로 많이 들어 아는 거룩한 제자들로서 이렇게 관찰하는 사람은 눈에 대해서 싫어하는 마음을 내고, 색과 눈의 식별과 눈의 부딪침과 눈의 부딪침을 연하여 생기는 느낌, 즉 괴로운 느낌 · 즐거운 느낌 · 괴롭지도 않고 즐겁지도 않은 느낌에 대해서 싫어하는 마음을 낸다.

또한 귀에 대해서 싫어하는 마음을 내고, 소리과 귀의 식별과 귀의 부딪침과 귀의 부딪침을 연하여 생기는 느낌, 즉 괴로운 느낌 · 즐거운 느낌 · 괴롭지도 않고 즐겁지도 않은 느낌에 대해서 싫어하는 마음을 낸다.

코에 대해서 싫어하는 마음을 내고, 냄새와 코의 식별과 코의 부딪침과 코의 부딪침을 연하여 생기는 느낌, 즉 괴로운 느낌·즐거운 느낌·괴롭지도 않고 즐겁지도 않은 느낌에 대해서 싫어하는 마음을 낸다.

혀에 대해서 싫어하는 마음을 내고, 맛과 혀의 식별과 혀의 부딪침과 혀의 부딪침을 연하여 생기는 느낌, 즉 괴로운 느낌·즐거운 느낌·괴롭지도 않고 즐겁지도 않은 느낌에 대해서 싫어하는 마음을 낸다.

몸에 대해서 싫어하는 마음을 내고, 촉감과 몸의 식별과 몸의 부딪침과 몸의 부딪침을 연하여 생기는 느낌, 즉 괴로운 느낌·즐거운 느낌·괴롭지도 않고 즐겁지도 않은 느낌에 대해서 싫어하는 마음을 낸다.

의지에 대해서 싫어하는 마음을 내고, 법과 의지의 식별과 의지의 부딪침과 의지의 부딪침을 연하여 생기는 느낌, 즉 괴로운 느낌·즐거운 느낌·괴롭지도 않고 즐겁지도 않은 느낌에 대해서도 또한 싫어하는 마음을 낸다.

싫어하기 때문에 즐기지 않고, 즐기지 않기 때문에 해탈하며, 해탈한 줄을 알고 본다. 그래서 나의 생은 다하고 범행은 갖추었고, 할 일은 마쳐, 다시는 다음 생을 받지 않는다는 것을 스스로 안다."

부처님께서 이 경을 말씀하시자, 모든 비구들은 부처님 말씀을 듣고 기뻐하며 받들어 행하였다.

(무상경無常經과 같이, 고苦·공空·무아無我에 대해서도 이와 같이 말씀하셨다.)

5) 육촉연생六觸緣生

(1) 고집멸경苦集滅經

〈잡아함경 제8권 218경〉

이와 같이 나는 들었다.

어느 때 부처님께서 사밧티성 제타숲 아나타핀디카 동산에 계셨다. 그때 세존께서 비구들에게 말씀하셨다.

"나는 이제 그대들을 위하여 괴로움의 집기(集)에 이르는 길과 괴로움의 멸함에 이르는 길을 말하리니, 자세히 듣고 잘 생각하여라. 그대들을 위하여 설하겠다.

어떤 것이 괴로움의 집기에 이르는 길인가. 눈이 색을 연하여 눈의 식별이 생기고, 이 세 가지가 화합하여 부딪침이 있다. 부딪침을 연하여 느낌이 있고, 느낌을 연하여 갈애가 있고, 갈애를 연하여 취함이 있으며, 취함을 연하여 존재가 있고, 존재를 연하여 태어남이 있으며, 태어남을 연하여 늙음·병듦·죽음과 근심·슬픔·번민·고통이 집기한다. 이와 같이 귀·코·혀·몸·의지에 대해서도 또한 그와 같다. 이것을 '괴로움의 집기에 이르는 길'이라 한다.

어떤 것이 괴로움의 멸함에 이르는 길인가. 눈이 색을 연하여 눈의 식별이 생기고, 이 세 가지가 화합하여 부딪침이 있다. 부딪침이 멸하면 느낌이 멸하고, 느낌이 멸하면 갈애가 멸하며, 갈애가 멸하면 취함이 멸하고, 취함이 멸하면 존재가 멸하며, 존재가 멸하면 태어남이 멸하고, 태어남이 멸하면 늙음·병듦·죽음과 근심·슬픔·번민·고통이 멸한다. 이렇게 하여 아주 커다란 괴로움의 무더기가 멸한다. 귀·코·혀·몸·의지에 대해서도 또한 그와 같다. 이것을 '괴로움의 멸함에 이르는 길'이라 한다."

부처님께서 이 경을 말씀하시자, 모든 비구들은 부처님 말씀을 듣고 기뻐하며 받들어 행하였다.

4. 오온五蘊·사제설四諦說

1) 육계六界

(1) 안내입처경眼內入處經

〈잡아함경 제13권 322경〉

이와 같이 나는 들었다.

어느 때 부처님께서 사밧티성 제타숲 아나타핀디카 동산에 계셨다. 이때 한 비구가 부처님 계신 곳으로 가서 부처님 발에 예배하고 물러나 한쪽에 앉아 여쭈었다.

"세존이시여, 세존께서는 눈을 내입처內入處(안의 포섭처)라고 간략히 말씀하시고 자세히 분별하시지는 않으셨습니다. 눈이 내입처라는 것은 무엇을 말합니까?"

부처님께서 그 비구에게 말씀하셨다.

"눈이 내입처라는 것은, 사대四大로 이루어진 미세한 색이어서 볼 수는 없지만, 대상이 있는 것이다. 귀·코·혀·몸 내입처도 또한 그와 같이 말한다."

그는 다시 부처님께 여쭈었다.

"세존이시여, 세존께서는 의지를 내입처라 말씀하시고 자세히 분별하지는 않으셨습니다. 의지가 내입처라는 것은 무엇을 말합니까?"

부처님께서 비구에게 말씀하셨다.

"의지가 내입처라는 것은, 마음(心)과 뜻(意)과 식별(識)은 색이 아니어서 볼 수도 없고 대상도 없는 것이니, 의지를 내입처라 하는 것이다."

그는 다시 물었다.

"이와 같이 세존께서는 색을 외입처外入處(인식 대상)라고 간략히 말씀하시고 자세히 분별하시지는 않으셨습니다. 세존이시여, 색이 외입처라는 것은 무엇을 말합니까?"

부처님께서 비구에게 말씀하셨다.

"색이 외입처라는 것은, 사대로 이루어진 것으로서 볼 수도 있고 대상도 있는 것이니, 색을 외입처라 한다."

"세존께서는 소리를 외입처라 말씀하시고 자세히 분별하시지는 않으셨습니다. 소리가 외입처라는 것은 무엇을 말합니까?"

"소리는 사대로 이루어진 것으로서, 볼 수는 없으나 대상은 있는 것이다.

소리와 같이 냄새와 맛도 또한 그와 같다."

"세존께서는 촉감을 외입처라 말씀하시고 자세히 분별하시지 않으셨습니다. 촉감이 외입처라는 것은 무엇을 말합니까?"

"촉감을 외입처라 하는 것은, 촉감은 사대와 사대로 이루어진 색으로서 볼 수는 없으나 대상은 있는 것이니, 촉감을 외입처라 한다."

"세존께서는 법을 외입처라 말씀하시고 자세히 분별하시지 않으셨습니다. 법이 외입처라는 것은 무엇을 말합니까?"

"법을 외입처라 하는 것은, 열한 가지 입처(十一入處)에는 속하지 않는 것으로서, 볼 수도 없고 대상도 없는 것이니, 법을 외입처라 한다."

부처님께서 이 경을 말씀하시자, 모든 비구들은 부처님 말씀을 듣고 기뻐하며 받들어 행하였다.

(2) 착사경着使經

〈잡아함경 제17권 465경〉

이와 같이 나는 들었다.

어느 때 부처님께서 라자가하성 칼란다카 대나무 동산에 계셨다. 그때 라훌라 존자는 부처님 계신 곳으로 가서 부처님 발에 예배하고 물러나 한쪽에 앉아 여쭈었다.

"세존이시여, 어떻게 알고 어떻게 보아야 저의 이 식별 몸(識身)과 바깥 경계(外境界)의 일체 모양에 대하여, '나라는 견해'와 '나의 것이라는 견해'와 '아만我慢'에 매이어 집착하는 번뇌가 없게 되겠습니까?"

부처님께서 라훌라에게 말씀하셨다.

"자세히 듣고 잘 생각하여라. 너를 위하여 설명하겠다.

라훌라여, 비구는 모든 땅의 계층에 대하여 과거나 미래나 현재나, 안이나 밖이나, 거칠거나 미세하거나, 아름답거나 추하거나, 멀거나 가깝거나, 그 일체는 '나'가 아니고, '나와 다른 것'도 아니며, '나와 함께 있는 것'도 아니라고 여실히 안다.

물의 계층·불의 계층·바람의 계층·허공의 계층·식별의 계층에 대해서도 또한 이와 같이 안다.

라훌라여, 비구가 이와 같이 알고 이와 같이 본다면, 식별 몸과 바깥 경계의 일체 모양에 대하여 '나라는 견해'와 '나의 것이라는 견해'와 '아만'에 매이어 집착하는 번뇌가 없게 될 것이다.

라훌라여, 비구가 나의 이 식별 몸과 바깥 경계의 일체 모양에 대하여 '나라는 견해'와 '내 것이라는 견해'와 '아만我慢'에 매이어 집착하는 번뇌가 없으면, 이것을 모든 애욕의 결박과

맺음을 끊었다 하고, 또한 모든 애욕과 교만을 끊고 밝게 알아서 괴로움을 완전히 벗어난 것이라 한다.”

부처님께서 이 경을 말씀하시자, 라훌라 존자는 부처님 말씀을 듣고 기뻐하며 받들어 행하였다.

2) 오온五蘊

(1) 음경陰經

〈잡아함경 제2권 55경〉

이와 같이 나는 들었다.

어느 때 부처님께서 바라나시의 선인들이 머물던 사슴 동산에 계셨다. 그때 세존께서 모든 비구들에게 말씀하셨다.

“나는 이제 ‘근간(陰)’과 ‘취한 근간(受陰)’을 말하겠다. 어떤 것을 ‘근간’이라 하는가.

모든 색으로서 과거나 미래나 현재나, 안이나 밖이나, 거칠거나 미세하거나, 아름답거나 추하거나, 멀거나 가깝거나 그 일체를 모두 색의 근간이라 한다. 모든 느낌(受) · 생각(想) · 결합(行) · 식별(識)도 또한 그와 같아서, 그 일체를 모두 느낌 · 생각 · 결합 · 식별의 근간이라 하니, 이것들을 모두 근간根幹이라 한다.

어떤 것을 ‘취한 근간’이라 하는가. 만일 색에 대하여 번뇌가 있으면 그것을 취한다. 만일 그 색에 대하여 과거나 미래나 현재에 탐욕과 성냄과 어리석음 및 그 밖의 여러 가지 큰 번뇌의 마음 법(心法)을 내고, 느낌 · 생각 · 결합 · 식별도 또한 그러하면 이것을 '취한 근간'이라 한다."

부처님께서 이 경을 말씀하시자, 모든 비구들은 그 말씀을 듣고 기뻐하며 받들어 행하였다.

(2) 분별경分別經①

〈잡아함경 제10권 61경〉

이와 같이 나는 들었다.

어느 때 부처님께서 사밧티성 제타숲 아나타핀디카 동산에 계셨다. 그때 세존께서 비구들에게 말씀하셨다.

"다섯 가지 취한 근간(五受陰)이 있다. 어떤 것이 다섯인가. 색 취한 근간과 느낌 · 생각 · 결합 · 식별 취한 근간이다.

어떤 것이 '색 취한 근간(色受陰)'인가. 모든 색으로서 그 일체는 사대와 사대 요소로 이루어진 색이니, 이것을 '색 취한 근간'이라 한다. 또한 그 색은 덧없고 괴로우며 변하고 바뀌는 법이니, 만일 그 '색 취한 근간'을 영원히 끊어서 남김없이 끝까지 버리어 떠나고 멸하여, 탐욕을 떠나 완전히 고요해지면, 다른 '색 취한 근간'은 다시 이어지지 못하고 일어나지도 않고 나오지도 않는다. 이것을 '묘함'이라 하고, '고요함'이라 하며, '버리고 떠남'이라 한다. 그래서 일체의 남아있는 갈애가 다하고 탐욕이 없어지고 번뇌가 다 멸하여 열반을 얻는다.

어떤 것이 '느낌 취한 근간(受受陰)'인가. 여섯 가지 느낌 몸(六受身)이니, 어떤 것이 여섯인가. 곧 눈의 부딪침에서 느낌이 생기고, 귀 · 코 · 혀 · 몸 · 의지의 부딪침에서 느낌이 생기니, 이것을 '느낌 취한 근간'이라 한다. 또한 그 '느낌 취한 근간'은 다 덧없고 괴로우며 변하고 바뀌는 법이니, 만일 그 '느낌 취한 근간'을 영원히 끊어서 남김없이 끝까지 버리어 떠나고 멸하여, 탐욕을 떠나 완전히 고요해지면, 다른 '느낌 취한 근간'은 다시 이어지지 못하고 일어나지도 않고 나오지도 않는다. 이것을 '묘함'이라 하고, '고요함'이라 하며, '버리고 떠남'이라 한다. 그래서 일체의 남아있는 갈애가 다하고 탐욕이 없어지고 번뇌가 다 멸하여 열반을 얻는다.

어떤 것이 '생각 취한 근간(想受陰)'인가. 여섯 가지 생각 몸(六想身)이니, 어떤 것이 여섯인가. 눈의 부딪침에서 생각이 생기고, 귀·코·혀·몸·의지의 부딪침에서 생각이 생기니, 이것을 '생각 취한 근간'이라 한다. 또한 그 '생각 취한 근간'은 덧없고 괴로우며 변하고 바뀌는 법이니, 만일 그 '생각 취한 근간'을 영원히 끊어서 남김없이 끝까지 버리어 떠나고 멸하여, 탐욕을 떠나 완전히 고요해지면, 다른 '생각 취한 근간'은 다시 이어지지 못하고 일어나지도 않고 나오지도 않는다. 이것을 '묘함'이라 하고, '고요함'이라 하며, '버리고 떠남'이라 한다. 그래서 일체의 남아있는 갈애가 다하고 탐욕이 없어지고 번뇌가 다 멸하여 열반을 얻는다.

어떤 것이 '결합 취한 근간(行受陰)'인가. 여섯 가지 의도 몸(六思身)이니, 어떤 것이 여섯인가. 눈의 부딪침에서 의도가 생기고. 귀·코·혀·몸·의지의 부딪침에서 의도가 생기니, 이것을 '결합 취한 근간'이라 한다. 또한 그 '결합 취한 근간'은 덧없고 괴로우며 변하고 바뀌는 법이니, 만일 그 '결합 취한 근간'을 영원히 끊어서 남김없이 끝까지 버리어 떠나고 멸하여, 탐욕을 떠나 완전히 고요해지면, 다른 '결합 취한 근간'은 다시 이어지지 못하고 일어나지도 않고 나오지도 않는다. 이것을 '묘함'이라 하고, '고요함'이라 하며, '버리고 떠남'이라 한다. 그래서 일체의 남아있는 갈애가 다하고 탐욕이 없어지고 번뇌가 다 멸하여 열반을 얻는다.

어떤 것이 '식별 취한 근간(識受陰)'인가. 여섯 가지 식별 몸(六識身)이니, 어떤 것이 여섯인가. 곧 눈의 식별이고, 귀·코·혀·몸·의지의 식별이니, 이것을 '식별 취한 근간'이라 한다. 또한 그 '식별 취한 근간'은 덧없고 괴로우며 변하고 바뀌는 법이니, 만일 그 '식별 취한 근간'을 영원히 끊어서 남김없이 끝까지 버리어 떠나고 멸하여, 탐욕을 떠나 완전히 고요해지면, 다른 '식별 취한 근간'은 다시 이어지지 못하고 일어나지도 않고 나오지도 않는다. 이것을 '묘함'이라 하고, '고요함'이라 하며, '버리고 떠남'이라 한다. 그래서 일체의 남아있는 갈애가 다하고 탐욕이 없어지고 번뇌가 다 멸하여 열반을 얻는다.

비구들이여, 만일 이 법에 대하여 지혜로써 생각하고 관찰하고 분별하여 알면, 이것을 믿음을 따라 행하는 것(隨信行)이라 한다. 그는 뛰어올라 남(生)을 떠나고 범부의 자리를 뛰어넘어 아직 수다원과는 얻지 못하였더라도 중간에 죽지 않으면 반드시 수다원과를 얻을 것이다.

비구들이여, 만일 이 법에 대하여 더 수승한 지혜로써 깊이 생각하고 관찰하여 알면, 이것을 법을 따라 행한다(隨法行)고 한다. 그는 뛰어올라 남(生)을 떠나고 범부의 자리를 뛰어넘어 아직 수다원과는 얻지 못하였더라도 중간에 죽지 않으면 반드시 수다원과를 얻을 것이다.

비구들이여, 이 법에 대하여 참다운 지혜로써 평등하게 보면, 나의 몸이 있다는 견해 · 계율과 금기禁忌에 대한 집착 · 의심의 '세 가지 결박'이 다 끊어진 줄을 알게 된다. 비구들이여, 이것을 수다원과라 한다. 그는 결코 나쁜 세계에 떨어지지 않고 반드시 깨달음(삼먁삼보리)으로 바르게 나아가 일곱 번 천상과 인간에 태어난 뒤에는 완전히 괴로움에서 벗어난다.

비구들이여, 만일 이 법에 대하여 참다운 바른 지혜로써 평등하게 보아 마음에 번뇌를 일으키지 않으면 그를 아라한이라 한다. 그는 모든 번뇌를 다하고, 할 일을 마쳤으며, 무거운 짐을 내려놓아 스스로 편안함을 얻었고, 모든 존재의 결박을 끊고 바른 지혜로써 마음이 잘 해탈하였다."

부처님께서 이 경을 말씀하시자, 모든 비구들은 그 말씀을 듣고 기뻐하며 받들어 행하였다.

3) 사제四諦

(1) 사제경四諦經①

〈잡아함경 제15권 380경〉

이와 같이 나는 들었다.

어느 때 부처님께서 바라나시의 선인들이 머물던 사슴 동산(鹿野苑)에 계셨다. 그때 세존께서 비구들에게 말씀하셨다.

"네 가지 거룩한 진리(四聖諦)가 있다. 어떤 것을 넷이라 하는가. 괴로움의 진리, 괴로움의 집기의 진리·괴로움의 멸함의 진리·괴로움의 멸함에 이르는 길의 진리이다."

부처님께서 이 경을 말씀하시자, 모든 비구들은 부처님 말씀을 듣고 기뻐하며 받들어 행하였다.

(2) 사제품四諦品經

〈증일아함경 제17권 제 25-①경〉

이와 같이 나는 들었다.

어느 때 부처님께서 사밧티성 제타숲 아나타핀디카 동산에 계셨다. 그때 세존께서 비구들에게 말씀하셨다.

"네 가지 진리의 법(四諦法)을 닦아 행하라. 어떤 것이 네 가지인가. 첫째는 '괴로움의 진리'이니, 그 이치는 끝이 없어서 생각으로도 다할 수 없고 말로도 다할 수 없다.

둘째는 '괴로움의 집기의 진리'이니, 그 이치는 끝이 없어서 생각으로도 다할 수 없고 말로도 다할 수 없다.

셋째는 '괴로움의 멸함의 진리'이니, 그 이치는 끝이 없어서 생각으로도 다할 수 없고 말로도 다할 수 없다.

넷째는 '괴로움의 멸함에 이르는 길의 진리'이니, 그 이치는 끝이 없어서 생각으로도 다할 수 없고 말로도 다할 수 없다.

어떤 것이 '괴로움의 진리'인가. 괴로움의 진리란 생·노·병·사의 괴로움과 근심·슬픔·번민의 괴로움, 싫어하는 것과 만나는 괴로움, 사랑하는 것과 이별하는 괴로움, 구하는 것을 얻지 못하는 괴로움이다. 간략히 말하면, 다섯 가지 취한 근간 그 자체가 괴로움이다. 이것을 '괴로움의 진리'라 한다.

어떤 것이 '괴로움의 집기의 진리'인가. 괴로움의 집기의 진리란. 갈애와 탐욕이 어울려 마음이 항상 집착하는 것이다. 이것을 '괴로움의 집기의 진리'라 한다.

어떤 것이 '괴로움의 멸함의 진리'인가. 괴로움의 멸함의 진리란, 탐욕과 갈애가 남김없이 모두 없어져 다시는 새로 일어나지 않는 것이다. 이것을 '괴로움의 멸함의 진리'라 한다.

어떤 것이 '괴로움의 멸함에 이르는 길'의 진리인가. 괴로움의 멸함에 이르는 길의 진리란, 팔정도이니, 바른 견해·바른 생각·바른 말·바른 행동·바른 생활·바른 정진·바른 기억·바른 선정이다. 이것을 '괴로움의 멸함에 이르는 길의 진리'라 한다.

비구들이여, 이와 같이 이 네 가지 진리는 진실하여 허망하지 않으며, 세존의 말씀이기 때문에 진리라 한다.

두발이나 세발 또는 네발을 가진 여러 중생들과 애욕의 세계·색의 세계·색이 없는 세계·생각이 있기도 하고 없기도 한 세계의 여러 중생 가운데서 여래가 최상이신데, 여래가 이 네 가지 진리를 성취하셨기 때문에 '네 가지 진리(四諦)'라고 한다.

비구들이여, 이러한 네 가지 진리가 있으나, 이것을 깨닫지 못하면 오래도록 나고 죽음 속에서 다섯 갈래에 윤회하게 된다. 이제 나는 이 네 가지 진리를 얻었기 때문에 이 언덕에서 저 언덕으로 갔으며, 이 진리를 성취하였기 때문에, 나고 죽음의 근본을 끊어 다시는 다음 생을 받지 않을 줄을 여실히 알았다.”

그때 세존께서 게송으로 말씀하셨다.

이제 이 네 가지 진리의 법
그것을 여실히 알지 못하면
나고 죽음 속에 윤회하면서
끝내는 해탈하지 못하리.

만일 이제 이 네 가지 진리를
밝게 깨달아 환히 알면
나고 죽는 근본을 끊음으로써
다시는 다음 생 받지 않으리.

“만일 사부 대중으로서 이 진리를 깨달아 알지 못하면 곧 다섯 갈래 윤회의 길에 떨어지게 될 것이다. 그러므로 비구들이여, 마땅히 부지런히 정진하여 이 네 가지 진리를 성취하도록 하라. 비구들이여, 이와 같이 배워 익혀야 한다.”

그때 비구들은 부처님 말씀을 듣고 기뻐하며 받들어 행하였다.

(3) 전법륜경轉法輪經

〈잡아함경 제16권 379경〉

이와 같이 나는 들었다.

어느 때 부처님께서 바라나시의 선인들이 머물던 사슴 동산에 계셨다. 그때 세존께서 비구들에게 말씀하셨다.

“이것은 괴로움의 거룩한 진리이다. 일찍이 듣지 못한 법이니, 마땅히 바르게 생각하라. 그때 눈(眼)·지혜(智)·밝음(明)·깨달음(覺)이 생길 것이다. 또 이것은 괴로움의 집기·괴로움의 멸함·괴로움의 멸함에 이르는 길의 거룩한 진리이다. 일찍이 듣지 못한 법이니, 마땅히 바르게 생각하라. 그때 눈·지혜·밝음·깨달음이 생길 것이다.

다음에는 괴로움의 거룩한 진리에 대한 지혜를 마땅히 알아야 한다. 일찍이 듣지 못한 법이니, 마땅히 바르게 생각하라. 그때 눈·지혜·밝음·깨달음이 생길 것이다. 괴로움의 집기의 거룩한 진리를 이미 알았으면, 마땅히 끊어야 한다. 일찍이 듣지 못한 법이니 바르게 생각하라. 그때 눈·지혜·밝음·깨달음이 생길 것이다. 괴로움의 집기를 멸하는 거룩한 진리를 이미 알았으면, 마땅히 증득하여야 한다. 일찍이 듣지 못한 법이니 마땅히 바르게 생각하라. 그때 눈·지혜·밝음·깨달음이 생길 것이다. 괴로움의 멸함에 이르는 길의 진리를 이미 알았으면, 마땅히 닦아야 한다. 일찍이 듣지 못한 법이니 마땅히 바르게 생각하라. 그때 눈·지혜·밝음·깨달음이 생길 것이다.

다음에는 비구들이여, 이 괴로움의 진리를 이미 알고 이미 알았으면 벗어나라. 일찍이 듣지 못한 법이니 마땅히 바르게 생각하라. 그때 눈·지혜·밝음·깨달음이 생길 것이다. 괴로움의 집기의 진리를 이미 알고 이미 끊었으면 벗어나라. 일찍이 듣지 못한 법이니 마땅히 바르게 생각하라. 그때 눈·지혜·밝음·깨달음이 생길 것이다. 괴로움의 멸함의 진리를 이미 알고 이미 증득하였으면 벗어나라. 일찍이 듣지 못한 법이니 바르게 생각하라. 그때 눈·지혜·밝음·깨달음이 생길 것이다. 괴로움의 멸함에 이르는 길의 진리를 이미 알고 이미 닦았으면 벗어나라. 일찍이 듣지 못한 법이니 마땅히 바르게 생각하라. 그때 눈·지혜·밝음·깨달음이 생길 것이다.

비구들이여, 내가 이 네 가지 거룩한 진리(四聖諦)에서 삼전십이행三轉十二行하여 눈·지혜·밝음·깨달음이 생기지 않았으면 나는 끝내 모든 천신·마라·범천과 사문이나 바라문 등의 법을 듣는 대중 가운데서 해탈하고 나오고 떠나지 못하였을 것이다. 또한 스스로 아뇩다라삼먁삼보리를 증득하지도 못하였을 것이다. 그러나 나는 이미 네 가지 진리에서 삼전십이행을 하여 눈·지혜·밝음·깨달음이 생겼기 때문에 모든 천신·마라·범천과 사문·바라문 등의 법을 듣는 대중 가운데서 나오고 해탈하게 되었으며, 스스로 아뇩다라삼먁삼보리를 증득하게 되었다."

그때 세존께서 이 법을 말씀하시자, 콘단냐 존자와 팔만의 모든 천신들은 번뇌를 멀리 떠나 법의 눈이 깨끗하게 되었다.

그때 세존께서는 콘단냐 존자에게 말씀하셨다.

"법을 알았느냐?"

"알았습니다. 세존이시여."

다시 콘단냐 존자에게 물으셨다.

"법을 알았느냐?"

"알았습니다. 선서시여."

콘단냐 존자는 법을 알았기 때문에 이름을 안냐타(깨달은) 콘단냐라고 불리게 되었다. 안냐타 콘단냐 존자가 법을 알자 지신地神들은 소리 높여 외쳤다.

“여러분, 세존께서는 바라나시의 선인들이 머물던 사슴동산에서 네 가지 거룩한 진리의 법륜을 세 번 굴리셨습니다. 이것은 모든 사문 · 바라문이나 모든 천신 · 마라 · 범천들이 일찍이 굴리지 못한 것입니다. 많이 이익 되게 하시고 많이 안락하게 하실 것입니다. 세간을 가엾이 여기시어 이치로써 이롭게 하시고 천신과 인간들을 이롭고 편안하게 하시어, 천신들은 더욱 늘어나게 하시고 아수라들은 줄게 하셨습니다.”

지신이 외치자 허공신천 · 사천왕천 · 삼십삼천 · 야마천 · 도솔타천 · 화락천 · 타화자재천에게까지 들리니, 서로 이어 외쳐서 잠깐 동안에 범천에게까지 들렸다. 범천도 그 소리를 받아 소리 높여 외쳤다.

“여러분, 세존께서는 바라나시의 선인들이 머물던 사슴 동산에서 네 가지 거룩한 진리의 법륜을 세 번 굴리셨습니다.

이것은 모든 사문 · 바라문이나 모든 천신 · 마라 · 범천들이 일찍이 굴리지 못한 법입니다. 많이 이익 되게 하시고 많이 안락하게 하실 것입니다. 세간을 가엾이 여기시어 이치로써 이롭게 하시고 천신과 인간들을 이롭고 편안하게 하여, 천신들은 더욱 늘어나게 하시고 아수라들은 줄게 하셨습니다.”

세존께서 바라나시의 선인들이 머물던 사슴 동산에서 법륜을 굴리셨기 때문에 이 경을 ‘전법륜경轉法輪經’이라고 부른다.

부처님께서 이 경을 말씀하시자, 모든 비구들은 부처님 말씀을 듣고 기뻐하며 받들어 행하였다.

4) 사과四果

(1) 사문법 사문과경沙門法 沙門果經
〈잡아함경 제29권 797경〉

이와 같이 나는 들었다.

어느 때 부처님께서 사밧티성 제타숲 아나타핀디카 동산에 계셨다. 그때 세존께서 비구들에게 말씀하셨다.

"'사문의 법(沙門法)'과 '사문의 과(沙門果)'가 있으니, 자세히 듣고 잘 생각하여라. 그대들을 위하여 설명하겠다.

어떤 것이 '사문의 법'인가. 이른바 팔정도이니, 바른 견해(正見)·바른 생각(正思惟)·바른 말(正語)·바른 행동(正業)·바른 생활(正命)·바른 정진(正精進)·바른 기억(正念)·바른 선정(正定)이다.

어떤 것이 '사문의 과'인가. 수다원과須陀洹果(예류과)·사다함과斯陀含果(일래과)·아나함과阿那含果(불환과)·아라한과阿羅漢果이다.

어떤 것이 수다원과인가. 세 가지 결박(三結)[2]이 끊어진 것이다.

어떤 것이 사다함과인가. 세 가지 결박이 끊어지고 탐욕·성냄·어리석음이 엷어진 것이다.

어떤 것이 아나함과인가. 다섯 가지 결박(五下分結)[3]이 다한 것이다.

---

2) 세 가지 결박[三結]-신견(身見) 계금취견(戒禁取見), 의심[疑]
3) 다섯 가지 결박[五下分結]: 삼결(三結)과 탐욕[貪], 성냄[瞋]

어떤 것이 아라한과인가. 탐욕 · 성냄 · 어리석음이 모두 다하고 일체의 번뇌가 모두 다한 것이다."

부처님께서 이 경을 말씀하시자, 모든 비구들은 그 말씀을 듣고 기뻐하며 행하였다.

5. 십이연기설十二緣起說

1) 십이지완비형十二支完備型

(1) 십이인연경十二因緣經 ①

〈잡아함경 제15권 369경〉

이와 같이 나는 들었다.

어느 때 부처님께서 사밧티성 제타숲 아나타핀디카 동산에 계셨다. 그때 세존께서 비구들에게 말씀하셨다.

"옛날 비바시 부처님께서 아직 바른 깨달음을 이루시기 전에, 깨달음을 이루실 곳에 계셨다. 오래지 않아 정각을 이루게 되어 보리수 나무 아래로 가서 풀을 깔아 자리로 삼고, 가부좌를 맺고 앉으셨다. 단정히 앉아 바른 생각으로 한 자리에서 칠일 동안 십이연기에 대하여 역逆으로 순順으로 관찰하셨다.

'이것이 있기 때문에 저것이 있고, 이것이 일어나기 때문에 저것이 일어난다.' 즉, '무명無明을 연하여 결합(行)이 있고, 결합을 연하여 식별(識)이 있으며, 식별을 연하여 명색名色이 있고, 명색을 연하여 육입처(六入)가 있으며, 육입처를 연하여 부딪침(觸)이 있고, 부딪침을 연하여 느낌(受)이 있으며, 느낌을 연하여 갈애(愛)가 있고, 갈애를 연하여 취함(取)이 있으며, 취함을 연하여 존재(有)가 있고, 존재를 연하여 태어남(生)이 있으며, 태어남을 연하여 늙음(老)·죽음(死)와 아주 커다란 괴로움의 무더기가 집기한다.'

또한, '이것이 없기 때문에 저것이 없고, 이것이 멸하기 때문에 저것이 멸한다'. 즉, 무명이 멸하기 때문에 결합이 멸하고, 결합이 멸하기 때문에 식별이 멸하며, 식별이 멸하기 때문에 명색이 멸하고, 명색이 멸하기 때문에 육입처가 멸하고, 육입처가 멸하기 때문에 부딪침이 멸하고, 부딪침이 멸하기 때문에 느낌이 멸하고, 느낌이 멸하기 때문에 갈애가 멸하며, 갈애가 멸하기 때문에 취함이 멸하고, 취함이 멸하기 때문에 존재가 멸하며, 존재가 멸하기 때문에 태어남이 멸하고, 태어남이 멸하기 때문에 늙음·죽음과 아주 커다란 괴로움의 무더기가 멸한다."

비바시 부처님께서 바르게 앉으신 지 칠일 뒤에 삼매에서 깨어나 다음 게송을 말씀하셨다."

이렇게 하여 모든 법은 생기나니
범지는 부지런히 선사禪思하여
모든 의심과 미혹을 영원히 떠나
인과 연으로 생하는 법을 아네.

괴로움이 생하는 인을 알고
모든 느낌이 다 멸함을 알며
인연의 법이 다함을 알면
곧 모든 번뇌가 다함을 아네.

이렇게 하여 모든 법은 생기나니

범지는 부지런히 선사하여
모든 의심과 미혹을 영원히 떠나
인이 있어 괴로움 생김을 아네.

이렇게 하여 모든 법은 생기나니
범지는 부지런히 선사하여
모든 의심과 미혹을 영원히 떠나
모든 느낌이 멸하여 다함을 아네.

이렇게 하여 모든 법은 생기나니
범지는 부지런히 선사하여
모든 의심과 미혹을 영원히 떠나
인과 연의 법이 다함을 아네.

이렇게 하여 모든 법은 생기나니
범지는 부지런히 선사하여
모든 의심과 미혹을 영원히 떠나
그 모든 번뇌의 다함을 아네.

이렇게 하여 모든 법은 생기나니
범지는 부지런히 선사하여
두루 모든 세간을 비추니
마치 해가 허공에 머무르는 것 같고
모든 마라의 군사를 부숴 물리쳐

번뇌에서 깨어나 해탈하리라.

부처님께서 이 경을 말씀하시자, 모든 비구들은 부처님 말씀을 듣고 기뻐하며 받들어 행하였다.

(비바시 부처님과 같이 시키 부처님・벳사부 부처님・카쿠산다 부처님・코나가마나 부처님・카샤파 부처님도 또한 이와 같이 말씀하셨다.)

(2) 십이인연경十二因緣經②

〈잡아함경 제15권 370경〉

이와 같이 나는 들었다.

어느 때 부처님께서는 우루벨라의 나이란자나강 옆에 있는 큰 보리 장소에 계셨다.

오래지 않아 정각을 이루게 되어, 보리수 밑으로 가시어 풀을 깔아 자리로 삼고 가부좌를 맺고 앉으셨다. 몸을 바로 하고 바른 생각으로……

(앞에서 자세히 말씀하신 것과 같다.)

(3) 법설의설경法說義說經

〈잡아함경 제12권 298경〉

이와 같이 나는 들었다.

어느 때 부처님께서 쿠루국의 소치는 마을에 계셨다. 그때 세존께서 비구들에게 말씀하셨다.

"나는 이제 연기법의 법설法說과 의설義說을 설하리니 자세히 듣고 잘 생각하여라. 그대들을 위하여 설명하겠다.

어떤 것이 연기법의 법설인가. '이것이 있기 때문에 저것이 있고, 이것이 일어나기 때문에 저것이 일어난다'는 것이니, 즉 '무명을 연하여 결합이 있고, 결합을 연하여 식별이 있으며, 식별을 연하여 명색이 있고, 명색을 연하여 육입처(六入)가 있으며, 육입처를 연하여 부딪침이 있고, 부딪침을 연하여 느낌이 있으며, 느낌을 연하여 갈애가 있고, 갈애를 연하여 취함이 있으며, 취함을 연하여 존재가 있고, 존재를 연하여 태어남이 있으며, 태어남을 연하여 늙음·병듦·죽음과 근심·슬픔·고통·번민 등 아주 커다란 괴로움의 무더기가 집기한다.' 이것을 연기법의 법설이라 한다.

어떤 것이 의설인가. '무명을 연하여 결합이 있다' 할 때 어떤 것을 무명이라 하는가. 만일 과거를 알지 못하고 미래를 알지 못하고 과거와 미래를 알지 못하며, 안을 알지 못하고 밖을 알지 못하고 안팎을 알지 못하며, 업을 알지 못하고 과보를 알지 못하고 업과 과보를 알지 못하며, 부처를 알지 못하고 법을 알지 못하고 승가를 알지 못하며, 괴로움을 알지 못하고 괴로움의 집기를 알지 못하고 괴로움의 멸함을 알지 못하고 괴로움의 멸함에 이르는 길을 알지 못하며, 인因을 알지 못하고 인을 일으키는 법을 알지 못하며, 선함과 선하지 않음·죄가 있음과 죄가 없음·익힘과 익히지 않음·열등함과 뛰어남·더러움과 깨끗함·분별과 연기를 모두 알지 못하며, 여섯 가지 입처를 여실히 깨달아 알지 못하며, 이러저러한 것을 알지 못하고 보지도 못하며, 참다운 지혜가 없어 어리석고 컴컴하며, 명이 없고 아주 어두우면 이것을 무명이라 한다.

무명을 연하여 결합(行)이 있다 할 때, 어떤 것을 결합이라 하는가. 결합에 세 가지가 있으니, 몸의 결합(身行)·입의 결합(口行)·의지의 결합(意行)이다.

결합을 연하여 식별(識)이 있다 할 때, 어떤 것을 식별이라 하는가. 여섯 가지 식별의 몸(六識身)이니 눈의 식별(眼識)·귀의 식별(耳識)·코의 식별(鼻識)·혀의 식별(舌識)·몸의 식별(身識)·의지의 식별(意識)이다.

식별을 연하여 명색名色이 있다 할 때, 어떤 것을 명名이라 하는가. 네 가지 무색음無色陰이니, 느낌·생각·결합·식별이다. 어떤 것을 색色이라 하는가. 사대四大와 사대로 이루어진 색이다. 이 색과 앞에서 말한 명을 명색이라 한다.

명색을 연하여 육입처六入處가 있다 할 때, 어떤 것을 육입처라 하는가. 여섯 가지 내입처內入處이니, 눈·귀·코·혀·몸·의지의 내입처이다.

육입처를 연하여 부딪침(觸)이 있다 할 때, 어떤 것을 부딪침이라 하는가. 여섯 가지 부딪침몸(六觸身)이니, 눈의 부딪침·귀의 부딪침·코의 부딪침·혀의 부딪침·몸의 부딪침·의지의 부딪침이다.

부딪침을 연하여 느낌(受)이 있다 할 때, 어떤 것을 느낌이라 하는가. 세 가지 느낌이니, 괴로운 느낌·즐거운 느낌·괴롭지도 않고 즐겁지도 않은 느낌이다.

느낌을 연하여 갈애(愛)가 있다 할 때 어떤 것을 갈애라 하는가. 세 가지 갈애이니, 욕애欲愛, 색애色愛, 무색애無色愛이다.

갈애를 연하여 취함(取)이 있다 할 때, 어떤 것을 취함이라 하는가. 네 가지 취함이니, 탐욕의 취함(欲取)・견해의 취함(見取)・계율의 취함(戒取)・'나'의 취함(我取)이다.

취함을 연하여 존재(有)가 있다 할 때, 어떤 것을 존재라 하는가. 세 가지 존재이니, 욕계의 존재(欲有)・색계의 존재(色有)・무색계의 존재(無色有)이다.

존재를 연하여 태어남(生)이 있다 할 때, 어떤 것을 태어남이라 하는가. 만일 이러저러한 중생이 이러저러한 종류의 몸으로 한생을 지낸 후 다시 화합하여 태어나서, 존재의 근간(陰)을 얻고 계界를 얻고 감각기관(入處)을 얻고 목숨을 얻으니, 이것을 '태어남'이라 한다.

태어남을 연하여 늙음(老)과 죽음(死)이 있다 할 때, 어떤 것을 늙음이라 하는가. 만일 머리카락은 희어지고 정수리는 드러나며, 피부는 늘어지고 감각기관은 물러지며, 사지는 약해지고 등은 굽으며, 머리를 떨어뜨리고 신음하며, 숨길은 짧아 헐떡이고, 앞으로 쏠리어 지팡이를 짚고 다니며, 몸은 검누렇고 저승꽃이 피며, 정신은 희미해지고 행동하기도 어려워 쇠약해지면 이것을 '늙음'이라 한다.

어떤 것을 죽음이라 하는가. 이러저러한 중생이 이러저러한 종류로 사라지고 옮겨가되, 몸이 무너지고 수명이 다하여 더운 기운이 떠나고 목숨이 멸하여 근간(陰)을 버릴 때에 이르면 이것을 죽음이라 한다. 이 죽음과 앞에서 말한 늙음을 '늙음과 죽음'이라 한다. 이것을 연기법의 의설義說이라 한다."

부처님께서 이 경을 말씀하시자, 모든 비구들은 부처님 말씀을 듣고 기뻐하며 받들어 행하였다.

(4) 연기법경緣起法經

〈잡아함경 제12권 299경〉

이와 같이 나는 들었다.

어느 때 부처님께서 쿠루국의 소치는 마을에 계셨다. 그때 어떤 비구가 부처님 계신 곳으로 가서 부처님 발에 예배하고 물러나 한쪽에 앉아 여쭈었다.

"세존이시여, 연기법은 세존께서 만드신 것입니까, 다른 사람이 만든 것입니까?"

부처님께서 비구에게 말씀하셨다.

"연기법은 내가 만든 것도 아니고, 다른 사람이 만든 것도 아니다. 이 법은 여래가 세상에 나오거나 세상에 나오지 않거나 항상 법계法界에 머무른다. 여래는 이 법을 스스로 깨달아 등정각을 이룬 뒤에, 모든 중생들을 위하여 분별해 설하고 드러내 보인다.

즉, '이것이 있기 때문에 저것이 있고, 이것이 일어나기 때문에 저것이 일어난다. 즉, 무명을 연하여 결합이 있고, 결합을 연하여 식별이 있으며, 식별을 연하여 명색이 있고, 명색을 연하여 육입처(六入)가 있으며, 육입처를 연하여 부딪침이 있고, 부딪침을 연하여 느낌이 있으며, 느낌을 연하여 갈애가 있고, 갈애를 연하여 취함이 있으며, 취함을 연하여 존재가 있고, 존재를 연하여 태어남이 있으며, 태어남을 연하여 늙음·병듦·죽음과 근심·슬픔·고통·번민 등 아주 커다란 괴로움의 무

더기가 집기한다.'

또한, '이것이 없기 때문에 저것이 없고, 이것이 멸하기 때문에 저것이 멸한다. 즉, 무명이 멸하면 결합이 멸하고, 결합이 멸하면 식별이 멸하고, 식별이 멸하면 명색이 멸하고, 명색이 멸하면 육입처가 멸하고, 육입처가 멸하면 부딪침이 멸하고, 부딪침이 멸하면 느낌이 멸하고, 느낌이 멸하면 갈애가 멸하고, 갈애가 멸하면 취함이 멸하고, 취함이 멸하면 존재가 멸하고, 존재가 멸하면 태어남이 멸하고, 태어남이 멸하면 늙음·병듦·죽음과 근심·슬픔·번민·고통이 멸한다. 이렇게 하여 아주 커다란 괴로움의 무더기가 멸한다.'"

부처님께서 이 경을 말씀하시자, 그 비구는 부처님 말씀을 듣고 기뻐하며 받들어 행하였다.

3) 공의空義

(1) 제일의공경第一義空經

〈잡아함경 제13권 335경〉

이와 같이 나는 들었다.

어느 때 부처님께서 쿠루국의 소치는 마을에 계셨다. 그때 세존께서 비구들에게 말씀하셨다.

"나는 이제 그대들을 위하여 설법하겠다. 이것은 처음도 좋고, 중간도 좋고 마지막도 좋으며, 좋은 뜻과 좋은 맛으로서 순일純一하고 원만하고 깨끗하며, 범행梵行이며 청정하다. 이른바, '제일의공경第一義空經'이니 자세히 듣고 잘 생각하여라. 그대들을 위하여 설법하겠다.

어떤 것을 '제일의공경第一義空經'이라 하는가. 비구들이여, 눈은 생길 때에도 오는 곳이 없고, 멸할 때에도 가는 곳이 없다. 이와 같이 눈은 실체가 없이 생기고, 생겼다가는 모두 멸하니, 업보業報는 있지만 지은 자는 없다. 이 근간(陰)이 멸하고 나면 다른 근간이 이어 받되(相續), 연기법(俗數法)은 제외한다. 귀·코·혀·몸·의지에 대해서도 또한 이와 같이 말하며, 연기법은 제외한다.

연기법(俗數法)이란, '이것이 있기 때문에 저것이 있고, 이것이 일어나기 때문에 저것이 일어난다'는 것이니, 즉 '무명을 연하여 결합이 있고, 결합을 연하여 식별이 있으며, …… 아주 커다란 괴로움의 무더기가 집기한다. 또한, '이것이 없기 때문에 저것이 없고, 이것이 멸하기 때문에 저것이 멸한다'는 것이니, '무명이 멸하기 때문에 결합이 멸하고, 결합이 멸하기 때문에 식별이 멸하며, …… 아주 커다란 괴로움의 무더기가 멸한다.

비구들이여, 이것을 '제일의공법경第一義空法經'이라 한다."

부처님께서 이 경을 말씀하시자, 모든 비구들은 부처님 말씀을 듣고 기뻐하며 받들어 행하였다.

4) 중도설中道說

(1) 가전연경迦旃延經

〈잡아함경 제13권 301경〉

이와 같이 나는 들었다.

어느 때 부처님께서 나알리 마을 깊은 숲속의 '손님을 모시는 집'에 계셨다. 그때 마하 캇차야나 존자는 부처님 계신 곳으로 가서 부처님 발에 예배하고 물러나 한쪽에 앉아 여쭈었다.

"세존이시여, 세존께서 말씀하시는 바른 견해란 어떤 것입니까. 세존이시여, 어떻게 바른 견해를 가르치십니까?"

부처님께서 캇차야나 존자에게 말씀하셨다.

"세간에는 두 가지 의지함이 있으니, 유有와 무無이다. '부딪침'으로 인하여 취함이 있고, 부딪침으로 인하여 취함이 있기 때문에 유有에 의지하거나 무無에 의지한다.

만일 이 '취함'이 없으면 마음이 경계에 매이더라도 취하지 않고 머무르지 않으며 헤아리지 않게 되어, 나에게 괴로움이 생기면 생기는 대로 두고, 괴로움이 멸하면 멸하는 대로 두어, 그것에 대하여 의심하지 않고 미혹하지 않으며 다른 것을 의지하지 않고 스스로 안다. 이것을 바른 견해라 하며, 이것을 여래가 가르치신 바른 견해라 한다.

왜냐하면 세간의 집기를 여실히 바르게 알고 보면 '세간이 없다'고 하는 사람은 있을 수 없으며, 세간의 멸함을 여실히 바르게 알고 보면 '세간이 있다'고 하는 사람은 있을 수 없다. 이것을 두 극단을 떠나 중도中道를 말하는 것이라고 하니, '이것이 있기 때문에 저것이 있고 이것이 일어나기 때문에 저것이 일어난다'라고 하는 것이다.

즉, '무명을 연하여 결합(行)이 있고, 결합을 연하여 식별이 있으며, 식별을 연하여 명색이 있고, 명색을 연하여 육입처(六入)가 있으며, 육입처를 연하여 부딪침이 있고, 부딪침을 연하여 느낌이 있으며, 느낌을 연하여 갈애가 있고, 갈애를 연하여 취함이 있으며, 취함을 연하여 존재가 있고, 존재를 연하여 태어남이 있으며, 태어남을 연하여 늙음·병듦·죽음과 근심·슬픔·고통·번민 등 아주 커다란 괴로움의 무더기가 집기한다.'

또한, '이것이 없기 때문에 저것이 없고, 이것이 멸하기 때문에 저것이 멸한다'. 즉, 무명이 멸하기 때문에 결합이 멸하고, 결합이 멸하기 때문에 식별이 멸하며, 식별이 멸하기 때문에 명색이 멸하고, 명색이 멸하기 때문에 육입처가 멸하며, 육입처가 멸하기 때문에 부딪침이 멸하고, 부딪침이 멸하기 때문에 느낌이 멸하며, 느낌이 멸하기 때문에 갈애가 멸하고, 갈애가 멸하기 때문에 취함이 멸하며, 취함이 멸하기 때문에 존재가 멸하고, 존재가 멸하기 때문에 태어남이 멸하며, 태어남이 멸하기 때문에 늙음·병듦·죽음과 근심·슬픔·고통·번민이 멸한다. 이렇게 하여 아주 커다란 괴로움의 무더기가 멸한다.'"

부처님께서 이 경을 말씀하시자, 마하 캇챠야나 존자는 부처님의 말씀을 듣고 모든 번뇌를 끊고 마음의 해탈을 얻어 아라한이 되었다.

持誦 阿含經

1. 外道批判
외도비판

(1) 度經
도경

〈中阿含 3卷 13經 業相應品 度經, 「根本三部經」pp. 56下~57中〉

我聞如是하오니 一時에 佛이 遊舍衛國하사 在勝林給孤
아문여시 일시 불 유사위국 재승림급고
獨園하시니라. 爾時에 世尊이 告諸比丘하사되 有三度處
독원 이시 세존 고제비구 유삼도처
하여 異姓異名異宗異說하나니 謂有慧者는 善受極持하
이성이명이종이설 위유혜자 선수극지
여 而爲他說하나 然不獲利니라. 云何爲三인가. 或有沙
이위타설 연불획리 운하위삼 혹유사
門梵志하여 如是見如是說하되 謂人所爲一切는 皆因宿
문범지 여시견여시설 위인소위일체 개인숙
命造라 하며 復有沙門梵志하여 如是見如是說하되 謂人
명조 부유사문범지 여시견여시설 위인
所爲一切는 皆因尊祐造라 하며 復有沙門梵志하여 如是
소위일체 개인존우조 부유사문범지 여시
見如是說하되 謂人所爲一切는 皆無因無緣이라 하느니
견여시설 위인소위일체 개무인무연
라.

於中에 若有沙門梵志하여 如是見如是說하되 謂人所爲
어중 약유사문범지 여시견여시설 위인소위
一切가 皆因宿命造者라하면 我便往彼하여 到已卽問하
일체 개인숙명조자 아변왕피 도이즉문

되 諸賢이여 實로 如是見如是說하되 謂人所爲一切가
제현 실 여시견여시설 위인소위일체
皆因宿命造耶오. 彼答言爾하면 我復語彼하되 若如是者
개인숙명조야 피답언이 아부어피 약여시자
면 諸賢等은 皆是殺生이니 所以者何오 以其一切가 皆
제현등 개시살생 소이자하 이기일체 개
因宿命造故이니라. 如是諸賢은 皆是不與取邪婬妄言乃
인숙명조고 여시제현 개시불여취사음망언내
至邪見이니 所以者何오. 以其一切가 皆因宿命造故이니
지사견 소이자하 이기일체 개인숙명조고
라. 諸賢이여 若一切가 皆因宿命造로 見如眞者면 於內
제현 약일체 개인숙명조 견여진자 어내
因內의 作以不作에 都無欲하고 無方便하리라. 諸賢이여
인내 작이부작 도무욕 무방편 제현
若於作以不作에 不知如眞者면 便失正念하고 無正智면
약어작이부작 부지여진자 변실정념 무정지
則無可以敎하리니 如沙門法으로 如是說者는 乃可以理
즉무가이교 여사문법 여시설자 내가이리
로 伏彼沙門梵志하리라. 於中에 若有沙門梵志하여 如是
복피사문범지 어중 약유사문범지 여시
見如是說하되 謂人所爲一切가 皆因尊祐造者라하면 我
견여시설 위인소위일체 개인존우조자 아
便往彼하여 到已卽問하되 諸賢이여 實로 如是見如是說
변왕피 도이즉문 제현 실 여시견여시설
하되 謂人所爲一切가 皆因尊祐造耶오. 彼答言爾하면
위인소위일체 개인존우조야 피답언이
我復語彼하되 若如是者면 諸賢等은 皆是殺生이니 所以
아부어피 약여시자 제현등 개시살생 소이
者何오 以其一切가 皆因尊祐造故이니라. 如是諸賢은
자하 이기일체 개인존우조고 여시제현
皆是不與取邪婬妄言乃至邪見이니 所以者何오. 以其一
개시불여취사음망언내지사견 소이자하 이기일
切가 皆因尊祐造故이니라. 諸賢이여 若一切가 皆因尊祐
체 개인존우조고 제현 약일체 개인존우

造로 見如眞者면 於內因內의 作以不作에 都無欲하고
조 견여진자 어내인내 작이부작 도무욕
無方便하리라. 諸賢이여 若於作以不作에 不知如眞者는
무방편 제현 약어작이부작 부지여진자
便失正念하고 無正智하면 則無可以敎하리니 如沙門法
변실정념 무정지 즉무가이교 여사문법
으로 如是說者는 乃可以理로 伏彼沙門梵志하리라.
여시설자 내가이리 복피사문범지

於中에 若有沙門梵志하여 如是見如是說하되 謂人所爲
어중 약유사문범지 여시견여시설 위인소위
一切가 皆無因無緣者라하면 我便往彼하여 到已卽問하
일체 개무인무연자 아변왕피 도이즉문
되 諸賢이여 實로 如是見如是說하되 謂人所爲一切가
제현 실 여시견여시설 위인소위일체
皆無因無緣耶오. 彼答言爾하면 我復語彼하되 若如是者
개무인무연야 피답언이 아부어피 약여시자
면 諸賢等은 皆是殺生이니 所以者何오 以其一切가 皆
제현등 개시살생 소이자하 이기일체 개
無因無緣故이니라. 如是諸賢은 皆是不與取邪婬妄言乃
무인무연고 여시제현 개시불여취사음망언내
至邪見이니 所以者何오 以其一切가 皆無因無緣故이니
지사견 소이자하 이기일체 개무인무연고
라.

諸賢이여 若一切가 皆無因無緣으로 見如眞者면 於內因
제현 약일체 개무인무연 견여진자 어내인
內의 作以不作에 都無欲하고 無方便하리라. 諸賢이여
내 작이불작 도무욕 무방편 제현
若於作以不作에 不知如眞者는 便失正念하고 無正智하
약어작이부작 부지여진자 변실정념 무정지
면 則無可以敎하리니 如沙門法으로 如是說者는 乃可以
즉무가이교 여사문법 여시설자 내가이
理로 伏彼沙門梵志하리라.
리 복피사문범지

我所自知自覺法으로 爲汝說者는 若沙門梵志나 若天魔
아소자지자각법 위여설자 약사문범지 약천마

梵及餘世間이 皆無能伏하고 皆無能穢하고 皆無能制하
범급여세간 개무능복 개무능예 개무능제

리니 云何가 我所自知自覺法으로 爲汝說은 非爲沙門梵
운하 아소자지자각법 위여설 비위사문범

志나 若天魔梵及餘世間의 所能伏이오 所能穢요 所能
지 약천마범급여세간 소능복 소능예 소능

制인가.
제

謂有六處法하나니 我所自知自覺으로 爲汝說은 非爲沙
위유육처법 아소자지자각 위여설 비위사

門梵志나 若天魔梵及餘世間의 所能伏이오 所能穢요
문범지 약천마범급여세간 소능복 소능예

所能制이니라. 復有六界法하나니 我所自知自覺으로 爲
소능제 부유육계법 아소자지자각 위

汝說은 非爲沙門梵志나 若天魔梵及餘世間의 所能伏이
여설 비위사문범지 약천마범급여세간 소능복

오 所能穢요 所能制이니라.
소능예 소능제

云何六處法이 我所自知自覺으로 爲汝說인가. 謂眼處耳
운하육처법 아소자지자각 위여설 위안처이

鼻舌身意處가 是謂六處法이니 我所自知自覺으로 爲汝
비설신의처 시위육처법 아소자지자각 위여

說也니라. 云何六界法이 我所自知自覺으로 爲汝說인가.
설야 운하육계법 아소자지자각 위여설

謂地界水火風空識界가 是爲六界法이니 我所自知自覺
위지계수화풍공식계 시위육계법 아소자지자각

으로 爲汝說也이니라. 以六界合故로 便生母胎하며 因六
위여설야 이육계합고 변생모태 인육

界로 便有六處하며 因六處로 便有更樂하며 因更樂으로
계 변유육처 인육처 변유갱락 인갱락

便有覺하나니, 比丘여 若有覺者면 便知苦如眞하고 知苦
변유각 비구 약유각자 변지고여진 지고

習知苦滅知苦滅道如眞하나니라.
습 지 고 멸 지 고 멸 도 여 진

云何가 知苦如眞인가 謂生苦老苦病苦死苦요 怨憎會苦
운 하 지 고 여 진 위 생 고 노 고 병 고 사 고 원 증 회 고

요 愛別離苦요 所求不得苦이니 略五盛陰苦이니라. 是謂
애 별 리 고 소 구 부 득 고 약 오 성 음 고 시 위

知苦如眞이니라. 云何가 知苦習如眞인가. 謂此愛는 受
지 고 여 진 운 하 지 고 습 여 진 위 차 애 수

當來有요 樂欲共俱요 求彼彼有이니 是謂知苦習如眞이
당 래 유 낙 욕 공 구 구 피 피 유 시 위 지 고 습 여 진

니라. 云何가 知苦滅如眞인가. 謂此愛는 受當來有요 樂
운 하 지 고 멸 여 진 위 차 애 수 당 래 유 락

欲共俱요 求彼彼有이니 斷無餘하고 捨吐盡하고 無欲滅
욕 공 구 구 피 피 유 단 무 여 사 토 진 무 욕 멸

止沒하나니 是謂知苦滅如眞이니라. 云何가 知苦滅道如
지 몰 시 위 지 고 멸 여 진 운 하 지 고 멸 도 여

眞인가. 謂八支聖道이니 正見乃至正定이 是爲八이니라.
진 위 팔 지 성 도 정 견 내 지 정 정 시 위 팔

是謂知苦滅道如眞이니라. 比丘여 當知苦如眞하고 當斷
시 위 지 고 멸 도 여 진 비 구 당 지 고 여 진 당 단

苦習하고 當苦滅作證하고 當修苦滅道할지니라. 若比丘
고 습 당 고 멸 작 증 당 수 고 멸 도 약 비 구

가 知苦如眞하고 斷苦習하고 苦滅作證하고 修苦滅道者
지 고 여 진 단 고 습 고 멸 작 증 수 고 멸 도 자

면 是謂比丘가 一切漏盡하고 諸結已解하여 能以正智로
시 위 비 구 일 체 루 진 제 결 이 해 능 이 정 지

以得苦際라하느니라. 佛說如是하시니 彼諸比丘가 聞佛
이 득 고 제 불 설 여 시 피 제 비 구 문 불

所說하고 歡喜奉行하더라.
소 설 환 희 봉 행

2. 十二處·十業說
십이처 십업설

1) 十二處
십이처

(1) 一切經
일체경

〈雜阿含 13卷 319經, 「根本三部經」 65 中~下〉

如是我聞하오니 一時에 佛이 住舍衛國祇樹給孤獨園하
여시아문 일시 불 주사위국기수급고독원
시니라. 時에 有生聞婆羅門하야 往詣佛所하여 共相問訊
시 유생문바라문 왕예불소 공상문신
하고 問訊已退坐一面하여 白佛言하되 瞿曇이시여 所謂
문신이퇴좌일면 백불언 구담 소위
一切者란 云何名一切이닛가. 佛告婆羅門하사되 一切者
일체자 운하명일체 불고바라문 일체자
란 謂十二入處이니 眼色耳聲鼻香舌味身觸意法이 是名
위십이입처 안색이성비향설미신촉의법 시명
一切이니라. 若復說言하되 此非一切요 沙門瞿曇의 所說
일체 약부설언 차비일체 사문구담 소설
一切를 我今捨하여 別立餘一切者하면 彼但有言說이오.
일체 아금사 별입여일체자 피단유언설
問已不知하고 增其疑惑하리니 所以者何오 非其境界故
문이부지 증기의혹 소이자하 비기경계고
이니라. 時에 生聞婆羅門이 聞佛所說하고 歡喜隨喜奉行
시 생문바라문 문불소설 환희수희봉행
하더라.

2) 三法印
삼 법 인

(1) 無常經
무 상 경

〈雜阿含經 8卷 208經, 「根本三部經」 81 中〉

如是我聞하오니 一時에 佛이 住毘舍離의 耆婆拘摩羅藥
여 시 아 문 일 시 불 주 비 사 리 기 바 구 마 라 약
師菴羅園하시니라. 爾時에 世尊이 告諸比丘하사되 過去
사 암 라 원 이 시 세 존 고 제 비 구 과 거
未來眼이 無常하거늘 況現在眼이리요. 多聞聖弟子가 如
미 래 안 무 상 황 현 재 안 다 문 성 제 자 여
是觀者면 不顧過去眼하고 不欣未來眼하며 於現在眼에
시 관 자 불 고 과 거 안 불 흔 미 래 안 어 현 재 안
厭不樂하여 離欲向厭하나니 耳鼻舌身意도 亦復如是니
염 불 락 이 욕 향 염 이 비 설 신 의 역 부 여 시
라. 佛說此經已하시니 諸比丘가 聞佛所說하고 歡喜奉行
불 설 차 경 이 제 비 구 문 불 소 설 환 희 봉 행
하더라.

如無常히 苦와 空과 無我도 亦如是說하시니라. 如內入
여 무 상 고 공 무 아 역 여 시 설 여 내 입
處四經과 같이 如是外入處의 色聲香味觸法四經과 內
처 사 경 여 시 외 입 처 색 성 향 미 촉 법 사 경 내
外入處四經도 如是說하시니라.
외 입 처 사 경 여 시 설

(2) 三供養品
삼 공 양 품

〈增壹阿含經 12卷 22品-5, 「根本三部經」 82上〉

聞如是하오니 一時에 佛이 在舍衛國의 祇樹給孤獨園
문 여 시 일 시 불 재 사 위 국 기 수 급 고 독 원

하시니라. 爾時에 世尊이 告諸比丘하사되 此三有爲有爲
이시 세존 고제비구 차삼유위유위
相이니 云何가 爲三인가. 知所從起요 知當遷變이요 知
상 운하 위삼 지소종기 지당천변 지
當滅盡이니라. 彼云何가 知所從起인가. 所謂生이니 長
당멸진 피운하 지소종기 소위생 장
大하여 成五陰形하여 得諸持入하나니 是謂所從起니라.
대 성오음형 득제지입 시위소종기
彼云何가 爲滅盡인가. 所謂死이니 命過하여 不住無常하
피운하 위멸진 소위사 명과 부주무상
고 諸陰이 散壞하고 宗族이 別離하고 命根이 斷絶하나니
제음 산괴 종족 별리 명근 단절
是謂爲滅盡이니라. 彼云何가 變易인가. 齒落髮白하고
시위위멸진 피운하 변역 치락발백
氣力竭盡하고 年遂衰微하여 身體解散하나니 是謂爲變
기력갈진 연수쇠미 신체해산 시위위변
易法이니라.
역법

是爲比丘여 三有爲有爲相이니 當知此三有爲相하여 善
시위비구 삼유위유위상 당지차삼유위상 선
分別之하라. 如是諸比丘여 當作是學하라.
분별지 여시제비구 당작시학

爾時에 諸比丘가 聞佛所說하고 歡喜奉行하더라.
이시 제비구 문불소설 환희봉행

3) 十業
십업

(1) 思經
사경

〈中阿含 3卷 第15,「根本三部經」pp. 69~70上〉

我聞如是하오니 一時에 佛이 遊舍衛國하사 在勝林給孤
아문여시 일시 불 유사위국 재승림급고

獨園하시니라. 爾時에 世尊이 告諸比丘하사되 若有故作業이면 我說彼必受其報라하나니 或現世受하거나 或後世受하리라. 若不故作業이면 我說此不必受報라 하느니라. 於中에 身故로 作三業하여 不善은 與苦果하여 受於苦報하며 口有四業하고 意有三業하여 不善은 與苦果하여 受於苦報하느니라.

云何가 身故로 作三業하여 不善은 與苦果하여 受於苦報함인가. 一曰 殺生이니 極惡飮血하여 其欲傷害하고 不慈衆生乃至昆蟲함이니라. 二曰 不與取이니 著他財物하여 以偸意로 取함이니라. 三曰 邪婬이니 彼或有父所護하며 或母所護며 或父母所護며 或姉妹所護며 或兄弟所護며 或婦父母所護며 或親親所護며 或同姓所護며 或爲他婦女하여 有鞭罰恐怖하나니 及有名假賃하며 至華鬘親하나니 犯如此女함이니라. 是爲身故로 作三業하여 不善은 與苦果하여 受於苦報라하느니라.

云何가 口故로 作四業하여 不善은 與苦果하여 受於苦報함인가. 一曰 妄言이니 彼或在衆하거나 或在眷屬하거

나 或在王家하여 若呼彼問하되 汝知便說하라하면 彼不知言知하며 知言不知하며 不見言見하며 見言不見하며 爲己爲他하 或爲財物하여 知己妄言함이니라. 二曰 兩舌이니 欲離別他하고저 聞此語彼하며 欲破壞此하고자 聞彼語此하며, 欲破壞彼하고자 合者欲離하여 離者復離하고자 而作群黨하고 樂於群黨하고 稱說群黨함이니라. 三曰 麤言이니 彼若有言하되 辭氣麤獷하고 惡聲逆耳하니 衆所不喜이고 衆所不愛이며 使他苦惱하여 令不得定케하나니 說如是言이니라. 四曰 綺語이니 彼非時說이오 不眞實說이오 無義說이오 非法說이오 不止息說이며 又復稱歎不止息事하며 違背於時하여 而不善教이며 亦不善訶이니라. 是謂 口故로 作四業하여 不善은 與苦果하여 受於苦報라하느니라.

云何가 意故로 作三業하여 不善은 與苦果하여 受於苦報함인가. 曰 貪이니 伺見他財物과 諸生活具하여 常伺求望하고 欲令我得코저함이니라. 二曰 嫉恚이니 意懷憎嫉하여 而作是念하되 彼衆生者는 應殺應縛應收應免應

遂擯出이라하며 其欲令彼受無量苦하게 함이니라. 三曰 邪見이니 所見이 顚倒하여 如是見如是說하되 無施無齋요 與有呪說이라하며 無善惡業이오 無善惡業報이며 無此世와 彼世이며 無父無母라하며 世無眞人이 往至善處하고 善去善向此世後世하고 自知自覺하고 自作證成就遊라함이니라. 是謂 意故로 作三業하여 不善은 與苦果하며 受於苦報라하느니라.

多聞聖弟子는 捨身不善業하여 修身善業하며 捨口意不善業하여 修口意善業하느니라. 彼多聞聖弟子가 如是 具足精進과 戒德하고 成就身淨業하고 成就口意淨業하여 離恚離諍하고 除去睡眠하고 無調貢高하고 斷疑度慢하고 正念正智로 無有愚癡하면 彼心은 與慈俱하여 遍滿一方함을 成就遊하리라.

如是 二三四方四維上下를 普周一切하여 心與慈俱하여 無結無怨하고 無恚無諍하여 極廣甚大한 無量善修로 遍滿一切世間함을 成就遊하리라. 彼作是念하되 我本此心은 少不善修하다가 我今此心은 無量善修라 하리라. 多

聞聖弟子가 其心이 如是無量善修하면 若本因惡知識하여 爲放逸行하여 作不善業하였어도 彼不能將去하며 不能穢汚하며 不復相隨하리라.

若有幼少童男童女가 生便能行慈心解脫者면 而於後時에 彼身口意가 寧可復作不善業耶오. 比丘答曰하되 不也외다. 世尊이시여. 所以者何오 自不作惡業하면 惡業이 何由生하릿가. 是以로 男女在家出家는 常當勤修慈心解脫할지니 若彼男女在家出家가 修慈心解脫者면 不持此身하여 往至彼世하나니 但隨心하여 去此하나니라.

比丘는 應作是念하되 我本放逸로 作不善業하였나니 是一切를 今可受報하여 終不後世케하리라. 若有如是 行慈心解脫하여 無量善與者면 必得阿那含하며 或復上得하리라. 如是 悲喜와 心與捨俱하여 無結無怨하고 無恚無諍하여 極廣甚大한 無量善修로 遍滿一切世間함을 成就遊하리라. 彼作是念하되 我本此心은 少不善修타가 我今此心은 無量善修라하리라. 多聞聖弟子가 其心이 如是無量善修하면 若本因惡知識하여 爲放逸行으로 作不善

業(업)하였어도 彼不能將去(피불능장거)하며 不能穢汚(불능예오)하며 不復相隨(불부상수)하리라. 若有幼少童男童女(약유유소동남동여)가 生便能行捨心解脫者(생변능행사심해탈자)면 而於後時(이어후시)에 彼身口意(피신구의)가 寧可復作不善業耶(영가부작불선업야)오. 比丘答曰(비구답왈)하되 不也(불야)외다 世尊(세존)이시여 所以者何(소이자하)오 自不作惡業(자부작악업)하면 惡業(악업)이 何由生(하유생)하릿가 是以(시이)로 男女在家出家(남여재가출가)는 常當勤修捨心解脫(상당근수사심해탈)할지니 若彼男女在家出家(약피남여재가출가)가 修捨心解脫者(수사심해탈자)면 不持此身(부지차신)하여 往至彼世(왕지피세)하나니 但隨心(단수심)하여 去此(거차)하느니라.

比丘(비구)는 應作是念(응작시념)하되 我本放逸(아본방일)로 作不善業(작불선업)하였나니 是一切(시일체)를 今可受報(금가수보)하여 終不後世(종불후세)케하리라. 若有如是(약유여시) 行捨心解脫(행사심해탈)하여 無量善修者(무량선수자)면 必得阿那含(필득아나함)하고 或復上得(혹부상득)하리라. 佛說如是(불설여시)하시니 彼諸比丘(피제비구)가 聞佛所說(문불소설)하고 歡喜奉行(환희봉행)하더라.

3. 六六法說
육 육 법 설

1) 六識
육 식

(1) 因緣經
인 연 경

〈雜阿含經 9卷 238經, 「根本三部經」 p. 86 下〉

如是我聞하오니 一時에 佛이 住毘舍離의 獼猴池側重閣
여 시 아 문 일 시 불 주 비 사 리 미 후 지 측 중 각
講堂하시니라. 時에 有異比丘하여 往詣佛所하여 稽首佛
강 당 시 유 이 비 구 왕 예 불 소 계 수 불
足하고 退坐一面하여 白佛言하되 世尊이시여 何因何緣
족 퇴 좌 일 면 백 불 언 세 존 하 인 하 연
으로 眼識이 生하며 何因何緣으로 耳鼻舌身意識이 生하
안 식 생 하 인 하 연 이 비 설 신 의 식 생
나이까. 佛告比丘하사되 眼因緣色하여 眼識이 生하나니
불 고 비 구 안 인 연 색 안 식 생
所以者何오 若眼識이 生하면 一切가 眼色에 因緣故이
소 이 자 하 약 안 식 생 일 체 안 색 인 연 고
니라. 耳聲에 因緣하고 鼻香에 因緣하고 舌味에 因緣하
이 성 인 연 비 향 인 연 설 미 인 연
고 身觸에 因緣하고 意法에 因緣하여 意識이 生하나니
신 촉 인 연 의 법 인 연 의 식 생
所以者何오 諸所有意識은 彼一切가 皆意法의 因緣하여
소 이 자 하 제 소 유 의 식 피 일 체 개 의 법 인 연
生故이니라. 是名하되 比丘여 眼識은 因緣生이오 乃至
생 고 시 명 비 구 안 식 인 연 생 내 지
意識은 因緣生이라 하느니라. 時에 彼比丘가 聞佛所說
의 식 인 연 생 시 피 비 구 문 불 소 설
하고 歡喜隨喜하고 作禮而去하더라.
환 희 수 희 작 례 이 거

2) 十八界
십팔계

(1) 鄙心經
비심경

〈雜阿含 16卷 445經, 「根本三部經」 p. 87 中〉

如是我聞하오니 一時에 佛이 住舍衛國의 祇樹給孤獨園
여시아문 일시 불 주사위국 기수급고독원
하시니라. 爾時에 世尊이 告諸比丘하사되 衆生은 常與界
이시 세존 고제비구 중생 상여계
와 俱하고 與界와 和合하나니 云何衆生은 常與界와 俱
구 여계 화합 운하중생 상여계 구
하는가. 謂衆生이 行不善心時에는 與不善界와 俱하고
위중생 행불선심시 여불선계 구
善心時에는 與善界와 俱하고 勝心時에는 與勝界와 俱하
선심시 여선계 구 승심시 여승계 구
고 鄙心時에는 與鄙界와 俱하나니라. 是故로 諸比丘여
비심시 여비계 구 시고 제비구
當作是學善種種界하라. 佛說是經已하시니 諸比丘가 聞
당작시학선종종계 불설시경이 제비구 문
佛所說하고 歡喜奉行하더라.
불소설 환희봉행

(2) 界經
계경

〈雜阿含 16卷 451經, 「根本三部經」 p. 88 上·中〉

如是我聞하오니 一時에 佛이 住舍衛國의 祇樹給孤獨園
여시아문 일시 불 주사위국 기수급고독원
하시니라. 爾時에 世尊이 告諸比丘하사되 我今當說種種
이시 세존 고제비구 아금당설종종
諸界하리니 諦聽善思하라. 當爲汝說하리라. 云何가 爲種
제계 체청선사 당위여설 운하 위종

種界인가. 謂眼界色界眼識界요 耳界聲界耳識界요 鼻
종 계 위 안 계 색 계 안 식 계 이 계 성 계 이 식 계 비
界香界鼻識界요 舌界味界舌識界요 身界觸界身識界요
계 향 계 비 식 계 설 계 미 계 설 식 계 신 계 촉 계 신 식 계
意界法界意識界이니 是名種種界이니라. 佛說是經已하
의 계 법 계 의 식 계 시 명 종 종 계 불 설 시 경 이
시니 諸比丘가 聞佛所說하고 歡喜奉行하더라.
제 비 구 문 불 소 설 환 희 봉 행

(3) 觸經
촉 경

〈雜阿含 16卷 452經, 「根本三部經」 p. 88 中〉

如是我聞하오니 一時에 佛이 住舍衛國祇樹給孤獨園하
여 시 아 문 일 시 불 주 사 위 국 기 수 급 고 독 원
시니라. 爾時에 世尊이 告諸比丘하사되 緣種種界하여 生
이 시 세 존 고 제 비 구 연 종 종 계 생
種種觸하며 緣種種觸하여 生種種受하며 緣種種受하여
종 종 촉 연 종 종 촉 생 종 종 수 연 종 종 수
生種種愛하나니 云何가 種種界인가. 謂十八界이니 眼界
생 종 종 애 운 하 종 종 계 위 십 팔 계 안 계
色界眼識界요 乃至意界法界意識界이니 是名種種界이
색 계 안 식 계 내 지 의 계 법 계 의 식 계 시 명 종 종 계
니라. 云何가 緣種種界하여 生種種觸하며 乃至云何가
운 하 연 종 종 계 생 종 종 촉 내 지 운 하
緣種種受하여 生種種愛함인가. 謂緣眼界하여 生眼觸하
연 종 종 수 생 종 종 애 위 연 안 계 생 안 촉
며 緣眼觸하여 生眼觸生受하며 緣眼觸生受하여 生眼觸
연 안 촉 생 안 촉 생 수 연 안 촉 생 수 생 안 촉
生愛하나니라. 耳鼻舌身意界를 緣하여 生意觸하며 緣意
생 애 이 비 설 신 의 계 연 생 의 촉 연 의
觸하여 生意觸生受하며 緣意觸生受하여 生意觸生愛하
촉 생 의 촉 생 수 연 의 촉 생 수 생 의 촉 생 애

나니라.
諸比丘여 非緣種種愛하며 生種種受하며 非緣種種受하
제비구 비연종종애 생종종수 비연종종수
여 生種種觸하며 非緣種種觸하여 生種種界하나니라. 要
생종종촉 비연종종촉 생종종계 요
緣種種界하여 生種種觸하며 緣種種觸하여 生種種受하
연종종계 생종종촉 연종종촉 생종종수
며 緣種種受하여 生種種愛하나니 是名比丘여 緣種種界
연종종수 생종종애 시명비구 연종종계
하여 生種種觸하며 緣種種觸하여 生種種受하며 緣種種
생종종촉 연종종촉 생종종수 연종종
受하여 生種種愛하느니라. 佛說此經已하시니 諸比丘가
수 생종종애 불설차경이 제비구
聞佛所說하고 歡喜奉行하더라.
문불소설 환희봉행

3) 六受·六想·六思
육수 육상 육사

(1) 人經
인경

〈雜阿含 13卷 306經,「根本三部經」p. 92下~93上〉

如是我聞하오니 一時에 佛이 住舍衛國의 祇樹給孤獨園
여시아문 일시 불 주사위국 기수급고독원
하시니라. 時有異比丘하여 獨一靜處하여 專精思惟하여
시유이비구 독일정처 전정사유
作是念하되 比丘는 云何知하고 云何見하여야 而得見法
작시념 비구 운하지 운하견 이득견법
하리요. 作是思惟已하여 從禪起하고 往詣佛所하여 稽首
작시사유이 종선기 왕예불소 계수
禮足하고 退坐一面하여 白佛言하되 世尊이시여 我獨一
예족 퇴좌일면 백불언 세존 아독일

靜處하여 專精思惟하여 作是念하되 比丘는 云何知하고
정처 전정사유 작시념 비구 운하지
云何見하여야 而得見法하리요 하였나이다. 爾時에 世尊
운하견 이득견법 이시 세존
이 告彼比丘하사되 諦聽善思하라 當爲汝說하리라. 有二
고피비구 제청선사 당위여설 유이
法하니 何等이 爲二인가. 眼色爲二요 如是廣說하시사
법 하등 위이 안색위이 여시광설
(하시니) 乃至非其境界故이니라. 所以者何오 眼色에 緣
내지비기경계고 소이자하 안색 연
하여 生眼識하고 三事의 和合이 觸이요 觸이 俱生受想
생안식 삼사 화합 촉 촉 구생수상
思하나니라. 此四가 無色陰이요 眼은 色이니 此等法이
사 차사 무색음 안 색 차등법
名爲人이오 於斯等法에 作人想·衆生·那羅·摩누
명위인 어사등법 작인상 중생 나나 마누
闍·摩那婆·士其·福伽羅·耆婆禪頭하나니라. 又如是
사 마나바 사기 복가라 기바선두 우여시
說하되 我眼見色하고 我耳聞聲하고 我鼻嗅香하고 我舌
설 아안견색 아이문성 아비후향 아설
嘗味하고 我身覺觸하고 我意識法한다 하느니라.
상미 아신각촉 아의식법
彼施設又如是言說하되 是尊者는 如是名이오 如是生이
피시설우여시언설 시존자 여시명 여시생
오 如是姓이오 如是食하고 如是受苦樂하고 如是長壽하
여시성 여시식 여시수고락 여시장수
고 如是久住하고 如是壽分齊라 하느니라. 比丘여 是則
여시구주 여시수분제 비구 시즉
爲想이오 是則爲誌오 是則言說이오 此諸法은 皆悉無常
위상 시즉위지 시즉언설 차제법 개실무상
이오 有爲요 思願이요 緣生이니라. 若無常有爲思願緣生
유위 사원 연생 약무상유위사원연생
者면 彼則是苦이니라. 又復彼는 苦生이오 亦苦住요 亦
자 피즉시고 우부피 고생 역고주 역

苦滅이요 亦苦數數出生이니 一切皆苦이니라. 若復彼苦
고멸 역고삭삭출생 일체개고 약부피고
가 無餘斷하고 吐盡離欲하고 滅息沒하여 餘苦가 更不相
무여단 토진리욕 멸식몰 여고 갱불상
續하고 不出生하면 是則寂滅이요 是則勝妙이니 所謂捨
속 불출생 시즉적멸 시즉승묘 소위사
一切有餘하고 一切愛盡하고 無欲滅盡함이 涅槃이니라.
일체유여 일체애진 무욕멸진 열반
耳鼻舌身觸에 緣하여 生身識하고 三事의 和合이 觸이요
이비설신촉 연 생신식 삼사 화합 촉
觸이 俱生受想思하느니라. 此四가 是無色陰이오 身根이
촉 구생수상사 차사 시무색음 신근
是色陰이니 此名爲人이오 如上說하여 乃至滅盡涅槃이
시색음 차명위인 여상설 내지멸진열반
니라. 緣意法하여 生意識하고 三事의 和合이 觸이오 觸
연의법 생의식 삼사 화합 촉 촉
이 俱生受想思하나니 此四無色陰과 四大가 士夫의 所
구생수상사 차사무색음 사대 사부 소
依이며 此等法이 名爲人이오 如上廣說하여 乃至滅盡涅
의 차등법 명위인 여상광설 내지멸진열
槃이니라. 若有於此諸法에 心隨入住하거든 解脫不退轉
반 약유어차제법 심수입주 해탈불퇴전
하여 於彼所起繫著에 無有我하게 하라. 比丘가 如是知
어피소기계착 무유아 비구 여시지
하고 如是見하면 則爲見法하리라. 佛說此經已하시니 諸
여시견 즉위견법 불설차경이 제
比丘가 聞佛所說하고 歡喜奉行하더라.
비구 문불소설 환희봉행

4) 六觸·六受
육촉 육수

(1) 一切經
일체경

〈雜阿含 13卷 321經, 「根本三部經」 88下~89上〉

如是我聞하오니 一時에 佛이 住舍衛國의 祇樹給孤獨園
여시아문 일시 불 주사위국 기수급고독원
하시니라. 時有生聞婆羅門하여 往詣佛所하여 共相問訊
시유생문바라문 왕예불소 공상문신
已하여 退坐一面하여 白佛言하되 沙門瞿曇이시여 所謂
이 퇴좌일면 백불언 사문구담 소위
一切法이란 云何가 爲一切法이나이까. 佛告婆羅門하사
일체법 운하 위일체법 불고바라문
되 眼及色과 眼識과 眼觸과 眼觸에 因緣하여 生한 受의
안급색 안식 안촉 안촉 인연 생 수
若苦若樂不苦不樂이며 耳鼻舌身意와 法과 意識 意觸
약고약락불고불락 이비설신의 법 의식 의촉
과 意觸에 因緣하여 生한 受의 若苦若樂不苦不樂이니
의촉 인연 생 수 약고약락불고부락
是名爲一切法이니라. 若復有言하되 此非一切法이고 沙
시명위일체법 약부유언 차비일체법 사
門瞿曇所說의 一切法을 我今捨하여 更立一切法者면
문구담소설 일체법 아금사 갱입일체법자
此但有言이오 數問已不知하고 增其疑惑하리니 所以者
차단유언 삭문이부지 증기의혹 소이자
何오 非其境界故이니라. 佛說此經已하시니 生聞婆羅門
하 비기경계고 불설차경이 생문바라문
이 聞佛說已하고 歡喜隨喜하여 從坐起去하더라. 如生聞
문불설이 환희수희 종좌기거 여생문
婆羅門所問三經과 같이 有異比丘所問의 三經과 尊者
바라문소문삼경 유이비구소문 삼경 존자
阿難의 所問三經과 世尊法眼法根法依의 三經도 亦如
아난 소문삼경 세존법안법근법의 삼경 역여

上說이니라.
상 설

(2) 無常經
무 상 경

〈雜阿含 8卷 195經, 「根本三部經」 p. 89上〉

如是我聞하오니 一時에 佛이 住舍衛國의 祇樹給孤獨園
여 시 아 문 일 시 불 주 사 위 국 기 수 급 고 독 원
하시니라. 爾時에 世尊이 告諸比丘하사되 一切는 無常하
이 시 세 존 고 제 비 구 일 체 무 상
나니 云何가 一切無常인가. 謂眼은 無常이요 若色과 眼
운 하 일 체 무 상 위 안 무 상 약 색 안
識과 眼觸과 若眼觸에 因緣하여 生한 受의 苦覺樂覺不
식 안 촉 약 안 촉 인 연 생 수 고 각 락 각 불
苦不樂覺은 彼亦無常이니라. 耳鼻舌身意도 亦復如是니
고 불 락 각 피 역 무 상 이 비 설 신 의 역 부 여 시
라. 多聞聖弟子가 如是觀者면 於眼에 生厭하고 若色과
다 문 성 제 자 여 시 관 자 어 안 생 염 약 색
眼識과 眼觸과 眼觸因緣生受의 苦覺樂覺不苦不樂覺에
안 식 안 촉 안 촉 인 연 생 수 고 각 락 각 불 고 불 락 각
於彼生厭하며 耳鼻舌身意와 聲香味觸法과 意識과 意
어 피 생 염 이 비 설 신 의 성 향 미 촉 법 의 식 의
觸과 意觸因緣生受의 苦覺樂覺不苦不樂覺에 彼亦生厭
촉 의 촉 인 연 생 수 고 각 락 각 불 고 불 락 각 피 역 생 염
하나니라. 厭故로 不樂하고 不樂故로 解脫하여 解脫知見
염 고 불 락 불 락 고 해 탈 해 탈 지 견
하되 我生已盡하고 梵行已立하고 所作已作하고 自知不
아 생 이 진 범 행 이 입 소 작 이 작 자 지 불
受後有라 하느니라. 佛說此經已하시고 諸比丘가 聞佛所
수 후 유 불 설 차 경 이 제 비 구 문 불 소
說하고 歡喜奉行하더라.
설 환 희 봉 행

如無常經같이 如是苦와 空과 無我도 亦如是說이니라.
여무상경 여시고 공 무아 역여시설

5) 六觸緣生
육촉연생

(1) 苦集滅經
고집멸경

〈雜阿含 8卷 218經, 「根本三部經」 93下~94上〉

如是我聞하오니 一時에 佛이 住舍衛國의 祇樹給孤獨園
여시아문 일시 불 주사위국 기수급고독원
하시니라. 爾時에 世尊이 告諸比丘하사되 我今當爲汝等
이시 세존 고제비구 아금당위여등
하여 說苦集道跡과 苦滅道跡하리니 諦聽善思하라. 當爲
설고집도적 고멸도적 제청선사 당위
汝說하리라.
여설

云何가 苦集道跡인가. 緣眼色하여 生眼識하고 三事和合
운하 고집도적 연안색 생안식 삼사화합
이 觸이요 緣觸하여 受요 緣受하여 愛요 緣愛하여 取요
촉 연촉 수 연수 애 연애 취
緣取하여 有요 緣有하여 生이요 緣生하여 老病死憂悲惱
연취 유 연유 생 연생 노병사우비뇌
苦集이 如是니라. 耳鼻舌身意도 亦復如是이니 是名苦
고집 여시 이비설신의 역부여시 시명고
集道跡이니라.
집도적

云何가 苦滅道跡인가. 緣眼色하여 生眼識하고 三事和合
운하 고멸도적 연안색 생안식 삼사화합
이 觸이니 觸滅하면 則受滅하고 受滅하면 則愛滅하고 愛
촉 촉멸 즉수멸 수멸 즉애멸 애
滅하면 則取滅하고 取滅하면 則有滅하고 有滅하면 則生
멸 즉취멸 취멸 즉유멸 유멸 즉생

滅하고 生滅하면 則老病死憂悲惱苦가 滅하여 如是純大
멸 생멸 즉노병사우비뇌고 멸 여시순대

苦聚가 滅하느니라. 耳鼻舌身意도 亦如是說이니 是名苦
고취 멸 이비설신의 역여시설 시명고

滅道跡이니라. 佛說此經已하시니 諸比丘가 聞佛所說하
멸도적 불설차경이 제비구 문불소설

고 歡喜奉行하더라
환희봉행

4. 五蘊·四諦說
사 제 설

1) 六界
육 계

(1) 眼內入處經
안 내 입 처 경

〈雜阿含 13卷 322經, 「根本三部經」 94 上中〉

如是我聞하오니 一時에 佛이 住舍衛國의 祇樹給孤獨園
여시아문 일시 불 주사위국 기수급고독원
하시니라. 時有異比丘하여 往詣佛所하여 稽首佛足하고
시유이비구 왕예불소 계수불족
退坐一面하여 白佛言하되 世尊이시여 如世尊說하사되
퇴좌일면 백불언 세존 여세존설
眼是內入處이나 世尊略說하시고 不廣分別하시나이다.
안시내입처 세존약설 불광분별
云何가 眼是內入處이나이까. 佛告彼比丘하사되 眼是內
운하 안시내입처 불고피비구 안시내
入處는 四大所造淨色이며 不可見有對이니라. 耳鼻舌身
입처 사대소조정색 불가견유대 이비설신
內入處도 亦如是說이니라.
내입처 역여시설

復白佛言하되 世尊이시여 如世尊說하사되 意是內入處
부백불언 세존 여세존설 의시내입처
이나 不廣分別하시나이다. 云何意是內入處이나이까. 佛
불광분별 운하의시내입처 불
告比丘하시되 意內入處者는 若心意識非色이며 不可見
고비구 의내입처자 약심의식비색 불가견
無對이면 是名意內入處이니라.
무대 시명의내입처

復問하되 如世尊說하사되 色外入處이나 世尊略說하시
부문 여세존설 색외입처 세존약설

고 不廣分別하시나이다. 云何世尊이시여 色外入處이나
불광분별 운하세존 색외입처

이까.

佛告比丘하사되 色外入處는 若色四大造이며 可見有對
불고비구 색외입처 약색사대조 가견유대

이면 是名色是外入處이니라.
시명색시외입처

復白佛言하되 世尊이시여 說聲是外入處이나 不廣分別
부백불언 세존 설성시외입처 불광분별

하시나이다. 云何聲是外入處이나이까. 佛告比丘하사되
운하성시외입처 불고비구

若聲四大造이며 不可見有對이면 如聲다히 香味도 亦如
약성사대조 부가견유대 여성 향미 역여

是이니라.
시

復問하되 世尊說觸外入處이나 不廣分別하시나이다. 云
부문 세존설촉외입처 불광분별 운

何觸外入處이나이까. 佛告比丘하사되 觸外入處者는 謂
하촉외입처 불고비구 촉외입처자 위

四大及四大造色이며 不可見有對이니 是名觸外入處이
사대급사대조색 불가견유대 시명촉외입처

니라.

復問하되 世尊說法外入處이나 不廣分別하시나이다.
부문 세존설법외입처 불광분별

佛告比丘하사되 法外入處者는 十一入所不攝이며 不可
불고비구 법외입처자 십일입소불섭 불가

見無對이면 是名法外入處이니라. 佛說此經已하시니 諸
견무대 시명법외입처 불설차경이 제

比丘聞佛所說하고 歡喜奉行하더라.
비구문불소설 환희봉행

(2) 着使經(착사경)

〈雜阿含 17卷 465經, 「根本三部經」 96 上中〉

如是我聞하오니 一時에 佛이 住王舍城의 迦蘭陀竹園하
여시아문   일시   불   주왕사성   가난타죽원
시니라. 爾時에 尊者羅睺羅가 詣世尊所하여 稽首禮足하
        이시 존자라후라   예세존소   계수예족
고 退坐一面하여 白佛言하되 世尊이시여 云何知하고 云
   퇴좌일면   백불언   세존   운하지   운
何見하여야 我此識身과 及外境界一切相에 得無有我我
하견   아차식신   급외경계일체상   득무유아아
所見과 我慢繫著使하나이까. 佛告羅睺羅하사되 諦聽善
소견   아만계착사   불고라후라   제청선
思하라 當爲汝說하리라. 羅睺羅여 若比丘가 於所有地界
사   당위여설   라후라   약비구   어소유지계
의 若過去若未來若現在나 若內若外若麤若細나 若好若
   약과거약미래약현재   약내약외약추약세   약호약
醜若遠若近에 彼一切가 非我요 不異我요 不相在라 하
추약원약근   피일체   비아   불이아   불상재
며 如實히 知水界와 火界와 風界와 空界와 識界도 亦復
   여실   지수계   화계   풍계   공계   식계   역부
如是라 하라. 羅睺羅여 比丘가 如是知하고 如是見하여
여시   라후라   비구   여시지   여시견
야 於我此識身과 及外境界一切相에 無有我我所見과
   어아차식신   급외경계일체상   무유아아소견
我慢繫著使하리라. 羅睺羅여 若比丘가 於此識身及外境
아만계착사   라후라   약비구   어차식신급외경
界一切相에 無有我我所見과 我慢繫著使하면 是名斷愛
계일체상   무유아아소견   아만계착사   시명단애
縛諸結하고 斷諸愛正慢하여 無間等究竟苦邊한다하느
박제결   단제애정만   무간등구경고변
니라.

佛說此經已하시니 尊者羅睺羅가 聞佛所說하고 歡喜奉行하더라.

2) 五蘊

(1) 陰經

〈雜阿含 17卷 55經,「根本三部經」96上中〉

如是我聞하오니 一時에 佛이 在波羅㮈國仙人住處鹿野苑中하시니라. 爾時에 世尊이 告諸比丘하사되 我今當說陰及受陰하리니 云何가 爲陰인가. 若所有諸色이 若過去若未來若現在나 若內若外若麤若細나 若好若醜若遠若近이면 彼一切를 總說色陰이라 하느니라. 隨諸所有의 受想行識도 亦復如是하여 彼一切를 總說受想行識陰이라 하느니라. 是名爲陰이니라. 云何가 爲受陰인가. 若色이 是有漏요 是取이며 若彼色이 過去未來現在에 生貪欲瞋恚愚癡와 及餘種種上煩惱心法하고 受想行識 또한 亦復如是하면 是名受陰이니라. 佛說此經已하시니 諸比丘가 聞佛所說하고 歡喜奉行하더라.

(2) 分別經
분별경

〈雜阿含 3卷 61經, 「根本三部經」 96下~97上〉

如是我聞하오니 一時에 佛이 住舍衛國의 祇樹給孤獨園
여시아문 일시 불 주사위국 기수급고독원
하시니라. 爾時에 世尊이 告諸比丘하사되 有五受陰하나
이시 세존 고제비구 유오수음
니 何等이 爲五인가. 謂色受陰과 受想行識受陰이니라.
하등 위오 위색수음 수상행식수음
云何가 色受陰인가. 所有色은 彼一切가 四大와 及四大
운하 색수음 소유색 피일체 사대 급사대
所造色이니 是名爲色受陰이니라. 復次彼色은 是無常苦
소조색 시명위색수음 부차피색 시무상고
變易之法이니 若彼色受陰이 永斷無餘하고 究竟捨離滅
변역지법 약피색수음 영단무여 구경사리멸
盡하고 離欲寂沒하여 餘色受陰이 更不相續하고 不起不
진 이욕적몰 여색수음 갱불상속 불기불
出하면 是名爲妙요 是名寂靜이요 是名捨離요 一切有餘
출 시명위묘 시명적정 시명사리 일체유여
愛盡하고 無欲滅盡한 涅槃이니라. 云何受受陰인가. 謂
애진 무욕멸진 열반 운하수수음 위
六受身이니 何等爲六인가. 謂眼觸生受와 耳鼻舌身意觸
육수신 하등위육 위안촉생수 이비설신의촉
生受이니 是名受受陰이니라. 復次彼受受陰은 無常苦變
생수 시명수수음 부차피수수음 무상고변
易之法이오 乃至滅盡涅槃이니라. 云何想受陰인가. 謂六
역지법 내지멸진열반 운하상수음 위육
想身이니 何等爲六인가. 謂眼觸生想과 乃至意觸生想이
상신 하등위육 위안촉생상 내지의촉생상
니 是名想受陰이니라. 復次彼想受陰은 無常苦變易之法
시명상수음 부차피상수음 무상고변역지법
이오 乃至滅盡涅槃이니라. 云何行受陰인가. 謂六思身이
내지멸진열반 운하행수음 위육사신

니 何等爲六인가. 謂眼觸生思와 乃至意觸生思이니 是
하등위육 위안촉생사 내지의촉생사 시
名行受陰이니라. 復次彼行受陰은 無常苦變易之法이요
명행수음 부차피행수음 무상고변역지법
乃至滅盡涅槃이니라. 云何識受陰인가. 謂六識身이니 何
내지멸진열반 운하식수음 위육식신 하
等爲六인가. 謂眼識身과 乃至意識身이니 是名識受陰이
등위육 위안식신 내지의식신 시명식수음
니라. 復次彼識受陰은 是無常苦變易之法이오 乃至滅盡
부차피식수음 시무상고변역지법 내지멸진
涅槃이니라. 比丘가 若於此法에 以智慧로 思惟觀察分
열반 비구 약어차법 이지혜 사유관찰분
別忍하면 是名隨信行이니 超昇離生하고 越凡夫地하여
별인 시명수신행 초승리생 월범부지
未得須陀洹果라도 中間不死하면 必得須陀洹果하리라.
미득수다원과 중간불사 필득수다원과
比丘가 若於此法에 增上智慧하고 思惟觀察忍하면 是名
비구 약어차법 증상지혜 사유관찰인 시명
隨法行이니 超昇離生하고 越凡夫地하여 未得須陀洹果
수법행 초승이생 월범부지 미득수다원과
라도 中間不死하면 必得須陀洹果하리라. 比丘가 於此法
중간불사 필득수다원과 비구 어차법
에 如實正慧等見하여 三結盡斷知하나니 謂身見戒取疑
여실정혜등견 삼결진단지 위신견계취의
이니라. 比丘여 是名須陀洹果이니 不墮惡道하고 必定正
비구 시명수다원과 불타악도 필정정
趣三菩提하여 七有天人往生한 然後에 究竟苦邊하리라.
취삼보리 칠유천인왕생 연후 구경고변
比丘가 若於此法에 如實正慧等見하여 不起心漏하면 名
비구 약어차법 여실정혜등견 불기심루 명
阿羅漢이니 諸漏已盡하고 所作已作하고 捨離重擔하고
아라한 제루이진 소작이작 사리중담
逮得已利하고 盡諸有結하여 正智心得解脫하리라. 佛說
체득이리 진제유결 정지심득해탈 불설

此經已하시니 諸比丘가 聞佛所說하고 歡喜奉行하더라.
차경이 제비구 문불소설 환희봉행

3) 四諦
사제

(1) 四諦經
사제경

〈雜阿含 15卷 380經, 「根本三部經」 104 上中〉

如是我聞하오니 一時에 佛이 住波羅㮈의 仙人住處鹿野
여시아문 일시 불 주바라나 선인주처녹야
苑中하시니라. 爾時에 世尊이 告諸比丘하사되 有四聖諦
원중 이시 세존 고제비구 유사성제
하나니 何等爲四인가. 謂苦聖諦와 苦集聖諦와 苦滅聖諦
하등위사 위고성제 고집성제 고멸성제
와 苦滅道跡聖諦이니라. 佛說此經已하시니 諸比丘가 聞
고멸도적성제 불설차경이 제비구 문
佛所說하고 歡喜奉行 하더라.
불소설 환희봉행

(2) 四諦品
사제품

〈增壹阿含 17卷 1經, 「根本三部經」 104下~105上〉

聞如是하오니 一時에 佛이 在舍衛國의 祇樹給孤獨園하
문여시 일시 불 재사위국 기수급고독원
시니라. 爾時에 世尊이 告諸比丘하사되 當修行四諦之法
이시 세존 고제비구 당수행사제지법
하라. 云何爲四인가. 所謂初는 苦諦이니 義不可盡하고
운하위사 소위초 고제 의불가진
義不可窮하고 說法無盡하나니라. 第二者는 苦習諦이니
의불가궁 설법무진 제이자 고습제
義不可盡하고 義不可窮하고 說法無盡하나니라. 第三者
의불가진 의불가궁 설법무진 제삼자

는 苦盡諦이니 義不可盡하고 義不可窮하고 說法無盡하느니라. 第四者는 苦出要諦이니 義不可盡하고 義不可窮하고 說法無盡하느니라.

彼云何名爲苦諦인가. 所謂苦諦者는 生苦·老苦·病苦·死苦와 憂悲惱苦와 怨憎會苦와 恩愛別離苦와 所欲不得苦이니 取要言之하면 五盛陰苦이니 是謂名爲苦諦이니라.

彼云何名爲苦習諦인가. 所謂習諦者는 愛與欲相應하여 心恒染著하나니 是謂名爲苦習諦이니라. 彼云何名爲苦盡諦인가. 所謂盡諦者는 欲愛永盡無餘하여 不復更造하나니 是謂名爲苦盡諦이니라.

彼云何名爲苦出要諦인가. 所謂苦出要諦者는 謂賢聖八品道이니 所謂正見·正治·正語·正行·正命·正方便·正念·正三昧이니 是謂名爲苦出要諦이니라. 如是比丘여 有此四諦하여 實有不虛하며 世尊之所說故로 名爲諦이니라. 諸有衆生의 二足三足四足과 欲者色者無色者와 有想無想者에서 如來最上이나 然成此四諦할새 故

名爲四諦니라.
명위사제

是謂比丘여 有此四諦하나 然不覺知하면 長處生死하여
시위비구 유차사제 연불각지 장처생사

輪轉五道하나니라. 我今以得此四諦하여 從此岸에서 至
윤전오도 아금이득차사제 종차안 지

彼岸하여 成就此義하고 斷生死根本하고 更不復受有를
피안 성취차의 단생사근본 갱불부수유

如實知之하나니라.
여실지지

爾時世尊이 便說此偈하사되
이시세존 변설차게

今有四諦法이나 如實而不知면
금유사제법 여실이부지

輪轉生死中하여 終不有解脫하리라.
윤전생사중 종불유해탈

如今有四諦다히 以覺以曜了하고
여금유사제 이각이요요

以斷生死根하면 更亦不受有하리라.
이단생사근 갱역불수유

若有四部之衆이 不得此諦하고 不覺不知면 便隨五道하
약유사부지중 부득차제 불각부지 변수오도

리니 是故로 諸比丘여 當作方便하여 成此四諦할지니 如
시고 제비구 당작방편 성차사제 여

是諸比丘여 當作是學하라. 爾時諸比丘가 聞佛所說하고
시제비구 당작시학 이시제비구 문불소설

歡喜奉行하더라.
환희봉행

(3) 轉法輪經
전법륜경

〈雜阿含 15卷 379經,「根本三部經」107中下~108上〉

如是我聞하오니 一時佛住波羅㮈의 鹿野苑中仙人住處
여시아문 일시불주바라나 녹야원중선인주처
하시니라. 爾時에 世尊이 告五比丘하사되 此苦聖諦이니
이시 세존 고오비구 차고성제
本所未曾聞法에서 當正思惟時에 生眼智明覺하리라. 此
본소미증문법 당정사유시 생안지명각 차
苦集과 此苦滅과 此苦滅道跡聖諦이니 本所未曾聞法에
고집 차고멸 차고멸도적성제 본소미증문법
서 當正思惟時에 生眼智明覺하리라. 復次苦聖諦智를
당정사유시 생안지명각 부차고성제지
當復知하리라고 本所未聞法에서 當正思惟時에 生眼智
당부지 본소미문법 당정사유시 생안지
明覺하리라. 苦集聖諦를 已知當斷하리라고 本所未曾聞
명각 고집성제 이지당단 본소미증문
法에서 當正思惟時에 生眼智明覺하리라.
법 당정사유시 생안지명각

復次苦集滅의 此苦滅聖諦를 已知當知作證하리라고 本
부차고집멸 차고멸성제 이지당지작증 본
所未聞法에서 當正思惟時에 生眼智明覺하리라.
소미문법 당정사유시 생안지명각

復以此苦滅道跡聖諦로 已知當修하리라고 本所未曾聞
부이차고멸도적성제 이지당수 본소미증문
法에서 當正思惟時에 生眼智明覺하리라. 復次比丘여 此
법 당정사유시 생안지명각 부차비구 차
苦聖諦를 已知知已出하여 所未聞法에서 當正思惟時에
고성제 이지지이출 소미문법 당정사유시
生眼智明覺하리라. 復次此苦集聖諦를 已知已斷出하여
생안지명각 부차차고집성제 이지이단출
所未聞法에서 當正思惟時에 生眼智明覺하리라. 復次苦
소미문법 당정사유시 생안지명각 부차고

滅聖諦를 已知已作證出하여 所未聞法에서 當正思惟時
멸성제 이지이작증출 소미문법 당정사유시

에 生眼智明覺하리라. 復次苦滅道跡聖諦를 已知已修出
생안지명각 부차고멸도적성제 이지이수출

하여 所未曾聞法에서 當正思惟時에 生眼智明覺하리라.
소미증문법 당정사유시 생안지명각

諸比丘여 我於此四聖諦에서 三轉十二行하여 不生眼智
제비구 아어차사성제 삼전십이행 불생안지

明覺者했다면 我終不得於諸天魔梵沙門婆羅門聞法衆
명각자 아종부득어제천마범사문바라문문법중

中에서 爲解脫爲出爲離하고 亦不自證得阿耨多羅三藐
중 위해탈위출위리 역부자증득아녹다라삼막

三菩提했으리라. 我已於四聖諦에서 三轉十二行하여 生
삼보리 아이어사성제 삼전십이행 생

眼智明覺한 故로 於諸天魔梵沙門婆羅門聞法衆中에서
안지명각 고 어제천마범사문바라문문법중중

得出得脫하고 自證得成阿耨多羅三藐三菩提했느니라.
득출득탈 자증득성아녹다라삼막삼보리

爾時에 世尊이 說是法時에 尊者憍陳如와 及八萬諸天
이시 세존 설시법시 존자교진여 급팔만제천

이 遠塵離垢하고 得法眼淨하느니라. 爾時에 世尊이 告
원진리구 득법안정 이시 세존 고

尊者憍陳如하사되 知法未인가. 憍陳如白佛하되 已知외
존자교진여 지법미 교진여백불 이지

다. 世尊이 復告尊者憍陳如하사되 知法未인가. 拘隣白
세존 부고존자교진여 지법미 구린백

佛하되 已知외다 善逝시여. 尊者拘隣이 已知法故로 是
불 이지 선서 존자구린 이지법고 시

故名阿若拘隣이라 하시니라. 尊者阿若拘隣이 知法已라
고명아야구린 존자아야구린 지법이

하니 地神이 擧聲唱言하되 諸仁者여 世尊이 於波羅㮈
지신 거성창언 제인자 세존 어바라나

國의 仙人住處鹿野苑中에서 三轉十二行法輪하시니 諸
국 선인주처녹야원중 삼전십이행법륜 제

沙門婆羅門과 諸天魔梵이 所未曾轉이라 多所饒益하고
사문바라문 제천마범 소미증전 다소요익

多所安樂하고 哀愍世間하고 以義饒益利安天人하며 增
다소안락 애민세간 이의요익이안천인 증

益諸天衆하고 減損阿修羅衆하리라. 地神唱已하니 聞虛
익제천중 감손아수라중 지신창이 문허

空神天하여 四天王天과 三十三天과 炎魔天과 兜率陀
공신천 사천왕천 삼십삼천 염마천 도솔타

天과 化樂天과 他化自在天이 展轉傳唱하여 須臾之間에
천 화락천 타화자재천 전전전창 수유지간

聞于梵天身했느니라. 梵天이 乘聲唱言하되 諸仁者여 世
문우범천신 범천 승성창언 제인자 세

尊이 於波羅㮈國의 仙人住處鹿野苑中에서 三轉十二行
존 어바라나국 선인주처녹야원중 삼전십이행

法輪하시니 諸沙門婆羅門과 諸大魔梵과 及世間聞法이
법륜 제사문바라문 제대마범 급세간문법

未所曾轉이며 多所饒益하고 多所安樂하고 以義饒益諸
미소증전 다소요익 다소안락 이의요익제

天世人하며 增益諸天衆하고 減損阿修羅衆하리라 하느
천세인 증익제천중 감손아수라중

니라. 世尊이 於波羅㮈國 仙人住處鹿野苑中에서 轉法
세존 어바라나국 선인주처녹야원중 전법

輪하시니 是故此經이 名轉法輪經이니라. 佛說此經已하
륜 시고차경 명전법륜경 불설차경이

시니 諸比丘가 聞佛所說하고 歡喜奉行하더라.
제비구 문불소설 환희봉행

4) 四果(사과)

(1) 沙門法(사문법) 沙門果經(사문과경)

〈雜阿含 29卷 797經, 「根本三部經」 110 上〉

如是我聞(여시아문)하오니 一時(일시)에 佛(불)이 住舍衛國(주사위국)의 祇樹給孤獨園(기수급고독원)하시니라. 爾時(이시)에 世尊(세존)이 告諸比丘(고제비구)하사되 有沙門法(유사문법)과 及(급) 沙門果(사문과)하나니 諦聽善思(제청선사)하라 當爲汝說(당위여설)하리라. 何等爲沙門法(하등위사문법)인가. 謂八聖道(위팔성도)이니 正見乃至正定(정견내지정정)이니라. 何等爲沙門果(하등위사문과)인가. 謂須陀洹果(위수다원과)와 斯陀含果(사다함과)와 阿那含果(아나함과)와 阿羅漢果(아라한과)이니라. 何等(하등)이 爲須陀洹果(위수다원과)인가. 謂三結斷(위삼결단)이니라. 何等(하등)이 爲斯陀含果(위사다함과)인가. 謂三結斷(위삼결단)하고 貪恚癡(탐에치)의 薄(박)이니라. 何等爲阿那含果(하등위아나함과)인가. 謂五下分結盡(위오하분결진)이니라. 何等爲阿羅漢果(하등위아라한과)인가. 謂貪恚癡(위탐에치)가 永盡(영진)하여 一切煩惱永盡(일체번뇌영진)이니라. 佛說此經已(불설차경이)하시니 諸比丘(제비구)가 聞佛所說(문불소설)하고 歡喜奉行(환희봉행)하더라.

5. 十二緣起說
십 이 연 기 설

1) 十二支完備型
십 이 지 완 비 형

(1) 十二因緣經
십 이 인 연 경

〈雜阿含 29卷 369經, 「根本三部經」 132 上中〉

如是我聞하오니 一時에 佛이 住舍衛國祇樹給孤獨園하시니
여 시 아 문 일 시 불 주 사 위 국 기 수 급 고 독 원

라. 爾時에 世尊이 告諸比丘하사되 昔者毘婆尸佛이 未成正
이 시 세 존 고 제 비 구 석 자 비 바 시 불 미 성 정

覺時에 住菩提所하여 不久成佛하실제 詣菩提樹下하여 敷草
각 시 주 보 리 소 불 구 성 불 예 보 리 수 하 부 초

爲座하고 結跏趺坐하여 端坐正念하여 一坐七日하사 於十二
위 좌 결 가 부 좌 단 좌 정 념 일 좌 칠 일 어 십 이

緣起에 逆順觀察하시니 所謂此有故로 彼有하고 此起故로
연 기 역 순 관 찰 소 위 차 유 고 피 유 차 기 고

彼起하나니 緣無明하여 行이며 乃至 緣生하여 有老死하고 及
피 기 연 무 명 행 내 지 연 생 유 노 사 급

純大苦聚集하며 純大苦聚滅하나니라.
순 대 고 취 집 순 대 고 취 멸

彼毘婆尸佛이 正坐七日已하사 從三昧로 覺하시사 說此偈言
피 비 바 시 불 정 좌 칠 일 이 종 삼 매 각 설 차 게 언

하시니라.

如此諸法生하니　　梵志勤思禪하여
여 차 제 법 생　　범 지 근 사 선

永離諸疑惑하고　　知因緣生法하라
영 리 제 의 혹　　지 인 연 생 법

若知因生苦하고　　知諸受滅盡하고
약 지 인 생 고　　지 제 수 멸 진

知因緣法盡하면 則知有漏盡하리라.
지인연법진 즉지유루진

如此諸法生하니 梵志勤思禪하여
여차제법생 범지근사선

永離諸疑惑하고 知有因生苦하며
영리제의혹 지유인생고

如此諸法生하니 梵志勤思禪하여
여차제법생 범지근사선

永離諸疑惑하고 知諸受滅盡하며
영리제의혹 지제수멸진

如此諸法生하니 梵志勤思禪하여
여차제법생 범지근사선

永離諸疑惑하고 知因緣法盡하며
영리제의혹 지인연법진

如此諸法生하니 梵志勤思禪하여
여차제법생 범지근사선

永離諸疑惑하고 知盡諸有漏하며
영리제의혹 지진제유루

如此諸法生하니 梵志勤思禪하여
여차제법생 범지근사선

普照諸世間하고 如日住虛空다히
보조제세간 여일주허공

破壞諸魔軍하고 覺諸結解脫하느니라.
파괴제마군 각제결해탈

佛說此經已하시니 諸比丘가 聞佛所說하고 歡喜奉行하더라.
불설차경이 제비구 문불소설 환희봉행

如毘婆尸佛다히 如是尸棄佛과 毘濕波浮佛과 迦羅迦孫提佛과 迦那迦牟尼佛과 迦葉佛도 亦如是說이니라.
여비바시불 여시시기불 비습파부불 가나가손제불 가나가모니불 가섭불 역여시설

(2) 十二因緣經
십이인연경

〈雜阿含 15卷 370經, 「根本三部經」 132〉

如是我聞하오니 一時에 佛이 住鬱毘羅尼連禪河側大菩
여시아문 일시 불 주울비라니련선하측대보
提所하여 不久當成正覺하실제 往詣菩提樹下하사 敷草
리소 불구당성정각 왕예보리수하 부초
爲座하여 結跏趺坐하고 正身正念하심을 如前廣說하시
위좌 결가부좌 정신정념 여전광설
니라.

(3) 法說義說經
법설의설경

〈雜阿含 12卷 298經, 「根本三部經」 133〉

如是我聞하오니 一時에 佛이 住拘留搜調牛聚落하시니
여시아문 일시 불 주구류수조우취락
라. 爾時 世尊이 告諸比丘하사되 我今當說緣起法의 法
이시 세존 고제비구 아금당설연기법 법
說과 義說하리니 諦聽善思하라. 當爲汝說하리라. 云何가
설 의설 제청선사 당위여설 운하
緣起法의 法說인가. 謂此有故로 彼有하고 此起故로 彼
연기법 법설 위차유고 피유 차기고 피
起하나니 謂緣無明하여 行이며 乃至 純大苦聚集이니라.
기 위연무명 행 내지 순대고취집
是名緣起法의 法說이니라.
시명연기법 법설

云何가 義說인가. 謂緣無明하여 行者는 彼云何가 無明
운하 의설 위연무명 행자 피운하 무명
인가. 若不知前際하고 不知後際하고 不知前後際하며 不
약부지전제 부지후제 부지전후제 부
知於內하고 不知於外하고 不知內外하며 不知業하고 不
지어내 부지어외 부지내외 부지업 부

知報(지보)하고 不知業報(부지업보)하며 不知佛(부지불)하고 不知法(부지법)하고 不知僧(부지승)하며 不知苦(부지고)하고 不知集(부지집)하고 不知滅(부지멸)하고 不知道(부지도)하며 不知因(부지인)하고 不知因所起法(부지인소기법)하며 不知善不善(부지선불선)하며 有罪無罪(유죄무죄)와 習不習(습불습)과 若劣若勝(약열약승)과 染汚淸淨(염오청정)과 分別緣起(분별연기)를 皆悉不知(개실부지)하며 於六觸入處(어육촉입처)에 不如實覺知(불여실각지)하고 於彼彼(어피피)에 不知不見(부지불견)하며 無無間等(무무간등)하고 癡闇無明大冥(치암무명대명)을 是名無明(시명무명)이니라. 緣無明行者(연무명행자)는 云何(운하)가 爲行(위행)인가. 行有三種(행유삼종)하나니 身行口行意行(신행구행의행)이니라. 緣行識者(연행식자)는 云何(운하)가 爲識(위식)인가. 謂六識身(위육식신)이니 眼識身耳識身鼻識身舌識身身識身意識身(안식신이식신비식신설식신신식신의식신)이니라. 緣識名色者(연식명색자)는 云何(운하)가 名(명)인가. 謂四無色陰(위사무색음)이니 受陰想陰行陰識陰(수음상음행음식음)이니라. 云何(운하)가 色(색)인가. 謂四大(위사대)와 四大所造色(사대소조색)이니 是名爲色(시명위색)이니라. 此色及前所說名(차색급전소설명)이 是爲名色(시위명색)이니라. 緣名色六入處者(연명색육입처자)는 云何爲六入處(운하위육입처)인가. 謂六內入處(위육내입처)인가. 眼入處耳入處鼻入處舌入處身入處意入處(안입처이입처비입처설입처신입처의입처)이니라. 緣六入處觸者(연육입처촉자)는 云何爲觸(운하위촉)인가. 謂六觸身(위육촉신)이니 眼觸身耳觸身鼻觸身舌觸身身觸身意觸身(안촉신이촉신비촉신설촉신신촉신의촉신)이니라. 緣觸受者(연촉수자)는 云何爲受(운하위수)인가. 謂三受(위삼수)이니 苦受樂受不苦不樂受(고수락수불고불락수)

이니라. 緣受愛者는 彼云何爲愛인가. 謂三愛이니 欲愛
연수애자 피운하위애 위삼애 욕애
色愛無色愛이니라. 緣愛取者는 云何爲取인가. 四取이니
색애무색애 연애취자 운하위취 사취
欲取見取戒取我取이니라. 緣取有者는 云何爲有인가.
욕취견취계취아취 연취유자 운하위유
三有이니 欲有色有無色有이니라. 緣有生者는 云何爲生
삼유 욕유색유무색유 연유생자 운하위생
인가. 若彼彼衆生이 彼彼身種類가 一生超越하여 和合
약피피중생 피피신종류 일생초월 화합
出生하여 得陰得界得入處하여 得命根하나니 是名爲生
출생 득음득계득입처 득명근 시명위생
이니라. 緣生老死者는 云何爲老인가. 若髮白露頂하고
연생노사자 운하위노 약발백노정
皮緩根熟하고 支弱背僂하고 垂頭呻吟하고 短氣前輸하
피완근숙 지약배루 수두신음 단기전수
고 柱杖而行하며 身體黧黑하고 四體斑駮하고 闇鈍垂熟
주장이행 신체려흑 사체반박 암둔수숙
하여 造行艱難羸劣하면 是名爲老이니라. 云何爲死인가.
조행간난리열 시명위노 운하위사
彼彼衆生의 彼彼種類가 沒遷移身壞壽盡하고 火離命滅
피피중생 피피종류 몰천이신괴수진 화리명멸
하여 捨陰時到하면 是名爲死이니라. 此死及前說老가 是
사음시도 시명위사 차사급전설노 시
名老死이니라. 是名緣起義說이니라. 佛說此經已하시니
명노사 시명연기의설 불설차경이
諸比丘가 聞佛所說하고 歡喜奉行하더라.
제비구 문불소설 환희봉행

(4) 緣起法經
연기법경

〈雜阿含 12卷 299經, 「根本三部經」 134 下〉

如是我聞하오니 一時佛住拘留搜調牛聚落하시니라. 時
여시아문 일시불주구류수조우취락 시
有異比丘하여 來詣佛所하여 稽首禮足하고 退坐一面하
유이비구 내예불소 계수예족 퇴좌일면
여 白佛言하되 世尊이시여 謂緣起法은 爲世尊作이요 爲
백불언 세존 위연기법 위세존작 위
餘人作耶오. 佛告比丘하사되 緣起法者는 非我所作이오
여인작야 불고비구 연기법자 비아소작
亦非餘人作이니라. 然彼如來가 出世及未出世이나 法界
역비여인작 연피여래 출세급미출세 법계
常住이니 彼如來는 自覺此法하여 成等正覺하여 爲諸衆
상주 피여래 자각차법 성등정각 위제중
生하여 分別演說開發顯示하나니 所謂此有故로 彼有하
생 분별연설개발현시 소위차유고 피유
고 此起故로 彼起하나니 謂緣無明하여 行이며 乃至純大
차기고 피기 위연무명 행 내지순대
苦聚集이니라. 無明滅故로 行滅하여 乃至純大苦聚滅이
고취집 무명멸고 행멸 내지순대고취멸
니라. 佛說此經已하시니 時彼比丘聞佛所說하고 歡喜奉
불설차경이 시피비구문불소설 환희봉
行하더라.
행

2) 空義
공 의

(1) 第一義空經
제 일 의 공 경

〈雜阿含 13卷 335經,「根本三部經」147 下〉

如是我聞하오니 一時佛住拘留搜調牛聚落하시니라.
여 시 아 문 일 시 불 주 구 유 수 조 우 취 락

爾時에 世尊이 告諸比丘하사되 我今當爲汝等하여 說法
이 시 세 존 고 제 비 구 아 금 당 위 여 등 설 법

하리니 初中後善하며 善義善味이며 純一滿淨하고 梵行
초 중 후 선 선 의 선 미 순 일 만 정 범 행

淸白하나니 所謂第一義空經이니 諦聽善思하라 當爲汝
청 백 소 위 제 일 의 공 경 제 청 선 사 당 위 여

說하리라. 云何爲第一義空經인가. 諸比丘여 眼生時에
설 운 하 위 제 일 의 공 경 제 비 구 안 생 시

無有來處하고 滅時에 無有去處하나니라. 如是眼은 不實
무 유 래 처 멸 시 무 유 거 처 여 시 안 부 실

而生하고 生已盡滅하며 有業報하며 而無作者하며 此陰
이 생 생 이 진 멸 유 업 보 이 무 작 자 차 음

滅已하고 異陰相續하되 除俗數法이니라. 耳鼻舌身意도
멸 이 이 음 상 속 제 속 수 법 이 비 설 신 의

亦如是說하되 除俗數法이니라. 俗數法者는 謂此有故로
역 여 시 설 제 속 수 법 속 수 법 자 위 차 유 고

彼有하고 此起故로 彼起하나니 如無明緣行이며 行緣識
피 유 차 기 고 피 기 여 무 명 연 행 행 연 식

이며 廣說乃至純大苦聚集起이니라. 又復此無故로 彼無
광 설 내 지 순 대 고 취 집 기 우 부 차 무 고 피 무

하고 此滅故로 彼滅하나니 無明滅故로 行滅하고 行滅故
차 멸 고 피 멸 무 명 멸 고 행 멸 행 멸 고

로 識滅하며 如是廣說하여 乃至純大苦聚滅이니라. 比丘
식 멸 여 시 광 설 내 지 순 대 고 취 멸 비 구

여 是名第一義空法經이니라. 佛說此經已하시니 諸比丘
시 명 제 일 의 공 법 경 불 설 차 경 이 제 비 구

聞佛所說하고 歡喜奉行하더라.
문불소설 환희봉행

3) 中道說
중도설

(1) 迦旃延經
가전연경

〈雜阿含 13卷 301經,「根本三部經」147下〉

如是我聞하오니 一時에 佛이 住那梨聚落深林中待賓舍
여시아문 일시 불 주나리취락심림중대빈사

하시니라. 爾時에 尊者足散 陀迦旃延이 詣佛所하고 稽
이시 존자산 타가전연 예불소 계

首佛足하여 退住一面하여 白佛言하되 世尊이시여 如世
수불족 퇴주일면 백불언 세존 여세

尊說正見은 云何가 正見이닛가. 云何世尊은 施設正見
존설정견 운하 정견 운하세존 시설정견

하시나이까.

佛告足散 陀迦旃延하사되 世間有二種依하나니 若有若
불고산 타가전연 세간유이종의 약유약

無라. 爲取所觸하고 取所觸故로 或依有或依無하나니라.
무 위취소촉 취소촉고 혹의유혹의무

若無此取者면 心境繫著에 使不取不住不計하여 我苦生
약무차취자 심경계착 사불취불주불계 아고생

而生하며 苦滅而滅하여 於彼에 不疑不惑하고 不由於他
이생 고멸이멸 어피 불의불혹 불유어타

하여 而自知하나니 是名正見이오 是名如來所施設正見
이자지 시명정견 시명여래소시설정견

이니라. 所以者何오 世間集을 如實正知見하면 若世間無
소이자하 세간집 여실정지견 약세간무

者가 不有하고 世間滅을 如實正知見하면 若世間有者가
자 불유 세간멸 여실정지견 약세간유자

無有하나니 是名離於二邊하여 說於中道어니 所謂此有
무유 시명이어이변 설어중도 소위차유

故彼有하고 此起故彼起하나니 謂緣無明行이며 乃至純
고피유 차기고피기 위연무명행 내지순

大苦聚集이니라. 無明滅故行滅하나니 乃至純大苦聚滅
대고취집 무명멸고행멸 내지순대고취멸

이니라. 佛說此經已하시니 尊者足散 陀迦旃延이 聞佛所
불설차경이 존자 산 타가전연 문불소

說하고 不起諸漏하고 心得解脫하여 成阿羅漢 하느니라.
설 불기제루 심득해탈 성아라한

* 각 경의 출처 표시는 고익진 편 〈한역근본경전, 1982, 운주출판사〉에 의거하였습니다.

팔리어 지송아함경

데바나가리, 로마자 대조

I. 外道批判

७. महावग्गो (度經)

१. तित्थायतनसुत्तं । "तीणिमानि, भिक्खवे, तित्थायतनानि यानि पण्डितेहि समनुयुञ्जियमानानि समनुगाहियमानानि समनुभासियमानानि परं पि गन्त्वा अकिरियाय सण्ठहन्ति । कतमानि तीणि ? सन्ति, भिक्खवे, एके समणब्राह्मणा एवंवादिनो एवंदिट्ठिनो – 'यं किं चायं पुरिसपुग्गलो पटिसंवेदेति सुखं वा दुक्खं वा अदुक्खमसुखं वा सब्बं तं पुब्बेकतहेतू' ति । सन्ति, भिक्खवे, एके समणब्राह्मणा एवंवादिनो एवंदिट्ठिनो – 'यं किं चायं पुरिसपुग्गलो पटिसंवेदेति सुखं वा दुक्खं वा अदुक्खमसुखं वा सब्बं तं इस्सरनिम्मानहेतू' ति । सन्ति, भिक्खवे, एके समणब्राह्मणा एवंवादिनो एवंदिट्ठिनो – 'यं किं चायं पुरिसपुग्गलो पटिसंवेदेति सुखं वा दुक्खं वा अदुक्खमसुखं वा सब्बं तं अहेतु-अप्पच्चया' ति ।

"तत्र, भिक्खवे, ये ते समणब्राह्मणा एवंवादिनो एवंदिट्ठिनो – 'यं किं चायं पुरिसपुग्गलो पटिसंवेदेति सुखं वा दुक्खं वा अदुक्खमसुखं वा सब्बं तं पुब्बेकतहेतू' ति, त्याहं उपसङ्कमित्वा एवं वदामि – 'सच्चं किर तुम्हे आयस्मन्तो एवंवादिनो एवंदिट्ठिनो – यं किं चायं पुरिसपुग्गलो पटिसंवेदेति सुखं वा दुक्खं वा अदुक्खमसुखं वा सब्बं तं पुब्बेकतहेतू' ति ? ते च मे एवं पुट्ठा 'आमा" ति पटिजानन्ति । त्याहं एवं वदामि – 'तेनहायस्मन्तो पाणातिपातिनो भविस्सन्ति पुब्बेकतहेतु, अदिन्नादायिनो भविस्सन्ति पुब्बेकतहेतु, अब्रह्मचारिनो भविस्सन्ति पुब्बेकतहेतु, मुसावादिनो भविस्सन्ति पुब्बेकतहेतु, पिसुणवाचा भविस्सन्ति पुब्बेकतहेतु,

Aṅguttara Nikāya(AN) : Tika Nipata
Aṅguttara Nikāya 3 7. Mahāvagga

61. Titthāyatanasutta

1. "Tīṇimāni, bhikkhave, titthāyatanāni yāni paṇḍitehi samanu- yuñjiyamānāni samanugāhiyamānāni samanubhāsiyamānāni parampi gantvā akiriyāya saṇṭhahanti. Katamāni tīṇi? Santi, bhikkhave, eke samaṇabrāhmaṇā evaṃvādino evaṃdiṭṭhino: 'yaṃ kiñcāyaṃ purisapuggalo paṭisaṃvedeti sukhaṃ vā dukkhaṃ vā adukkhamasukhaṃ vā sabbaṃ taṃ pubbekatahetū'ti. Santi, bhikkhave, eke samaṇabrāhmaṇā evaṃvādino evaṃdiṭṭhino: 'yaṃ kiñcāyaṃ purisapuggalo paṭisaṃvedeti sukhaṃ vā dukkhaṃ vā adukkhamasukhaṃ vā sabbaṃ taṃ issaranimmānahetū'ti. Santi, bhikkhave, eke samaṇabrāhmaṇā evaṃvādino evaṃdiṭṭhino: 'yaṃ kiñcāyaṃ purisapuggalo paṭisaṃvedeti sukhaṃ vā dukkhaṃ vā adukkhamasukhaṃ vā sabbaṃ taṃ ahetuappaccayā'ti.

2. Tatra, bhikkhave, ye te samaṇabrāhmaṇā evaṃvādino evaṃdiṭṭhino: 'yaṃ kiñcāyaṃ purisapuggalo paṭisaṃvedeti sukhaṃ vā dukkhaṃ vā adukkhamasukhaṃ vā sabbaṃ taṃ pubbekatahetū'ti, tyāhaṃ upasaṅkamitvā evaṃ vadāmi: 'saccaṃ kira tumhe āyasmanto evaṃvādino evaṃdiṭṭhino: "yaṃ kiñcāyaṃ purisapuggalo paṭisaṃvedeti sukhaṃ vā dukkhaṃ vā adukkhamasukhaṃ vā sabbaṃ taṃ pubbekatahetū"'ti? Te ca me evaṃ puṭṭhā 'āmā'ti paṭijānanti. Tyāhaṃ evaṃ vadāmi: 'tenahāyasmanto pāṇātipātino bhavissanti pubbekatahetu, adinnādāyino bhavissanti pubbekatahetu, abrahmacārino bhavissanti pubbekatahetu, musāvādino bhavissanti pubbekatahetu, pisuṇavācā bhavissanti pubbekatahetu,

*로마자본의 숫자는 PTS의 단락을 의미합니다.

फरुसवाचा भविस्सन्ति पुब्बेकतहेतु, सम्फप्पलापिनो भविस्सन्ति पुब्बेकतहेतु, अभिज्झालुनो भविस्सन्ति पुब्बेकतहेतु, ब्यापन्नचित्ता भविस्सन्ति पुब्बेकतहेतु, मिच्छादिट्ठिका भविस्सन्ति पुब्बेकतहेतु'।

"पुब्बेकतं खो पन, भिक्खवे, सारतो पच्चागच्छतं न होति छन्दो वा वायामो वा इदं वा करणीयं इदं वा अकरणीयं ति। इति करणीयाकरणीये खो पन सच्चतो थेततो अनुपलब्भियमाने मुट्ठस्सतीनं अनारक्खानं विहरतं न होति पच्चत्तं सहधम्मिको समणवादो। अयं खो मे, भिक्खवे, तेसु समणब्राह्मणेसु एवंवादीसु एवंदिट्ठीसु पठमो सहधम्मिको निग्गहो होति।

"तत्र, भिक्खवे, ये ते समणब्राह्मणा एवंवादिनो एवंदिट्ठिनो – 'यं किं चायं पुरिसपुग्गलो पटिसंवेदेति सुखं वा दुक्खं वा अदुक्खमसुखं वा सब्बं तं इस्सरनिम्मानहेतू' ति, त्याहं उपसङ्कमित्वा एवं वदामि – 'सच्चं किर तुम्हे आयस्मन्तो एवंवादिनो एवदिट्ठिनो – यं किं चायं पुरिसपुग्गलो पटिसंवेदेति सुखं वा दुक्खं वा अदुक्खमसुखं वा सब्बं तं इस्सरनिम्मानहेतू' ति ? ते च मे एवं पुट्ठा 'आमा' ति पटिजानन्ति। त्याहं एवं वदामि – 'तेनहायस्मन्तो पाणातिपातिनो भविस्सन्ति इस्सरनिम्मानहेतु, अदिन्नादायिनो भविस्सन्ति इस्सरनिम्मानहेतु, अब्रह्मचारिनो भविस्सन्ति इस्सरनिम्मानहेतु, मुसावादिनो भविस्सन्ति इस्सरनिम्मानहेतु, पिसुणवाचा भविस्सन्ति इस्सरनिम्मानहेतु, फरुसवाचा भविस्सन्ति इस्सरनिम्मानहेतु, सम्फप्पलापिनो भविस्सन्ति इस्सरनिम्मानहेतु, अभिज्झालुनो भविस्सन्ति इस्सरनिम्मानहेतु, ब्यापन्नचित्ता भविस्सन्ति इस्सरनिम्मानहेतु, मिच्छादिट्ठिका भविस्सन्ति इस्सरनिम्मानहेतु'।

"इस्सरनिम्मानं खो पन, भिक्खवे, सारतो पच्चागच्छतं न होति छन्दो वा वायामो वा इदं वा करणीयं इदं वा अकरणीयं ति। इति करणीयाकरणीये खो पन सच्चतो थेततो अनुपलब्भियमाने मुट्ठस्सतीनं अनारक्खानं विहरतं न होति पच्चत्तं सहधम्मिको समणवादो।

pharusavācā bhavissanti pubbekatahetu, samphappalāpino bhavissanti pubbekatahetu, abhijjhāluno bhavissanti pubbekatahetu, byāpannacittā bhavissanti pubbekatahetu, micchādiṭṭhikā bhavissanti pubbekatahetu'.

3. Pubbekataṃ kho pana, bhikkhave, sārato paccāgacchataṃ na hoti chando vā vāyāmo vā idaṃ vā karaṇīyaṃ idaṃ vā akaraṇīyanti. Iti karaṇīyākaraṇīye kho pana saccato thetato anupalabbhiyamāne muṭṭhassatīnaṃ anārakkhānaṃ viharataṃ na hoti paccattaṃ sahadhammiko samaṇavādo. Ayaṃ kho me, bhikkhave, tesu samaṇabrāhmaṇesu evaṃvādīsu evaṃdiṭṭhīsu paṭhamo sahadhammiko niggaho hoti.

4. Tatra, bhikkhave, ye te samaṇabrāhmaṇā evaṃvādino evaṃdiṭṭhino: 'yaṃ kiñcāyaṃ purisapuggalo paṭisaṃvedeti sukhaṃ vā dukkhaṃ vā adukkhamasukhaṃ vā sabbaṃ taṃ issaranimmānahetū'ti, tyāhaṃ upasaṅkamitvā evaṃ vadāmi: 'saccaṃ kira tumhe āyasmanto evaṃvādino evaṃdiṭṭhino—yaṃ kiñcāyaṃ purisapuggalo paṭisaṃvedeti sukhaṃ vā dukkhaṃ vā adukkhamasukhaṃ vā sabbaṃ taṃ issaranimmānahetū'ti? Te ca me evaṃ puṭṭhā 'āmā'ti paṭijānanti. Tyāhaṃ evaṃ vadāmi: 'tenahāyasmanto pāṇātipātino bhavissanti issaranimmānahetu, adinnādāyino bhavissanti issaranimmānahetu, abrahmacārino bhavissanti issaranimmānahetu, musāvādino bhavissanti issaranimmāna hetu, pisuṇavācā bhavissanti issaranimmānahetu, pharusa vācā bhavissanti issaranimmānahetu, samphappalāpino bhavissanti issaranimmānahetu, abhijjhāluno bhavissanti issaranimmānahetu, byāpannacittā bhavissanti issaranimmāna hetu, micchādiṭṭhikā bhavissanti issaranimmānahetu'.

5. Issaranimmānaṃ kho pana, bhikkhave, sārato paccāgacchataṃ na hoti chando vā vāyāmo vā idaṃ vā karaṇīyaṃ idaṃ vā akaraṇīyanti. Iti karaṇīyākaraṇīye kho pana saccato thetato anupalabbhiyamāne muṭṭhassatīnaṃ anārakkhānaṃ viharataṃ na hoti paccattaṃ sahadhammiko samaṇavādo.

अयं खो मे, भिक्खवे, तेसु समणब्राह्मणेसु एवंवादीसु एवंदिट्ठीसु दुतियो सहधम्मिको निग्गहो होति ।

"तत्र, भिक्खवे, ये ते समणब्राह्मणा एवंवादिनो एवंदिट्ठिनो– 'यं किं चायं पुरिसपुग्गलो पटिसंवेदेति सुखं वा दुक्खं वा अदुक्खमसुखं वा सब्बं तं अहेतु-अप्पच्चया' ति, त्याहं उपसङ्कमित्वा एवं वदामि – 'सच्चं किर तुम्हे आयस्मन्तो एवंवादिनो एवंदिट्ठिनो – यं किं चायं पुरिस-पुग्गलो पटिसंवेदेति सुखं वा दुक्खं वा अदुक्खमसुखं[1] वा सब्बं तं अहेतु-अप्पच्चया' ति ? ते च मे एवं पुट्ठा 'आमा' ति पटिजानन्ति । त्याहं एवं वदामि – 'तेनहायस्मन्तो पाणातिपातिनो भविस्सन्ति अहेतु-अप्पच्चया ...पे०... मिच्छादिट्ठिका भविस्सन्ति अहेतुअप्पच्चया' ।

"अहेतु-अप्पच्चयं[1] खो पन, भिक्खवे, सारतो पच्चागच्छतं न होति छन्दो वा वायामो वा इदं वा करणीयं इदं वा अकरणीयं ति । इति करणीयाकरणीये खो पन सच्चतो थेततो अनुपलब्भियमाने मुट्ठ-स्सतीनं अनारक्खानं विहरतं न होति पच्चत्तं सहधम्मिको समणवादो । अयं खो मे, भिक्खवे, तेसु समणब्राह्मणेसु एवंवादीसु एवंदिट्ठीसु ततियो सहधम्मिको निग्गहो होति ।

"इमानि खो, भिक्खवे, तीणि तित्थायतनानि यानि[1] पण्डितेहि समनुयुञ्जियमानानि समनुगाहियमानानि समनुभासियमानानि परं पि गन्त्वा अकिरियाय सण्ठहन्ति ।

"अयं खो पन, भिक्खवे, मया धम्मो देसितो अनिग्गहितो असंकि-लिट्ठो अनुपवज्जो अप्पटिकुट्ठो समणेहि ब्राह्मणेहि विञ्ञूहि । कतमो च, भिक्खवे, मया धम्मो देसितो अनिग्गहितो असंकिलिट्ठो अनुपवज्जो अप्पटिकुट्ठो समणेहि ब्राह्मणेहि विञ्ञूहि ? इमा छ धातुयो ति, भिक्खवे, मया धम्मो देसितो अनिग्गहितो असंकिलिट्ठो अनुपवज्जो अप्पटिकुट्ठो समणेहि ब्राह्मणेहि विञ्ञूहि । इमानि छ फस्सायतनानी ति, भिक्खवे, मया धम्मो देसितो अनिग्गहितो असंकिलिट्ठो अनुपवज्जो

Ayaṃ kho me, bhikkhave, tesu samaṇabrāhmaṇesu evaṃ vādīsu evaṃdiṭṭhīsu dutiyo sahadhammiko niggaho hoti.

6. Tatra, bhikkhave, ye te samaṇabrāhmaṇā evaṃvādino evaṃdiṭṭhino: 'yaṃ kiñcāyaṃ purisapuggalo paṭisaṃvedeti sukhaṃ vā dukkhaṃ vā adukkhamasukhaṃ vā sabbaṃ taṃ ahetuappaccayā'ti, tyāhaṃ upasaṅkamitvā evaṃ vadāmi: 'saccaṃ kira tumhe āyasmanto evaṃvādino evaṃdiṭṭhino—yaṃ kiñcāyaṃ purisapuggalo paṭisaṃvedeti sukhaṃ vā dukkhaṃ vā adukkhamasukhaṃ vā sabbaṃ taṃ ahetuappaccayā'ti? Te ca me evaṃ puṭṭhā 'āmā'ti paṭijānanti. Tyāhaṃ evaṃ vadāmi: 'tenahāyasmanto pāṇātipātino bhavissanti ahetuappaccayā … pe … micchā diṭṭhikā bhavissanti ahetuappaccayā'".

7. Ahetu appaccayaṃ kho pana, bhikkhave, sārato paccāgacchataṃ na hoti chando vā vāyāmo vā idaṃ vā karaṇīyaṃ idaṃ vā akaraṇīyanti. Iti karaṇīyākaraṇīye kho pana saccato thetato anupalabbhiyamāne muṭṭhassatīnaṃ anārakkhānaṃ viharataṃ na hoti paccattaṃ sahadhammiko samaṇavādo. Ayaṃ kho me, bhikkhave, tesu samaṇabrāhmaṇesu evaṃvādīsu evaṃdiṭṭhīsu tatiyo sahadhammiko niggaho hoti.

8. Imāni kho, bhikkhave, tīṇi titthāyatanāni yāni paṇḍitehi samanuyuñjiyamānāni samanugāhiyamānāni samanubhāsiyamānāni parampi gantvā akiriyāya saṇṭhahanti.

9. Ayaṃ kho pana, bhikkhave, mayā dhammo desito aniggahito asaṅkiliṭṭho anupavajjo appaṭikuṭṭho samaṇehi brāhmaṇehi viññūhi. Katamo ca, bhikkhave, mayā dhammo desito aniggahito asaṅkiliṭṭho anupavajjo appaṭikuṭṭho samaṇehi brāhmaṇehi viññūhi? Imā cha dhātuyoti, bhikkhave, mayā dhammo desito aniggahito asaṅkiliṭṭho anupavajjo appaṭikuṭṭho samaṇehi brāhmaṇehi viññūhi. Imāni cha phassāyatanānīti, bhikkhave, mayā dhammo desito aniggahito asaṅkiliṭṭho anupavajjo

अप्पटिकुट्ठो समणेहि ब्राह्मणेहि विञ्ञूहि । इमे अट्ठारस मनोपविचारा ति, भिक्खवे, मया धम्मो देसितो अनिग्गहितो असंकिलिट्ठो अनुपवज्जो अप्पटिकुट्ठो समणेहि ब्राह्मणेहि विञ्ञूहि । इमानि चत्तारि अरिय-सच्चानी ति, भिक्खवे, मया धम्मो देसितो अनिग्गहितो असंकिलिट्ठो अनुपवज्जो अप्पटिकुट्ठो समणेहि ब्राह्मणेहि विञ्ञूहि ।

"इमा छ धातुयो ति, भिक्खवे, मया धम्मो देसितो अनिग्गहितो असंकिलिट्ठो अनुपवज्जो अप्पटिकुट्ठो समणेहि ब्राह्मणेहि विञ्ञूही ति । इति खो पनेतं वुत्तं । किं चेतं पटिच्च वुत्तं ? छयिमा, भिक्खवे, धातुयो – पथवीधातु³, आपोधातु, तेजोधातु, वायोधातु, आकासधातु, विञ्ञाणधातु । इमा छ धातुयो ति, भिक्खवे, मया धम्मो देसितो अनिग्गहितो असंकिलिट्ठो अनुपवज्जो अप्पटिकुट्ठो समणेहि ब्राह्मणेहि विञ्ञूही ति । इति यं तं वुत्तं, इदमेतं पटिच्च वुत्तं ।

"इमानि छ फस्सायतनानी ति, भिक्खवे, मया धम्मो देसितो अनिग्गहितो असंकिलिट्ठो अनुपवज्जो अप्पटिकुट्ठो समणेहि ब्राह्मणेहि विञ्ञूही ति । इति खो पनेतं वुत्तं । किं चेतं पटिच्च वुत्तं ? छयिमानि, भिक्खवे, फस्सायतनानि – चक्खु फस्सायतनं, सोतं फस्सायतनं, घानं फस्सायतनं, जिव्हा फस्सायतनं, कायो फस्सायतनं, मनो फस्सायतनं । इमानि छ फस्सायतनानी ति, भिक्खवे, मया धम्मो देसितो अनिग्गहितो असंकिलिट्ठो अनुपवज्जो अप्पटिकुट्ठो समणेहि ब्राह्मणेहि विञ्ञूही ति । इति यं तं वुत्तं, इदमेतं पटिच्च वुत्तं ।

"इमे अट्ठारस मनोपविचारा ति, भिक्खवे, मया धम्मो देसितो अनिग्गहितो असंकिलिट्ठो अनुपवज्जो अप्पटिकुट्ठो समणेहि ब्राह्मणेहि विञ्ञूही ति । इति खो पनेतं वुत्तं । किं चेतं पटिच्च वुत्तं ? चक्खुना रूपं दिस्व सोमनस्सट्ठानियं रूपं उपविचरति दोमनस्सट्ठानियं रूपं उप-विचरति उपेक्खाट्ठानियं रूपं उपविचरति, सोतेन सद्दं सुत्वा ... घानेन गन्धं घायित्वा ... जिव्हाय रसं सायित्वा ... कायेन फोट्ठब्बं फुसित्वा ...

appaṭiku ṭṭho samaṇehi brāhmaṇehi viññūhi. Ime aṭṭhārasa manopavicārāti, bhikkhave, mayā dhammo desito aniggahito asaṅkiliṭṭho anupavajjo appaṭikuṭṭho samaṇehi brāhmaṇehi viññūhi. Imāni cattāri ariyasaccānīti, bhikkhave, mayā dhammo desito aniggahito asaṅkiliṭṭho anupavajjo appaṭikuṭṭho samaṇehi brāhmaṇehi viññūhi.

10. Imā cha dhātuyoti, bhikkhave, mayā dhammo desito aniggahito asaṅkiliṭṭho anupavajjo appaṭikuṭṭho samaṇehi brāhmaṇehi viññūhīti. Iti kho panetaṃ vuttaṃ. Kiñcetaṃ paṭicca vuttaṃ? Chayimā, bhikkhave, dhātuyo—pathavīdhātu, āpodhātu, tejodhātu, vāyodhātu, ākāsadhātu, viññāṇadhātu. Imā cha dhātuyoti, bhikkhave, mayā dhammo desito aniggahito asaṅkiliṭṭho anupavajjo appaṭikuṭṭho samaṇehi brāhmaṇehi viññūhīti. Iti yaṃ taṃ vuttaṃ, idametaṃ paṭicca vuttaṃ.

11. Imāni cha phassāyatanānīti, bhikkhave, mayā dhammo desito aniggahito asaṅkiliṭṭho anupavajjo appaṭikuṭṭho samaṇehi brāhmaṇehi viññūhīti. Iti kho panetaṃ vuttaṃ. Kiñcetaṃ paṭicca vuttaṃ? Chayimāni, bhikkhave, phassāyatanāni—cakkhu phassāyatanaṃ, sotaṃ phassāyatanaṃ, ghānaṃ phassāyatanaṃ, jivhā phassāyatanaṃ, kāyo phassāyatanaṃ, mano phassāyatanaṃ. Imāni cha phassāyatanānīti, bhikkhave, mayā dhammo desito aniggahito asaṅkiliṭṭho anupavajjo appaṭikuṭṭho samaṇehi brāhmaṇehi viññūhīti. Iti yaṃ taṃ vuttaṃ, idametaṃ paṭicca vuttaṃ.

12. Ime aṭṭhārasa manopavicārāti, bhikkhave, mayā dhammo desito aniggahito asaṅkiliṭṭho anupavajjo appaṭi kuṭṭho samaṇehi brāhmaṇehi viññūhīti. Iti kho panetaṃ vuttaṃ. Kiñcetaṃ paṭicca vuttaṃ? Cakkhunā rūpaṃ disvā somanassaṭṭhāniyaṃ rūpaṃ upavicarati domanassaṭṭhāniyaṃ rūpaṃ upavicarati upekkhāṭṭhāniyaṃ rūpaṃ upavicarati, sotena saddaṃ sutvā … ghānena gandhaṃ ghāyitvā … jivhāya rasaṃ sāyitvā … kāyena phoṭṭhabbaṃ phusitvā …

मनसा धम्मं विञ्ञाय सोमनस्सट्ठानियं धम्मं उपविचरति दोमनस्सट्ठानियं धम्मं उपविचरति उपेक्खाट्ठानियं धम्मं उपविचरति । इमे अट्ठारस मनोपविचारा ति, भिक्खवे, मया धम्मो देसितो अनिग्गहितो असंकिलिट्ठो अनुपवज्जो अप्पटिकुट्ठो समणेहि ब्राह्मणेहि विञ्ञूही ति । इति यं तं वुत्तं, इदमेतं पटिच्च वुत्तं ।

"इमानि चत्तारि अरियसच्चानी ति, भिक्खवे, मया धम्मो देसितो अनिग्गहितो असंकिलिट्ठो अनुपवज्जो अप्पटिकुट्ठो समणेहि ब्राह्मणेहि विञ्ञूही ति । इति खो पनेतं वुत्तं । किं चेतं पटिच्च वुत्तं ? छन्नं, भिक्खवे, धातूनं उपादाय गब्भस्सावक्कन्ति होति; ओक्कन्तिया सति नामरूपं, नामरूपपच्चया सळायतनं, सळायतनपच्चया फस्सो, फस्सपच्चया वेदना । वेदियमानस्स खो पनाहं, भिक्खवे, इदं दुक्खं ति पञ्ञापेमि[1], अयं दुक्खसमुदयो ति पञ्ञापेमि, अयं दुक्खनिरोधो ति पञ्ञापेमि, अयं दुक्खनिरोधगामिनी पटिपदा ति पञ्ञापेमि ।

"कतमं च, भिक्खवे, दुक्खं अरियसच्चं ? जाति पि दुक्खा, जरा पि दुक्खा, ब्याधि[1] पि दुक्खो[1], मरणं पि दुक्खं, सोकपरिदेवदुक्खदोमनस्सुपायासा पि दुक्खा, अप्पियेहि[2] सम्पयोगो दुक्खो, पियेहि विप्पयोगो दुक्खो[1], यम्पिच्छं न लभति तं पि दुक्खं । सङ्खित्तेन पञ्चुपादानक्खन्धा पि दुक्खा । इदं वुच्चति, भिक्खवे, दुक्खं अरियसच्चं ।

"कतमं च, भिक्खवे, दुक्खसमुदयं[1] अरियसच्चं ? अविज्जापच्चया सङ्खारा, सङ्खारपच्चया विञ्ञाणं, विञ्ञाणपच्चया नामरूपं, नामरूपपच्चया सळायतनं, सळायतनपच्चया फस्सो, फस्सपच्चया वेदना, वेदनापच्चया तण्हा, तण्हापच्चया उपादानं, उपादानपच्चया भवो, भवपच्चया जाति, जातिपच्चया जरामरणं सोकपरिदेवदुक्खदोमनस्सुपायासा सम्भवन्ति । एवमेतस्स केवलस्स दुक्खक्खन्धस्स समुदयो होति । इदं वुच्चति, भिक्खवे, दुक्खसमुदयं अरियसच्चं ।

manasā dhammaṃ viññāya somanassaṭṭhāniyaṃ dhammaṃ upavicarati domanassaṭṭhāniyaṃ dhammaṃ upavicarati upekkhāṭṭhāniyaṃ dhammaṃ upavicarati. Ime aṭṭhārasa manopavicārāti, bhikkhave, mayā dhammo desito aniggahito asaṅkiliṭṭho anupavajjo appaṭikuṭṭho samaṇehi brāhmaṇehi viññūhīti. Iti yaṃ taṃ vuttaṃ, idametaṃ paṭicca vuttaṃ.

13. Imāni cattāri ariyasaccānīti, bhikkhave, mayā dhammo desito aniggahito asaṅkiliṭṭho anupavajjo appaṭikuṭṭho samaṇehi brāhmaṇehi viññūhīti. Iti kho panetaṃ vuttaṃ. Kiñcetaṃ paṭicca vuttaṃ? Channaṃ, bhikkhave, dhātūnaṃ upādāya gabbhassāvakkanti hoti; okkantiyā sati nāmarūpaṃ, nāmarūpapaccayā saḷāyatanaṃ, saḷāyatanapaccayā phasso, phassapaccayā vedanā. Vediyamānassa kho panāhaṃ, bhikkhave, idaṃ dukkhanti paññapemi, ayaṃ dukkhasamudayoti paññapemi, ayaṃ dukkhanirodhoti paññapemi, ayaṃ dukkhanirodhagāminī paṭipadāti paññapemi.

14. Katamañca, bhikkhave, dukkhaṃ ariyasaccaṃ? Jātipi dukkhā, jarāpi dukkhā, byādhipi dukkho, maraṇampi dukkhaṃ, sokaparidevadukkhadomanassupāyāsāpi dukkhā, appiyehi sampayogo dukkho, piyehi vippayogo dukkho, yampicchaṃ na labhati tampi dukkhaṃ. Saṃkhittena pañcupādānakkhandhā dukkhā. Idaṃ vuccati, bhikkhave, dukkhaṃ ariyasaccaṃ.

15. Katamañca, bhikkhave, dukkhasamudayaṃ ariyasaccaṃ? Avijjāpaccayā saṅkhārā, saṅkhārapaccayā viññāṇaṃ, viññāṇapaccayā nāmarūpaṃ, nāmarūpapaccayā saḷāyatanaṃ, saḷāyatanapaccayā phasso, phassapaccayā vedanā, vedanāpaccayā taṇhā, taṇhāpaccayā upādānaṃ, upādānapaccayā bhavo, bhavapaccayā jāti, jātipaccayā jarāmaraṇaṃ sokaparidevadukkhadomanassupāyāsā sambhavanti. Evametassa kevalassa dukkhakkhandhassa samudayo hoti. Idaṃ vuccati, bhikkhave, dukkhasamudayaṃ ariyasaccaṃ.

"कतमं च, भिक्खवे, दुक्खनिरोधं अरियसच्चं ? अविज्जाय त्वेव असेसविरागनिरोधा सङ्खारनिरोधो, सङ्खारनिरोधा विञ्ञाणनिरोधो, विञ्ञाणनिरोधा नामरूपनिरोधो, नामरूपनिरोधा सळायतननिरोधो, सळायतननिरोधा फस्सनिरोधो, फस्सनिरोधा वेदनानिरोधो, वेदनानिरोधा तण्हानिरोधो, तण्हानिरोधा उपादाननिरोधो, उपादाननिरोधा भवनिरोधो, भवनिरोधा जातिनिरोधो, जातिनिरोधा जरामरणं सोकपरिदेवदुक्खदोमनस्सुपायासा निरुज्झन्ति । एवमेतस्स केवलस्स दुक्खक्खन्धस्स निरोधो होति । इदं वुच्चति, भिक्खवे, दुक्खनिरोधं अरियसच्चं ।

"कतमं च, भिक्खवे, दुक्खनिरोधगामिनी पटिपदा अरियसच्चं ? अयमेव अरियो अट्ठङ्गिको मग्गो, सेय्यथीदं[४] – सम्मादिट्ठि, सम्मासङ्कप्पो, सम्मावाचा, सम्माकम्मन्तो, सम्माआजीवो, सम्मावायामो, सम्मासति, सम्मासमाधि । इदं वुच्चति, भिक्खवे, दुक्खनिरोधगामिनी पटिपदा अरियसच्चं । 'इमानि चत्तारि अरियसच्चानी' ति, भिक्खवे, मया धम्मो देसितो अनिग्गहितो असंकिलिट्ठो अनुपवज्जो अप्पटिकुट्ठो समणेहि ब्राह्मणेहि विञ्ञूही ति । इति यं तं वुत्तं इदमेतं पटिच्च वुत्तं" ति ।

〈*A.N.* I . pp.160~164〉

II. 十二處・十業說

२३. सब्बसुत्तं (一切經)

२३. सावत्थिनिदानं । "सब्बं वो, भिक्खवे, देसेस्सामि[१] । तं सुणाथ । किञ्च, भिक्खवे, सब्बं ? चक्खुं चेव रूपा च सोतं च सद्दा च घानं च गन्धा च जिव्हा च रसा च कायो च फोट्ठब्बा च मनो च धम्मा च – इदं वुच्चति, भिक्खवे, सब्बं । यो, भिक्खवे, एवं वदेय्य – 'अहमेतं

16. Katamañca, bhikkhave, dukkhanirodhaṃ ariyasaccaṃ? Avijjāya tveva asesavirāganirodhā saṅkhāranirodho, saṅkhāranirodhā viññāṇanirodho, viññāṇanirodhā nāmarūpanirodho, nāmarūpanirodhā saḷāyatananirodho, saḷāyatananirodhā phassanirodho, phassanirodhā vedanānirodho, vedanānirodhā taṇhānirodho, taṇhānirodhā upādānanirodho, upādānanirodhā bhavanirodho, bhavanirodhā jātinirodho, jātinirodhā jarāmaraṇaṃ sokaparidevadukkhadomanassupāyāsā nirujjhanti. Evametassa kevalassa dukkhakkhandhassa nirodho hoti. Idaṃ vuccati, bhikkhave, dukkhanirodhaṃ ariyasaccaṃ.

17. Katamañca, bhikkhave, dukkhanirodhagāminī paṭipadā ariyasaccaṃ? Ayameva ariyo aṭṭhaṅgiko maggo, seyyathidaṃ—sammādiṭṭhi, sammāsaṅkappo, sammāvācā, sammākammanto, sammāājīvo, sammāvāyāmo, sammāsati, sammāsamādhi. Idaṃ vuccati, bhikkhave, dukkhanirodhagāminī paṭipadā ariyasaccaṃ. 'Imāni cattāri ariyasaccānī'ti, bhikkhave, mayā dhammo desito aniggahito asaṅkiliṭṭho anupavajjo appaṭikuṭṭho samaṇehi brāhmaṇehi viññūhīti. Iti yaṃ taṃ vuttaṃ idametaṃ paṭicca vuttan"ti.

Saṃyutta Nikāya (SN) : Saḷāyatana Saṃyutta
Saṃyutta Nikāya 35 : 3. Sabbavagga

23. Sabbasutta

1. Sāvatthinidānaṃ. "Sabbaṃ vo, bhikkhave, desessāmi. Taṃ suṇātha. Kiñca, bhikkhave, sabbaṃ? Cakkhuñceva rūpā ca, sotañca saddā ca, ghānañca gandhā ca, jivhā ca rasā ca, kāyo ca phoṭṭhabbā ca, mano ca dhammā ca—idaṃ vuccati, bhikkhave, sabbaṃ. Yo, bhikkhave, evaṃ vadeyya: 'ahametaṃ

सब्बं पच्चक्खाय अञ्ञं सब्बं पञ्ञापेस्सामी[२]" ति, तस्स वाचावत्थुक-मेवस्स[३]; पुट्ठो च न सम्पायेय्य[४], उत्तरिं च विघातं आपज्जेय्य । तं किस्स हेतु ? यथा तं, भिक्खवे, अविसयस्मिं" ति ।

〈*S.N.* III. p.15〉

१. अज्झत्तानिच्चसुत्तं (内無常經)

१. एवं मे सुतं । एकं समयं भगवा सावत्थियं विहरति जेतवने अनाथपिण्डिकस्स आरामे । तत्र खो भगवा भिक्खू आमन्तेसि – "भिक्खवो" ति । "भदन्ते" ति ते भिक्खू भगवतो पच्चस्सोसुं । भगवा एतदवोच–

"चक्खुं, भिक्खवे, अनिच्चं । यदनिच्चं तं दुक्खं; यं दुक्खं तदनत्ता । यदनत्ता तं 'नेतं मम, नेसोहमस्मि, न मेसो अत्ता' ति एवमेतं यथाभूतं सम्मप्पञ्ञाय दट्ठब्बं । सोतं अनिच्चं । यदनिच्चं ...पे०... । घानं अनिच्चं । यदनिच्चं ...पे०... । जिव्हा अनिच्चा । यदनिच्चं तं दुक्खं; यं दुक्खं तदनत्ता । यदनत्ता तं 'नेतं मम, नेसोहमस्मि, न मेसो अत्ता' ति एवमेतं यथाभूतं सम्मप्पञ्ञाय दट्ठब्बं । कायो अनिच्चो । यदनिच्चं ...पे०... । मनो अनिच्चो । यदनिच्चं तं दुक्खं; यं दुक्खं तदनत्ता । यदनत्ता तं 'नेतं मम, नेसोहमस्मि, न मेसो अत्ता' ति एवमेतं यथाभूतं सम्मप्पञ्ञाय दट्ठब्बं । एवं पस्सं, भिक्खवे, सुतवा अरिय-सावको चक्खुस्मिं पि निब्बिन्दति, सोतस्मिं पि निब्बिन्दति, घानस्मिं पि निब्बिन्दति, जिव्हाय पि निब्बिन्दति, कायस्मिं पि निब्बिन्दति, मनस्मिं पि निब्बिन्दति । निब्बिन्दं विरज्जति; विरागा विमुच्चति; विमुत्तस्मिं विमुत्तमिति ञाणं होति । 'खीणा जाति, वुसितं ब्रह्मचरियं, कतं करणीयं, नापरं इत्थत्ताया' ति पजानाती" ति ।

〈*S.N.* III. p.3〉

sabbaṃ paccakkhāya aññaṃ sabbaṃ paññāpessāmī'ti, tassa vācāvatthukamevassa; puṭṭho ca na sampāyeyya, uttariñca vighātaṃ āpajjeyya. Taṃ kissa hetu? Yathā taṃ, bhikkhave, avisayasmin"ti.

Saṃyutta Nikāya (SN) – Saḷāyatana Saṃyutta
Saṃyutta Nikāya 35 – 1. Aniccavagga

1. Ajjhattāniccasutta

1. Evaṃ me sutaṃ. Ekaṃ samayaṃ bhagavā sāvatthiyaṃ viharati jetavane anāthapiṇḍikassa ārāme. Tatra kho bhagavā bhikkhū āmantesi: "bhikkhavo"ti. "Bhadante"ti te bhikkhū bhagavato paccassosuṃ. Bhagavā etadavoca:
"Cakkhuṃ, bhikkhave, aniccaṃ. Yadaniccaṃ taṃ dukkhaṃ; yaṃ dukkhaṃ tadanattā. Yadanattā taṃ 'netaṃ mama, nesohamasmi, na meso attā'ti evametaṃ yathābhūtaṃ sammappaññāya daṭṭhabbaṃ. Sotaṃ aniccaṃ. Yadaniccaṃ … pe … ghānaṃ aniccaṃ. Yadaniccaṃ … pe … jivhā aniccā. Yadaniccaṃ taṃ dukkhaṃ; yaṃ dukkhaṃ tadanattā. Yadanattā taṃ 'netaṃ mama, nesohamasmi, na meso attā'ti evametaṃ yathābhūtaṃ sammappaññāya daṭṭhabbaṃ. Kāyo anicco. Yadaniccaṃ … pe … mano anicco. Yadaniccaṃ taṃ dukkhaṃ; yaṃ dukkhaṃ tadanattā. Yadanattā taṃ 'netaṃ mama, nesohamasmi, na meso attā'ti evametaṃ yathābhūtaṃ sammappaññāya daṭṭhabbaṃ. Evaṃ passaṃ, bhikkhave, sutavā ariyasāvako cakkhusmimpi nibbindati, sotasmimpi nibbindati, ghānasmimpi nibbindati, jivhāyapi nibbindati, kāyasmimpi nibbindati, manasmimpi nibbindati. Nibbindaṃ virajjati; virāgā vimuccati; vimuttasmiṃ vimuttamiti ñāṇaṃ hoti. 'Khīṇā jāti, vusitaṃ brahmacariyaṃ, kataṃ karaṇīyaṃ, nāparaṃ itthattāyā'ti pajānātī"ti.

४. बाहिरानिच्चसुत्तं (外無常經)

४. "रूपा, भिक्खवे, अनिच्चा । यदनिच्चं तं दुक्खं; यं दुक्खं तदनत्ता । यदनत्ता तं 'नेतं मम, नेसोहमस्मि, न मेसो अत्ता' ति एवमेतं यथाभूतं सम्मप्पञ्ञाय दट्ठब्बं । सद्दा ... गन्धा ... रसा ... फोट्ठब्बा ... धम्मा अनिच्चा । यदनिच्चं तं दुक्खं; यं दुक्खं तदनत्ता । यदनत्ता तं 'नेतं मम, नेसोहमस्मि, न मेसो अत्ता' ति एवमेतं यथाभूतं सम्मप्पञ्ञाय दट्ठब्बं । एवं पस्सं, भिक्खवे, सुतवा अरियसावको रूपेसु पि निब्बिन्दति, सद्देसु पि निब्बिन्दति, गन्धेसु पि निब्बिन्दति, रसेसु पि निब्बिन्दति, फोट्ठब्बेसु पि निब्बिन्दति, धम्मेसु पि निब्बिन्दति । निब्बिन्दं विरज्जति; विरागा विमुच्चति; विमुत्तस्मिं विमुत्तमिति ञाणं होति । 'खीणा जाति, वुसितं ब्रह्मचरियं, कतं करणीयं, नापरं इत्थत्ताया' ति पजानाती" ति ।

〈*S.N.* III. p.4〉

(有爲相經)

७. सङ्खतलक्खणसुत्तं । "तीणिमानि, भिक्खवे, सङ्खतस्स सङ्खतलक्खणानि । कतमानि तीणि ? उप्पादो पञ्ञायति, वयो पञ्ञायति, ठितस्स अञ्ञथत्तं पञ्ञायति । इमानि खो, भिक्खवे, तीणि सङ्खतस्स सङ्खतलक्खणानी" ति ।

〈*A.N.* I. pp.139~140〉

७. पठमसञ्चेतनिकसुत्तं (思經)

१. "नाहं, भिक्खवे, सञ्चेतनिकानं कम्मानं कतानं उपचितानं अप्पटिसंवेदित्वा[1] ब्यन्तीभावं[2] वदामि । तं च खो दिट्ठेव धम्मे उपपज्जं[3] वा अपरे वा परियाये । न त्वेवाहं, भिक्खवे, सञ्चेतनिकानं

Saṃyutta Nikāya (SN) : Saḷāyatana Saṃyutta
Saṃyutta Nikāya 35 : 1. Aniccavagga

4. Bāhirāniccasutta

1. "Rūpā, bhikkhave, aniccā. Yadaniccaṃ taṃ dukkhaṃ; yaṃ dukkhaṃ tadanattā. Yadanattā taṃ 'netaṃ mama, nesohamasmi, na meso attā'ti evametaṃ yathābhūtaṃ sammappaññāya daṭṭhabbaṃ. Saddā … gandhā … rasā … phoṭṭhabbā … dhammā aniccā. Yadaniccaṃ taṃ dukkhaṃ; yaṃ dukkhaṃ tadanattā. Yadanattā taṃ 'netaṃ mama, nesohamasmi, na meso attā'ti evametaṃ yathābhūtaṃ sammappaññāya daṭṭhabbaṃ. Evaṃ passaṃ, bhikkhave, sutavā ariyasāvako rūpesupi nibbindati, saddesupi nibbindati, gandhesupi nibbindati, rasesupi nibbindati, phoṭṭhabbesupi nibbindati, dhammesupi nibbindati. Nibbindaṃ virajjati; virāgā vimuccati; vimuttasmiṃ vimuttamiti ñāṇaṃ hoti. 'Khīṇā jāti, vusitaṃ brahmacariyaṃ, kataṃ karaṇīyaṃ, nāparaṃ itthattāyā'ti pajānātī"ti.

Aṅguttara Nikāya (AN) – Tika Nipāta
Aṅguttara Nikāya 3 ; 5. Cūḷavagga

7. Saṅkhatalakkhaṇasutta

1. "Tīṇimāni, bhikkhave, saṅkhatassa saṅkhatalakkhaṇāni. Katamāni tīṇi? Uppādo paññāyati, vayo paññāyati, ṭhitassa aññathattaṃ paññāyati. Imāni kho, bhikkhave, tīṇi saṅkhatassa saṅkhatalakkhaṇānī"ti.

Aṅguttara Nikāya (AN) – Dasaka Nipāta
Aṅguttara Nikāya 10 ; 21. Karajakāyavagga

7. Paṭhamasañcetanikasutta

1. "Nāhaṃ, bhikkhave, sañcetanikānaṃ kammānaṃ katānaṃ upacitānaṃ appaṭisaṃveditvā byantībhāvaṃ vadāmi. Tañca kho diṭṭheva dhamme upapajje vā apare vā pariyāye. Na tvevāhaṃ, bhikkhave, sañcetanikānaṃ

कम्मानं कतानं उपचितानं अप्पटिसंवेदित्वा दुक्खस्सन्तकिरियं वदामि।

२. "तत्र, भिक्खवे, तिविधा[2] कायकम्मन्तसन्दोसब्यापत्ति अकुसलसञ्चेतनिका दुक्खुद्रया दुक्खविपाका होति; चतुब्बिधा[3] वचीकम्मन्तसन्दोसब्यापत्ति अकुसलसञ्चेतनिका दुक्खुद्रया दुक्खविपाका होति; तिविधा मनोकम्मन्तसन्दोसब्यापत्ति अकुसलसञ्चेतनिका दुक्खुद्रया दुक्खविपाका होति।

३. "कथं च, भिक्खवे, तिविधा कायकम्मन्तसन्दोसब्यापत्ति अकुसलसञ्चेतनिका दुक्खुद्रया दुक्खविपाका होति? इध, भिक्खवे, एकच्चो पाणातिपाती होति लुद्दो लोहितपाणि हतपहते निविट्ठो अदयापन्नो सब्बपाणभूतेसु।

"अदिन्नादायी होति। यं तं परस्स परवित्तूपकरणं गामगतं वा अरञ्ञगतं वा, तं अदिन्नं थेय्यसङ्खातं आदाता होति।

"कामेसुमिच्छाचारी होति। या ता मातुरक्खिता ...पे०... अन्तमसो मालागुळपरिक्खित्ता पि, तथारूपासु चारित्तं आपज्जिता होति। एवं खो, भिक्खवे, तिविधा कायकम्मन्तसन्दोसब्यापत्ति अकुसलसञ्चेतनिका दुक्खुद्रया दुक्खविपाका होति।

४. "कथं च, भिक्खवे, चतुब्बिधा वचीकम्मन्तसन्दोसब्यापत्ति अकुसलसञ्चेतनिका दुक्खुद्रया दुक्खविपाका होति? इध, भिक्खवे, एकच्चो मुसावादी होति। सभग्गतो वा परिसग्गतो वा ञातिमज्झगतो वा पूगमज्झगतो वा राजकुलमज्झगतो वा अभिनीतो सक्खिपुट्ठो 'एहम्भो पुरिस, यं जानासि तं वदेही' ति, सो अजानं वा आह 'जानामी' ति, जानं वा आह 'न जानामी' ति, अपस्सं वा आह 'पस्सामी' ति, पस्सं वा आह 'न पस्सामी' ति, इति अत्तहेतु वा परहेतु वा आमिसकिञ्चिक्खहेतु वा सम्पजानमुसा भासिता होति।

"पिसुणवाचो होति – इतो सुत्वा अमुत्र अक्खाता इमेसं

kammānaṃ katānaṃ upacitānaṃ appaṭisaṃveditvā dukkhassantakiriyaṃ vadāmi.

2. Tatra, bhikkhave, tividhā kāyakammantasandosabyāpatti akusalasañcetanikā dukkhudrayā dukkhavipākā hoti; catubbidhā vacīkammantasandosabyāpatti akusalasañcetanikā dukkhudrayā dukkhavipākā hoti; tividhā manokammantasandosabyāpatti akusalasañcetanikā dukkhudrayā dukkhavipākā hoti.

3. Kathañca, bhikkhave, tividhā kāyakammantasandosabyāpatti akusalasañcetanikā dukkhudrayā dukkhavipākā hoti? Idha, bhikkhave, ekacco pāṇātipātī hoti, luddo lohitapāṇi hatapahate niviṭṭho adayāpanno sabbapāṇabhūtesu.

4. Adinnādāyī hoti, yaṃ taṃ parassa paravittūpakaraṇaṃ gāmagataṃ vā araññagataṃ vā, taṃ adinnaṃ theyyasaṅkhātaṃ ādātā hoti.

5. Kāmesumicchācārī hoti, yā tā māturakkhitā … pe … antamaso mālāguḷaparikkhittāpi, tathārūpāsu cārittaṃ āpajjitā hoti.

6. Evaṃ kho, bhikkhave, tividhā kāyakammantasandosabyāpatti akusalasañcetanikā dukkhudrayā dukkhavipākā hoti.

7. Kathañca, bhikkhave, catubbidhā vacīkammantasandosabyāpatti akusalasañcetanikā dukkhudrayā dukkhavipākā hoti? Idha, bhikkhave, ekacco musāvādī hoti. Sabhaggato vā parisaggato vā ñātimajjhagato vā pūgamajjhagato vā rājakulamajjhagato vā abhinīto sakkhipuṭṭho 'ehambho purisa, yaṃ jānāsi taṃ vadehī'ti, so ajānaṃ vā āha: 'jānāmī'ti, jānaṃ vā āha: 'na jānāmī'ti, apassaṃ vā āha: 'passāmī'ti, passaṃ vā āha: 'na passāmī'ti, iti attahetu vā parahetu vā āmisakiñcikkhahetu vā sampajānamusā bhāsitā hoti.

8. Pisuṇavāco hoti, ito sutvā amutra akkhātā imesaṃ

भेदाय, अमुत्र वा सुत्वा इमेसं अक्खाता अमूसं भेदाय । इति समग्गानं वा भेत्ता भिन्नानं वा अनुप्पदाता वग्गारामो वग्गरतो वग्गनन्दी, वग्गकरणिं वाचं भासिता होति ।

"फरुसवाचो होति । या सा वाचा अण्डका कक्कसा परकटुका पराभिसज्जनी कोधसामन्ता असमाधिसंवत्तनिका, तथारूपिं वाचं भासिता होति ।

"सम्फप्पलापी होति अकालवादी अभूतवादी अनत्थवादी अधम्मवादी अविनयवादी, अनिधानवतिं वाचं भासिता होति अकालेन अनपदेसं अपरियन्तवतिं अनत्थसंहितं । एवं खो, भिक्खवे, चतुब्बिधा वचीकम्मन्तसन्दोसब्यापत्ति अकुसलसञ्चेतनिका दुक्खुद्रया दुक्खविपाका होति ।

५. "कथं च, भिक्खवे, तिविधा मनोकम्मन्तसन्दोसब्यापत्ति अकुसलसञ्चेतनिका दुक्खुद्रया दुक्खविपाका होति ? इध, भिक्खवे, एकच्चो अभिज्झालु होति । यं तं परस्स परवित्तूपकरणं, तं अभिज्झिता होति – 'अहो वत, यं परस्स तं मम अस्सा' ति ।

"ब्यापन्नचित्तो होति पदुट्ठमनसङ्कप्पो – 'इमे सत्ता हञ्ञन्तु वा बज्झन्तु वा उच्छिज्जन्तु वा विनस्सन्तु वा मा वा अहेसुं' ति । मिच्छादिट्ठिको होति विपरीतदस्सनो – 'नत्थि दिन्नं ...पे०... ये इमं च लोकं परं च लोकं सयं अभिञ्ञा सच्छिकत्वा पवेदेन्ती' ति । एवं खो, भिक्खवे, तिविधा मनोकम्मन्तसन्दोसब्यापत्ति अकुसलसञ्चेतनिका दुक्खुद्रया दुक्खविपाका होति ।

६. "तिविधकायकम्मन्तसन्दोसब्यापत्तिअकुसलसञ्चेतनिकाहेतु वा, भिक्खवे, सत्ता कायस्स भेदा परं मरणा अपायं दुग्गतिं विनिपातं निरयं उपपज्जन्ति; चतुब्बिधवचीकम्मन्तसन्दोसब्यापत्तिअकुसलसञ्चेतनिकाहेतु वा, भिक्खवे, सत्ता कायस्स भेदा परं मरणा अपायं दुग्गतिं विनिपातं निरयं उपपज्जन्ति; तिविधमनोकम्मन्तसन्दोसब्यापत्तिअकुसल-

bhedāya, amutra vā sutvā imesaṃ akkhātā amūsaṃ bhedāya. Iti samaggānaṃ vā bhettā bhinnānaṃ vā anuppadātā vaggārāmo vaggarato vagganandī, vaggakaraṇiṃ vācaṃ bhāsitā hoti.

9. Pharusavāco hoti, yā sā vācā aṇḍakā kakkasā parakaṭukā parābhisajjanī kodhasāmantā. Asamādhisaṃvattanikā, tathārūpiṃ vācaṃ bhāsitā hoti.

10. Samphappalāpī hoti, akālavādī abhūtavādī anatthavādī adhammavādī avinayavādī, anidhānavatiṃ vācaṃ bhāsitā hoti akālena anapadesaṃ apariyantavatiṃ anatthasaṃhitaṃ.

11. Evaṃ kho, bhikkhave, catubbidhā vacīkammantasandosabyāpatti akusalasañcetanikā dukkhudrayā dukkhavipākā hoti.

12. Kathañca, bhikkhave, tividhā manokammantasandosabyāpatti akusalasañcetanikā dukkhudrayā dukkhavipākā hoti? Idha, bhikkhave, ekacco abhijjhālu hoti. Yaṃ taṃ parassa paravittūpakaraṇaṃ, taṃ abhijjhātā hoti: 'aho vata, yaṃ parassa taṃ mama assā'ti.

13. Byāpannacitto hoti, paduṭṭhamanasaṅkappo: 'ime sattā haññantu vā bajjhantu vā ucchijjantu vā vinassantu vā mā vā ahesun'ti.

14. Micchādiṭṭhiko hoti, viparītadassano: 'natthi dinnaṃ ··· pe ··· ye imañca lokaṃ parañca lokaṃ sayaṃ abhiññā sacchikatvā pavedentī'ti.

15. Evaṃ kho, bhikkhave, tividhā manokammantasandosabyāpatti akusalasañcetanikā dukkhudrayā dukkhavipākā hoti.

16. Tividhakāyakammantasandosabyāpattiakusalasañcetanikā hetu vā, bhikkhave, sattā kāyassa bhedā paraṃ maraṇā apāyaṃ duggatiṃ vinipātaṃ nirayaṃ upapajjanti; catubbidhavacīkammanta sandosab yāpattiakusalasañcetanikāhetu vā, bhikkhave, sattā kāyassa bhedā paraṃ maraṇā apāyaṃ duggatiṃ vinipātaṃ nirayaṃ upapajjanti; tividhamanokammantasandosabyāpatti akusala

सञ्चेतनिकाहेतु वा, भिक्खवे, सत्ता कायस्स भेदा परं मरणा अपायं दुग्गतिं विनिपातं निरयं उपपज्जन्ति ।

"सेय्यथापि, भिक्खवे, अपण्णको मणि उद्धंखित्तो येन येनेव पतिट्ठाति सुप्पतिट्ठितंयेव पतिट्ठाति; एवमेव खो, भिक्खवे, तिविध-कायकम्मन्तसन्दोसब्यापत्तिअकुसलसञ्चेतनिकाहेतु वा सत्ता कायस्स भेदा परं मरणा अपायं दुग्गतिं विनिपातं निरयं उपपज्जन्ति; चतुब्बिध-वचीकम्मन्तसन्दोसब्यापत्तिअकुसलसञ्चेतनिकाहेतु वा सत्ता कायस्स भेदा परं मरणा अपायं दुग्गतिं विनिपातं निरयं उपपज्जन्ति; तिविध-मनोकम्मन्तसन्दोसब्यापत्तिअकुसलसञ्चेतनिकाहेतु वा सत्ता कायस्स भेदा परं मरणा अपायं दुग्गतिं विनिपातं निरयं उपपज्जन्ती ति ।

७. "नाहं, भिक्खवे, सञ्चेतनिकानं कम्मानं कतानं उपचितानं अप्पटिसंवेदित्वा ब्यन्तीभावं वदामि, तं च खो दिट्ठेव धम्मे उपपज्जं वा अपरे वा परियाये । न त्वेवाहं, भिक्खवे, सञ्चेतनिकानं कम्मानं कतानं उपचितानं अप्पटिसंवेदित्वा दुक्खस्सन्तकिरियं वदामि ।

८. "तत्र, भिक्खवे, तिविधा कायकम्मन्तसम्पत्ति कुसलसञ्चेत-निका सुखुद्रया सुखविपाका होति; चतुब्बिधा वचीकम्मन्तसम्पत्ति कुसलसञ्चेतनिका सुखुद्रया सुखविपाका होति; तिविधा मनोकम्मन्त-सम्पत्ति कुसलसञ्चेतनिका सुखुद्रया सुखविपाका होति ।

९. "कथं च, भिक्खवे, तिविधा कायकम्मन्तसम्पत्ति कुसल-सञ्चेतनिका सुखुद्रया सुखविपाका होति ? इध, भिक्खवे, एकच्चो पाणातिपातं पहाय पाणातिपाता पटिविरतो होति निहितदण्डो निहित-सत्थो लज्जी दयापन्नो, सब्बपाणभूतहितानुकम्पी विहरति ...पे०... ।

"अदिन्नादानं पहाय अदिन्नादाना पटिविरतो होति । यं तं परस्स परवित्तूपकरणं गामगतं वा अरञ्ञगतं वा, न तं अदिन्नं थेय्यसङ्खातं आदाता होति ।

sañcetanikāhetu vā, bhikkhave, sattā kāyassa bhedā paraṃ maraṇā apāyaṃ duggatiṃ vinipātaṃ nirayaṃ upapajjanti.

17. Seyyathāpi, bhikkhave, apaṇṇako maṇi uddhaṅkhitto yena yeneva patiṭṭhāti suppatiṭṭhitaṃyeva patiṭṭhāti; evamevaṃ kho, bhikkhave, tividhakāyakammantasandosabyāpatti akusalasañcetanikāhetu vā sattā kāyassa bhedā paraṃ maraṇā apāyaṃ duggatiṃ vinipātaṃ nirayaṃ upapajjanti; catubbidhavacīkammanta sandosabyāpattiakusalasañcetanikāhetu vā sattā kāyassa bhedā paraṃ maraṇā apāyaṃ duggatiṃ vinipātaṃ nirayaṃ upapajjanti; tividhamanokammantasandosabyāpatti akusalasañcetanikā hetu vā sattā kāyassa bhedā paraṃ maraṇā apāyaṃ duggatiṃ vinipātaṃ nirayaṃ upapajjantīti.

18. Nāhaṃ, bhikkhave, sañcetanikānaṃ kammānaṃ katānaṃ upacitānaṃ appaṭisaṃveditvā byantībhāvaṃ vadāmi, tañca kho diṭṭheva dhamme upapajje vā apare vā pariyāye. Na tvevāhaṃ, bhikkhave, sañcetanikānaṃ kammānaṃ katānaṃ upacitānaṃ appaṭisaṃveditvā dukkhassantakiriyaṃ vadāmi.

19. Tatra, bhikkhave, tividhā kāyakammantasampatti kusalasañcetanikā sukhudrayā sukhavipākā hoti; catubbidhā vacīkammantasampatti kusalasañcetanikā sukhudrayā sukhavipākā hoti; tividhā manokammantasampatti kusalasañcetanikā sukhudrayā sukhavipākā hoti.

20. Kathañca, bhikkhave, tividhā kāyakammantasampatti kusalasañcetanikā sukhudrayā sukhavipākā hoti? Idha, bhikkhave, ekacco pāṇātipātā paṭivirato hoti nihitadaṇḍo nihitasattho lajjī dayāpanno, sabbapāṇabhūtahitānukampī viharati … pe ….

21. Adinnādānā paṭivirato hoti, yaṃ taṃ parassa paravittūpakaraṇaṃ gāmagataṃ vā araññagataṃ vā, na taṃ adinnaṃ theyyasaṅkhātaṃ ādātā hoti.

"कामेसुमिच्छाचारं पहाय कामेसुमिच्छाचारा पटिविरतो होति । या ता मातुरक्खिता ...पे०... अन्तमसो मालागुळपरिक्खित्ता पि, तथारूपासु न चारित्तं आपज्जिता होति । एवं खो, भिक्खवे, तिविधा कायकम्मन्तसम्पत्ति कुसलसञ्चेतनिका सुखुद्रया सुखविपाका होति ।

१०. "कथं च, भिक्खवे, चतुब्बिधा वचीकम्मन्तसम्पत्ति कुसलसञ्चेतनिका सुखुद्रया सुखविपाका होति ? इध, भिक्खवे, एकच्चो मुसावादं पहाय मुसावादा पटिविरतो होति । सभग्गतो वा परिसग्गतो वा ञातिमज्झगतो वा पूगमज्झगतो वा राजकुलमज्झगतो वा अभिनीतो सक्खिपुट्ठो 'एहम्भो पुरिस, यं जानासि तं वदेही' ति, सो अजानं वा आह 'न जानामी' ति, जानं वा आह 'जानामी' ति, अपस्सं वा आह 'न पस्सामी' ति, पस्सं वा आह 'पस्सामी' ति, इति अत्तहेतु वा परहेतु वा आमिसकिञ्चिक्खहेतु वा न सम्पजानमुसा भासिता होति ।

"पिसुणं वाचं पहाय पिसुणाय वाचाय पटिविरतो होति – न इतो सुत्वा अमुत्र अक्खाता इमेसं भेदाय, अमुत्र वा सुत्वा न इमेसं अक्खाता अमूसं भेदाय । इति भिन्नानं वा सन्धाता सहितानं वा अनुप्पदाता समग्गारामो समग्गरतो समग्गनन्दो, समग्गकरणिं वाचं भासिता होति ।

"फरुसं वाचं पहाय फरुसाय वाचाय पटिविरतो होति । या सा वाचा नेला कण्णसुखा पेमनीया हदयङ्गमा पोरी बहुजनकन्ता बहुजनमनापा, तथारूपिं वाचं भासिता होति ।

"सम्फप्पलापं पहाय सम्फप्पलापा पटिविरतो होति कालवादी भूतवादी अत्थवादी धम्मवादी विनयवादी, निधानवतिं वाचं भासिता होति कालेन सापदेसं परियन्तवतिं अत्थसंहितं । एवं खो, भिक्खवे, चतुब्बिधा वचीकम्मन्तसम्पत्ति कुसलसञ्चेतनिका सुखुद्रया सुखविपाका होति ।

११. "कथं च, भिक्खवे, तिविधा मनोकम्मन्तसम्पत्ति कुसल-

22. Kāmesumicchācāraṃ pahāya, kāmesumicchācārā paṭivirato hoti. Yā tā māturakkhitā … pe … antamaso mālāguḷaparikkhittāpi, tathārūpāsu na cārittaṃ āpajjitā hoti.

23. Evaṃ kho, bhikkhave, tividhā kāyakammantasampatti kusalasañcetanikā sukhudrayā sukhavipākā hoti.

24. Kathañca, bhikkhave, catubbidhā vacīkammantasampatti kusalasañcetanikā sukhudrayā sukhavipākā hoti? Idha, bhikkhave, ekacco musāvādaṃ pahāya musāvādā paṭivirato hoti. Sabhaggato vā parisaggato vā ñātimajjhagato vā pūgamajjhagato vā rājakulamajjhagato vā abhinīto sakkhipuṭṭho 'ehambho purisa, yaṃ jānāsi taṃ vadehī'ti, so ajānaṃ vā āha: 'na jānāmī'ti, jānaṃ vā āha: 'jānāmī'ti, apassaṃ vā āha: 'na passāmī'ti, passaṃ vā āha: 'passāmī'ti, iti attahetu vā parahetu vā āmisakiñcikkhahetu vā na sampajānamusā bhāsitā hoti.

25. Pisuṇaṃ vācaṃ pahāya, pisuṇāya vācāya paṭivirato hoti—na ito sutvā amutra akkhātā imesaṃ bhedāya, amutra vā sutvā na imesaṃ akkhātā amūsaṃ bhedāya. Iti bhinnānaṃ vā sandhātā sahitānaṃ vā anuppadātā samaggārāmo samaggarato samagganandiṃ, samaggakaraṇiṃ vācaṃ bhāsitā hoti.

26. Pharusaṃ vācaṃ pahāya, pharusāya vācāya paṭivirato hoti. Yā sā vācā nelā kaṇṇasukhā pemanīyā hadayaṅgamā porī bahujanakantā bahujanamanāpā, tathārūpiṃ vācaṃ bhāsitā hoti.

27. Samphappalāpaṃ pahāya, samphappalāpā paṭivirato hoti kālavādī bhūtavādī atthavādī dhammavādī vinayavādī, nidhānavatiṃ vācaṃ bhāsitā hoti kālena sāpadesaṃ pariyantavatiṃ atthasaṃhitaṃ.

28. Evaṃ kho, bhikkhave, catubbidhā vacīkammantasampatti kusalasañcetanikā sukhudrayā sukhavipākā hoti.

29. Kathañca, bhikkhave, tividhā manokammantasampatti kusala-

सञ्चेतनिका सुखुद्रया सुखविपाका होति ? इध, भिक्खवे, एकच्चो अनभिज्झालु होति । यं तं परस्स परवित्तूपकरणं तं अनभिज्झिता होति – 'अहो वत यं परस्स तं ममस्सा' ति ।

"अब्यापन्नचित्तो होति अप्पदुट्ठमनसङ्कप्पो – 'इमे सत्ता अवेरा होन्तु अब्यापज्झा अनीघा, सुखी अत्तानं परिहरन्तू' ति ।

"सम्मादिट्ठिको होति अविपरीतदस्सनो – 'अत्थि दिन्नं, अत्थि यिट्ठं ...पे०... ये इमं च लोकं परं च लोकं सयं अभिञ्ञा सच्छिकत्वा पवेदेन्ती' ति । एवं खो, भिक्खवे, तिविधा मनोकम्मन्तसम्पत्ति कुसल-सञ्चेतनिका सुखुद्रया सुखविपाका होति ।

१२. "तिविधकायकम्मन्तसम्पत्तिकुसलसञ्चेतनिकाहेतु वा, भिक्खवे, सत्ता कायस्स भेदा परं मरणा सुगतिं सग्गं लोकं उपपज्जन्ति; चतुब्बिधवचीकम्मन्तसम्पत्तिकुसलसञ्चेतनिकाहेतु वा, भिक्खवे, सत्ता कायस्स भेदा परं मरणा सुगतिं सग्गं लोकं उपपज्जन्ति; तिविधमनो-कम्मन्तसम्पत्तिकुसलसञ्चेतनिकाहेतु वा, भिक्खवे, सत्ता कायस्स भेदा परं मरणा सुगतिं सग्गं लोकं उपपज्जन्ति ।

"सेय्यथापि, भिक्खवे, अपण्णको मणि उद्धंखित्तो येन येनेव पतिट्ठाति सुप्पतिट्ठितंयेव पतिट्ठाति; एवमेव खो, भिक्खवे, तिविधकाय-कम्मन्तसम्पत्तिकुसलसञ्चेतनिकाहेतु वा सत्ता कायस्स भेदा परं मरणा सुगतिं सग्गं लोकं उपपज्जन्ति; चतुब्बिधवचीकम्मन्तसम्पत्तिकुसल-सञ्चेतनिकाहेतु वा सत्ता कायस्स भेदा परं मरणा सुगतिं सग्गं लोकं उपपज्जन्ति; तिविधमनोकम्मन्तसम्पत्तिकुसलसञ्चेतनिकाहेतु वा सत्ता कायस्स भेदा परं मरणा सुगतिं सग्गं लोकं उपपज्जन्ति । नाहं, भिक्खवे, सञ्चेतनिकानं कम्मानं कतानं उपचितानं अप्पटिसंवेदित्वा[2] ब्यन्तीभावं वदामि । तं च खो दिट्ठेव धम्मे उपपज्जं वा अपरे वा परियाये । न त्वेवाहं, भिक्खवे, सञ्चेतनिकानं कम्मानं कतानं उपचितानं अप्पटि-

sañcetanikā sukhudrayāsukhavipākā hoti? Idha, bhikkhave, ekacco anabhijjhālu hoti. Yaṃ taṃ parassa paravittūpakaraṇaṃ taṃ anabhijjhātā hoti: 'aho vata, yaṃ parassa taṃ mamassā'ti.

30. Abyāpannacitto hoti appaduṭṭhamanasaṅkappo: 'ime sattā averā hontu abyāpajjā anīghā, sukhī attānaṃ pariharantū'ti.

31. Sammādiṭṭhiko hoti aviparītadassano: 'atthi dinnaṃ, atthi yiṭṭhaṃ … pe … ye imañca lokaṃ parañca lokaṃ sayaṃ abhiññā sacchikatvā pavedentī'ti.

32. Evaṃ kho, bhikkhave, tividhā manokammantasampatti kusalasañcetanikā sukhudrayā sukhavipākā hoti.

33. tividhakāyakammantasampattikusalasañcetanikāhetu vā, bhikkhave, sattā kāyassa bhedā paraṃ maraṇā sugatiṃ saggaṃ lokaṃ upapajjanti; catubbidhavacīkammantasampattikusala sañcetanikāhetu vā, bhikkhave, sattā kāyassa bhedā paraṃ maraṇā sugatiṃ saggaṃ lokaṃ upapajjanti; tividhamano kammanta sampattikusalasañcetanikāhetu vā, bhikkhave, sattā kāyassa bhedā paraṃ maraṇā sugatiṃ saggaṃ lokaṃ upapajjanti.

34. Seyyathāpi, bhikkhave, apaṇṇako maṇi uddhaṅkhitto yena yeneva patiṭṭhāti suppatiṭṭhitaṃyeva patiṭṭhāti; evamevaṃ kho, bhikkhave, tividhakāyakammantasampatti kusalasañcetanikāhetu vā sattā kāyassa bhedā paraṃ maraṇā sugatiṃ saggaṃ lokaṃ upapajjanti; catubbidha-vacīkammantasampattikusalasañcetanikāhetu vā sattā kāyassa bhedā paraṃ maraṇā sugatiṃ saggaṃ lokaṃ upapajjanti; tividhamanokammantasampatti kusalasañcetanikāhetu vā sattā kāyassa bhedā paraṃ maraṇā sugatiṃ saggaṃ lokaṃ upapajjanti. Nāhaṃ, bhikkhave, sañcetanikānaṃ kammānaṃ katānaṃ upacitānaṃ appaṭisaṃveditvā byantībhāvaṃ vadāmi. Tañca kho diṭṭheva dhamme upapajje vā apare vā pariyāye. Na tvevāhaṃ, bhikkhave, sañcetanikānaṃ kammānaṃ katānaṃ upacitānaṃ appaṭi

संवेदित्वा दुक्खस्सन्तकिरियं वदामी" ति ।

〈*A.N.* Ⅳ. pp.340~345〉

Ⅲ. 六六法說

२३४. उदायीसुत्तं (憂陀夷經)

२३६. एकं समयं आयस्मा च आनन्दो आयस्मा च उदायी कोसम्बियं विहरन्ति घोसितारामे । अथ खो आयस्मा उदायी सायन्हसमयं पटिसल्लाना वुट्ठितो येनायस्मा आनन्दो तेनुपसङ्कमि; उपसङ्कमित्वा आयस्मता आनन्देन सद्धिं सम्मोदि । सम्मोदनीयं कथं सारणीयं वीतिसारेत्वा एकमन्तं निसीदि । एकमन्तं निसिन्नो खो आयस्मा उदायी आयस्मन्तं आनन्दं एतदवोच –

"यथेव नु खो, आवुसो आनन्द, अयं कायो भगवता अनेकपरियायेन अक्खातो विवटो पाकासितो – 'इतिपायं कायो अनत्ता' ति, सक्का एवमेव[1] विञ्ञाणं पिदं आचिक्खितुं देसेतुं पञ्ञापेतुं[2] पट्ठपेतुं विवरितुं विभजितुं उत्तानीकातुं – 'इति पिदं विञ्ञाणं अनत्ता'" ति ?

"यथेव खो, आवुसो उदायी, अयं कायो भगवता अनेकपरियायेन अक्खातो विवटो पकासितो – 'इतिपायं कायो अनत्ता' ति, सक्का एवमेव विञ्ञाणं पिदं आचिक्खितुं देसेतुं पञ्ञापेतुं पट्ठपेतुं विवरितुं विभजितुं उत्तानीकातुं – 'इति पिदं विञ्ञाणं अनत्ता' ति ।

"चक्खुं च, आवुसो, पटिच्च रूपे च उप्पज्जति चक्खुविञ्ञाणं" ति ?

"एवमावुसो" ति ।

"यो चावुसो, हेतु यो च पच्चयो चक्खुविञ्ञाणस्स उप्पादाय

saṃveditvā dukkhassantakiriyaṃ vadāmī"ti.

Saṃyutta Nikāya (SN) : Saḷāyatana Saṃyutta
Saṃyutta Nikāya 35 ; 18. Samuddavagga

234. Udāyīsutta

1. Ekaṃ samayaṃ āyasmā ca ānando āyasmā ca udāyī kosambiyaṃ viharanti ghositārāme. Atha kho āyasmā udāyī sāyanhasamayaṃ paṭisallānā vuṭṭhito yenāyasmā ānando tenupasaṅkami; upasaṅkamitvā āyasmatā ānandena saddhiṃ sammodi. Sammodanīyaṃ kathaṃ sāraṇīyaṃ vītisāretvā ekamantaṃ nisīdi. Ekamantaṃ nisinno kho āyasmā udāyī āyasmantaṃ ānandaṃ etadavoca:

2. "Yatheva nu kho, āvuso ānanda, ayaṃ kāyo bhagavatā anekapariyāyena akkhāto vivaṭo pakāsito: 'itipāyaṃ kāyo anattā'ti, sakkā evameva viññāṇaṃ pidaṃ ācikkhituṃ desetuṃ paññapetuṃ paṭṭhapetuṃ vivarituṃ vibhajituṃ uttānīkātuṃ: 'itipidaṃ viññāṇaṃ anattā'"ti?

3. "Yatheva kho, āvuso udāyī, ayaṃ kāyo bhagavatā anekapariyāyena akkhāto vivaṭo pakāsito: 'itipāyaṃ kāyo anattā'ti, sakkā evameva viññāṇaṃ pidaṃ ācikkhituṃ desetuṃ paññapetuṃ paṭṭhapetuṃ vivarituṃ vibhajituṃ uttānīkātuṃ: 'itipidaṃ viññāṇaṃ anattā'"ti.

4. "Cakkhuñca, āvuso, paṭicca rūpe ca uppajjati cakkhuviññāṇan"ti?
"Evamāvuso"ti.
"Yo cāvuso, hetu, yo ca paccayo cakkhuviññāṇassa uppādāya,

सो च हेतु सो च पच्चयो सब्बेन सब्बं सब्बथा सब्बं अपरिसेसं[१] निरुज्झेय्य, अपि नु खो चक्खुविञ्ञाणं पञ्ञायेथा'' ति ?

"नो हेतं, आवुसो'' ।

"इमिना पि खो एतं, आवुसो, परियायेन भगवता अक्खातं विवटं पकासितं – 'इति पिदं विञ्ञाणं अनत्ता''' ति । ... पे०... ।

"जिव्हं, चावुसो, पटिच्च रसे च उप्पज्जति जिव्हाविञ्ञाणं'' ति ?

"एवमावुसो'' ति ।

"यो चावुसो, हेतु यो च पच्चयो जिव्हाविञ्ञाणस्स उप्पादाय सो च हेतु सो च पच्चयो सब्बेन सब्बं सब्बथा सब्बं अपरिसेसं निरुज्झेय्य, अपि नु खो जिव्हाविञ्ञाणं पञ्ञायेथा'' ति ?

"नो हेतं, आवुसो'' ।

"इमिना पि खो एतं, आवुसो, परियायेन भगवता अक्खातं विवटं पकासितं – 'इतिपिदं विञ्ञाणं अनत्ता''' ति । ... पे०... ।

"मनं चावुसो, पटिच्च धम्मे च उप्पज्जति मनोविञ्ञाणं'' ति ?

"एवमावुसो'' ति ।

"यो चावुसो, हेतु यो च पच्चयो मनोविञ्ञाणस्स उप्पादाय सो च हेतु सो च पच्चयो सब्बेन सब्बं सब्बथा सब्बं अपरिसेसं निरुज्झेय्य, अपि नु खो मनोविञ्ञाणं पञ्ञायेथा'' ति ?

"नो हेतं, आवुसो'' ।

"इमिना पि खो एतं, आवुसो, परियायेन भगवता अक्खातं विवटं पकासितं – 'इति पिदं विञ्ञाणं अनत्ता' ति ।

"सेय्यथापि, आवुसो, पुरिसो सारत्थिको सारगवेसी सारपरियेसनं चरमानो तिण्हं कुठारिं[१] आदाय वनं पविसेय्य । सो तत्थ पस्सेय्य महन्तं कदलिक्खन्धं उजुं नवं[२] अकुक्कुकजातं[३] । तमेनं मूले छिन्देय्य; मूले छेत्वा[४] अग्गे छिन्देय्य; अग्गे छेत्वा पत्तवट्टिं विनिब्भुजेय्य[५] । सो

so ca hetu, so ca paccayo sabbena sabbaṃ sabbathā sabbaṃ aparisesaṃ nirujjheyya. Api nu kho cakkhuviññāṇaṃ paññāyethā"ti?
"No hetaṃ, āvuso".
"Imināpi kho etaṃ, āvuso, pariyāyena bhagavatā akkhātaṃ vivaṭaṃ pakāsitaṃ: 'itipidaṃ viññāṇaṃ anattā'"ti … pe ….

5. "Jivhañcāvuso, paṭicca rase ca uppajjati jivhāviññāṇan"ti?
"Evamāvuso"ti.
"Yo cāvuso, hetu yo ca paccayo jivhāviññāṇassa uppādāya, so ca hetu, so ca paccayo sabbena sabbaṃ sabbathā sabbaṃ aparisesaṃ nirujjheyya, api nu kho jivhāviññāṇaṃ paññāyethā"ti?
"No hetaṃ, āvuso".
"Imināpi kho etaṃ, āvuso, pariyāyena bhagavatā akkhātaṃ vivaṭaṃ pakāsitaṃ: 'itipidaṃ viññāṇaṃ anattā'"ti … pe ….

6. "Manañcāvuso, paṭicca dhamme ca uppajjati manoviññāṇan"ti?
"Evamāvuso"ti.
"Yo cāvuso, hetu, yo ca paccayo manoviññāṇassa uppādāya, so ca hetu, so ca paccayo sabbena sabbaṃ sabbathā sabbaṃ aparisesaṃ nirujjheyya, api nu kho manoviññāṇaṃ paññāyethā"ti?
"No hetaṃ, āvuso".
"Imināpi kho etaṃ, āvuso, pariyāyena bhagavatā akkhātaṃ vivaṭaṃ pakāsitaṃ: 'itipidaṃ viññāṇaṃ anattā'ti.

7. Seyyathāpi, āvuso, puriso sāratthiko sāragavesī sārapariyesanaṃ caramāno tiṇhaṃ kuṭhāriṃ ādāya vanaṃ paviseyya. So tattha passeyya mahantaṃ kadalikkhandhaṃ ujuṃ navaṃ akukkukajātaṃ. Tamenaṃ mūle chindeyya; mūle chetvā agge chindeyya; agge chetvā pattavaṭṭiṃ vinibbhujeyya. So

तत्थ फेग्गुं पि नाधिगच्छेय्य, कुतो सारं ! एवमेव खो,आवुसो, भिक्खु छसु फस्सायतनेसु नेवत्तानं न अत्तनियं समनुपस्सति । सो एवं असमनुपस्सन्तो न किञ्चि लोके उपादियति । अनुपादियं न परितस्सति । अपरितस्सं पच्चत्तञ्ञेव परिनिब्बायति । 'खीणा जाति, वुसितं ब्रह्मचरियं, कतं करणीयं, नापरं इत्थत्ताया' ति पजानाती" ति ।

〈S.N. III. pp.150~152〉

१. धातुनानत्तसुत्तं (界種種經)

१. सावत्थियं विहरति । "धातुनानत्तं वो, भिक्खवे, देसेस्सामि । तं सुणाथ, साधुकं मनसि करोथ; भासिस्सामी" ति । "एवं, भन्ते" ति खो ते भिक्खू भगवतो पच्चस्सोसुं । भगवा एतदवोच –

"कतमं च, भिक्खवे, धातुनानत्तं ? चक्खुधातु रूपधातु चक्खुविञ्ञाणधातु, सोतधातु सद्दधातु सोतविञ्ञाणधातु, घानधातु गन्धधातु घानविञ्ञाणधातु, जिव्हाधातु रसधातु जिव्हाविञ्ञाणधातु, कायधातु फोट्ठब्बधातु कायविञ्ञाणधातु, मनोधातु धम्मधातु मनोविञ्ञाणधातु – इदं वुच्चति, भिक्खवे, धातुनानत्तं" ति ।

〈S.N. II. p.121〉

१४. हीनाधिमुत्तिकसुत्तं (劣信解經)

१४. सावत्थियं विहरति । "धातुसो व, भिक्खवे, सत्ता संसन्दन्ति समेन्ति । हीनाधिमुत्तिका हीनाधिमुत्तिकेहि सद्धिं संसन्दन्ति समेन्ति; कल्याणाधिमुत्तिका कल्याणाधिमुत्तिकेहि सद्धिं संसन्दन्ति समेन्ति ।

"अतीतं पि खो, भिक्खवे, अद्धानं धातुसो व सत्ता संसन्दिंसु समिंसु । हीनाधिमुत्तिका हीनाधिमुत्तिकेहि सद्धिं संसन्दिंसु समिंसु; कल्याणाधिमुत्तिका कल्याणाधिमुत्तिकेहि सद्धिं संसन्दिंसु समिंसु ।

"अनागतं पि खो, भिक्खवे, अद्धानं धातुसो व सत्ता संसन्दि-

tattha pheggumpi nādhigaccheyya, kuto sāraṃ. Evameva kho, āvuso, bhikkhu chasu phassāyatanesu nevattānaṃ na attaniyaṃ samanupassati. So evaṃ asamanupassanto na kiñci loke upādiyati. Anupādiyaṃ na paritassati. Aparitassaṃ paccattaññeva parinibbāyati. 'Khīṇā jāti, vusitaṃ brahmacariyaṃ, kataṃ karaṇīyaṃ, nāparaṃ itthattāyā'ti pajānātī"ti.

Saṃyutta Nikāya(SN) : Dhātu Saṃyutta
Saṃyutta Nikāya 14 ; 1. Nānattavagga

1. Dhātunānattasutta

1. Sāvatthiyaṃ viharati. "Dhātunānattaṃ vo, bhikkhave, desessāmi. Taṃ suṇātha, sādhukaṃ manasi karotha, bhāsissāmī"ti. "Evaṃ, bhante"ti kho te bhikkhū bhagavato paccassosuṃ. Bhagavā etadavoca:

2. "Katamañca, bhikkhave, dhātunānattaṃ? Cakkhudhātu rūpadhātu cakkhuviññāṇadhātu, sotadhātu saddadhātu sotaviññāṇadhātu, ghānadhātu gandhadhātu ghānaviññāṇa dhātu, jivhādhātu rasadhātu jivhāviññāṇadhātu, kāyadhātu phoṭṭhabbadhātu kāyaviññāṇadhātu, manodhātu dhammadhātu manoviññāṇadhātu—idaṃ vuccati, bhikkhave, dhātunānattan"ti.

Saṃyutta Nikāya (SN) : Dhātu Saṃyutta
Saṃyutta Nikāya 14 : 2. Dutiyavagga(Sattadhātu Vagga)

14. Hīnādhimuttikasutta

1. Sāvatthiyaṃ viharati. "Dhātusova, bhikkhave, sattā saṃsandanti samenti. Hīnādhimuttikā hīnādhimuttikehi saddhiṃ saṃsandanti samenti; kalyāṇādhimuttikā kalyāṇādhimuttikehi saddhiṃ saṃsandanti samenti.

2. Atītampi kho, bhikkhave, addhānaṃ dhātusova sattā saṃsandiṃsu samiṃsu. Hīnādhimuttikā hīnādhimuttikehi saddhiṃ saṃsandiṃsu samiṃsu; kalyāṇādhimuttikā kalyāṇādhimuttikehi saddhiṃ saṃsandiṃsu samiṃsu.

3. Anāgatampi kho, bhikkhave, addhānaṃ dhātusova sattā

स्सन्ति समेस्सन्ति । हीनाधिमुत्तिका हीनाधिमुत्तिकेहि सद्धिं संसन्दिस्सन्ति समेस्सन्ति; कल्याणाधिमुत्तिका कल्याणाधिमुत्तिकेहि सद्धिं संसन्दिस्सन्ति समेस्सन्ति ।

"एतरहि पि[२] खो, भिक्खवे, पच्चुप्पन्नं अद्धानं धातुसो व सत्ता संसन्दन्ति समेन्ति । हीनाधिमुत्तिका हीनाधिमुत्तिकेहि सद्धिं संसन्दन्ति समेन्ति; कल्याणाधिमुत्तिका कल्याणाधिमुत्तिकेहि सद्धिं संसन्दन्ति समेन्ती'' ति ।

〈*S.N.* II. p.131〉

२. फस्सनानत्तसुत्तं[२] (觸種種經)

२. सावत्थियं विहरति । "धातुनानत्तं, भिक्खवे, पटिच्च उप्पज्जति फस्सनानत्तं । कतमं च, भिक्खवे, धातुनानत्तं ? चक्खुधातु सोतधातु घानधातु जिव्हाधातु कायधातु मनोधातु – इदं वुच्चति, भिक्खवे, धातुनानत्तं ।

"कथं[१] च, भिक्खवे, धातुनानत्तं पटिच्च उप्पज्जति फस्सनानत्तं? चक्खुधातुं, भिक्खवे, पटिच्च उप्पज्जति चक्खुसम्फस्सो । सोतधातुं पटिच्च ... घानधातुं पटिच्च ... जिव्हाधातुं पटिच्च ... कायधातुं पटिच्च ... मनोधातुं पटिच्च उप्पज्जति मनोसम्फस्सो । एवं खो, भिक्खवे, धातुनानत्तं पटिच्च उप्पज्जति फस्सनानत्तं'' ति ।

〈*S.N.* II. p.121〉

६३. दुतियद्वयसुत्तं (二經)

६४. "द्वयं, भिक्खवे, पटिच्च विञ्ञाणं सम्भोति । कथं च, भिक्खवे, द्वयं पटिच्च विञ्ञाणं सम्भोति ? चक्खुं च पटिच्च रूपे च उप्पज्जति चक्खुविञ्ञाणं । चक्खु अनिच्चं विपरिणामि अञ्ञथाभावि । रूपा अनिच्चा विपरिणामिनो अञ्ञथाभाविनो । इत्थेतं द्वयं चलं

saṃsandissanti samessanti. Hīnādhimuttikā hīnādhimuttikehi saddhiṃ saṃsandissanti samessanti; kalyāṇādhimuttikā kalyāṇādhimuttikehi saddhiṃ saṃsandissanti samessanti.

4. Etarahipi kho, bhikkhave, paccuppannaṃ addhānaṃ dhātusova sattā saṃsandanti samenti. Hīnādhimuttikā hīnādhimuttikehi saddhiṃ saṃsandanti samenti; kalyāṇādhi muttikā kalyāṇādhimuttikehi saddhiṃ saṃsandanti samentī"ti.

Saṃyutta Nikāya (SN) : Dhātu Saṃyutta
Saṃyutta Nikāya 14 : 1. Nānattavagga

2. Phassanānattasutta

1. Sāvatthiyaṃ viharati. "Dhātunānattaṃ, bhikkhave, paṭicca uppajjati phassanānattaṃ. Katamañca, bhikkhave, dhātu nānattaṃ? Cakkhudhātu sotadhātu ghānadhātu jivhādhātu kāyadhātu manodhātu—idaṃ vuccati, bhikkhave, dhātunānattaṃ.

2. Kathañca, bhikkhave, dhātunānattaṃ paṭicca uppajjati phassanānattaṃ? Cakkhudhātuṃ, bhikkhave, paṭicca uppajjati cakkhusamphasso. Sotadhātuṃ paṭicca … ghānadhātuṃ paṭicca … jivhādhātuṃ paṭicca … kāyadhātuṃ paṭicca … manodhātuṃ paṭicca uppajjati manosamphasso. Evaṃ kho, bhikkhave, dhātunānattaṃ paṭicca uppajjati phassanānattan"ti.

Saṃyutta Nikāya (SN) : Saḷāyatana Saṃyutta
Saṃyutta Nikāya 35 : 9. Channavagga

93. Dutiyadvayasutta

1. "Dvayaṃ, bhikkhave, paṭicca viññāṇaṃ sambhoti. Kathañca, bhikkhave, dvayaṃ paṭicca viññāṇaṃ sambhoti? Cakkhuñca paṭicca rūpe ca uppajjati cakkhuviññāṇaṃ. Cakkhu aniccaṃ vipariṇāmi aññathābhāvi. Rūpā aniccā vipariṇāmino aññathābhāvino. Itthetaṃ dvayaṃ calañ-

चेव ब्यथं[1] च अनिच्चं विपरिणामि अञ्ञथाभावि । चक्खुविञ्ञाणे अनिच्चं विपरिणामि अञ्ञथाभावि । यो पि हेतु यो पि पच्चयो चक्खु-विञ्ञाणस्स उप्पादाय सो पि हेतु सो पि पच्चयो अनिच्चो विपरिणामी अञ्ञथाभावी । अनिच्चं खो पन, भिक्खवे, पच्चयं पटिच्च उप्पन्नं चक्खुविञ्ञाणं कुतो निच्चं भविस्सति ! या[2] खो, भिक्खवे, इमेसं तिण्णं धम्मानं सङ्गति सन्निपातो समवायो, अयं वुच्चति चक्खुसम्फस्सो । चक्खुसम्फस्सो पि अनिच्चो विपरिणामी अञ्ञथाभावी । यो पि हेतु यो पि पच्चयो चक्खुसम्फस्सस्स उप्पादाय सो पि हेतु सो पि पच्चयो अनिच्चो विपरिणामी अञ्ञथाभावी । अनिच्चं खो पन, भिक्खवे, पच्चयं पटिच्च उप्पन्नो चक्खुसम्फस्सो कुतो निच्चो भविस्सति ! फुट्ठो, भिक्खवे, वेदेति, फुट्ठो चेतेति, फुट्ठो सञ्जानाति । इत्थेते पि धम्मा चला चेव ब्यथा च अनिच्चा विपरिणामिनो अञ्ञथाभाविनो ... पे० ... ।

"जिव्हं च पटिच्च रसे च उप्पज्जति जिव्हाविञ्ञाणं । जिव्हा अनिच्चा विपरिणामी अञ्ञथाभावी । रसा अनिच्चा विपरिणामिनो अञ्ञथाभाविनो । इत्थेतं द्वयं चलं चेव ब्यथं च अनिच्चं विपरिणामि अञ्ञथाभावि । जिव्हाविञ्ञाणं अनिच्चं विपरिणामि अञ्ञथाभावि । यो पि हेतु यो पि पच्चयो जिव्हाविञ्ञाणस्स उप्पादाय सो पि हेतु सो पि पच्चयो अनिच्चो विपरिणामी अञ्ञथाभावी । अनिच्चं खो पन, भिक्खवे, पच्चयं पटिच्च उप्पन्नं जिव्हाविञ्ञाणं कुतो निच्चं भविस्सति ! या खो, भिक्खवे, इमेसं तिण्णं धम्मानं सङ्गति सन्निपातो समवायो, अयं वुच्चति जिव्हासम्फस्सो । जिव्हासम्फस्सो[3] पि अनिच्चो विपरिणामी अञ्ञथाभावी । यो पि हेतु यो पि पच्चयो जिव्हासम्फस्सस्स उप्पादाय सो पि हेतु सो पि पच्चयो अनिच्चो विपरिणामी अञ्ञथा-भावी । अनिच्चं खो पन, भिक्खवे, पच्चयं पटिच्च उप्पन्नो जिव्हा-सम्फस्सो कुतो निच्चो भविस्सति ! फुट्ठो, भिक्खवे, वेदेति, फुट्ठो चेतेति, फुट्ठो सञ्जानाति । इत्थेते पि धम्मा चला चेव ब्यथा च

ceva byathañca aniccaṃ vipariṇāmi aññathābhāvi. Cakkhuviññāṇaṃ aniccaṃ vipariṇāmi aññathābhāvi. Yopi hetu yopi paccayo cakkhuviññāṇassa uppādāya, sopi hetu sopi paccayo anicco vipariṇāmī aññathābhāvī. Aniccaṃ kho pana, bhikkhave, paccayaṃ paṭicca uppannaṃ cakkhuviññāṇaṃ kuto niccaṃ bhavissati. Yā kho, bhikkhave, imesaṃ tiṇṇaṃ dhammānaṃ saṅgati sannipāto samavāyo, ayaṃ vuccati cakkhusamphasso. Cakkhusamphassopi anicco vipariṇāmī aññathābhāvī. Yopi hetu yopi paccayo cakkhusamphassassa uppādāya, sopi hetu sopi paccayo anicco vipariṇāmī aññathābhāvī. Aniccaṃ kho pana, bhikkhave, paccayaṃ paṭicca uppanno cakkhusamphasso kuto nicco bhavissati. Phuṭṭho, bhikkhave, vedeti, phuṭṭho ceteti, phuṭṭho sañjānāti. Itthetepi dhammā calā ceva byathā ca aniccā vipariṇāmino aññathābhāvino … pe …

2. Jivhañca paṭicca rase ca uppajjati jivhāviññāṇaṃ. Jivhā aniccā vipariṇāmī aññathābhāvī . Rasā aniccā vipariṇāmino aññathābhāvino. Itthetaṃ dvayaṃ calañceva byathañca aniccaṃ vipariṇāmi aññathābhāvi. Jivhāviññāṇaṃ aniccaṃ vipariṇāmi aññathābhāvi. Yopi hetu yopi paccayo jivhāviññāṇassa uppādāya, sopi hetu sopi paccayo anicco vipariṇāmī aññathābhāvī. Aniccaṃ kho pana, bhikkhave, paccayaṃ paṭicca uppannaṃ jivhāviññāṇaṃ, kuto niccaṃ bhavissati. Yā kho, bhikkhave, imesaṃ tiṇṇaṃ dhammānaṃ saṅgati sannipāto samavāyo, ayaṃ vuccati jivhāsamphasso. Jivhāsamphassopi anicco vipariṇāmī aññathābhāvī. Yopi hetu yopi paccayo jivhāsamphassassa uppādāya, sopi hetu sopi paccayo anicco vipariṇāmī aññathābhāvī. Aniccaṃ kho pana, bhikkhave, paccayaṃ paṭicca uppanno jivhāsamphasso, kuto nicco bhavissati. Phuṭṭho, bhikkhave, vedeti, phuṭṭho ceteti, phuṭṭho sañjānāti. Itthetepi dhammā calā ceva byathā ca

अनिच्चा विपरिणामिनो अञ्ञथाभाविनो ... पे०... ।

"मनं च पटिच्च धम्मे च उप्पज्जति मनोविञ्ञाणं । मनो अनिच्चो विपरिणामी अञ्ञथाभावी । धम्मा अनिच्चा विपरिणामिनो अञ्ञथाभाविनो । इत्थेतं द्वयं चलं चेव ब्यथं च अनिच्चं विपरिणामि अञ्ञथाभावि । मनोविञ्ञाणं अनिच्चं विपरिणामि अञ्ञथाभावि । यो पि हेतु यो पि पच्चयो मनोविञ्ञाणस्स उप्पादाय सो पि हेतु सो पि पच्चयो अनिच्चो विपरिणामी अञ्ञथाभावी । अनिच्चं खो पन, भिक्खवे, पच्चयं पटिच्च उप्पन्नं मनोविञ्ञाणं कुतो निच्चं भविस्सति ! या खो, भिक्खवे, इमेसं तिण्णं धम्मानं सङ्गति सन्निपातो समवायो, अयं वुच्चति मनोसम्फस्सो । मनोसम्फस्सो पि अनिच्चो विपरिणामी अञ्ञथाभावी । यो पि हेतु यो पि पच्चयो मनोसम्फस्सस्स उप्पादाय सो पि हेतु सो पि पच्चयो अनिच्चो विपरिणामी अञ्ञथाभावी । अनिच्चं खो पन, भिक्खवे, पच्चयं पटिच्च उप्पन्नो मनोसम्फस्सो कुतो निच्चो भविस्सति ! फुट्ठो, भिक्खवे, वेदेति, फुट्ठो चेतेति, फुट्ठो सञ्जानाति । इत्थेते पि धम्मा चला चेव ब्यथा च अनिच्चा विपरिणामिनो अञ्ञथाभाविनो । एवं खो, भिक्खवे, द्वयं पटिच्च विञ्ञाणं सम्भोती" ति ।

छन्नवग्गो चतुत्थो ।

तस्सुद्दानं

पलोकसुञ्ञा[1] सङ्खित्तं, छन्नो पुण्णो च बाहियो ।
एजेन[2] च दुवे[3] वुत्ता, द्वयेहि अपरे दुवे[3] ति ॥

〈S.N. III. pp.63~64〉

४३–५१. अनिच्चादिसुत्तनवकं (無常經 등 9經)

४४. सावत्थिनिदानं । तत्र खो ...पे०... "सब्बं, भिक्खवे, अनिच्चं । किञ्च, भिक्खवे, सब्बं अनिच्चं ? चक्खु[4], भिक्खवे, अनिच्चं, रूपा अनिच्चा, चक्खुविञ्ञाणं अनिच्चं, चक्खुसम्फस्सो अनिच्चो, यम्पिदं

aniccā vipariṇāmino aññathābhāvino … pe …

3. Manañca paṭicca dhamme ca uppajjati manoviññāṇaṃ. Mano anicco vipariṇāmī aññathābhāvī. Dhammā aniccā vipariṇāmino aññathābhāvino. Itthetaṃ dvayaṃ calañceva byathañca aniccaṃ vipariṇāmi aññathābhāvi. Manoviññāṇaṃ aniccaṃ vipariṇāmi aññathābhāvi. Yopi hetu yopi paccayo manoviññāṇassa uppādāya, sopi hetu sopi paccayo anicco vipariṇāmī aññathābhāvī. Aniccaṃ kho pana, bhikkhave, paccayaṃ paṭicca uppannaṃ manoviññāṇaṃ, kuto niccaṃ bhavissati. Yā kho, bhikkhave, imesaṃ tiṇṇaṃ dhammānaṃ saṅgati sannipāto samavāyo, ayaṃ vuccati manosamphasso. Manosamphassopi anicco vipariṇāmī aññathābhāvī. Yopi hetu yopi paccayo manosamphassassa uppādāya, sopi hetu sopi paccayo anicco vipariṇāmī aññathābhāvī. Aniccaṃ kho pana, bhikkhave, paccayaṃ paṭicca uppanno manosamphasso, kuto nicco bhavissati. Phuṭṭho, bhikkhave, vedeti, phuṭṭho ceteti, phuṭṭho sañjānāti. Itthetepi dhammā calā ceva byathā ca aniccā vipariṇāmino aññathābhāvino. Evaṃ kho, bhikkhave, dvayaṃ paṭicca viññāṇaṃ sambhotī"ti.

Channavaggo catuttho.

tassuddhānaṃ

paloka suññā saṅkhittaṃ,
channo puṇṇo ca bāhiyo;
ejena ca duve vuttā,
dvayehi apare duve ti.

Saṃyutta Nikāya (SN) : Saḷāyatana Saṃyutta
Saṃyutta Nikāya 35 : 5. Sabbaaniccavagga

43-51. Aniccādisuttanavakaṃ

1. Sāvatthinidānaṃ. Tatra kho … pe … "sabbaṃ, bhikkhave, aniccaṃ. Kiñca, bhikkhave, sabbaṃ aniccaṃ? Cakkhu, bhikkhave, aniccaṃ, rūpā aniccā, cakkhuviññāṇaṃ aniccaṃ, cakkhusamphasso anicco. Yampidaṃ

चक्खुसम्फस्सपच्चया उप्पज्जति वेदयितं सुखं वा दुक्खं वा अदुक्खमसुखं वा तं पि अनिच्चं ...पे०... जिव्हा अनिच्चा, रसा अनिच्चा, जिव्हाविञ्ञाणं अनिच्चं, जिव्हासम्फस्सो अनिच्चो, यम्पिदं जिव्हासम्फस्सपच्चया उप्पज्जति वेदयितं सुखं वा दुक्खं वा अदुक्खमसुखं वा तं पि अनिच्चं। कायो अनिच्चो ...पे०... मनो अनिच्चो, धम्मा अनिच्चा, मनोविञ्ञाणं अनिच्चं, मनोसम्फस्सो अनिच्चो, यम्पिदं मनोसम्फस्सपच्चया उप्पज्जति वेदयितं सुखं वा दुक्खं वा अदुक्खमसुखं वा तं पि अनिच्चं। एवं पस्सं, भिक्खवे, सुतवा अरियसावको चक्खुस्मिं पि निब्बिन्दति, रूपेसु पि निब्बिन्दति, चक्खुविञ्ञाणे पि निब्बिन्दति, चक्खुसम्फस्से पि निब्बिन्दति, यम्पिदं चक्खुसम्फस्सपच्चया उप्पज्जति वेदयितं सुखं वा दुक्खं वा अदुक्खमसुखं वा तस्मिं पि निब्बिन्दति ...पे०... मनस्मिं पि निब्बिन्दति, धम्मेसु पि निब्बिन्दति, मनोविञ्ञाणे पि निब्बिन्दति, मनोसम्फस्से पि निब्बिन्दति, यम्पिदं मनोसम्फस्सपच्चया उप्पज्जति वेदयितं सुखं वा दुक्खं वा अदुक्खमसुखं वा तस्मिं पि निब्बिन्दति। निब्बिन्दं विरज्जति; विरागा विमुच्चति; विमुत्तस्मिं विमुत्तमिति ञाणं होति। 'खीणा जाति, वुसितं ब्रह्मचरियं, कतं करणीयं, नापरं इत्थत्ताया' ति पजानाती'' ति।

४५. सब्बं, भिक्खवे, दुक्खं ...पे०...।

४६. सब्बं, भिक्खवे, अनत्ता ...पे०...।

४७. सब्बं, भिक्खवे, अभिञ्ञेय्यं ...पे०...।

४८. सब्बं, भिक्खवे, परिञ्ञेय्यं ...पे०...।

४९. सब्बं, भिक्खवे, पहातब्बं ...पे०...।

५०. सब्बं, भिक्खवे, सच्छिकातब्बं ...पे०...।

५१. सब्बं, भिक्खवे, अभिञ्ञापरिञ्ञेय्यं ...पे०...।

५२. सब्बं, भिक्खवे, उपद्दुतं ...पे०...।

〈*S.N.* III. pp.25~26〉

cakkhusamphassapaccayā uppajjati vedayitaṃ sukhaṃ vā dukkhaṃ vā adukkhamasukhaṃ vā tampi aniccaṃ … pe … jivhā aniccā, rasā aniccā, jivhāviññāṇaṃ aniccaṃ, jivhāsamphasso anicco. Yampidaṃ jivhāsamphassapaccayā uppajjati vedayitaṃ sukhaṃ vā dukkhaṃ vā adukkham asukhaṃ vā tampi aniccaṃ. Kāyo anicco … pe … mano anicco, dhammā aniccā, manoviññāṇaṃ aniccaṃ, manosamphasso anicco. Yampidaṃ manosamphassapaccayā uppajjati vedayitaṃ sukhaṃ vā dukkhaṃ vā adukkhamasukhaṃ vā tampi aniccaṃ. Evaṃ passaṃ, bhikkhave, sutavā ariyasāvako cakkhusmimpi nibbindati, rūpesupi nibbindati, cakkhuviññāṇepi nibbindati, cakkhusamphassepi nibbindati. Yampidaṃ cakkhusamphassapaccayā uppajjati vedayitaṃ sukhaṃ vā dukkhaṃ vā adukkhamasukhaṃ vā tasmimpi nibbindati … pe … manasmimpi nibbindati, dhammesupi nibbindati, manoviññāṇepi nibbindati, manosamphassepi nibbindati, yampidaṃ manosamphassapaccayā uppajjati vedayitaṃ sukhaṃ vā dukkhaṃ vā adukkhamasukhaṃ vā tasmimpi nibbindati. Nibbindaṃ virajjati; virāgā vimuccati; vimuttasmiṃ vimuttamiti ñāṇaṃ hoti. 'Khīṇā jāti, vusitaṃ brahmacariyaṃ, kataṃ karaṇīyaṃ, nāparaṃ itthattāyā'ti pajānātī"ti.

2. "Sabbaṃ, bhikkhave, dukkhaṃ … pe ….

3. "Sabbaṃ, bhikkhave, anattā … pe ….

4. "Sabbaṃ, bhikkhave, abhiññeyyaṃ … pe ….

5. "Sabbaṃ, bhikkhave, pariññeyyaṃ … pe ….

6. "Sabbaṃ, bhikkhave, pahātabbaṃ … pe ….

7. "Sabbaṃ, bhikkhave, sacchikātabbaṃ … pe ….

8. "Sabbaṃ, bhikkhave, abhiññāpariññeyyaṃ … pe ….

9. "Sabbaṃ, bhikkhave, upaddutaṃ … pe ….

१०७. लोकसमुदयसुत्तं (世間集起經)

१०६. "लोकस्स, भिक्खवे, समुदयं च अत्थङ्गमं च देसेस्सामि। तं सुणाथ। कतमो च, भिक्खवे, लोकस्स समुदयो? चक्खुं च पटिच्च रूपे च उप्पज्जति चक्खुविञ्ञाणं। तिण्णं सङ्गति फस्सो। फस्सपच्चया वेदना; वेदनापच्चया तण्हा; तण्हापच्चया उपादानं; उपादानपच्चया भवो; भवपच्चया जाति; जातिपच्चया जरामरणं सोकपरिदेवदुक्खदोमनस्सुपायासा सम्भवन्ति। अयं खो, भिक्खवे, लोकस्स समुदयो ...पे०... जिव्हं च पटिच्च रसे च उप्पज्जति जिव्हाविञ्ञाणं ...पे०... मनं च पटिच्च धम्मे च उप्पज्जति मनोविञ्ञाणं। तिण्णं सङ्गति फस्सो। फस्सपच्चया वेदना; वेदनापच्चया तण्हा; तण्हापच्चया उपादानं; उपादानपच्चया भवो; भवपच्चया जाति; जातिपच्चया जरामरणं सोकपरिदेवदुक्खदोमनस्सुपायासा सम्भवन्ति। अयं खो, भिक्खवे, लोकस्स समुदयो।

"कतमो च, भिक्खवे, लोकस्स अत्थङ्गमो? चक्खुं च पटिच्च रूपे च उप्पज्जति चक्खुविञ्ञाणं। तिण्णं सङ्गति फस्सो। फस्सपच्चया वेदना; वेदनापच्चया तण्हा। तस्सा येव तण्हाय असेसविरागनिरोधा उपादाननिरोधो; उपादाननिरोधा भवनिरोधो; भवनिरोधा जातिनिरोधो; जातिनिरोधा जरामरणं सोकपरिदेवदुक्खदोमनस्सुपायासा निरुज्झन्ति। एवमेतस्स केवलस्स दुक्खक्खन्धस्स निरोधो होति। अयं खो, भिक्खवे, लोकस्स अत्थङ्गमो ...पे०... जिव्हं च पटिच्च रसे च उप्पज्जति ...पे०... मनं च पटिच्च धम्मे च उप्पज्जति मनोविञ्ञाणं। तिण्णं सङ्गति फस्सो। फस्सपच्चया वेदना; वेदनापच्चया तण्हा। तस्सा येव तण्हाय असेसविरागनिरोधा उपादाननिरोधो; उपादाननिरोधा ...पे०... एवमेतस्स केवलस्स दुक्खक्खन्धस्स निरोधो होति। अयं खो,

Division: Saṃyutta Nikāya (SN) : Saḷāyatana Saṃyutta
Saṃyutta Nikāya 35 : 11. Yogakkhemivagga

107. Lokasamudayasutta

1. "Lokassa, bhikkhave, samudayañca atthaṅgamañca desessāmi. Taṃ suṇātha. Katamo ca, bhikkhave, lokassa samudayo? Cakkhuñca paṭicca rūpe ca uppajjati cakkhuviññāṇaṃ. Tiṇṇaṃ saṅgati phasso. Phassapaccayā vedanā; vedanāpaccayā taṇhā; taṇhāpaccayā upādānaṃ; upādānapaccayā bhavo; bhavapaccayā jāti; jātipaccayā jarāmaraṇaṃ sokaparidevadukkhadomanassupāyāsā sambhavanti. Ayaṃ kho, bhikkhave, lokassa samudayo … pe … jivhañca paṭicca rase ca uppajjati jivhāviññāṇaṃ … pe … manañca paṭicca dhamme ca uppajjati manoviññāṇaṃ. Tiṇṇaṃ saṅgati phasso. Phassapaccayā vedanā; vedanāpaccayā taṇhā; taṇhāpaccayā upādānaṃ; upādānapaccayā bhavo; bhavapaccayā jāti; jātipaccayā jarāmaraṇaṃ sokaparidevadukkhadomanassupāyāsā sambhavanti. Ayaṃ kho, bhikkhave, lokassa samudayo.

2. Katamo ca, bhikkhave, lokassa atthaṅgamo? Cakkhuñca paṭicca rūpe ca uppajjati cakkhuviññāṇaṃ. Tiṇṇaṃ saṅgati phasso. Phassapaccayā vedanā; vedanāpaccayā taṇhā. Tassāyeva taṇhāya asesavirāganirodhā upādānanirodho; upādānanirodhā bhavanirodho; bhavanirodhā jātinirodho; jātinirodhā jarāmaraṇaṃ sokaparidevadukkhadomanassupāyāsā nirujjhanti. Evametassa kevalassa dukkhakkhandhassa nirodho hoti. Ayaṃ kho, bhikkhave, lokassa atthaṅgamo … pe … jivhañca paṭicca rase ca uppajjati … pe … manañca paṭicca dhamme ca uppajjati manoviññāṇaṃ. Tiṇṇaṃ saṅgati phasso. Phassapaccayā vedanā; vedanāpaccayā taṇhā. Tassāyeva taṇhāya asesavirāganirodhā upādānanirodho; upādānanirodhā … pe … evametassa kevalassa dukkhakkhandhassa nirodho hoti. Ayaṃ kho,

भिक्खवे, लोकस्स अत्थङ्गमो'' ति ।

〈S.N. III. pp.80~81〉

Ⅳ. 五蘊·四諦說

६. धातुसुत्तं (界經)

६. सावत्थिनिदानं । ''यो, भिक्खवे, पठवीधातुया[1] छन्दरागो, चित्तस्सेसो उपक्किलेसो । यो आपोधातुया ... यो तेजोधातुया ... यो वायोधातुया ... यो आकासधातुया ... यो विञ्ञाणधातुया छन्दरागो, चित्तस्सेसो उपक्किलेसो । यतो खो, भिक्खवे, भिक्खुनो इमेसु छसु ठानेसु चेतसो उपक्किलेसो पहीनो होति, नेक्खम्मनिन्नं चस्स चित्तं होति । नेक्खम्मपरिभावितं चित्तं कम्मनियं खायति अभिञ्ञा सच्छिकरणीयेसु धम्मेसू'' ति ।

〈S.N. II. p.449〉

४८. खन्धसुत्तं (蘊經)

५१. सावत्थिनिदानं । ''पञ्च, भिक्खवे, खन्ध देसेस्सामि पञ्चुपादानक्खन्धे च । तं सुणाथ । कतमे च, भिक्खवे, पञ्चक्खन्धा ? यं किञ्चि, भिक्खवे, रूपं अतीतानागतपच्चुप्पन्नं अज्झत्तं वा बहिद्धा वा ओळारिकं वा सुखुमं वा हीनं वा पणीतं वा यं दूरे सन्तिके वा, अयं वुच्चति रूपक्खन्धो । या काचि वेदना ... पे०... या काचि सञ्ञा ... ये केचि सङ्खारा अतीतानागतपच्चुप्पन्ना अज्झत्तं[1] वा बहिद्धा वा ओळारिका वा सुखुमा वा ... पे०... अयं वुच्चति सङ्खारक्खन्धो[2] । यं किञ्चि विञ्ञाणं अतीतानागतपच्चुप्पन्नं अज्झत्तं वा बहिद्धा वा ओळारिकं वा

bhikkhave, lokassa atthaṅgamo"ti.

Saṃyutta Nikāya (SN) : Kilesa Saṃyutta
Saṃyutta Nikāya 27 : 1. Kilesavagga

9. Dhātusutta

1. Sāvatthinidānaṃ. "Yo, bhikkhave, pathavīdhātuyā chandarāgo, cittasseso upakkileso. Yo āpodhātuyā … yo tejodhātuyā … yo vāyodhātuyā … yo ākāsadhātuyā … yo viññāṇadhātuyā chandarāgo, cittasseso upakkileso. Yato kho, bhikkhave, bhikkhuno imesu chasu ṭhānesu cetaso upakkileso pahīno hoti, nekkhammaninnañcassa cittaṃ hoti. Nekkhammaparibhāvitaṃ cittaṃ kammaniyaṃ khāyati, abhiññā sacchikaraṇīyesu dhammesū"ti.
Navamaṃ.

Saṃyutta Nikāya (SN) : Khandha Saṃyutta
Saṃyutta Nikāya 22 : 5. Attadīpavagga

48. Khandhasutta

1. Sāvatthinidānaṃ. "Pañca, bhikkhave, khandhe desessāmi, pañcupādānakkhandhe ca. Taṃ suṇātha. Katame ca, bhikkhave, pañcakkhandhā? Yaṃ kiñci, bhikkhave, rūpaṃ atītānāgatapaccuppannaṃ ajjhattaṃ vā bahiddhā vā oḷārikaṃ vā sukhumaṃ vā hīnaṃ vā paṇītaṃ vā yaṃ dūre santike vā, ayaṃ vuccati rūpakkhandho. Yā kāci vedanā … pe … yā kāci saññā … ye keci saṅkhārā atītānāgatapaccuppannā ajjhattaṃ vā bahiddhā vā oḷārikā vā sukhumā vā … pe … ayaṃ vuccati saṅkhārakkhandho. Yaṃ kiñci viññāṇaṃ atītānāgatapaccuppannaṃ ajjhattaṃ vā bahiddhā vā oḷārikaṃ vā

सुखुमं वा हीनं वा पणीतं वा यं दूरे सन्तिके वा, अयं वुच्चति विञ्ञाणक्खन्धो । इमे वुच्चन्ति, भिक्खवे, पञ्चक्खन्धा ।

"कतमे च, भिक्खवे, पञ्चुपादनक्खन्धा ? यं किञ्चि, भिक्खवे, रूपं अतीतानागतपच्चुप्पन्नं ...पे०... यं दूरे सन्तिके वा सासवं उपादानियं, अयं वुच्चति रूपुपादानक्खन्धो[3] । या काचि वेदना ...पे०... या दूरे सन्तिके वा सासवा उपादानिया, अयं वुच्चति वेदनुपादानक्खन्धो । या काचि सञ्ञा ...पे०... या दूरे सन्तिके वा सासवा उपादानिया, अयं वुच्चति सञ्ञुपादानक्खन्धो । ये केचि सङ्खारा ...पे०... सासवा उपादानिया, अयं वुच्चति सङ्खारुपादानक्खन्धो । यं किञ्चि विञ्ञाणं अतीतानागतपच्चुप्पन्नं ...पे०... यं दूरे सन्तिके वा सासवं उपादानियं, अयं वुच्चति विञ्ञाणुपादानक्खन्धो । इमे वुच्चन्ति, भिक्खवे, पञ्चुपादानक्खन्धा" ति ।

〈*S.N.* II. pp.178~179〉

५६. उपादानपरिवत्तसुत्तं (取轉經)

५६. सावत्थिनिदानं । "पञ्चिमे, भिक्खवे, उपादानक्खन्धा । कतमे पञ्च ? रूपुपादानक्खन्धो[1], वेदनुपादानक्खन्धो, सञ्ञुपादानक्खन्धो, सङ्खारुपादानक्खन्धो, विञ्ञाणुपादानक्खन्धो । यावकीवञ्चाहं, भिक्खवे, इमे पञ्चुपादानक्खन्धे चतुपरिवट्टं यथाभूतं नाब्भञ्ञासिं, नेव तावाहं, भिक्खवे, सदेवके लोके समारके सब्रह्मके सस्समणब्राह्मणिया पजाय सदेवमनुस्साय[2] अनुत्तरं सम्मासम्बोधिं अभिसम्बुद्धो ति पच्चञ्ञासिं । यतो च ख्वाहं, भिक्खवे, इमे पञ्चुपादानक्खन्धे चतुपरिवट्टं यथाभूतं अब्भञ्ञासिं, अथाहं, भिक्खवे, सदेवके लोके ...पे०... सदेवमनुस्साय अनुत्तरं सम्मासम्बोधिं अभिसम्बुद्धो ति पच्चञ्ञासिं ।

"कथं च चतुपरिवट्टं ? रूपं अब्भञ्ञासिं, रूपसमुदयं अब्भञ्ञासिं, रूपनिरोधं अब्भञ्ञासिं, रूपनिरोधगामिनिं पटिपदं अब्भ-

sukhumaṃ vā hīnaṃ vā paṇītaṃ vā yaṃ dūre santike vā, ayaṃ vuccati viññāṇakkhandho. Ime vuccanti, bhikkhave, pañcakkhandhā.

2. Katame ca, bhikkhave, pañcupādānakkhandhā? Yaṃ kiñci, bhikkhave, rūpaṃ atītānāgatapaccuppannaṃ … pe … yaṃ dūre santike vā sāsavaṃ upādāniyaṃ, ayaṃ vuccati rūpupādānakkhandho. Yā kāci vedanā … pe … yā dūre santike vā sāsavā upādāniyā, ayaṃ vuccati vedanupādānakkhandho. Yā kāci saññā … pe … yā dūre santike vā sāsavā upādāniyā, ayaṃ vuccati saññupādānakkhandho. Ye keci saṅkhārā … pe … sāsavā upādāniyā, ayaṃ vuccati saṅkhārupādānakkhandho. Yaṃ kiñci viññāṇaṃ atītānāgatapaccuppannaṃ … pe … yaṃ dūre santike vā sāsavaṃ upādāniyaṃ, ayaṃ vuccati viññāṇupādānakkhandho. Ime vuccanti, bhikkhave, pañcupādānakkhandhā"ti.

Saṃyutta Nikāya (SN) : Khandha Saṃyutta
Saṃyutta Nikāya 22 : 6. Upayavagga

56. Upādānaparipavattasutta

1. Sāvatthinidānaṃ. "Pañcime, bhikkhave, upādānakkhandhā. Katame pañca? Rūpupādānakkhandho, vedanupādānakkhandho, saññupādānakkhandho, saṅkhārupādānakkhandho, viññāṇupādānakkhandho. Yāvakīvañcāhaṃ, bhikkhave, ime pañcupādānakkhandhe catuparivaṭṭaṃ yathābhūtaṃ nābbhaññāsiṃ, neva tāvāhaṃ, bhikkhave, sadevake loke samārake sabrahmake sassamaṇabrāhmaṇiyā pajāya sadevamanussāya anuttaraṃ sammāsambodhiṃ abhisambuddhoti paccaññāsiṃ. Yato ca khvāhaṃ, bhikkhave, ime pañcupādānakkhandhe catuparivaṭṭaṃ yathābhūtaṃ abbhaññāsiṃ, athāhaṃ, bhikkhave, sadevake loke … pe … sadevamanussāya anuttaraṃ sammāsambodhiṃ abhisambuddhoti paccaññāsiṃ.

2. Kathañca catuparivaṭṭaṃ? Rūpaṃ abbhaññāsiṃ, rūpasamudayaṃ abbhaññāsiṃ, rūpanirodhaṃ abbhaññāsiṃ, rūpanirodhagāminiṃ paṭipadaṃ abbha-

ञ्ञासिं; वेदनं ... सञ्ञं ... सङ्खारे ... विञ्ञाणं अब्भञ्ञासिं, विञ्ञाणसमुदयं अब्भञ्ञासिं, विञ्ञाणनिरोधं अब्भञ्ञासिं, विञ्ञाणनिरोधगामिनिं पटिपदं अब्भञ्ञासिं ।

"कतमं च, भिक्खवे, रूपं ? चत्तारो च महाभूता चतुन्नं च महाभूतानं उपादाय रूपं, इदं वुच्चति, भिक्खवे, रूपं । आहारसमुदया रूपसमुदयो; आहारनिरोधा रूपनिरोधो । अयमेव अरियो अट्ठङ्गिको मग्गो रूपनिरोधगामिनी पटिपदा, सेय्यथीदं[1] – सम्मादिट्ठि ...पे०... सम्मासमाधि ।

"ये हि केचि, भिक्खवे, समणा वा ब्राह्मणा वा एवं रूपं अभिञ्ञाय, एवं रूपसमुदयं अभिञ्ञाय, एवं रूपनिरोधं अभिञ्ञाय, एवं रूपनिरोधगामिनिं पटिपदं अभिञ्ञाय रूपस्स निब्बिदाय विरागाय निरोधाय पटिपन्ना ते सुप्पटिपन्ना[2] । ये सुप्पटिपन्ना ते इमस्मिं धम्मविनये गाधन्ति ।

"ये च खो केचि, भिक्खवे, समणा वा ब्राह्मणा वा एवं रूपं अभिञ्ञाय ...पे०... एवं रूपनिरोधगामिनिं पटिपदं अभिञ्ञाय, रूपस्स निब्बिदा[3] विरागा[4] निरोधा[5] अनुपादा विमुत्ता ते सुविमुत्ता । ये सुविमुत्ता ते केवलिनो[6] । ये केवलिनो वट्टं तेसं नत्थि पञ्ञापनाय ।

"कतमा च, भिक्खवे, वेदना ? छयिमे, भिक्खवे, वेदनाकाया – चक्खुसम्फस्सजा वेदना, सोतसम्फस्सजा वेदना, घानसम्फस्सजा वेदना, जिव्हासम्फस्सजा वेदना, कायसम्फस्सजा वेदना, मनोसम्फस्सजा वेदना । अयं वुच्चति, भिक्खवे, वेदना । फस्ससमुदया वेदनासमुदयो; फस्सनिरोधा वेदनानिरोधो । अयमेव अरियो अट्ठङ्गिको मग्गो वेदनानिरोधगामिनी पटिपदा, सेय्यथीदं – सम्मादिट्ठि ...पे०... सम्मासमाधि ।

"ये हि केचि, भिक्खवे, समणा वा ब्राह्मणा वा एवं वेदनं अभिञ्ञाय, एवं वेदनासमुदयं अभिञ्ञाय, एवं वेदनानिरोधं अभिञ्ञाय, एवं वेदनानिरोधगामिनिं पटिपदं अभिञ्ञाय वेदनाय निब्बिदाय विरा-

ññāsiṃ; vedanaṃ … saññaṃ … saṅkhāre … viññāṇaṃ abbhaññāsiṃ, viññāṇasamudayaṃ abbhaññāsiṃ, viññāṇanirodhaṃ abbhaññāsiṃ, viññāṇanirodhagāminiṃ paṭipadaṃ abbhaññāsiṃ.

3. Katamañca, bhikkhave, rūpaṃ? Cattāro ca mahābhūtā catunnañca mahābhūtānaṃ upādāya rūpaṃ. Idaṃ vuccati, bhikkhave, rūpaṃ. Āhārasamudayā rūpasamudayo; āhāranirodhā rūpanirodho. Ayameva ariyo aṭṭhaṅgiko maggo rūpanirodhagāminī paṭipadā, seyyathidaṃ—sammādiṭṭhi … pe … sammāsamādhi.

4. Ye hi keci, bhikkhave, samaṇā vā brāhmaṇā vā evaṃ rūpaṃ abhiññāya, evaṃ rūpasamudayaṃ abhiññāya, evaṃ rūpanirodhaṃ abhiññāya, evaṃ rūpanirodhagāminiṃ paṭipadaṃ abhiññāya rūpassa nibbidāya virāgāya nirodhāya paṭipannā, te suppaṭipannā. Ye .suppaṭipannā, te imasmiṃ dhammavinaye gādhanti.

5. Ye ca kho keci, bhikkhave, samaṇā vā brāhmaṇā vā evaṃ rūpaṃ abhiññāya … pe … evaṃ rūpanirodhagāminiṃ paṭipadaṃ abhiññāya, rūpassa nibbidā virāgā nirodhā anupādā vimuttā te suvimuttā. Ye suvimuttā te kevalino. Ye kevalino vaṭṭaṃ tesaṃ natthi paññāpanāya.

6. Katamā ca, bhikkhave, vedanā? Chayime, bhikkhave, vedanākāyā—cakkhusamphassajā vedanā, sotasamphassajā vedanā, ghānasamphassajā vedanā, jivhāsamphassajā vedanā, kāyasamphassajā vedanā, manosamphassajā vedanā. Ayaṃ vuccati, bhikkhave, vedanā. Phassasamudayā vedanāsamudayo; phassanirodhā vedanānirodho. Ayameva ariyo aṭṭhaṅgiko maggo vedanānirodhagāminī paṭipadā, seyyathidaṃ—sammādiṭṭhi … pe … sammāsamādhi.

7. Ye hi keci, bhikkhave, samaṇā vā brāhmaṇā vā evaṃ vedanaṃ abhiññāya, evaṃ vedanāsamudayaṃ abhiññāya, evaṃ vedanānirodhaṃ abhiññāya, evaṃ vedanānirodhagāminiṃ paṭipadaṃ abhiññāya vedanāya nibbidāya virā-

गाय निरोधाय पटिपन्ना ते सुप्पटिपन्ना । ये सुप्पटिपन्ना ते इमस्मिं धम्म-विनये गाधन्ति ।

"ये च खो केचि, भिक्खवे, समणा वा ब्राह्मणा वा एवं वेदनं अभिञ्ञाय ...पे०... एवं वेदनानिरोधगामिनिं पटिपदं अभिञ्ञाय ... पे०... वट्टं तेसं नत्थि पञ्ञापनाय ।

"कतमा च, भिक्खवे, सञ्ञा ? छयिमे, भिक्खवे, सञ्ञा-काया – रूपसञ्ञा,सद्दसञ्ञा, गन्धसञ्ञा, रससञ्ञा, फोट्ठब्बसञ्ञा, धम्मसञ्ञा । अयं वुच्चति, भिक्खवे, सञ्ञा । फस्ससमुदया सञ्ञा-समुदयो; फस्सनिरोधा सञ्ञानिरोधो । अयमेव अरियो अट्ठङ्गिको मग्गो सञ्ञानिरोधगामिनी पटिपदा, सेय्यथीदं– सम्मादिट्ठि ... पे०... सम्मासमाधि ... पे०... वट्टं तेसं नत्थि पञ्ञापनाय ।

"कतमे च, भिक्खवे, सङ्खारा ? छयिमे, भिक्खवे, चेतनाकाया– रूपसञ्चेतना, सद्दसञ्चेतना, गन्धसञ्चेतना, रससञ्चेतना, फोट्ठब्ब-सञ्चेतना, धम्मसञ्चेतना । इमे वुच्चन्ति, भिक्खवे, सङ्खारा । फस्स-समुदया सङ्खारसमुदयो; फस्सनिरोधा सङ्खारनिरोधो । अयमेव अरियो अट्ठङ्गिको मग्गो सङ्खारनिरोधगामिनी पटिपदा, सेय्यथीदं – सम्मादिट्ठि ... पे०... सम्मासमाधि ।

"ये हि केचि, भिक्खवे, समणा वा ब्राह्मणा वा एवं सङ्खारे अभि-ञ्ञाय, एवं सङ्खारसमुदयं अभिञ्ञाय, एवं सङ्खारनिरोधं अभिञ्ञाय, एवं सङ्खारनिरोधगामिनिं पटिपदं अभिञ्ञाय सङ्खारानं निब्बिदाय विरागाय निरोधाय पटिपन्ना ते सुप्पटिपन्ना । ये सुप्पटिपन्ना ते इमस्मिं धम्मविनये गाधन्ति ।

"ये च खो केचि, भिक्खवे, समणा वा ब्राह्मणा वा एवं सङ्खारे अभिञ्ञाय, एवं सङ्खारसमुदयं अभिञ्ञाय, एवं सङ्खारनिरोधं अभि-ञ्ञाय, एवं सङ्खारनिरोधगामिनिं पटिपदं अभिञ्ञाय सङ्खारानं निब्बिदा विरागा निरोधा अनुपादा विमुत्ता ते सुविमुत्ता । ये सुविमुत्ता ते केवलिनो ।

gāya nirodhāya paṭipannā, te suppaṭipannā. Ye suppaṭipannā, te imasmiṃ dhammavinaye gādhanti.

8. Ye ca kho keci, bhikkhave, samaṇā vā brāhmaṇā vā evaṃ vedanaṃ abhiññāya … pe … evaṃ vedanānirodhagāminiṃ paṭipadaṃ abhiññāya … pe … vaṭṭaṃ tesaṃ natthi paññāpanāya.

9. Katamā ca, bhikkhave, saññā? Chayime, bhikkhave, saññākāyā—rūpasaññā, saddasaññā, gandhasaññā, rasasaññā, phoṭṭhabbasaññā, dhammasaññā. Ayaṃ vuccati, bhikkhave, saññā. Phassasamudayā saññāsamudayo; phassanirodhā saññānirodho. Ayameva ariyo aṭṭhaṅgiko maggo saññānirodhagāminī paṭipadā, seyyathidaṃ—sammādiṭṭhi … pe … sammāsamādhi … pe … vaṭṭaṃ tesaṃ natthi paññāpanāya.

10. Katame ca, bhikkhave, saṅkhārā? Chayime, bhikkhave, cetanākāyā—rūpasañcetanā, saddasañcetanā, gandhasañcetanā, rasasañcetanā, phoṭṭhabbasañcetanā, dhammasañcetanā. Ime vuccanti, bhikkhave, saṅkhārā. Phassasamudayā saṅkhārasamudayo; phassanirodhā saṅkhāranirodho. Ayameva ariyo aṭṭhaṅgiko maggo saṅkhāranirodhagāminī paṭipadā, seyyathidaṃ—sammādiṭṭhi … pe … sammāsamādhi.

11. Ye hi keci, bhikkhave, samaṇā vā brāhmaṇā vā evaṃ saṅkhāre abhiññāya, evaṃ saṅkhārasamudayaṃ abhiññāya, evaṃ saṅkhāranirodhaṃ abhiññāya, evaṃ saṅkhāranirodhagāminiṃ paṭipadaṃ abhiññāya saṅkhārānaṃ nibbidāya virāgāya nirodhāya paṭipannā, te suppaṭipannā. Ye suppaṭipannā, te imasmiṃ dhammavinaye gādhanti.

12. Ye ca kho keci, bhikkhave, samaṇā vā brāhmaṇā vā evaṃ saṅkhāre abhiññāya, evaṃ saṅkhārasamudayaṃ abhiññāya, evaṃ saṅkhāranirodhaṃ abhiññāya, evaṃ saṅkhāranirodhagāminiṃ paṭipadaṃ abhiññāya saṅkhārānaṃ nibbidā virāgā nirodhā anupādā vimuttā, te suvimuttā. Ye suvimuttā, te kevalino.

ये केवलिनो वट्टं तेसं नत्थि पञ्ञापनाय ।

"कतमं च, भिक्खवे, विञ्ञाणं ? छयिमे, भिक्खवे, विञ्ञाणकाया – चक्खुविञ्ञाणं, सोतविञ्ञाणं, घानविञ्ञाणं, जिव्हाविञ्ञाणं, कायविञ्ञाणं, मनोविञ्ञाणं । इदं वुच्चति, भिक्खवे, विञ्ञाणं । नामरूपसमुदया विञ्ञाणसमुदयो; नामरूपनिरोधा विञ्ञाणनिरोधो । अयमेव अरियो अट्ठङ्गिको मग्गो विञ्ञाणनिरोधगामिनी पटिपदा, सेय्यथीदं – सम्मादिट्ठि ...पे०... सम्मासमाधि ।

"ये हि केचि, भिक्खवे, समणा वा ब्राह्मणा वा एवं विञ्ञाणं अभिञ्ञाय, एवं विञ्ञाणसमुदयं अभिञ्ञाय, एवं विञ्ञाणनिरोधं अभिञ्ञाय, एवं विञ्ञाणनिरोधगामिनिं पटिपदं अभिञ्ञाय विञ्ञाणस्स निब्बिदाय विरागाय निरोधाय पटिपन्ना ते सुप्पटिपन्ना । ये सुप्पटिपन्ना ते इमस्मिं धम्मविनये गाधन्ति ।

"ये च खो केचि, भिक्खवे, समणा वा ब्राह्मणा एवं विञ्ञाणं अभिञ्ञाय, एवं विञ्ञाणसमुदयं अभिञ्ञाय, एवं विञ्ञाणनिरोधं अभिञ्ञाय, एवं विञ्ञाणनिरोधगामिनिं पटिपदं अभिञ्ञाय विञ्ञाणस्स निब्बिदा विरागा निरोधा अनुपादा विमुत्ता ते सुविमुत्ता । ये सुविमुत्ता ते केवलिनो । ये केवलिनो वट्टं तेसं नत्थि पञ्ञापनाया" ति ।

〈*S.N.* II. pp.288~291〉

१५. पठमधारणसुत्तं (持經)

१६. "धारेथ नो तुम्हे, भिक्खवे, मया चत्तारि अरियसच्चानि देसितानी" ति ? एवं वुत्ते अञ्ञतरो भिक्खु भगवन्तं एतदवोच – "अहं खो, भन्ते, धारेमि भगवता चत्तारि अरियसच्चानि देसितानी" ति ।

"यथा कथं पन त्वं, भिक्खु, धारेसि मया चत्तारि अरिय-

Ye kevalino vaṭṭaṃ tesaṃ natthi paññāpanāya.

13. Katamañca, bhikkhave, viññāṇaṃ? Chayime, bhikkhave, viññāṇakāyā—cakkhuviññāṇaṃ, sotaviññāṇaṃ, ghānaviññāṇaṃ, jivhāviññāṇaṃ, kāyaviññāṇaṃ, manoviññāṇaṃ. Idaṃ vuccati, bhikkhave, viññāṇaṃ. Nāmarūpasamudayā viññāṇasamudayo; nāmarūpanirodhā viññāṇanirodho. Ayameva ariyo aṭṭhaṅgiko maggo viññāṇanirodhagāminī paṭipadā, seyyathidaṃ—sammādiṭṭhi … pe … sammāsamādhi.

14. Ye hi keci, bhikkhave, samaṇā vā brāhmaṇā vā evaṃ viññāṇaṃ abhiññāya, evaṃ viññāṇasamudayaṃ abhiññāya, evaṃ viññāṇanirodhaṃ abhiññāya, evaṃ viññāṇanirodhagāminiṃ paṭipadaṃ abhiññāya viññāṇassa nibbidāya virāgāya nirodhāya paṭipannā, te suppaṭipannā. Ye suppaṭipannā, te imasmiṃ dhammavinaye gādhanti.

15. Ye ca kho keci, bhikkhave, samaṇā vā brāhmaṇā vā evaṃ viññāṇaṃ abhiññāya, evaṃ viññāṇasamudayaṃ abhiññāya, evaṃ viññāṇanirodhaṃ abhiññāya, evaṃ viññāṇanirodhagāminiṃ paṭipadaṃ abhiññāya viññāṇassa nibbidā virāgā nirodhā anupādā vimuttā, te suvimuttā. Ye suvimuttā, te kevalino. Ye kevalino vaṭṭaṃ tesaṃ natthi paññāpanāyā"ti.

Saṃyutta Nikāya (SN) : Sacca Saṃyutta
Saṃyutta Nikāya 56 : 2. Dhammacakkappavattanavagga

15. Paṭhamadhāraṇasutta

1. "Dhāretha no tumhe, bhikkhave, mayā cattāri ariyasaccāni desitānī"ti? Evaṃ vutte, aññataro bhikkhu bhagavantaṃ etadavoca: "ahaṃ kho, bhante, dhāremi bhagavatā cattāri ariyasaccāni desitānī"ti.
"Yathā kathaṃ pana tvaṃ, bhikkhu, dhāresi mayā cattāri ariya-

सच्चानि देसितानी'' ति ?

"दुक्खं ख्वाहं, भन्ते, भगवता पठमं अरियसच्चं देसितं धारेमि; दुक्खसमुदयं ख्वाहं, भन्ते, भगवता दुतियं अरियसच्चं देसितं धारेमि; दुक्खनिरोधं ख्वाहं, भन्ते, भगवता ततियं अरियसच्चं देसितं धारेमि; दुक्खनिरोधगामिनिं पटिपदं ख्वाहं, भन्ते, भगवता चतुत्थं अरियसच्चं देसितं धारेमि । एवं ख्वाहं, भन्ते, धारेमि भगवता चत्तारि अरियसच्चानि देसितानी'' ति ।

"साधु साधु, भिक्खु ! साधु खो त्वं, भिक्खु, धारेसि मया चत्तारि अरियसच्चानि देसितानी ति । दुक्खं खो, भिक्खु, मया पठमं अरियसच्चं देसितं, तथा नं धारेहि ; दुक्खसमुदयं खो, भिक्खु, मया दुतियं अरियसच्चं देसितं, तथा नं धारेहि; दुक्खनिरोधं खो, भिक्खु, मया ततियं अरियसच्चं देसितं, तथा नं धारेहि; दुक्खनिरोधगामिनी पटिपदा खो, भिक्खु, मया चतुत्थं अरियसच्चं देसितं, तथा नं धारेहि । एवं खो, भिक्खु, धारेहि मया चत्तारि अरियसच्चानि देसितानी ति ।

"तस्मातिह, भिक्खु, 'इदं दुक्खं' ति योगो करणीयो ...पे०... 'अयं दुक्खनिरोधगामिनी पटिपदा' ति योगो करणीयो'' ति ।

〈S.N. Ⅳ. p.366〉

११. धम्मचक्कप्पवत्तनसुत्तं (轉法輪經)

११. एकं समयं भगवा बाराणसियं विहरति इसिपतने मिगदाये । तत्र खो भगवा पञ्चवग्गिये भिक्खू आमन्तेसि – "द्वेमे, भिक्खवे, अन्ता पब्बजितेन न सेवितब्बा । कतमे द्वे ? यो चायं कामेसु कामसुखल्लिकानुयोगो हीनो गम्मो पोथुज्जनिको अनरियो अनत्थसंहितो, यो चायं अत्तकिलमथानुयोगो दुक्खो अनरियो अनत्थसंहितो ।

saccāni desitānī"ti? "Dukkhaṃ khvāhaṃ, bhante, bhagavatā paṭhamaṃ ariyasaccaṃ desitaṃ dhāremi; dukkhasamudayaṃ khvāhaṃ, bhante, bhagavatā dutiyaṃ ariyasaccaṃ desitaṃ dhāremi; dukkhanirodhaṃ khvāhaṃ, bhante, bhagavatā tatiyaṃ ariyasaccaṃ desitaṃ dhāremi; dukkhanirodhagāminiṃ paṭipadaṃ khvāhaṃ, bhante, bhagavatā catutthaṃ ariyasaccaṃ desitaṃ dhāremi. Evaṃ khvāhaṃ, bhante, dhāremi bhagavatā cattāri ariyasaccāni desitānī"ti.

2. "Sādhu sādhu, bhikkhu. Sādhu kho tvaṃ, bhikkhu, dhāresi mayā cattāri ariyasaccāni desitānīti. Dukkhaṃ kho, bhikkhu, mayā paṭhamaṃ ariyasaccaṃ desitaṃ, tathā naṃ dhārehi; dukkhasamudayaṃ kho, bhikkhu, mayā dutiyaṃ ariyasaccaṃ desitaṃ, tathā naṃ dhārehi; dukkhanirodhaṃ kho, bhikkhu, mayā tatiyaṃ ariyasaccaṃ desitaṃ, tathā naṃ dhārehi; dukkhanirodhagāminī paṭipadā kho, bhikkhu, mayā catutthaṃ ariyasaccaṃ desitaṃ, tathā naṃ dhārehi. Evaṃ kho, bhikkhu, dhārehi mayā cattāri ariyasaccāni desitānīti.

3. Tasmātiha, bhikkhu, 'idaṃ dukkhan'ti yogo karaṇīyo … pe … 'ayaṃ dukkhanirodhagāminī paṭipadā'ti yogo karaṇīyo"ti.

Saṃyutta Nikāya (SN) : Sacca Saṃyutta
Saṃyutta Nikāya 56 : 2. Dhammacakkappavattanavagga

11. Dhammacakkappavattanasutta

1. Ekaṃ samayaṃ bhagavā bārāṇasiyaṃ viharati isipatane migadāye. Tatra kho bhagavā pañcavaggiye bhikkhū āmantesi:

2. "Dveme, bhikkhave, antā pabbajitena na sevitabbā. Katame dve? Yo cāyaṃ kāmesu kāmasukhallikānuyogo hīno gammo pothujjaniko anariyo anatthasaṃhito, yo cāyaṃ attakilamathānuyogo dukkho anariyo anatthasaṃhito.

एते खो[1], भिक्खवे, उभो अन्ते अनुपगम्म मज्झिमा पटिपदा तथागतेन अभिसम्बुद्धा चक्खुकरणी ञाणकरणी उपसमाय अभिञ्ञाय सम्बोधाय निब्बानाय संवत्तति ।

"कतमा च सा, भिक्खवे, मज्झिमा पटिपदा तथागतेन अभिसम्बुद्धा चक्खुकरणी ञाणकरणी उपसमाय अभिञ्ञाय सम्बोधाय निब्बानाय संवत्तति ? अयमेव अरियो अट्ठङ्गिको मग्गो, सेय्यथीदं – सम्मादिट्ठि, सम्मासङ्कप्पो, सम्मावाचा, सम्माकम्मन्तो, सम्माआजीवो, सम्मावायामो, सम्मासति, सम्मासमाधि । अयं खो सा, भिक्खवे, मज्झिमा पटिपदा तथागतेन अभिसम्बुद्धा चक्खुकरणी ञाणकरणी उपसमाय अभिञ्ञाय सम्बोधाय निब्बानाय संवत्तति ।

"इदं खो पन, भिक्खवे, दुक्खं अरियसच्चं – जाति पि दुक्खा, जरा पि दुक्खा, ब्याधि[1] पि दुक्खो, मरणं पि दुक्खं[2], अप्पियेहि सम्पयोगो दुक्खो, पियेहि विप्पयोगो दुक्खो, यम्पिच्छं न लभति तं पि दुक्खं – सङ्खित्तेन पञ्चुपादानक्खन्धा दुक्खा । इदं खो पन, भिक्खवे, दुक्खसमुदयं अरियसच्चं – यायं तण्हा पोनोब्भविका नन्दिरागसहगता तत्रतत्राभिनन्दिनी, सेय्यथीदं – कामतण्हा, भवतण्हा, विभवतण्हा । इदं खो पन, भिक्खवे, दुक्खनिरोधं[1] अरियसच्चं – यो तस्सा येव तण्हाय असेसविरागनिरोधो चागो पटिनिस्सग्गो मुत्ति अनालयो । इदं खो पन, भिक्खवे, दुक्खनिरोधगामिनी पटिपदा अरियसच्चं – अयमेव अरियो अट्ठङ्गिको मग्गो, सेय्यथीदं – सम्मादिट्ठि ... पे० ... सम्मासमाधि ।

"'इदं दुक्खं अरियसच्चं' ति मे, भिक्खवे, पुब्बे अननुस्सुतेसु धम्मेसु चक्खुं उदपादि, ञाणं उदपादि, पञ्ञा उदपादि, विज्जा उदपादि, आलोको उदपादि । 'तं खो पनिदं दुक्खं अरियसच्चं परिञ्ञेय्यं' ति मे, भिक्खवे, पुब्बे ... पे० ... उदपादि । 'तं खो पनिदं दुक्खं अरियसच्चं परिञ्ञातं' ति मे, भिक्खवे, पुब्बे अननुस्सुतेसु धम्मेसु चक्खुं उदपादि, ञाणं उदपादि, पञ्ञा उदपादि, विज्जा उदपादि, आलोको

Ete kho, bhikkhave, ubho ante anupagamma majjhimā paṭipadā tathāgatena abhisambuddhā cakkhukaraṇī ñāṇakaraṇī upasamāya abhiññāya sambodhāya nibbānāya saṃvattati.

3. Katamā ca sā, bhikkhave, majjhimā paṭipadā tathāgatena abhisambuddhā cakkhukaraṇī ñāṇakaraṇī upasamāya abhiññāya sambodhāya nibbānāya saṃvattati? Ayameva ariyo aṭṭhaṅgiko maggo, seyyathidaṃ—sammādiṭṭhi sammāsaṅkappo sammāvācā sammākammanto sammāājīvo sammāvāyāmo sammāsati sammāsamādhi. Ayaṃ kho sā, bhikkhave, majjhimā paṭipadā tathāgatena abhisambuddhā cakkhukaraṇī ñāṇakaraṇī upasamāya abhiññāya sambodhāya nibbānāya saṃvattati.

4. Idaṃ kho pana, bhikkhave, dukkhaṃ ariyasaccaṃ—jātipi dukkhā, jarāpi dukkhā, byādhipi dukkho, maraṇampi dukkhaṃ, appiyehi sampayogo dukkho, piyehi vippayogo dukkho, yampicchaṃ na labhati tampi dukkhaṃ—saṃkhittena pañcupādānakkhandhā dukkhā. Idaṃ kho pana, bhikkhave, dukkhasamudayaṃ ariyasaccaṃ—yāyaṃ taṇhā ponobbhavikā nandirāgasahagatā tatratatrābhinandinī, seyyathidaṃ—kāmataṇhā, bhavataṇhā, vibhavataṇhā. Idaṃ kho pana, bhikkhave, dukkhanirodhaṃ ariyasaccaṃ—yo tassāyeva taṇhāya asesavirāganirodho cāgo paṭinissaggo mutti anālayo. Idaṃ kho pana, bhikkhave, dukkhanirodhagāminī paṭipadā ariyasaccaṃ—ayameva ariyo aṭṭhaṅgiko maggo, seyyathidaṃ—sammādiṭṭhi … pe … sammāsamādhi.

5. 'Idaṃ dukkhaṃ ariyasaccan'ti me, bhikkhave, pubbe ananussutesu dhammesu cakkhuṃ udapādi, ñāṇaṃ udapādi, paññā udapādi, vijjā udapādi, āloko udapādi. 'Taṃ kho panidaṃ dukkhaṃ ariyasaccaṃ pariññeyyan'ti me, bhikkhave, pubbe … pe … udapādi. 'Taṃ kho panidaṃ dukkhaṃ ariyasaccaṃ pariññātan'ti me, bhikkhave, pubbe ananussutesu dhammesu cakkhuṃ udapādi, ñāṇaṃ udapādi, paññā udapādi, vijjā udapādi, āloko

उदपादि ।

"'इदं दुक्खसमुदयं' अरियसच्चं' ति मे, भिक्खवे, पुब्बे अननुस्सुतेसु धम्मेसु चक्खुं उदपादि, ञाणं उदपादि, पञ्ञा उदपादि, विज्जा उदपादि, आलोको उदपादि । 'तं खो पनिदं दुक्खसमुदयं अरियसच्चं पहातब्बं' ति मे, भिक्खवे, पुब्बे ...पे०... उदपादि । 'तं खो पनिदं दुक्खसमुदयं अरियसच्चं पहीनं' ति मे, भिक्खवे, पुब्बे अननुस्सुतेसु धम्मेसु चक्खुं उदपादि, ञाणं उदपादि, पञ्ञा उदपादि, विज्जा उदपादि, आलोको उदपादि ।

"'इदं दुक्खनिरोधं अरियसच्चं' ति मे, भिक्खवे, पुब्बे अननुस्सुतेसु धम्मेसु चक्खुं उदपादि, ञाणं उदपादि, पञ्ञा उदपादि, विज्जा उदपादि, आलोको उदपादि । 'तं खो पनिदं दुक्खनिरोधं अरियसच्चं सच्छिकातब्बं' ति मे, भिक्खवे, पुब्बे ...पे०... उदपादि । 'तं खो पनिदं दुक्खनिरोधं अरियसच्चं सच्छिकतं' ति मे, भिक्खवे, पुब्बे अननुस्सुतेसु धम्मेसु चक्खुं उदपादि, ञाणं उदपादि, पञ्ञा उदपादि, विज्जा उदपादि, आलोको उदपादि ।

"'इदं दुक्खनिरोधगामिनी पटिपदा अरियसच्चं' ति मे, भिक्खवे, पुब्बे अननुस्सुतेसु धम्मेसु चक्खुं उदपादि, ञाणं उदपादि, पञ्ञा उदपादि, विज्जा उदपादि, आलोको उदपादि । तं खो पनिदं दुक्खनिरोधगामिनी पटिपदा अरियसच्चं भावेतब्बं' ति मे, भिक्खवे, पुब्बे ...पे०... उदपादि । 'तं खो पनिदं दुक्खनिरोधगामिनी पटिपदा अरियसच्चं भावितं' ति मे, भिक्खवे, पुब्बे अननुस्सुतेसु धम्मेसु चक्खुं उदपादि, ञाणं उदपादि, पञ्ञा उदपादि, विज्जा उदपादि, आलोको उदपादि ।

"यावकीवञ्च मे, भिक्खवे, इमेसु चतूसु अरियसच्चेसु एवं तिपरिवट्टं द्वादसाकारं यथाभूतं ञाणदस्सनं न सुविसुद्धं अहोसि, नेव तावाहं, भिक्खवे, सदेवके लोके समारके सब्रह्मके सस्समणब्राह्मणिया

udapādi.

6. ‘Idaṃ dukkhasamudayaṃ ariyasaccan’ti me, bhikkhave, pubbe ananussutesu dhammesu cakkhuṃ udapādi, ñāṇaṃ udapādi, paññā udapādi, vijjā udapādi, āloko udapādi. ‘Taṃ kho panidaṃ dukkhasamudayaṃ ariyasaccaṃ pahātabban’ti me, bhikkhave, pubbe … pe … udapādi. ‘Taṃ kho panidaṃ dukkhasamudayaṃ ariyasaccaṃ pahīnan’ti me, bhikkhave, pubbe ananussutesu dhammesu cakkhuṃ udapādi, ñāṇaṃ udapādi, paññā udapādi, vijjā udapādi, āloko udapādi.

7. ‘Idaṃ dukkhanirodhaṃ ariyasaccan’ti me, bhikkhave, pubbe ananussutesu dhammesu cakkhuṃ udapādi, ñāṇaṃ udapādi, paññā udapādi, vijjā udapādi, āloko udapādi. ‘Taṃ kho panidaṃ dukkhanirodhaṃ ariyasaccaṃ sacchikātabban’ti me, bhikkhave, pubbe … pe … udapādi. ‘Taṃ kho panidaṃ dukkhanirodhaṃ ariyasaccaṃ sacchikatan’ti me, bhikkhave, pubbe ananussutesu dhammesu cakkhuṃ udapādi, ñāṇaṃ udapādi, paññā udapādi, vijjā udapādi, āloko udapādi.

8. ‘Idaṃ dukkhanirodhagāminī paṭipadā ariyasaccan’ti me, bhikkhave, pubbe ananussutesu dhammesu cakkhuṃ udapādi, ñāṇaṃ udapādi, paññā udapādi, vijjā udapādi, āloko udapādi. ‘Taṃ kho panidaṃ dukkhanirodhagāminī paṭipadā ariyasaccaṃ bhāvetabban’ti me, bhikkhave, pubbe … pe … udapādi. ‘Taṃ kho panidaṃ dukkhanirodhagāminī paṭipadā ariyasaccaṃ bhāvitan’ti me, bhikkhave, pubbe ananussutesu dhammesu cakkhuṃ udapādi, ñāṇaṃ udapādi, paññā udapādi, vijjā udapādi, āloko udapādi.

9. Yāvakīvañca me, bhikkhave, imesu catūsu ariyasaccesu evaṃ tiparivaṭṭaṃ dvādasākāraṃ yathābhūtaṃ ñāṇadassanaṃ na suvisuddhaṃ ahosi, neva tāvāhaṃ, bhikkhave, sadevake loke samārake sabrahmake sassamaṇabrāhmaṇiyā

पजाय सदेवमनुस्साय 'अनुत्तरं सम्मासम्बोधिं अभिसम्बुद्धो' ति पच्चञ्ञासिं ।

"यतो च खो मे, भिक्खवे, इमेसु चतूसु अरियसच्चेसु एवं तिपरिवट्टं द्वादसाकारं यथाभूतं ञाणदस्सनं सुविसुद्धं अहोसि, अथाहं, भिक्खवे, सदेवके लोके समारके सब्रह्मके सस्समणब्राह्मणिया पजाय सदेवमनुस्साय 'अनुत्तरं सम्मासम्बोधिं अभिसम्बुद्धो' ति पच्चञ्ञासिं । ञाणं च पन मे दस्सनं उदपादि – 'अकुप्पा मे विमुत्ति', अयमन्तिमा जाति, नत्थिदानि पुनब्भवो'' ति ।

१२. इदमवोच भगवा । अत्तमना पञ्चवग्गिया भिक्खू भगवतो भासितं अभिनन्दुं ति ।

इमस्मिं च पन वेय्याकरणस्मिं भञ्ञमाने आयस्मतो कोण्डञ्ञस्स विरजं वीतमलं धम्मचक्खुं उदपादि – "यं किञ्चि समुदयधम्मं, सब्बं तं निरोधधम्मं" ति ।

पवत्तिते च पन भगवता धम्मचक्के भुम्मा देवा सद्दमनुस्सावेसुं – "एतं भगवता बाराणसियं इसिपतने मिगदाये अनुत्तरं धम्मचक्कं पवत्तितं अप्पटिवत्तियं समणेन वा ब्राह्मणेन वा देवेन वा मारेन वा ब्रह्मुना वा केनचि वा लोकस्मिं" ति । भुम्मानं देवानं सद्दं सुत्वा चातुम्महाराजिका[1] देवा सद्दमनुस्सावेसुं – "एतं भगवता बाराणसियं इसिपतने मिगदाये अनुत्तरं धम्मचक्कं पवत्तितं, अप्पटिवत्तियं समणेन वा ब्राह्मणेन वा देवेन वा मारेन वा ब्रह्मुना वा केनचि वा लोकस्मिं" ति । चातुम्महाराजिकानं देवानं सद्दं सुत्वा तावतिंसा देवा ...पे०... यामा देवा ...पे०... तुसिता देवा ...पे०... निम्मानरती देवा ...पे०... परनिम्मितवसवत्ती[2] देवा ...पे०... ब्रह्मकायिका देवा सद्दमनुस्सावेसुं – "एतं भगवता बाराणसियं इसिपतने मिगदाये अनुत्तरं धम्मचक्कं पवत्तितं अप्पटिवत्तियं समणेन वा ब्राह्मणेन वा देवेन वा मारेन वा ब्रह्मुना वा केनचि वा लोकस्मिं" ति ।

pajāya sadevamanussāya 'anuttaraṃ sammāsambodhiṃ abhisambuddho'ti paccaññāsiṃ.

10. Yato ca kho me, bhikkhave, imesu catūsu ariyasaccesu evaṃ tiparivaṭṭaṃ dvādasākāraṃ yathābhūtaṃ ñāṇadassanaṃ suvisuddhaṃ ahosi, athāhaṃ, bhikkhave, sadevake loke samārake sabrahmake sassamaṇabrāhmaṇiyā pajāya sadevamanussāya 'anuttaraṃ sammāsambodhiṃ abhisambuddho'ti paccaññāsiṃ. Ñāṇañca pana me dassanaṃ udapādi: 'akuppā me vimutti, ayamantimā jāti, natthi dāni punabbhavo'"ti.
Idamavoca bhagavā. Attamanā pañcavaggiyā bhikkhū bhagavato bhāsitaṃ abhinandunti.

11. Imasmiñca pana veyyākaraṇasmiṃ bhaññamāne āyasmato koṇḍaññassa virajaṃ vītamalaṃ dhammacakkhuṃ udapādi: "yaṃ kiñci samudayadhammaṃ sabbaṃ taṃ nirodhadhamman"ti.

12. Pavattite ca pana bhagavatā dhammacakke bhummā devā saddamanussāvesuṃ: "etaṃ bhagavatā bārāṇasiyaṃ isipatane migadāye anuttaraṃ dhammacakkaṃ pavattitaṃ appaṭivattiyaṃ samaṇena vā brāhmaṇena vā devena vā mārena vā brahmunā vā kenaci vā lokasmin"ti. Bhummānaṃ devānaṃ saddaṃ sutvā cātumahārājikā devā saddamanussāvesuṃ: "etaṃ bhagavatā bārāṇasiyaṃ isipatane migadāye anuttaraṃ dhammacakkaṃ pavattitaṃ, appaṭivattiyaṃ samaṇena vā brāhmaṇena vā devena vā mārena vā brahmunā vā kenaci vā lokasmin"ti.
Cātumahārājikānaṃ devānaṃ saddaṃ sutvā tāvatiṃsā devā … pe … yāmā devā … pe … tusitā devā … pe … nimmānaratī devā … pe … paranimmitavasavattī devā … pe … brahmakāyikā devā saddamanussāvesuṃ: "etaṃ bhagavatā bārāṇasiyaṃ isipatane migadāye anuttaraṃ dhammacakkaṃ pavattitaṃ appaṭivattiyaṃ samaṇena vā brāhmaṇena vā devena vā mārena vā brahmunā vā kenaci vā lokasmin"ti.

इति ह तेन खणेन तेन लयेन तेन मुहुत्तेन याव ब्रह्मलोका सद्दो अब्भुग्गच्छि। अयं च दससहस्सिलोकधातु सङ्कम्पि सम्पकम्पि सम्पवेधि, अप्पमाणो च उळारो ओभासो लोके पातुरहोसि अतिक्कम्म' देवानं देवानुभावं ति।

अथ खो भगवा इदं उदानं उदानेसि – "अञ्ञासि वत, भो, कोण्डञ्ञो, अञ्ञासि वत, भो, कोण्डञ्ञो" ति! इति हिदं आयस्मतो कोण्डञ्ञस्स 'अञ्ञाकोण्डञ्ञो'" त्वेव नामं अहोसी ति।

〈S.N. Ⅳ. pp.360~363〉

३५. पठमसामञ्ञसुत्तं (沙門性經)

३७. सावत्थिनिदानं। "सामञ्ञं च वो, भिक्खवे, देसेस्सामि सामञ्ञफलानि च। तं सुणाथ। कतमं च, भिक्खवे, सामञ्ञं? अयमेव अरियो अट्ठङ्गिको मग्गो, सेय्यथीदं – सम्मादिट्ठि ...पे०... सम्मासमाधि। इदं वुच्चति, भिक्खवे, सामञ्ञं। कतमानि च, भिक्खवे, सामञ्ञफलानि? सोतापत्तिफलं, सकदागामिफलं, अनागामिफलं, अरहत्तफलं – इमानि वुच्चन्ति, भिक्खवे, सामञ्ञफलानी" ति।

〈S.N. Ⅳ. p.22〉

८. पठमगिञ्जकावसथसुत्तं (四界義說)

९. एवं मे सुतं। एकं समयं भगवा ञातिके विहरति गिञ्जकावसथे। अथ खो आयस्मा आनन्दो येन भगवा तेनुपसङ्कमि; उपसङ्कमित्वा भगवन्तं अभिवादेत्वा एकमन्तं निसीदि। एकमन्तं निसिन्नो खो आयस्मा आनन्दो भगवन्तं एतदवोच –

"साळ्हो नाम, भन्ते, भिक्खु कालङ्कतो'; तस्स का गति को अभिसम्परायो? नन्दा नाम, भन्ते, भिक्खुनी कालङ्कता; तस्सा

13. Iti ha tena khaṇena tena layena tena muhuttena yāva brahmalokā saddo abbhuggacchi. Ayañca dasasahassilokadhātu saṅkampi sampakampi sampavedhi, appamāṇo ca uḷāro obhāso loke pāturahosi atikkamma devānaṃ devānubhāvanti.

14. Atha kho bhagavā idaṃ udānaṃ udānesi: "aññāsi vata bho, koṇḍañño, aññāsi vata bho, koṇḍañño"ti. Iti hidaṃ āyasmato koṇḍaññassa "aññāsikoṇḍañño" tveva nāmaṃ ahosīti.

Saṃyutta Nikāya (SN) : Magga Saṃyutta
Saṃyutta Nikāya 45 : 4. Paṭipattivagga

35. Paṭhamasāmaññasutta

1. Sāvatthinidānaṃ. "Sāmaññañca vo, bhikkhave, desessāmi, sāmaññaphalāni ca. Taṃ suṇātha. Katamañca, bhikkhave, sāmaññaṃ? Ayameva ariyo aṭṭhaṅgiko maggo, seyyathidaṃ—sammādiṭṭhi … pe … sammāsamādhi. Idaṃ vuccati, bhikkhave, sāmaññaṃ. Katamāni ca, bhikkhave, sāmaññaphalāni? Sotāpattiphalaṃ, sakadāgāmiphalaṃ, anāgāmiphalaṃ, arahattaphalaṃ—imāni vuccanti, bhikkhave, sāmaññaphalānī"ti.

Saṃyutta Nikāya (SN) : Sotāpatti Saṃyutta
Saṃyutta Nikāya 55 : 1. Veḷudvāravagga

8. Paṭhamagiñjakāvasathasutta

1. Evaṃ me sutaṃ—ekaṃ samayaṃ bhagavā ñātike viharati giñjakāvasathe. Atha kho āyasmā ānando yena bhagavā tenupasaṅkami; upasaṅkamitvā bhagavantaṃ abhivādetvā ekamantaṃ nisīdi. Ekamantaṃ nisinno kho āyasmā ānando bhagavantaṃ etadavoca:

2. "Sāḷho nāma, bhante, bhikkhu kālaṅkato; tassa kā gati ko abhisamparāyo? Nandā nāma, bhante, bhikkhunī kālaṅkatā; tassā

का गति को अभिसम्परायो ? सुदत्तो नाम, भन्ते, उपासको कालङ्कतो; तस्स का गति को अभिसम्परायो ? सुजाता नाम, भन्ते, उपासिका कालङ्कता; तस्सा का गति को अभिसम्परायो" ति ?

"साळ्हो, आनन्द, भिक्खु कालङ्कतो आसवानं खया अनासवं चेतोविमुत्तिं पञ्ञाविमुत्तिं दिट्ठेव धम्मे सयं अभिञ्ञा सच्छिकत्वा उपसम्पज्ज विहासि । नन्दा, आनन्द, भिक्खुनी कालङ्कता पञ्चन्नं ओरम्भागियानं संयोजनानं परिक्खया ओपपातिका तत्थ परिनिब्बायिनी अनावत्तिधम्मा तस्मा लोका । सुदत्तो, आनन्द, उपासको कालङ्कतो तिण्णं संयोजनानं परिक्खया रागदोसमोहानं तनुत्ता सकदागामी; सकिदेव इमं लोकं आगन्त्वा दुक्खस्सन्तं करिस्सति । सुजाता, आनन्द, उपासिका कालङ्कता तिण्णं संयोजनानं परिक्खया सोतापन्ना अविनिपातधम्मा नियता सम्बोधिपरायणा[1] ।

"अनच्छरियं खो पनेतं, आनन्द, यं मनुस्सभूतो कालं करेय्य; तस्मिं तस्मिं चे मं कालङ्कते उपसङ्कमित्वा एतमत्थं पटिपुच्छिस्सथ । विहेसा[1] पेसा[2], आनन्द, अस्स तथागतस्स । तस्मातिहानन्द, धम्मादासं नाम धम्मपरियायं देसेस्सामि[3]; येन समन्नागतो अरियसावको आकङ्खमानो अत्तना व[4] अत्तानं ब्याकरेय्य[5]– 'खीणनिरयोम्हि खीणतिरच्छानयोनि[6] खीणपेत्तिविसयो[7] खीणापायदुग्गतिविनिपातो, सोतापन्नोहमस्मि अविनिपातधम्मो नियतो सम्बोधिपरायणो' ।

"कतमो च सो, आनन्द, धम्मादासो धम्मपरियायो; येन समन्नागतो अरियसावको आकङ्खमानो अत्तना व अत्तानं ब्याकरेय्य – 'खीणनिरयोम्हि खीणतिरच्छानयोनि खीणपेत्तिविसयो खीणापायदुग्गतिविनिपातो, सोतापन्नोहमस्मि अविनिपातधम्मो नियतो सम्बोधिपरायणो' ?

"इध, आनन्द, अरियसावको बुद्धे अवेच्चप्पसादेन समन्नागतो होति – इति पि सो भगवा ...पे०... सत्था देवमनुस्सानं बुद्धो भगवा

kā gati ko abhisamparāyo? Sudatto nāma, bhante, upāsako kālaṅkato; tassa kā gati ko abhisamparāyo? Sujātā nāma, bhante, upāsikā kālaṅkatā; tassā kā gati, ko abhisamparāyo"ti?

3. "Sāḷho, ānanda, bhikkhu kālaṅkato āsavānaṃ khayā anāsavaṃ cetovimuttiṃ paññāvimuttiṃ diṭṭheva dhamme sayaṃ abhiññā sacchikatvā upasampajja vihāsi. Nandā, ānanda, bhikkhunī kālaṅkatā pañcannaṃ orambhāgiyānaṃ saṃyojanānaṃ parikkhayā opapātikā tattha parinibbāyinī anāvattidhammā tasmā lokā. Sudatto, ānanda, upāsako kālaṅkato tiṇṇaṃ saṃyojanānaṃ parikkhayā rāgadosamohānaṃ tanuttā sakadāgāmī; sakideva imaṃ lokaṃ āgantvā dukkhassantaṃ karissati. Sujātā, ānanda, upāsikā kālaṅkatā tiṇṇaṃ saṃyojanānaṃ parikkhayā sotāpannā avinipātadhammā niyatā sambodhiparāyaṇā.

4. Anacchariyaṃ kho panetaṃ, ānanda, yaṃ manussabhūto kālaṃ kareyya; tasmiṃ tasmiñce maṃ kālaṅkate upasaṅkamitvā etamatthaṃ paṭipucchissatha. Vihesā pesā, ānanda, assa tathāgatassa. Tasmātihānanda, dhammādāsaṃ nāma dhammapariyāyaṃ desessāmi; yena samannāgato ariyasāvako ākaṅkhamāno attanāva attānaṃ byākareyya: 'khīṇanirayomhi khīṇatiracchānayoni khīṇapettivisayo khīṇāpāyaduggativinipāto, sotāpannohamasmi avinipātadhammo niyato sambodhiparāyaṇo'.

5. Katamo ca so, ānanda, dhammādāso dhammapariyāyo; yena samannāgato ariyasāvako ākaṅkhamāno attanāva attānaṃ byākareyya: 'khīṇanirayomhi khīṇatiracchānayoni khīṇapettivisayo khīṇāpāyaduggativinipāto, sotāpannohamasmi avinipātadhammo niyato sambodhiparāyaṇo'?

6. Idha, ānanda, ariyasāvako buddhe aveccappasādena samannāgato hoti—itipi so bhagavā … pe … satthā devamanussānaṃ buddho bhagavāti.

ति; धम्मे ...पे०... सङ्घे ...पे०... अरियकन्तेहि सीलेहि समन्नागतो होति अखण्डेहि ...पे०... समाधिसंवत्तनिकेहि। अयं खो सो, आनन्द, धम्मादासो धम्मपरियायो; येन समन्नागतो अरियसावको आकङ्खमानो अत्तना व अत्तानं ब्याकरेय्य – 'खीणनिरयोम्हि खीणतिरच्छानयोनि खीणपेत्तिविसयो खीणापायदुग्गतिविनिपातो, सोतापन्नोहमस्मि अविनिपातधम्मो नियतो सम्बोधिपरायणो'" ति।

(तीणि पि सुत्तन्तानि एकनिदानानि।)

〈*S.N.* Ⅳ. pp.303~305〉

Ⅴ. 十二緣起說

१. पटिच्चसमुप्पादसुत्तं (緣起經)

१. एवं मे सुतं। एकं समयं भगवा सावत्थियं विहरति जेतवने अनाथपिण्डिकस्स आरामे। तत्र खो भगवा भिक्खू आमन्तेसि – "भिक्खवो" ति। "भदन्ते" ति ते भिक्खू भगवतो पच्चस्सोसुं। भगवा एतदवोच – "पटिच्चसमुप्पादं वो, भिक्खवे, देसेस्सामि'; तं सुणाथ, साधुकं मनसि करोथ; भासिस्सामी" ति। "एवं, भन्ते" ति खो ते भिक्खू भगवतो पच्चस्सोसुं। भगवा एतदवोच –

"कतमो च, भिक्खवे, पटिच्चसमुप्पादो ? अविज्जापच्चया, भिक्खवे, सङ्खारा; सङ्खारपच्चया विञ्ञाणं; विञ्ञाणपच्चया नामरूपं; नामरूपपच्चया सळायतनं; सळायतनपच्चया फस्सो; फस्सपच्चया वेदना; वेदनापच्चया तण्हा; तण्हापच्चया उपादानं; उपादानपच्चया भवो; भवपच्चया जाति; जातिपच्चया जरामरणं सोकपरिदेवदुक्खदोमनस्सुपायासा सम्भवन्ति। एवमेतस्स केवलस्स दुक्खक्खन्धस्स समुदयो

Dhamme … pe … saṅghe … pe … ariyakantehi sīlehi samannāgato hoti akhaṇḍehi … pe … samādhisaṃvattanikehi. Ayaṃ kho so, ānanda, dhammādāso dhammapariyāyo; yena samannāgato ariyasāvako ākaṅkhamāno attanāva attānaṃ byākareyya: 'khīṇanirayomhi khīṇatiracchānayoni khīṇapettivisayo khīṇāpāyaduggativinipāto, sotāpannohamasmi avinipātadhammo niyato sambodhiparāyaṇo'"ti.
(Tīṇi pi suttantāni ekanidānāni.)

Saṃyutta Nikāya (SN) : Nidāna Saṃyutta
Saṃyutta Nikāya 12 : 1. Buddhavagga

1. Paṭiccasamuppādasutta

1. Evaṃ me sutaṃ—ekaṃ samayaṃ bhagavā sāvatthiyaṃ viharati jetavane anāthapiṇḍikassa ārāme. Tatra kho bhagavā bhikkhū āmantesi: "bhikkhavo"ti. "Bhadante"ti te bhikkhū bhagavato paccassosuṃ. Bhagavā etadavoca: "paṭiccasamuppādaṃ vo, bhikkhave, desessāmi. Taṃ suṇātha, sādhukaṃ manasi karotha, bhāsissāmī"ti. "Evaṃ, bhante"ti kho te bhikkhū bhagavato paccassosuṃ. Bhagavā etadavoca:

2. "Katamo ca, bhikkhave, paṭiccasamuppādo?* Avijjāpaccayā, bhikkhave, saṅkhārā; saṅkhārapaccayā viññāṇaṃ; viññāṇapaccayā nāmarūpaṃ; nāmarūpapaccayā saḷāyatanaṃ; saḷāyatanapaccayā phasso; phassapaccayā vedanā; vedanāpaccayā taṇhā; taṇhāpaccayā upādānaṃ; upādānapaccayā bhavo; bhavapaccayā jāti; jātipaccayā jarāmaraṇaṃ sokaparidevadukkhadomanassupāyāsā sambhavanti. Evametassa kevalassa dukkhakkhandhassa samudayo

होति । अयं वुच्चति, भिक्खवे, पटिच्चसमुप्पादो[२] ।

"अविज्जाय त्वेव असेसविरागनिरोधा सङ्खारनिरोधो; सङ्खारनिरोधा विञ्ञाणनिरोधो; विञ्ञाणनिरोधा नामरूपनिरोधो; नामरूपनिरोधा सळायतननिरोधो; सळायतननिरोधा फस्सनिरोधो; फस्सनिरोधा वेदनानिरोधो; वेदनानिरोधा तण्हानिरोधो; तण्हानिरोधा उपादाननिरोधो; उपादाननिरोधा भवनिरोधो; भवनिरोधा जातिनिरोधो; जातिनिरोधा जरामरणं सोकपरिदेवदुक्खदोमनस्सुपायासा निरुज्झन्ति । एवमेतस्स केवलस्स दुक्खक्खन्धस्स निरोधो होती" ति ।

२. इदमवोच भगवा । अत्तमना ते भिक्खू भगवतो भासितं अभिनन्दुं ति ।

〈*S.N.* II. pp.3~4〉

२. विभङ्गसुत्तं (分別經)

३. सावत्थियं विहरति । "पटिच्चसमुप्पादं वो, भिक्खवे, देसेस्सामि विभजिस्सामि । तं सुणाथ, साधुकं मनसि करोथ; भासिस्सामी" ति । "एवं, भन्ते" ति खो ते भिक्खू भगवतो पच्चस्सोसुं । भगवा एतदवोच –

"कतमो च, भिक्खवे, पटिच्चसमुप्पादो ? अविज्जापच्चया, भिक्खवे, सङ्खारा; सङ्खारपच्चया विञ्ञाणं; विञ्ञाणपच्चया नामरूपं; नामरूपपच्चया सळायतनं; सळायतनपच्चया फस्सो; फस्सपच्चया वेदना; वेदनापच्चया तण्हा; तण्हापच्चया उपादानं; उपादानपच्चया भवो; भवपच्चया जाति; जातिपच्चया जरामरणं सोकपरिदेवदुक्खदोमनस्सुपायासा सम्भवन्ति । एवमेतस्स केवलस्स दुक्खक्खन्धस्स समुदयो होति ।

"कतमं च भिक्खवे, जरामरणं ? या तेसं तेसं सत्तानं तम्हि

hoti. Ayaṃ vuccati, bhikkhave, paṭiccasamuppādo.

2. Avijjāya tveva asesavirāganirodhā saṅkhāranirodho; saṅkhāranirodhā viññāṇanirodho; viññāṇanirodhā nāmarūpanirodho; nāmarūpanirodhā saḷāyatananirodho; saḷāyatananirodhā phassanirodho; phassanirodhā vedanānirodho; vedanānirodhā taṇhānirodho; taṇhānirodhā upādānanirodho; upādānanirodhā bhavanirodho; bhavanirodhā jātinirodho; jātinirodhā jarāmaraṇaṃ sokaparidevadukkhadomanassupāyāsā nirujjhanti. Evametassa kevalassa dukkhakkhandhassa nirodho hotī"ti.

Idamavoca bhagavā. Attamanā te bhikkhū bhagavato bhāsitaṃ abhinandunti.

Saṃyutta Nikāya (SN) : Nidāna Saṃyutta
Saṃyutta Nikāya 12 : 1. Buddhavagga

2. Vibhaṅgasutta

1. Sāvatthiyaṃ viharati. "Paṭiccasamuppādaṃ vo, bhikkhave, desessāmi vibhajissāmi. Taṃ suṇātha, sādhukaṃ manasi karotha, bhāsissāmī"ti. "Evaṃ, bhante"ti kho te bhikkhū bhagavato paccassosuṃ. Bhagavā etadavoca:

2. "Katamo ca, bhikkhave, paṭiccasamuppādo? Avijjāpaccayā, bhikkhave, saṅkhārā; saṅkhārapaccayā viññāṇaṃ; viññāṇapaccayā nāmarūpaṃ; nāmarūpapaccayā saḷāyatanaṃ; saḷāyatanapaccayā phasso; phassapaccayā vedanā; vedanāpaccayā taṇhā; taṇhāpaccayā upādānaṃ; upādānapaccayā bhavo; bhavapaccayā jāti; jātipaccayā jarāmaraṇaṃ sokaparidevadukkhadomanassupāyāsā sambhavanti. Evametassa kevalassa dukkhakkhandhassa samudayo hoti.

3. Katamañca, bhikkhave, jarāmaraṇaṃ? Yā tesaṃ tesaṃ sattānaṃ tamhi

तम्हि सत्तनिकाये जरा जीरणता खण्डिच्चं पालिच्चं वलित्तचता आयुनो संहानि इन्द्रियानं परिपाको; अयं वुच्चति जरा। या[1] तेसं तेसं सत्तानं तम्हा तम्हा सत्तनिकाया चुति चवनता भेदो अन्तरधानं मच्चु मरणं कालकिरिया खन्धानं भेदो कळेवरस्स निक्खेपो जीवितिन्द्रियस्स[1] उपच्छेदो[2]; इदं वुच्चति मरणं। इति अयं च जरा, इदं च मरणं। इदं वुच्चति, भिक्खवे, जरामरणं।

"कतमा च, भिक्खवे, जाति? या तेसं तेसं सत्तानं तम्हि तम्हि सत्तनिकाये जाति सञ्जाति ओक्कन्ति निब्बत्ति[3] अभिनिब्बत्ति खन्धानं पातुभावो आयतनानं पटिलाभो। अयं वुच्चति, भिक्खवे, जाति।

"कतमो च, भिक्खवे, भवो? तयो मे, भिक्खवे, भवा – कामभवो, रूपभवो, अरूपभवो। अयं वुच्चति, भिक्खवे, भवो।

"कतमं च, भिक्खवे, उपादानं? चत्तारिमानि, भिक्खवे, उपादानानि – कामुपादानं, दिट्ठुपादानं, सीलब्बतुपादानं, अत्तवादुपादानं। इदं वुच्चति, भिक्खवे, उपादानं।

"कतमा च, भिक्खवे, तण्हा? छयिमे, भिक्खवे, तण्हाकाया – रूपतण्हा, सद्दतण्हा, गन्धतण्हा, रसतण्हा, फोट्ठब्बतण्हा, धम्मतण्हा। अयं वुच्चति, भिक्खवे, तण्हा।

"कतमा च, भिक्खवे, वेदना? छयिमे, भिक्खवे, वेदनाकाया – चक्खुसम्फस्सजा वेदना, सोतसम्फस्सजा वेदना, घाणसम्फस्सजा वेदना, जिव्हासम्फस्सजा वेदना, कायसम्फस्सजा वेदना, मनोसम्फस्सजा वेदना। अयं वुच्चति, भिक्खवे, वेदना।

"कतमो च, भिक्खवे, फस्सो? छयिमे, भिक्खवे, फस्सकाया – चक्खुसम्फस्सो, सोतसम्फस्सो, घाणसम्फस्सो, जिव्हासम्फस्सो, कायसम्फस्सो, मनोसम्फस्सो। अयं वुच्चति, भिक्खवे, फस्सो।

"कतमं च, भिक्खवे, सळायतनं? चक्खायतनं, सोतायतनं, घाणायतनं, जिव्हायतनं, कायायतनं, मनायतनं – इदं वुच्चति, भिक्खवे,

tamhi sattanikāye jarā jīraṇatā khaṇḍiccaṃ pāliccaṃ valittacatā āyuno saṃhāni indriyānaṃ paripāko; ayaṃ vuccati jarā. Yā tesaṃ tesaṃ sattānaṃ tamhā tamhā sattanikāyā cuti cavanatā bhedo antaradhānaṃ maccu maraṇaṃ kālakiriyā khandhānaṃ bhedo kaḷevarassa nikkhepo jīvitindriyassa upacchedo, idaṃ vuccati maraṇaṃ. Iti ayañca jarā, idañca maraṇaṃ. Idaṃ vuccati, bhikkhave, jarāmaraṇaṃ.

4. Katamā ca, bhikkhave, jāti? Yā tesaṃ tesaṃ sattānaṃ tamhi tamhi sattanikāye jāti sañjāti okkanti abhinibbatti khandhānaṃ pātubhāvo āyatanānaṃ paṭilābho. Ayaṃ vuccati, bhikkhave, jāti.

5. Katamo ca, bhikkhave, bhavo? Tayome, bhikkhave, bhavā—kāmabhavo, rūpabhavo, arūpabhavo. Ayaṃ vuccati, bhikkhave, bhavo.

6. Katamañca, bhikkhave, upādānaṃ? Cattārimāni, bhikkhave, upādānāni—kāmupādānaṃ, diṭṭhupādānaṃ, sīlabbatupādānaṃ, attavādupādānaṃ. Idaṃ vuccati, bhikkhave, upādānaṃ.

7. Katamā ca, bhikkhave, taṇhā? Chayime, bhikkhave, taṇhākāyā—rūpataṇhā, saddataṇhā, gandhataṇhā, rasataṇhā, phoṭṭhabbataṇhā, dhammataṇhā. Ayaṃ vuccati, bhikkhave, taṇhā.

8. Katamā ca, bhikkhave, vedanā? Chayime, bhikkhave, vedanākāyā—cakkhusamphassajā vedanā, sotasamphassajā vedanā, ghānasamphassajā vedanā, jivhāsamphassajā vedanā, kāyasamphassajā vedanā, manosamphassajā vedanā. Ayaṃ vuccati, bhikkhave, vedanā.

9. Katamo ca, bhikkhave, phasso? Chayime, bhikkhave, phassakāyā—cakkhusamphasso, sotasamphasso, ghānasamphasso, jivhāsamphasso, kāyasamphasso, manosamphasso. Ayaṃ vuccati, bhikkhave, phasso.

10. Katamañca, bhikkhave, saḷāyatanaṃ? Cakkhāyatanaṃ, sotāyatanaṃ, ghānāyatanaṃ, jivhāyatanaṃ, kāyāyatanaṃ, manāyatanaṃ—idaṃ vuccati, bhikkhave,

सळायतनं ।

"कतमं च, भिक्खवे, नामरूपं ? वेदना, सञ्ञा, चेतना, फस्सो, मनसिकारो – इदं वुच्चति नामं । चत्तारो च महाभूता, चतुन्नं च महाभूतानं उपादायरूपं । इदं वुच्चति रूपं । इति इदं च नामं, इदं च रूपं । इदं वुच्चति, भिक्खवे, नामरूपं ।

"कतमं च, भिक्खवे, विञ्ञाणं ? छयिमे, भिक्खवे, विञ्ञाणकाया – चक्खुविञ्ञाणं, सोतविञ्ञाणं, घाणविञ्ञाणं, जिव्हाविञ्ञाणं, कायविञ्ञाणं, मनोविञ्ञाणं । इदं वुच्चति, भिक्खवे, विञ्ञाणं ।

"कतमे च, भिक्खवे, सङ्खारा ? तयोमे, भिक्खवे, सङ्खारा – कायसङ्खारो, वचीसङ्खारो, चित्तसङ्खारो । इमे वुच्चन्ति, भिक्खवे, सङ्खारा ।

"कतमा च, भिक्खवे, अविज्जा ? यं खो, भिक्खवे, दुक्खे अञ्ञाणं, दुक्खसमुदये अञ्ञाणं, दुक्खनिरोधे अञ्ञाणं, दुक्खनिरोधगामिनिया पटिपदाय अञ्ञाणं । अयं वुच्चति, भिक्खवे, अविज्जा ।

"इति खो, भिक्खवे, अविज्जापच्चया सङ्खारा; सङ्खारपच्चया विञ्ञाणं ...पे०... एवमेतस्स केवलस्स दुक्खक्खन्धस्स समुदयो होति । अविज्जाय त्वेव असेसविरागनिरोधा सङ्खारनिरोधो; सङ्खारनिरोधा विञ्ञाणनिरोधो ...पे०...एवमेतस्स केवलस्स दुक्खक्खन्धस्स निरोधो होती" ति ।

〈*S.N.* II. pp.4~6〉

२०. पच्चयसुत्तं (緣經)

२१. सावत्थियं विहरति । "पटिच्चसमुप्पादं च वो, भिक्खवे, देसेस्सामि पटिच्चसमुप्पन्ने च धम्मे । तं सुणाथ, साधुकं मनसि करोथ, भासिस्सामी" ति । "एवं, भन्ते" ति खो ते भिक्खू भगवतो पच्चस्सोसुं । भगवा एतदवोच –

saḷāyatanaṃ.

11. Katamañca, bhikkhave, nāmarūpaṃ? Vedanā, saññā, cetanā, phasso, manasikāro—idaṃ vuccati nāmaṃ. Cattāro ca mahābhūtā, catunnañca mahābhūtānaṃ upādāyarūpaṃ. Idaṃ vuccati rūpaṃ. Iti idañca nāmaṃ, idañca rūpaṃ. Idaṃ vuccati, bhikkhave, nāmarūpaṃ.

12. Katamañca, bhikkhave, viññāṇaṃ? Chayime, bhikkhave, viññāṇakāyā—cakkhuviññāṇaṃ, sotaviññāṇaṃ, ghānaviññāṇaṃ, jivhāviññāṇaṃ, kāyaviññāṇaṃ, manoviññāṇaṃ. Idaṃ vuccati, bhikkhave, viññāṇaṃ.

13. Katame ca, bhikkhave, saṅkhārā? Tayome, bhikkhave, saṅkhārākāyasaṅkhāro, vacīsaṅkhāro, cittasaṅkhāro. Ime vuccanti, bhikkhave, saṅkhārā.

14. Katamā ca, bhikkhave, avijjā? Yaṃ kho, bhikkhave, dukkhe aññāṇaṃ, dukkhasamudaye aññāṇaṃ, dukkhanirodhe aññāṇaṃ, dukkhanirodhagāminiyā paṭipadāya aññāṇaṃ. Ayaṃ vuccati, bhikkhave, avijjā.

15. Iti kho, bhikkhave, avijjāpaccayā saṅkhārā; saṅkhārapaccayā viññāṇaṃ … pe … evametassa kevalassa dukkhakkhandhassa samudayo hoti. Avijjāya tveva asesavirāganirodhā saṅkhāranirodho; saṅkhāranirodhā viññāṇanirodho … pe … evametassa kevalassa dukkhakkhandhassa nirodho hotī"ti.

Saṃyutta Nikāya (SN) : Nidāna Saṃyutta
Saṃyutta Nikāya 12 : 2. Āhāravagga

20. Paccayasutta

1. Sāvatthiyaṃ viharati. "Paṭiccasamuppādañca vo, bhikkhave, desessāmi paṭiccasamuppanne ca dhamme. Taṃ suṇātha, sādhukaṃ manasi karotha, bhāsissāmī"ti. "Evaṃ, bhante"ti kho te bhikkhū bhagavato paccassosuṃ. Bhagavā etadavoca:

"कतमो च, भिक्खवे, पटिच्चसमुप्पादो ? जातिपच्चया, भिक्खवे, जरामरणं । उप्पादा[1] वा तथागतानं अनुप्पादा[2] वा तथागतानं, ठिता व सा धातु धम्मट्ठितता धम्मनियामता इदप्पच्चयता । तं तथागतो अभिसम्बुज्झति अभिसमेति । अभिसम्बुज्झित्वा अभिसमेत्वा आचिक्खति देसेति पञ्ञापेति[3] पट्ठपेति विवरति विभजति उत्तानीकरोति । 'पस्सथा' ति चाह – 'जातिपच्चया, भिक्खवे, जरामरणं' ।

"भवपच्चया, भिक्खवे, जाति ...पे०... उपादानपच्चया, भिक्खवे, भवो ... तण्हापच्चया, भिक्खवे, उपादानं ... वेदनापच्चया, भिक्खवे, तण्हा ...फस्सपच्चया, भिक्खवे, वेदना ... सळायतनपच्चया, भिक्खवे, फस्सो ... नामरूपपच्चया, भिक्खवे, सळायतनं ... विञ्ञाणपच्चया, भिक्खवे, नामरूपं ... सङ्खारपच्चया, भिक्खवे, विञ्ञाणं ... अविज्जापच्चया, भिक्खवे, सङ्खारा । उप्पादा वा तथागतानं अनुप्पादा वा तथागतानं, ठिता व सा धातु धम्मट्ठितता धम्मनियामता इदप्पच्चयता । तं तथागतो अभिसम्बुज्झति अभिसमेति । अभिसम्बुज्झित्वा अभिसमेत्वा आचिक्खति देसेति पञ्ञापेति पट्ठपेति विवरति विभजति उत्तानीकरोति । 'पस्सथा,' ति चाह 'अविज्जापच्चया, भिक्खवे, सङ्खारा' । इति खो, भिक्खवे, या तत्र तथता अवितथता अनञ्ञथता इदप्पच्चयता – अयं वुच्चति, भिक्खवे, पटिच्चसमुप्पादो ।

"कतमे च, भिक्खवे, पटिच्चसमुप्पन्ना धम्मा ? जरामरणं, भिक्खवे, अनिच्चं सङ्खतं पटिच्चसमुप्पन्नं खयधम्मं वयधम्मं विरागधम्मं निरोधधम्मं । जाति, भिक्खवे, अनिच्चा सङ्खता पटिच्चसमुप्पन्ना खयधम्मा वयधम्मा विरागधम्मा निरोधधम्मा । भवो, भिक्खवे, अनिच्चो सङ्खतो पटिच्चसमुप्पन्नो खयधम्मो वयधम्मो विरागधम्मो निरोधधम्मो । उपादानं भिक्खवे ...पे०... तण्हा, भिक्खवे ...वेदना, भिक्खवे ... फस्सो, भिक्खवे... सळायतनं, भिक्खवे ... नामरूपं, भिक्खवे ... विञ्ञाणं, भिक्खवे ... सङ्खारा, भिक्खवे ... अविज्जा, भिक्खवे, अनिच्चा सङ्खता

2. "Katamo ca, bhikkhave, paṭiccasamuppādo? Jātipaccayā, bhikkhave, jarāmaraṇaṃ. Uppādā vā tathāgatānaṃ anuppādā vā tathāgatānaṃ, ṭhitāva sā dhātu dhammaṭṭhitatā dhammaniyāmatā idappaccayatā. Taṃ tathāgato abhisambujjhati abhisameti. Abhisambujjhitvā abhisametvā ācikkhati deseti paññāpeti paṭṭhapeti vivarati vibhajati uttānīkaroti. 'Passathā'ti cāha: 'jātipaccayā, bhikkhave, jarāmaraṇaṃ'.

3. Bhavapaccayā, bhikkhave, jāti … pe … upādānapaccayā, bhikkhave, bhavo … taṇhāpaccayā, bhikkhave, upādānaṃ … vedanāpaccayā, bhikkhave, taṇhā … phassapaccayā, bhikkhave, vedanā … saḷāyatanapaccayā, bhikkhave, phasso … nāmarūpapaccayā, bhikkhave, saḷāyatanaṃ … viññāṇapaccayā, bhikkhave, nāmarūpaṃ … saṅkhārapaccayā, bhikkhave, viññāṇaṃ … avijjāpaccayā, bhikkhave, saṅkhārā uppādā vā tathāgatānaṃ anuppādā vā tathāgatānaṃ, ṭhitāva sā dhātu dhammaṭṭhitatā dhammaniyāmatā idappaccayatā. Taṃ tathāgato abhisambujjhati abhisameti. Abhisambujjhitvā abhisametvā ācikkhati deseti paññāpeti paṭṭhapeti vivarati vibhajati uttānīkaroti. 'Passathā'ti cāha: 'avijjāpaccayā, bhikkhave, saṅkhārā'. Iti kho, bhikkhave, yā tatra tathatā avitathatā anaññathatā idappaccayatā—ayaṃ vuccati, bhikkhave, paṭiccasamuppādo.

4. Katame ca, bhikkhave, paṭiccasamuppannā dhammā? Jarāmaraṇaṃ, bhikkhave, aniccaṃ saṅkhataṃ paṭiccasamuppannaṃ khayadhammaṃ vayadhammaṃ virāgadhammaṃ nirodhadhammaṃ. Jāti, bhikkhave, aniccā saṅkhatā paṭiccasamuppannā khayadhammā vayadhammā virāgadhammā nirodhadhammā. Bhavo, bhikkhave, anicco saṅkhato paṭiccasamuppanno khayadhammo vayadhammo virāgadhammo nirodhadhammo. Upādānaṃ bhikkhave … pe … taṇhā, bhikkhave … vedanā, bhikkhave … phasso, bhikkhave … saḷāyatanaṃ, bhikkhave … nāmarūpaṃ, bhikkhave … viññāṇaṃ, bhikkhave … saṅkhārā, bhikkhave … avijjā, bhikkhave, aniccā saṅkhatā

पटिच्चसमुप्पन्ना खयधम्मा वयधम्मा विरागधम्मा निरोधधम्मा । इमे वुच्चन्ति, भिक्खवे पटिच्चसमुप्पन्ना धम्मा ।

"यतो खो, भिक्खवे, अरियसावकस्स 'अयं च पटिच्चसमुप्पादो, इमे च पटिच्चसमुपन्ना धम्मा' यथाभूतं सम्मप्पञ्ञाय सुदिट्ठा होन्ति, सो वत पुब्बन्तं वा पटिधाविस्सति –'अहोसिं नु खो[१] अहं' अतीतमद्धानं, ननु खो अहोसिं अतीतमद्धानं, किं नु खो अहोसिं अतीतमद्धानं, कथं नु खो अहोसिं अतीतमद्धानं, किं हुत्वा किं अहोसिं नु खो अहं अतीतमद्धानं' ति; अपरन्तं वा उपधाविस्सति– 'भविस्सामि नु खो अहं अनागतमद्धानं, ननु खो भविस्सामि अनागतमद्धानं, किं नु खो भविस्सामि अनागतमद्धानं, कथं नु खो भविस्सामि अनागतमद्धानं, किं हुत्वा किं भविस्सामि नु खो अहं अनागतमद्धानं' ति; एतरहि वा पच्चुप्पन्नं अद्धानं अज्झत्तं कथङ्कथी भविस्सति – 'अहं नु खोस्मि, नो[२] नु खोस्मि, किं नु खोस्मि, कथं नु खोस्मि, अयं नु खो सत्तो कुतो आगतो, सो कुहिं गमिस्सती' ति – नेतं ठानं विज्जति । तं किस्स हेतु ? तथाहि, भिक्खवे, अरियसावकस्स अयं च पटिच्चसमुप्पादो इमे च पटिच्चसमुप्पन्ना[३] धम्मा यथाभूतं सम्मप्पञ्ञाय सुदिट्ठा" ति ।

〈*S.N.* II. pp.23~25〉

१५. कच्चानगोत्तसुत्तं (迦旃延經)

१६. सावत्थियं विहरति । अथ खो आयस्मा कच्चानगोत्तो येन भगवा तेनुपसङ्कमि; उपसङ्कमित्वा भगवन्तं अभिवादेत्वा एकमन्तं निसीदि । एकमन्तं निसिन्नो खो आयस्मा कच्चानगोत्तो भगवन्तं एतद-वोच – "'सम्मादिट्ठि सम्मादिट्ठी' ति, भन्ते, वुच्चति । कित्तावता नु खो, भन्ते, सम्मादिट्ठि होती" ति ?

"द्वयनिस्सितो ख्वायं[१], कच्चान, लोको येभुय्येन – अत्थितं चेव नत्थितं च । लोकसमुदयं खो, कच्चान, यथाभूतं सम्मप्पञ्ञाय पस्सतो

paṭiccasamuppannā khayadhammā vayadhammā virāgadhammā nirodhadhammā. Ime vuccanti, bhikkhave, paṭiccasamuppannā dhammā.

5. Yato kho, bhikkhave, ariyasāvakassa 'ayañca paṭiccasamuppādo, ime ca paṭiccasamuppannā dhammā' yathābhūtaṃ sammappaññāya sudiṭṭhā honti, so vata pubbantaṃ vā paṭidhāvissati: 'ahosiṃ nu kho ahaṃ atītamaddhānaṃ, nanu kho ahosiṃ atītamaddhānaṃ, kiṃ nu kho ahosiṃ atītamaddhānaṃ, kathaṃ nu kho ahosiṃ atītamaddhānaṃ, kiṃ hutvā kiṃ ahosiṃ nu kho ahaṃ atītamaddhānan'ti; aparantaṃ vā upadhāvissati: 'bhavissāmi nu kho ahaṃ anāgatamaddhānaṃ, nanu kho bhavissāmi anāgatamaddhānaṃ, kiṃ nu kho bhavissāmi anāgatamaddhānaṃ, kathaṃ nu kho bhavissāmi anāgatamaddhānaṃ, kiṃ hutvā kiṃ bhavissāmi nu kho ahaṃ anāgatamaddhānan'ti; etarahi vā paccuppannaṃ addhānaṃ ajjhattaṃ kathaṃkathī bhavissati: 'ahaṃ nu khosmi, no nu khosmi, kiṃ nu khosmi, kathaṃ nu khosmi, ayaṃ nu kho satto kuto āgato, so kuhiṃ gamissatī'ti—netaṃ ṭhānaṃ vijjati. Taṃ kissa hetu? Tathā hi, bhikkhave, ariyasāvakassa ayañca paṭiccasamuppādo ime ca paṭiccasamuppannā dhammā yathābhūtaṃ sammappaññāya sudiṭṭhā"ti.

Saṃyutta Nikāya (SN) : Nidāna Saṃyutta
Saṃyutta Nikāya 12 : 2. Āhāravagga

15. Kaccānagottasutta

1. Sāvatthiyaṃ viharati. Atha kho āyasmā kaccānagotto yena bhagavā tenupasaṅkami; upasaṅkamitvā bhagavantaṃ abhivādetvā ekamantaṃ nisīdi. Ekamantaṃ nisinno kho āyasmā kaccānagotto bhagavantaṃ etadavoca: "'sammādiṭṭhi sammādiṭṭhī'ti, bhante, vuccati. Kittāvatā nu kho, bhante, sammādiṭṭhi hotī"ti?

2. "Dvayanissito khvāyaṃ, kaccāna, loko yebhuyyena— atthitañceva natthitañca. Lokasamudayaṃ kho, kaccāna, yathābhūtaṃ sammappaññāya passato

या लोके नत्थिता सा न होति । लोकनिरोधं खो, कच्चान, यथाभूतं सम्मप्पञ्ञाय पस्सतो या लोके अत्थिता सा न होति । उपयुपादाना-भिनिवेसविनिबन्धो[२] ख्वायं, कच्चान, लोको येभुय्येन । तं चायं उपयुपादानं चेतसो अधिट्ठानं अभिनिवेसानुसयं न उपेति न उपादियति नाधिट्ठाति – 'अत्ता मे' ति । 'दुक्खमेव उप्पज्जमानं उप्पज्जति, दुक्खं निरुज्झमानं निरुज्झती' ति न कङ्खति न विचिकिच्छति अपरपच्चया ञाणमेवस्स एत्थ होति । एत्तावता खो, कच्चान, सम्मादिट्ठि होति ।

"'सब्बमत्थी' ति खो, कच्चान, अयमेको अन्तो । 'सब्बं नत्थी' ति अयं दुतियो अन्तो । एते ते, कच्चान, उभो अन्ते अनुपगम्म मज्झेन तथागतो धम्मं देसेति – 'अविज्जापच्चया सङ्खारा; सङ्खारपच्चया विञ्ञाणं ... पे०... एवमेतस्स केवलस्स दुक्खक्खन्धस्स समुदयो होति । अविज्जाय त्वेव असेसविरागनिरोधा सङ्खारनिरोधो; सङ्खारनिरोधा विञ्ञाणनिरोधो ...पे०... एवमेतस्स केवलस्स दुक्खक्खन्धस्स निरोधो होती' ति ।

〈*S.N.* II. p.17〉

yā loke natthitā sā na hoti. Lokanirodhaṃ kho, kaccāna, yathābhūtaṃ sammappaññāya passato yā loke atthitā sā na hoti. Upayupādānābhinivesavinibandho khvāyaṃ, kaccāna, loko yebhuyyena. Tañcāyaṃ upayupādānaṃ cetaso adhiṭṭhānaṃ abhinivesānusayaṃ na upeti na upādiyati nādhiṭṭhāti: 'attā me'ti. 'Dukkhameva uppajjamānaṃ uppajjati, dukkhaṃ nirujjhamānaṃ nirujjhatī'ti na kaṅkhati na vicikicchati aparapaccayā ñāṇamevassa ettha hoti. Ettāvatā kho, kaccāna, sammādiṭṭhi hoti.

3. 'Sabbamatthī'ti kho, kaccāna, ayameko anto. 'Sabbaṃ natthī'ti ayaṃ dutiyo anto. Ete te, kaccāna, ubho ante anupagamma majjhena tathāgato dhammaṃ deseti: 'avijjāpaccayā saṅkhārā; saṅkhārapaccayā viññāṇaṃ ··· pe ··· evametassa kevalassa dukkhakkhandhassa samudayo hoti. Avijjāya tveva asesavirāganirodhā saṅkhāranirodho; saṅkhāranirodhā viññāṇanirodho ··· pe ··· evametassa kevalassa dukkhakkhandhassa nirodho hotī'"ti.

후기後記

(1990년 9월 초판본 후기)

지난해 스승님 1주기를 기념하고자 「한국 고대불교 사상사」를 발간한데 이어 올해도 스승님께서 1970년 석사학위 청구논문으로 제출하신 「아함법상의 체계성 연구」를 발간하였다.

많은 분들이 이미 이 논문을 접해보셨으리라 생각된다.

당시 학계에 이 논문을 제출하셨을 때의 반응은 참으로 미묘하였다는 스승님의 회고도 회고려니와 우리나라 불교계에 주로 흐르던 대승불교 중심의 연구와 신앙풍토가 이 논문과 스승님의 '원시불교' 강의로 말미암아 그 이론적 기초를 더욱 다지게 되었음은 이론異論의 여지가 없다 하겠다.

병환으로 인해 산사에서 부처님 말씀을 만나게 된 이후 스승님의 구도행각과 학구열은 가히 금강도 녹일 만큼 뜨거운 불심佛心 바로 그것이었다. 반야심경에서의 '눈이 없고, 귀・코・혀・몸・의지가 없다'는 구절에 더할 수 없는 의심이 솟구쳐 마침내 그 해결의 실마리를 아함경에서 찾으신 스승님은 직접 팔리니카야를 연구, 마침내 불교학계에 다시없이 귀중한 「아함법상의 체계성 연구」라는 논문을 제출하기에 이르셨던 것이다.

그간 도서관에 비치되어 있거나 각 개인들이 지니고 있던 이 논문은 그 활자와 모양새가 매우 거칠어 좀더 깨끗하고 또렷한 논문을 접할 수 없는 아쉬움이 항상하다가 이제 스승님 2주기에 즈음하여 다시한번 제자들이 발심의 꽃으로 이렇게 단정한 단행본을 내게 되었다.

또한 이 「아함법상의 체계성 연구」와 아울러 아함경 공부에 도움이 될 스승님의 두 편의 글과 연구 노우트, 그리고 아함경 법의法義의 요체가 될 만한 경을 간추린 지송아함경을 함께 엮어 원시불교연구에 뜻을 둔 많은 분들이 좀더 방대하고 깊이 있는 자료로 이용할 수 있도록 기획해 보았다.

먼저, 머리말을 대신하여 수록한 「불교학은 아함에서부터」는 스승님께서 월간 범성지(誌)에 기고한 글로서 학적인 깊이를 따지지 않고라도 누구나 아함의 청아한 공기를 맘껏 들이킬 수 있는 에세이이다. 만약 스승님께서 아직 우리 곁에 계신다면 좀더 뜻 깊고 간결 명료한 내용의 머리말을 대할 수 있었을 것이나 아쉽지만 아함에 관계된 스승님의 글 가운데 가장 머리말의 성격에 유사한 이 글을 뽑아서 실어보았다. 독자들의 많은 이해를 바란다.

그리고 「아함법상의 체계성연구」 뒷편에 수록한 「반야심경의 연기론적 교설」은 동국사상 제4집에 발표하신 논문이다. 아함의 사상을 바탕으로 반야심경을 고찰하신 이 논문은 아함에서 대승불교로 이어지는 교량의 역할을 한다고 할 수 있다. 치밀한 원어비교를 통해 밝힌 연기론적 교설은 반야 및 아함을 공부하려는 많은 분들에게 논문테마를 제공해 줄 것이다.

아울러 「원시불교의 외도론」은 다소 번잡하고 장황한 경문 인용인 까닭에 주위에 많은 우려가 있었음에도 불구하고 함께 수록해 보았다. 이는 불교가 이 땅에 꽃피우기 이전의 인도사상의 주류를 이루고 있던 베다와 우파니샤드 사상의 요점을 동방성서에서 간추리고, 부처님도 섭렵해보신 외도사상을 팔리 문을 중심으로 그 요체를 뽑아놓은 스승님의 연구노우트이다. 석가모니 부처님 출세 당시의 외도사상에 관한 자료들을 한번에 대할 수 있게 하고자 하는 의도에서 수록하였다.

그 외에 부록으로 함께 실은 「지송아함경」은 스승님께서 불자들이 반드시 지니고 외우며 그 뜻을 언제나 되새겨 보아야 할 주요경들을 방대한 4아함에서 간추린 법의요초法義要抄라 할 만할 것이다. 아함경의 주요법상이 모두 들어 있는 이 지송아함경으로 한역4아함의 정수를 맛볼 수 있다.

그리고 「지송아함경 팔리어본」은 지송아함경에 해당하는 경문을 팔리니카야에서 찾아 원어공부하시는 분을 위해 Devanagari 그대로 수록하였다. 법상용어에 대한 미묘한 차이, 그리고 한역문으로 쉽게 파악되지 않은 내용상 문제점들이 팔리니카야를 통해 보다 명확하게 해독이 될 것이다.

고려대장경의 각주를 신수대장경으로 대조하여 옮기고 팔리 문장을 교정보는 가운데 미비한 점들이 많이 눈에 뜨일 것이다. 스승님께 도리어 누를 끼치는 일은 아닐까 걱정스럽기 그지없다.

부디 이 책이 널리 유포되어 다시한번 아함의 그 순수하고 지극한 메아리가 도심과 산천 고루 퍼져나가기를 간절히 바란다.

끝으로 이 책이 출간되기까지 많은 지도와 격려를 아끼지 않으신 동국대 출판부 여러 선생님들께 감사드린다.

1990년 9월

일승보살회 합장

편집후기

(2018년 10월 증보판)

불기 2562년 10월 스승님 원적 30주기를 추모하여 「아함법상의 체계성 연구」 증보판을 간행하였다. 1970년 12월 논문 간행후 48년, 1990년 초판 간행후 28년만의 일이다.

초판본은 원 논문 그대로 한문으로 표기되었는데, 이번 증보판에서는 한자의 벽을 쉽게 뛰어 넘을 수 있도록 한글과 한문을 병기하여 30년의 세대 변화를 반영하였다.

증보판에서는 원래의 논문에서 표기된 「고려대장경」의 출처와 초판에서 표기되었던 「대정신수대장경」의 출처를 함께 표기하여 역사성과 합리성을 기하였으며, 출간 작업 중에서 실질적 확인 작업은 고려대장경연구소 홈페이지의 결과물을 이용하였다.

또한 「반야심경의 연기론적 교설에 대하여」 말미에 범본 반야심경과 스승님의 해석인 한글 역을 편집·수록하여 반야심경을 이해하는데 도움이 되도록 하였다.

그리고 지송아함경의 경우, 한글 지송아함경을 새로 수록하였다. 일승보살회 간행(2016년 재개정판, 담마아카데미)본을 사용하였고, 독자의 이해를 돕기 위해 한문 경전에서 생략된 부분을 첨가하고 다소 가감하였다.

팔리어 지송아함경의 경우 초판에서는 데바나가리 문자로만 수록 된 것을 로마자로도 표기된 것을 함께 실어 독자들이 쉽게 팔리어에 다가갈 수 있도록 하였다. 로마자 팔리어는 인터넷 사이트 https://suttacentral.net에서 전재하였다. 처음 작업을 할 때는 Internet Explorer 기반에서 접속이 되었는데, 마무리 과정에서는 chrome.google.com 기반으로 바뀌었다. 혹 더 많이 공부 하고 싶은 분들은 참조해주시기 바란다.

이 책이 출간되기까지 편집을 주관해 준 지성남 법우와 교정에 힘을 모아준 김용섭, 김명수, 이화자, 김동숙, 한돈희, 강정애, 정진숙, 김현숙, 최강희, 윤종열, 신춘열, 이상식, 황덕수 법우와 마무리 과정에서 혜성처럼 나타나 도움을 주신 비단길 강석배 사장님, 광륵사 신도 임강현, 박수연, 한희숙 법우님 그리고 35년 이상의 법연으로 늘 마음 깊이 후원해 주시는 이영 사모님, 아들 고승학, 고승광 그리고 일승보살회 회원 모든 분께 무한한 감사를 올린다. 그리고 고려대장경연구소, SuttaCentral의 관계자와 후원자 모든 분들께도 감사와 불보살님의 가피가 있기를 기원한다.

또한 어머니 서명숙 영가의 극락왕생을 발원하며 출간 비용을 보시하신 김근식 법우님께 감사드리며, 이러한 공덕의 인연으로 법우님의 어머니와 인연 영가들께서 정토에서 아뇩다라삼먁보리를 얻으시기를 발원합니다.

이러한 증보판 간행의 노력이 부처님의 진정한 뜻을 찾고자 정진하는 독자들과 만나, 그 결실이 한 떨기 연꽃처럼 이 땅에 피어나고, 언제나 스승님의 은혜를 잊지 않고 열심히 정진할 수 있도록 모든 불보살님의 가피가 함께 하기를 청원합니다.

열심히 노력은 했지만 사람이 하는 일이라 잘못된 곳이 있으리라 생각합니다. 따뜻한 격려와 질책으로 모든 사람들이 부처님의 깨달음의 세계로 들어가는 튼튼한 징검다리를 함께 놓아 가기를 기원합니다.

불기 2562(2018)년 10월

일승보살회 회장 정하경 합장

병고 고익진

1934년 전남 광주 출생
동국대학교 불교대학 불교학과 졸업
동국대학교 대학원 철학박사
동국대학교 불교대학 부교수
한국불교전서 편찬실장
1988년 10월 17일 입적

- 현대한국불교의 방향
- 한국의 불교사상
- 한국찬술불서의 연구
- 한국고대불교사상사
- 불교의 체계적 이해
- 한역 불교근본경전
- 하느님과 관세음보살
- 고익진 교수님이 들려주는 불교이야기
- 한국의 사상 편저
- 한글 아함경 편저

주요논문

- 원효의 진속원융무애관과 그 성립이론
- 원효사상의 실천원리
- 삼국시대 대승교학에 대한 연구
- 한국 불교철학의 원류와 전개
- 별역잡아함의 문헌학적 중요성
- 반야심경에 나타난 연기론적 교설에 대하여
- 불교윤리와 한국사회
- 종교 간의 대립과 불교의 관용